KB130531

놀이치료
PLAY THERAPY
치·료·관·계·의·기·술

Play Therapy: The Art of the Relationship(3rd Edition)

by Garry L. Landreth

Copyright © 2012 by Taylor & Francis Group, LLC

Korean translation copyright © **2015** by Hakjisa Publisher, Inc.
The Korean translation rights published by arrangement with
The Marsh Agency Ltd. and Taylor & Francis Group LLC
through KCC(Korea Copyright Center Inc.), Seoul.

All rights reserved.

이 책은 (주)한국저작권센터(KCC)를 통한
저작권자와의 독점계약으로 (주)학지사에서 출간되었습니다.
저작권법에 의해 한국 내에서 보호를 받는 저작물이므로
무단 전재와 무단 복제를 금합니다.

놀이치료
PLAY THERAPY

치·료·관·계·의·기·술

Garry L. Landreth 저 · 유미숙 역

PLAY THERAPY The Art of the Relationship [3rd ed.]

학지사

아동중심 놀이치료의 대가인 랜드레스(Landreth) 박사는 우리나라와 인연이 깊다. 랜드레스 박사는 놀이치료학자 중 최초로 한국을 방문하였고, 아동중심 놀이치료를 우리나라에 전수해 주었다. 그리고 그의 대표 서적이 바로 『놀이치료: 치료관계의 기술(Play Therapy: The Art of the Relationship)』이다.

『놀이치료』라는 제목으로 출간되는 이 책은 오랫동안 놀이치료의 바이블이라는 자리를 지키고 있다. 그러나 놀랍게도 3판이 나올 때까지 매번 거의 새로 쓰다시피 한 부분이 상당수이고, 수정이 안 된 곳이 없다. 특히 이번 3판에서는 놀이치료의 슈퍼비전, 다문화적 접근, 놀이치료에서 놀이의 주제 알기, 놀이치료의 윤리적 · 법적 문제, 단기놀이치료 등의 내용이 새롭게 첨가되었으며, 놀이치료에 관한 최근 연구의 요약까지도 다루고 있다.

특히 부제를 '치료관계의 기술'이라고 명명한 저자는 관계가 얼마나 중요한가를 혼신을 다해 설명하고 있다. 인간의 행복과 불행의 근원이 바로 관계에 있다는 사실은 누구나 쉽게 인정할 것이다. 관계를 잘 맺는 사람은 본인은 물론 상대방에게도 행복을 안겨 주며 즐거움을 선사한다. 그러나 관계를 맺는 데 어려움을 겪는 사람은 고통을 겪으며, 이러한 고통은 여러 가지 형태로 나타난다. 특히 어린이의 경우에는 성장과 발달에 어려움을 보이고, 그것은 자신의 가능성을 펼쳐 나가는 데 장애를 초래한다.

이렇게 중요한 관계를 학습해 나가는 과정이 바로 놀이치료 과정이며, 이를 도와주는 전문가가 놀이치료 전문가다. 이 책은 놀이치료자가 아동과 관계 맺기를 잘할 수 있도록 안내하는 핵심 기술을 차근차근 소개하고 있으므로 아동상담이

나 심리치료를 공부하는 사람에게 친절한 안내서가 될 것이다.

이 번역서를 다듬을 수 있도록 오랫동안 기다려 주신 학지사 김진환 사장님과 고은경 선생님, 편집부 가족들에게 감사를 표한다. 특히 원서를 같이 읽고 수정을 도와준 박사 과정 학생들에게도 감사를 표한다.

이 책을 통해 많은 사람이 진정한 관계를 맺을 수 있기를 소망하며 설레는 마음으로 이 책을 세상에 다시 내놓는다.

2015년 3월
역자 유미숙

저자 서문

이 책을 쓰면서 힘들었던 점은 아무 반응도 없는 몇 장의 종이나 단어와 같은 부적절한 수단을 통해 아동들의 역동적인 세계에 대해 내가 무엇을 알고 믿으며, 경험해 왔는지를 표현할 수가 없다는 것이었다. 느끼고 경험한 것은 몇몇 단어와 같은 매개체로는 적절하게 옮겨지기가 불가능하기 때문에 이 책은 성인이 아동과 상호 작용하는 법을 알려 주고자 하는 내 노력의 일부분을 보여 주는 데 한정된 구조를 지닌다. 아동에 대한 믿음과 진정 가슴으로 경험한 것을 표현할 수 있다는 것은 하나의 멋진 과업이다. 나는 독자들과 만날 수 있을까? 나는 이해받을 수 있을까? 아이들에 대한 나의 흥분이 느껴질까? 독자들은 아이들을 어떻게 다르게 볼까? 독자들에게 아이들 세계의 역동과 특성을 어떻게 더 잘 이해시킬 수 있을까? 내가 쓴 것은 독자들의 아동에 대한 관심과 어떤 차이를 보일까? 나는 이러한 걱정을 가지고 이 책을 쓰는 과정을 감행하였다. 나는 내가 놀이치료에서 경험한 것을 가장 먼저 말하고자 한다.

놀이치료는 치료자가 자신을 드러내는 과정을 감당하고, 아동의 성격 특성을 나타내는 섬세하고 미묘한 메시지를 받아들일 수 있도록 자아를 개방함으로써 아동의 세계를 완전히 경험하도록 하는 가장 역동적인 아동상담 접근 중 하나다. 놀이 과정은 환경 내에서 통제감을 얻고자 하는 아동의 노력이다. 아동이 경험하는 문제는 사람들과 분리되어 존재하지 않는다. 그러므로 놀이치료는 동등하게 역동적인 접근을 사용해서 아동의 역동적인 내적 구조를 조화롭게 만든다.

아동을 돕고자 놀이치료를 사용하는 정신건강 전문가들이 증가하는 것은 사회적 인식과 아동기 발달 단계에 대한 중요성의 수용을 배경으로 한다. 이것은 우리 사회가 아동을 놀잇감으로, 대인관계적인 대상으로, 성장할 때까지 참고 기다려야 하는 좌절의 근원으로 보는 것이 아니라 성장과 대처, 발달을 향한 무한한 잠재력과 창조적인 자원을 가진 인간으로 인식하기 시작했음을 의미한다.

성인이 자발적이며 끈기 있고 배움에 개방적이라면 아동은 그들 자신에 대해 성인에게 가르칠 만한 능력이 충분하다. 아동은 성인의 하찮은 부속물이 아닌 완전한 인간이다. 그들은 부모의 반응과는 독립적인 자신의 감정과 반응을 지니고 있다. 신경질적인 어머니와 신경질적인 아이에 대한 가설은 진실이 아니다. 집이 폭발할 때 어머니가 평온을 유지한다고 해서 아동도 아무런 영향을 받지 않을 것이라고 가정할 수 있을까? 그렇지 않다. 아동은 그들 자신의 판단을 지닌 인격체이며, 그들의 삶에서 의미 있는 성인들과는 독립적인 감정과 반응을 경험한다.

나는 이 책에서 아동들이 나에게 그들 자신과 그들의 세계에 대해 가르쳐 준 중요한 것을 기술하였다. 아동들은 내가 이 책에서 표현할 수 있는 것보다 더 많다. 마찬가지로 놀이치료로 언급된 관계와 경험은 이 책에 묘사된 것보다 더 무한하고 복합적인 것이다. 자신에 대해 허용을 경험한 아동들과 관계하게 되는 과정은 표현하기 불가능한 것이고, 단지 실제로 함께 관계의 순간을 공유한 상태에서만 알 수 있다. 나의 목적은 아동의 경험, 탐색, 이해, 경이로운 세계를 창조하는 것과 흥분, 기쁨, 슬픔, 생생한 삶의 색채 등과 같은 삶의 세계의 문을 열어 주는 것이다.

제3판에서는 편집상의 교정과 과정에 대한 확장된 설명, 새로운 요소를 포함시켰다. 제3판의 최종 교정을 하는 과정에서 나는 얼마나 많은 독자가 제3판에 관심이 있을지에 영향을 받았다. 아동중심 놀이치료에 대한 장은 사람들이 더 이해하기 쉽고, 더 잘 수용할 수 있도록 이론과 철학을 거의 모두 다시 쓰다시피 하였다. 놀이치료관계의 시작, 관계를 촉진하는 특징, 놀이치료에서 파트너로서의 부모에 관한 장은 많은 부분 개정되고 확장되었다. 준비된 보살핌 절차의 일부로 수행되는 단기놀이치료에 대한 관심이 급격히 고조되고 있어서 단기놀이치료에 대해서는 하나의 장을 할애하여 집중적으로 다루었다. 놀이치료 회기 간격을 단축시키는 효과는 놀이치료센터에서 연구되고 있고, 여기서는 회기 간격을 줄이는 시간제한모델을 사용하도록 적극적으로 지원하고 있다.

놀이치료 슈퍼비전, 아동중심 놀이치료에서 다문화적 접근, 놀이치료에서 나타나는 놀이 주제 읽기, 놀이치료에서의 윤리적·법적 문제에 관한 부분이 추가되었다. 현재 놀이치료 분야의 발전과 추세는 역동적인 성장 과정을 보이고 있다. 그리고 다양한 행동 문제를 가진 아동들과의 교차 문화적 집단의 놀이치료 효과 입증, 메타분석을 포함한 통제 효과 연구 등 최근의 연구를 요약한 장이 추가되었다.

나는 또한 이 책을 통해 놀이치료 과정과 아동과의 역동적인 관계에서 대학원생들이 가진 의문과 이슈를 탐색해 보았다.

다음은 이 책에서 다룬 중요한 주제다.

- 아동의 삶에서 놀이의 의미와 적응 아동과 부적응 아동의 치료 과정에서 나타나는 놀이의 단계
- 놀이치료에서 나타나는 놀이 주제 읽기
- 치료관계에서 아동중심 철학의 독특한 특성과 중요 개념, 목적
- 아동중심 놀이치료에서의 다문화적 접근
- 놀이치료 과정에서 아동이 배우는 것
- 놀이치료자에게 필요한 성격 특성, 치료 경험에서 치료자의 역할
- 촉진적 반응의 특성, 어떻게 아동에게 자기 책임을 돌려줄 것인가에 대한 특별한 안내
- 놀이치료실 구성과 추천되는 놀잇감 및 놀이도구에 대한 상세한 안내
- 부모와의 관계를 위한 특별 제안과 놀이치료를 설명하는 법
- 위축되고 불안한 아동과의 접촉과 놀이치료에서 치료적 경험의 구조화
- 아동은 어떻게 놀이치료 경험을 보여 주는가.
- 제한을 할 때, 치료적 제한 설정의 단계와 제한이 깨졌을 때 무엇을 해야 하는가.

- 놀이치료실에서 일어나는 전형적인 문제와 대응 방법
- 아동놀이에 치료자의 참여, 선물 받기, 놀이치료실 치우기 등과 같이 놀이치료에서 일어나는 문제의 검토
- 죽음을 앞둔 아동, 행동화(acting out)하는 아동, 속임수를 쓰는 아동, 선택적 함묵 아동, 자신의 머리카락을 뽑는 아동 등의 놀이치료에 대한 기록과 토론
- 집중적 단기놀이치료
- 놀이치료에서 치료 과정의 결정과 종결 절차에 대한 안내
- 놀이치료에서 나타나는 주제 읽기
- 아동중심 놀이치료에서의 통제 효과 연구 결과 검토

이 책의 일부분은 나, 나의 경험, 나의 반응, 나의 감정에 대한 것이다. 그래서 나는 '나(I)'라는 인칭 대명사를 사용하면서 나의 개인적인 반응을 옮기고자 하였다. '저자'라는 관습적인 표현을 사용하는 것은 내가 말하고자 하는 인간적인 차원을 전달하지는 못한다.

차 례

4 아동에 대한 관점 ··· 71

5 아동중심 놀이치료 ··· 81

6 놀이치료자 ··· 127

제1장

Garry L. Landreth: 나에 대해서

저자를 아는 것, 곧 저자에 대한 무언가를 아는 것은 저자가 말하고자 하는 바를 보다 확실히 이해하는 데 도움이 된다. 그래서 이제부터 나에 대한 이야기를 해 볼까 한다. 그렇다면 행여 내가 전달하고자 하는 내용을 적절한 단어로 표현하지 못했다 하더라도 여러분이 글의 의미를 이해하는 데 도움이 될지도 모른다.

　각 페이지에 인쇄된 단어는 중요한 것을 전달하는 좋은 방법은 아니다. 그렇다면 아동에 대한, 그리고 아동의 세계에 대한 이야기를 하는 것보다 더 중요한 것은 무엇일까? 내가 이 방법으로 아동과 경험하였던 것, 아동에 대한 나의 감정, 믿음, 희망, 아동의 생활 속에서 이루어지는 놀이치료라고 부르는 이 과정의 중요성을 알리려고 할 때, 이러한 방법에 대해 걱정도 많이 되고 이 방법이 부적절한 것은 아닌가 하는 생각도 든다. 그래서 나는 놀이치료관계에서 아동들과 함께할 수 있었던 기회를 감사하게 생각한다. 적어도 놀이치료 상황에서는 말로 의사소통하는 것에 구속되지 않기 때문이다.

　어렸을 적에 나는 매우 마르고 발달도 늦었다. 내가 다닌 학교는 한 교실에서 8개 학년이 함께 공부를 하는 시골학교였는데, 나의 어머니가 그 학교의 교사였다. 이러한 환경에서 나는 사소한 것에 대한 진심 어린 감사, 꾸준한 노력, 배운다는 것에 대한 즐거움, 낙오자(주목받지 못하는 사람)에 대한 관심을 키워 나갔다. 이러한 경험 덕분에 나는 눈에 잘 띄지 않는 아이들을 꽤 잘 알아본다.

　나는 아동들과 잘 어울리지 못하였던 것 같다. 그것은 내가 아동의 세계를 경험적으로나 감정적으로 잘 알지 못하였기 때문이다. 이 글을 읽고 있는 여러분 중 대다수도 나와 같은 경험을 하였으리라 여긴다. 물론 나는 아동발달에 대해 대학에서 공부를 하였고, 책을 읽었기 때문에 지식으로는 알고 있었다. 하지만 나는 오직 아동에 대한 지식만 알았을 뿐이다. 나는 아동의 마음을 움직이거나 아동의 세계를 이해하는 측면에서는 진정으로 아동을 알지 못하였다. 나는 아동을 만나고 나서 진정으로 아동을 이해할 수 있었다. 그러나 아동과 의사소통하는 것이 그리 쉬운 일은 아니었다.

예전부터 나는 아동이 어른이 되는 것을 감사해야 할 필요가 없다는 생각을 하곤 하였다. 어른이 된다는 것은 인생에 대해 진지해진다는 것을 의미한다. 다시 말해 인생을 책임질 줄 알아야 한다는 것이다. 그것은 부분적으로는 옳지 않다는 생각을 떨쳐 버리는 것이었다. 나는 대학시절과 스물한 살 때, 그리고 고등학교 교사를 시작한 첫해에 내 나이보다 훨씬 어려 보여서 고등학생으로 오해를 받기도 하였다. 4년간의 교직생활을 한 뒤에 석사학위를 받고 2년간 고등학교 상담교사 생활을 한 뒤에 뉴멕시코 대학교(University of New Mexico)의 아동연구소(Children's Center)에 조교로 있으면서 처음으로 희미하게나마 아동의 세계를 볼 수 있었다. 그곳에는 민감하고 통찰력이 뛰어난 주임박사가 계셨는데, 그분은 나도 모르는 나의 재능을 알아보셨다. 그분은 나에게 아동에 대한 공부를 해 보라고 권하셨고, 내가 아동의 세계를 조금씩 알아 가고 경험하는 과정에서 놀이치료의 다양한 측면을 소개해 주셨다.

한 인간의 인생에서 삶의 변화 과정을 적절하게 설명한다는 것이 가능할까? 만약 그렇다면 그 인생에서의 경험은 꽤 작거나, 중요하지 않거나, 둘 다인 것이 분명하다. 지금 나는 아동과의 관계 형성이 주는 진정한 즐거움과 그것이 어떻게 내 인생의 중요한 영역이 되었는지를 알려 주고 싶다. 그렇지만 내가 그것을 완전하게 표현할 수는 없다는 사실을 인정해야만 한다. 아동이 가지고 있는 면, 여러 가지 경험을 통해 겪게 되는 놀라움과 흥분, 살면서 만나는 새로움, 놀라울 정도의 생동감을 어떻게 말로 설명할 수 있을까? 나는 할 수 없을 것 같다. 내 마음이 갑자기 '끽-' 소리를 내며 정지해 더 이상 활동을 하지 않는다. 모든 회로는 열려 있다. 기분이 좋다는 것은 알지만 그 경험을 어떤 말로도 설명할 수는 없다.

인생은 표현이 불가능하다. 인생은 경험을 하고 나서 평가받을 수 있을 뿐이다. 표현은 평가될 수 있지만 인생은 그럴 수 없다. 인생은 그런 것이다. 인생은 전개되고, 그 순간은 그것이 전부다. 그 이상도 없고, 그 이하도 없다. 우리는 사람을 보고 판단하지 않으며, 한 사람이 너무 많거나 적게 가지고 있다고 그 인생을 평가하지도 않는다. 내가 발견한 것 중에서 중요한 것은 어린아이들은 다른 아이들의 삶을 설령 그렇다 치더라도 거의 평가하지 않는다는 것이다. 그들은 서로 어울려 놀고 다른 사람을 충분히 받아들인다.

내가 전문성을 키워 가던 초보 상담자 시절에 아동에게서 무조건적인 수용을 경험한 뜻깊은 순간이 있었다. 아동들은 내가 더 나은 사람이거나 그렇지 않은 사람이 되기를 바라지 않았다. 아동들은 내 존재를 그 순간에 있는 그대로 받아들였다. 나를 변화시키려고 하지도 않았고, 어떤 점에 있어서 나를 다르게 만들려고 하지도 않았다. 그들은 나의 있는 그대로의 모습을 좋아하였다. 나는 가장을 할 필요가 없었다. 나는 그냥 그대로 있어도 된다는 것을 알았다. 얼마나 환상적인 경험이었는지……. 그리고 아동들과 관계를 맺어 가는 내내 자유를 즐겼다. 아동들의 그 순간의 모습을 기초로 해서 서로 관계를 맺는 아동들—즉, 그들의 인격을 그대로 받아들이면서—이것은 함께 공유하고 서로를 받아들이는 상호적인 경험이 되었다.

나는 내가 놀이치료를 통해서 아동들과 상호 작용을 하던 초기에 아동들 덕분에 경험하게 된 인생 전개 과정에 깊은 감사를 느꼈으며, 그다음으로는 내 자신의 인생 과정에 새로운 감사를 느끼게 되었다. 변화시키거나, 원상태로 돌이키거나, 극복하거나, 혹은 가치를 입증하여야 하는 인생이 아니라 고마워하고 신이 만들어 주신 나의 모습 그대로 살아가는 과정에서 즐거움을 찾아가는 인생을 알게 되었다. 보다 완전한 내가 된다는 것은 나의 약점뿐만 아니라 나의 장점도 받아들이는 인간이 된다는 의미다.

나는 약점과 함께 장점도 가지고 있으니, 나의 실수는 내가 틀릴 수도 있는, 정말 인간이라는 증거다. 나에게 있어 그것은 중요한 발견이었다. 그러나 돌이켜 보면 그것은 발견이 아니었다. 그것은 때맞춰 일어난 일이었다. 인생과 마찬가지로 그것은 내가 경험하고 점차 깨달아 가는, 그리고 서서히 감사함을 느껴 가는 과정이었다. 내가 아동들에게 하고 싶은 이야기는 'Peccei(1979~1980)'에 있는 '아동의 이름으로'에 멋지게 적어 두었다.

> 만약 아동의 삶의 위대함을 우리가 완전히, 진정으로 알 수가 있다면, 그리고 그들이 우리의 스승이 되어야 한다면 우리는 이렇게 말할 것이다.
> 아동 여러분, 감사합니다. 여러분 덕분에 인간이 되는 것이 얼마나 즐겁고 흥미로운 일인지를 깨닫게 되었습니다. 여러분과 함께 성장할 수 있게 해 줘서 감사합니다. 덕분에 저는 단순, 열정, 완전성, 경이로움, 사랑을 다시 한 번 배우고 유일무이한 내 인생을 존중하는 법을 배우게 되었습니다. 성장의 고통과 아동 세계에서의 고통 때문에 흘리는 눈물을 통해 많은 것을 배우게 된 것에 대해 감사드립니다. 타인을 사랑하고, 크든 작든 사람들과 어울려 지내는 것이 내가 멋진 삶을 살면서 꽃처럼 자라는 최고의 자연스러운 선물이라는 사실을 알려 주어서 감사합니다(p. 10).

놀이치료를 통해 아동들과 꾸준한 관계를 지속하면서 성인들과의 상담 시간에 관해 놀라운 발견을 하게 되었다. 그 상담 과정은 빠르고 효율적으로 진행되는 것 같았다. 거의 발전이 없는 성인 내담자 덕분에 치료법이 발전하기 시작하였고, 내담자를 위한 자아의 새롭고도 심도 깊은 공유와 연구가 나타나기 시작하였다. 실험하는 동안에 늘 그 자리에 있어 준 내담자가 가지고 있는 아주 작은 단서를 깨닫고 반응을 보이자 이렇게 발전시킨 치료법을 통해 변화가 나타났다. 내가 내담자들의 미묘한 단서를 포착할 수 있었던 것은 아동들이 하는 의사소통의 세밀한 부분에 민감했기 때문이었다. 아동들과 효과적인 놀이치료를 할수록 성인과의 상담도 훨씬 더 효과적으로 이루어졌다.

나는 1966년에 노스텍사스 대학교(University of North Texas) 상담교육대학(Counselor Education Department)에 들어갔고, 1967년에는 학생들에게 놀이치료를 가르쳤다. 그 당시 텍사스에는 놀이치료가 잘 알려져 있지 않았다. 그렇게 미약하게 시작을 하였지만 그 이후로는 굉장한 성장을 하였다. 얼마나 흥미진진한 모험이었는지 모른다. 나는 노스텍사스 대학교에 놀이치료센터를 설립하였는데, 그 센터가 지금은 세계에서 가장 큰 놀이치료 교육 프로그램이 되었다. 이 센터에서는 매년 놀이치료 학술대회를 개최하고, 여름에 열리는 놀이치료 2주 과정을 제공한다. 대학원 과정은 초급놀이치료, 고급놀이치료, 가족놀이치료, 집단놀이치료, 석사 과정 현장실습과 놀이치료 인턴, 박사 과정 고급놀이치료 현장실습과 놀이치료 인턴과 같은 6개 영역의 프로그램으로 구성되어 있다.

놀이치료를 가르치는 데 진짜 재미를 느낄 수 있는 점은 내가 즐겨 하는 역할놀이를 통해 나에게서 아동의 모습이 나타날 수 있다는 것이고, 그 모습이 사물을 너무 심각하게 대하는 경향을 조절해 준다는 것이다. 나는 이제 나라고 하는 인간 속에 존재하는 아동의 모습을 정말로 소중히 여길 수 있으며, 보다 감사함을 느낄 수 있고, 그 아동의 재능을 잘 알아볼 수 있다. 내가 아동들과 함께 있을 때, 나는 어떻게 해야 하는지를 알고 있는 그 무엇보다도 나 자신이 중요한 사람이라는 것을 알게 된다. 나는 아동들과 아동들이 하는 놀이의 복합적인 단순성과 감정의 내면세계에 퍼져 있는 색깔을 경험하면서 여전히 아동들에 대해, 그리고 나 자신에 대해 배우고 있다. 내가 무엇을 배웠는지, 결국에는 어떻게 학습을 아동과의 관계 속으로 통합시킬 수 있는지는 다음의 원리에 잘 표현되어 있다.

아동과의 관계를 위한 원리

- 나는 모든 것을 알고 있지 않다. 따라서 나는 모든 것을 알고자 하지는 않을 것이다.
- 나는 사랑을 받아야만 한다. 따라서 나는 언제나 아동을 사랑할 준비를 하고 있을 것이다.
- 나는 내가 내 안에 있는 아동의 모습을 받아들이기를 바란다. 따라서 나는 경외심을 가지고 아동들이 나의 세계를 밝혀 줄 수 있도록 할 것이다.

- 나는 스스로의 노력을 통해 가장 잘 배우며, 그 노력에 가장 많은 영향을 받는다. 따라서 나는 아동이 노력하는 과정에 함께할 것이다.
- 나는 때때로 은신처가 필요하다. 따라서 나는 아동에게 은신처를 제공할 것이다.
- 나는 한 인간으로서 완전히 인정받을 때가 좋다. 따라서 나는 아동을 한 인간으로 대하고 평가할 수 있도록 노력할 것이다.
- 나는 실수를 한다. 내가 한 실수는 내가 인간이고, 실수를 할 수 있는 존재라는 사실을 증명한다. 따라서 나는 아동의 인간다움에 인내심을 발휘할 것이다.
- 나는 감정적으로 현실 세계를 내면화하고 표현한다. 따라서 나는 현실적인 것과 내가 어렸을 때 겪은 세계를 아동에게 강요하지 않을 것이다.
- 대답할 수 있는 권한을 가진다는 것은 기분이 좋은 일이다. 따라서 나는 나에게서 아동들을 보호하기 위해 열심히 노력할 것이다.
- 나는 안전하다고 느낄 때 보다 완전한 내가 된다. 따라서 나는 아동과의 상호작용에 있어 일관성을 보일 것이다.
- 나는 내 삶을 살 수 있는 유일한 사람이다. 따라서 나는 아동이 많은 경험을 할 수 있게 해 줄 것이다.
- 희망과 살고자 하는 의지는 내 안에서 나온다. 따라서 나는 아동의 의지와 자아를 인정하고 지지할 것이다.
- 나는 아동이 다치지 않게, 무서워하지 않게, 좌절하지 않게, 실망하지 않게 만들 수는 없다. 따라서 나는 그러한 것을 경감할 수 있게 노력할 것이다.
- 나는 상처받기 쉬울 때 두려움을 느낀다. 따라서 나는 상처받기 쉬운 아동의 내면세계를 친절하고, 부드러우며, 다정하게 어루만져 줄 것이다.

참고문헌

Peccei, A. (1979-1980). In the name of the children. *Forum, 10,* 17-18.

제2장

놀이의 의미

아동의 놀이는 단순한 스포츠가 아니다.
그것은 많은 의미로 가득 차 있고 중요하다.

＊ 프뢰벨(Fröbel)

우리는 발달적 관점에서 아동을 이해하고 접근해야 하며, 아동을 축소된 어른으로 보아서는 안 된다. 아동의 세계는 구체적인 현실 안에 있으며, 그 현실에서의 경험은 종종 놀이를 통해 전달된다. 아동이 자신의 정서 세계를 탐색하고 표현하도록 북돋으려는 심리학자는 아동이 그들의 현실과 언어적 표현을 자유롭게 할 수 있도록 도와주고, 그들이 개념적−표현적 세계로 들어갈 수 있도록 도와주어야 한다. 어른은 언어라는 매개체로 의사소통하지만 아동은 놀이와 활동으로 의사소통한다.

놀이의 기능

아동의 자연스러운 발달과 전체성을 위한 놀이의 중요성은 일반적이고 빼앗을 수 없는 아동의 권리로 각국의 놀이 선포에서 강조되어 왔다. 놀이는 언제 어디서나 일어나는 아동기의 유일한 중요 활동이다. 아동은 놀이하는 방법을 배울 필요가 없고, 또한 아동을 강제로 놀게 할 필요도 없다. 놀이는 자발적이고, 즐거워야 하며, 목표가 없어야 한다. 아동의 놀이에 대한 이해를 높이기 위해서 몇몇 성인은 놀이의 의미를 하나의 과제로 정의하였다. 아동의 성장 과정을 촉진하기 위해 많은 성인은 '아동이 놀이로 시간을 낭비'하는 것을 참을 수 없게 되었다. 이러한 태도는 결국 성인이 원하는 몇 가지 중요한 목표를 위해 아동이 일을 하거나 무엇인가를 수행하도록 하였다.

유감스럽게도 많은 저자는 놀이를 아동의 작업으로 정의한다. 이는 놀이가 다소 경험적이고, 친숙하게 하려는 노력으로 보이기 때문에 그것이 성인들의 세계에서 중요하다고 여기는 것에 어느 정도 들어맞을 때에만 소중하게 여긴다는 의미다. 아동기가 본질적인 가치를 지니고 있으며 단순히 성인기를 준비하는 시기가 아닌 것처럼, 놀이는 본질적인 가치를 가지고 있으며, 무엇을 중요하게 지향하는가와는 무관하다. 환경의 변화에 따라 과제를 수행하고 목표나 성과 지향적인 것과는 대조적으로, 놀이는 본질적으로 순수하고, 외부 보상적이지 않으며, 숟가락을 자동차로 사용하는 아동의 경우처럼 그들의 세계를 개별적인 개념에 맞추도록 동화한다.

프랭크(Frank, 1982)는 아동들이 어느 누구도 가르쳐 줄 수 없는 것을 배우는 방법이 놀이라고 하였다. 아동들은 사물, 동물, 구조물, 사람들을 공간과 시간의 실제 세계에 기초를 두고 탐색한다. 아동들은 놀이 과정에 몰두함으로써 우리의 상징적인 세계의 의미와 가치를 알게 됨과 동시에 자신만의 개별적인 방법으로 그것을 탐색하고, 실험하며, 배우게 된다.

울트만(Woltmann, 1964)은 다음과 같이 말하였다.

자발적이고 자생적인 아동의 활동은 그들 자신을 개념화하고, 구조화하며, 그들의 경험과 감정을 실제 활동 수준으로 이끌 수 있도록 한다. 이런 의미에서 놀이는 아동을 방해하고, 갈등에 쌓이게 하며, 혼란스럽게 하는 상황에서 '행동으로 표현'하는 기회를 제공한다. 어린 아동들은 지각 발달 과정상 특히 어휘력이 부족하다. 그러므로 놀이도구의 다양한 형태는 아동의 감정과 태도를 표현하는 데 있어서 이상적인 역할을 한다(p. 174).

대부분 열 살이나 열한 살 미만의 아동은 오랫동안 조용히 앉아 있기가 어렵다. 이 어린 아동들은 계속 앉아 있으려고 의식적으로 노력하지만 비생산적인 활동에 창조적인 에너지를 써 버린다. 놀이치료는 아동의 욕구가 신체적인 활동이 되도록 한다. 놀이를 통해 아동들은 에너지를 방출하고, 자생적인 일을 준비하며, 힘든 목표를 달성하고, 좌절을 반복적으로 체험하게 된다. 또한 그들은 신체적인 접촉을 하고, 경쟁의 욕구를 배출하며, 사회적으로 수용되는 방법으로 공격적 행동을 하고, 타인과 어울리는 방법도 배우게 된다. 놀이는 아동들이 그들의 상상력을 자유롭게 조절하고 문화와 기술을 개발하도록 도와준다(Papalia & Olds, 1986). 아동들은 놀이를 통해 그들의 성격을 표현하며, 자신의 내적 자원이 성격과 결합되도록 한다.

놀이를 통한 아동의 의사소통

아동의 놀이는 그것을 그들의 자연스러운 의사소통의 매개체로 여길 때 더 충분히 인정될 수 있다. 아동은 놀이를 할 때 더 편안할 수 있으므로 언어로 표현하는 것보다 자신이 창조한 자발적인 놀이를 통해서 보다 더 직접적이고 충분하게 자신을 표현한다. 아동이 자신의 경험과 감정을 '놀이로 표현하는 것'은 그들이 할 수 있는 가장 자연스럽고 역동적이며 자기 치유적인 과정이다. 놀이는 의사소통의 매개체이므로 아동에게 언어로 표현하라고 제한하는 것은 사실상 "너는 대화 수준이 나만큼은 되어야 하고, 언어로만 의사소통을 해야 해."라고 강요하여 자동적으로 아동과의 치료관계에 장벽을 만든다. 치료자는 아동의 수준에서 그들이 편안해할 수 있는 매개체를 가지고 아동과 의사소통해야 할 책임이 있다. 왜 아동이 성인에게 맞추어야 하는가? 치료자는 잘 적응할 수 있고, 또한 대처기술과 아동발달에 대해 이해할 수 있는 능력을 가지고 모든 단계에서 효과적으로 의사소통하는 법을 알고 있어야 한다. 치료자가 "이것에 관해 내게 이야기해 줘."

라고 말하였을 때, 어린 아동들은 치료자를 받아들여야 하는 불리한 위치에 놓이게 된다.

아동과의 치료관계는 놀이를 통해서 가장 잘 이루어지는데, 이 관계는 우리가 치료라고 말한 활동에서 중요하다. 놀이는 갈등을 해결하고 감정의 대화를 가능하게 하는 수단을 제공한다. "놀잇감이 아동의 표현 매개체이기 때문에 놀잇감은 표현 과정을 수행하게 한다. 아동의 자유로운 놀이는 하고자 하는 것의 표현이다. 아동은 지시받지 않고 자유롭게 놀 때 독립적인 사고와 행동을 표현한다. 아동은 감정과 태도를 개방하도록 강요받아 힘들었던 점을 풀어 놓게 된다." (Axline, 1969, p. 23) 아동이 직접적으로 표현하도록 위협적으로 강요받은 감정과 태도는 자신이 선택한 놀잇감을 통해서 표출될 수 있다. 사고와 감정을 언어로 표현하는 대신에 아동은 모래에 파묻고, 용에게 총을 쏘며, 동생을 의미하는 인형을 때릴 수 있다.

아동의 감정은 종종 언어 수준에서는 접근하기가 어렵다. 그들은 발달상 자신의 느낌을 언어로 적절하게 표현하는 인지능력이 부족하다. 정서적으로도 자신의 감정 강도를 대화로 적절하게 표현하기가 어렵다. 피아제(Piaget, 1962)의 연구에서 보면, 아동은 대략 열한 살까지는 추상적인 논리나 사고가 충분히 발달하지 않는다. 단어는 상징을 만들고, 상징은 추상적이다. 따라서 언어로 의사소통하는 것이 추상적 본질에 의존한다는 것은 의심할 여지가 없다. 아동의 세계는 구체적인 세계이므로 아동과의 접촉이 있는 것처럼 접근해야 한다. 놀이는 아동의 구체적인 표현이며, 아동의 방식대로 그들의 세계에 대처해 나가는 하나의 방법이다.

아동은 현재의 세계에 살고 있다. 하지만 그들이 어른의 세계에서 만나게 되는 많은 경험은 미래 지향적이고 추상적이다. 아동이 놀이를 통해 이러한 미래 지향적이고 추상적인 경험을 재연할 때 그러한 경험은 지금 여기(here and now)에서 자신의 말로 추상적인 것을 이해할 수 있게 해 주는 구체적인 사건이 된다. 아동이 그들의 경험을 표출할 때 익숙하지 않은 것은 익숙한 것이 된다.

대부분의 정상적이고 유능한 아동도 살아가면서 극복할 수 없는 문제에 부딪히게 된다. 하지만 아동은 자신이 선택한 방법대로 놀이를 함으로써 단계적인 과정에서 문제점을 극복할 수 있게 된다. 종종 아동은 자신조차 이해하기 어려운 상징적인 방법을 사용하기도 한다. 즉, 자신의 무의식 깊은 곳에 숨겨 둔 자원의 내적 작용을 가능하게 한다. 이것은 우리가 놀이에서 순간적으로 잠깐 느끼고 지나갈 수 있기도 하고, 알아차리지 못하기도 한다. 우리는 그것의 목적이 무엇인지도, 어떻게 끝을 맺을지도 모른다. 직접적인 위험이 없을 때에는 간섭하지 않고 아동의 놀이를 승인하는 것이 최선의 상책이 될 수도 있다. 왜냐하면 아동이 놀이에 열중해 있기 때문이다. 그러한 노력은 아동이 탐색하는 것을 배우고 발견하게 하는 것으로, 결국 그가 최선을 다하도록 도와주는 것이다(Bettelheim, 1987, p. 40).

치료적 과정에서의 놀이

놀이란 자발적이고, 본질적으로 동기가 있는 활동이며, 놀잇감을 어떻게 사용할지를 선택하는 것은 융통성이다. 본질적이지 않은 목표는 존재하지 않는다. 놀이 과정은 즐거워야 하고, 무엇을 만들었는가는 별로 중요하지 않다. 놀이의 창조적인 표현은 아동의 신체적 · 정신적 · 정서적 자기를 포함하며, 사회적 상호작용도 포함할 수 있다. 그래서 어떤 이는 아동이 놀이할 때 아동의 전체성이 나타날 수 있다고 한다. '놀이치료'라는 용어를 통해 놀이를 고려한 몇몇 가능한 활동을 추정할 수 있다. 우리는 책을 읽는 아동을 말하는 것이 아니라 '놀고 있는 아동'을 말한다. 훈련된 치료자는 놀이치료 과정에서 놀이라는 아동(나이에 상관없이)의 자연적인 의사소통 매개체를 통해 아동(나이에 상관없이)이 자기(감정, 사고, 경험, 행동)를 탐색하고, 충분히 표현하도록 하는 안전한 관계의 발달을 촉진하는 놀이도구를 선택하여 제공한다. 이러한 치료자와 아동 간의 역동적인 대인관계를 놀이치료라고 정의할 수 있다.

인간중심적 이론 및 치료와 동일하게(Rogers, 1951), 이 정의에서 필수적인 요소는 관계에 중점을 둔다는 것이다. 실제로 치료의 성공과 실패 여부는 치료적 관계의 발전과 유지에 달려 있다. 지속 가능한 변화와 성장을 위한 매개체는 아동과의 관계다. 이러한 관계의 발전은 아동이 자신이 원하는 대로 스스로를 표현하는 데 발달적으로 적절한 양상을 제공함으로써 촉진할 수 있다.

대부분의 성인은 감정, 좌절, 걱정, 개인적인 문제를 언어 표현의 형태로 말할 수 있다. 성인에게 있어 언어가 아동에게는 곧 놀이다. 아동에게는 감정의 표현, 관계의 탐색, 자기 성취의 매개체가 놀이다. 기회가 주어지면 아동은 성인과 비슷한 방법으로 과정을 표현하기도 하며, 그들 감정과 욕구를 놀이로 발산하기도 한다. 표현의 역동성과 의사소통의 전달 수단은 아동마다 차이가 있지만 표현(공포, 만족, 분노, 행복, 좌절, 흐뭇함)은 성인과 비슷하다. 이러한 관점에서 볼 때, 놀

[그림 2-1] 아동이 자신의 경험과 감정을 놀이로 표현하는 것은 그들이 할 수 있는 가장 자연스럽고 역동적이며 자기 치유적인 과정이다.

잇감은 아동의 단어이고, 놀이는 언어다. 언어만 사용하는 치료에서는 대부분의 표현과 활동의 생생한 형태를 부정한다(그림 2-1).

몇몇 놀이치료자의 목표는 '아동과 이야기하는 것'이다. 이러한 경우 치료자 자신의 걱정스럽고 불안한 상태가 드러나게 되고, 아동과 이야기하는 것이 필요하게 된다. 치료는 말로 하는 치료에만 국한되는 것은 아니다. 말로 치료를 할 수 있다면 놀이를 통한 치료는 왜 안 되겠는가? 놀이치료는 단지 언어적 행동이 아니라 아동의 행동 전체에 반응할 수 있는 기회를 제공한다.

치료자와 언어를 통한 의사소통을 적게 하는 아동들의 개선점을 분석한 스몰렌(Smolen, 1959)은 다음과 같이 말한다.

> 우리는 오히려 다음과 같은 명백한 결론에 도달하게 되었다. '말을 사용하는 치료'는 단지 '활동치료'를 대신할 때에 한해서만 효과적이다. 성인 치료에서조차 말이라는 것이 항상 행동을 대신해 주는 것은 아니다. 그것은 행동화 문제를 가진 성인 치료 연구에서도 볼 수 있다. 그런데 추상적인 행동이나 그것을 대신하는 말이 많은 경험을 한 성인에게는 종종 상당히 의미가 있다. 그러나 아동은 아직 성장 과정 중에 있기 때문에 언어나 사고의 추상성 또는 상징적인 형상을 이용하는 능력을 가지지 못하여 이 사실이 딱 들어맞지는 않는다. 이 점에서 아동과 상호 교환하는 언어의 보편타당성을 확인할 필요성이 치료자에게 부과된다. 비록 많은 아동이 어휘를 알고 있다고 해도, 잠재적인 유용성이라는 점에서 그들은 치료 중에 이러한 단어로 정서적인 경험을 의미 있게 요약하여 표현할 수 있는 연상과 풍부한 경험을 가지고 있지 않다(p. 878).

아동은 그들이 경험한 것에 어떻게 영향을 받았는지 혹은 그들이 느낀 것은 무엇인지 등을 말하고자 할 때 어려움을 겪는다. 하지만 잘 보살펴 주고, 민감하고 감정이입이 잘되는 성인이 있는 곳에서 그것을 표현할 수 있도록 허용해 준다면, 그들이 선택한 놀잇감과 놀이도구를 통해 무엇을 느끼는지, 놀이도구와 또 무엇을 하고 있는지를 보여 주며 놀이를 통해 느끼는 감정을 표현한다. 언어적으로 표현하기 어려운 영역까지도 놀이를 통해 표현하기 때문에 아동에게 놀이는 의미 있고 중요하다. 아동은 말할 수 없는 것을 말하기 위해서, 좋지 않은 일이라고 여기는 것과 언어로 표현하기에는 곤란한 느낌을 표현하기 위해서 놀잇감을 사용한다. 놀이는 아동의 상징적 자기표현 언어다. 그리고 놀이는, 첫째, 아동이 경험해 온 것, 둘째, 경험한 것에 대한 반응, 셋째, 경험한 것에 대한 감정, 넷째, 아동의 소원, 소망, 욕구, 다섯째, 아동의 자각을 나타낼 수 있다. 이런 것이 치료자가 놀이치료 과정에서 아동의 놀이를 통해 찾고자 하는 중요한 메시지다([그림 2-2]).

놀이는 아동의 경험, 즉 자신만의 세계를 조직하려는 시도를 나타낸다. 심지어 현실 환경에서는 다르게 말할 수 있을지라도 아동은 놀이 과정을 통해 조절감을 경험한다. 조절 능력을 획득하려는 아동의 이러한 시도를 프랭크(1982)가 잘 설

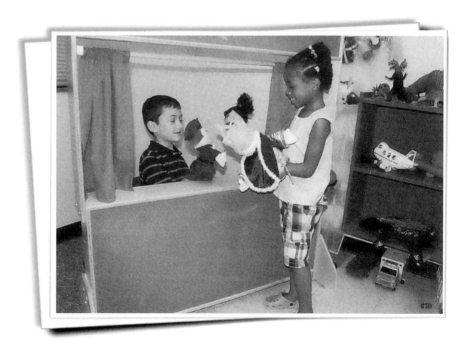

[그림 2-2] 놀이치료에서 아동은 말하면 혼날 것 같은 감정이나 말로 할 수 없는 것을 표현하기 위해 놀잇감을 사용한다.

명하고 있다.

> 아동은 놀이를 통해 계속적으로 현재 자신의 위치를 똑바로 앎으로써 과거
> 와 현재 자신을 연결한다. 아동은 자신의 과거 경험을 되풀이하고 새로운 지각
> 과 관련시킴으로써 동화하게 된다. 이러한 방법으로 아동은 스스로를 새롭게
> 지속적으로 발견하고, 그가 할 수 있고 해야만 하는 자신의 이미지를 교정한다.
> 게다가 아동은 놀이를 통해 자신의 문제와 갈등을 해결하려고 하며, 놀이도구
> 와 성인이 사용하는 도구를 가지고 놀면서 자신의 난처함과 혼란을 놀이로 발
> 산하거나 훈습한다(p. 24).

어린 시절에 아동은 조절하기 힘들다거나 할 수 없다고 느끼는 것을 많이 경험
한다. 놀이는 아동이 균형을 되찾고 조절하는 하나의 방법이다. 아동은 비록 자
신들의 삶에서는 조절이 이루어지지 않더라도 놀이를 통해 재표현된 일을 조절
하려고 한다. 이것은 실제 조절 능력이라기보다는 조절하는 감각 혹은 느낌으로,
아동의 감성 발달과 건강한 정신의 필수 불가결한 요소다.

아동의 놀이 행동을 이해하는 것은 치료자가 아동의 내적 생활로 좀 더 들어가
서 치료하는 것이다. 아동의 세계는 행동과 활동의 세계이기 때문에 놀이치료는
치료자가 아동의 세계로 들어갈 수 있는 기회를 제공한다. 따라서 치료자는 다양
하고 적절한 놀잇감을 선택하여 아동이 감정 표현을 확장하도록 도와야 한다. 따
라서 아동은 어떤 일이 일어났는지를 이야기하는 데 제한이 없다. 아동의 과거 경
험이 놀이를 하는 그 순간에 살아 나올 수 있도록 하여 감정이 연상되게 해야 한다. 그러
므로 치료자는 상황적인 일을 경감시키기보다는 경험이 표현되도록 허용하고,
아동이 정서적 삶에 참여하도록 해야 한다. 아동의 전체성이 놀이에 배어 나올
수 있기 때문에 아동이 경험한 표현과 감정은 특별하고 구체적이며, 현재의 흐름
과 맥락을 같이한다. 따라서 치료자는 과거의 환경보다는 그들의 현재 활동, 진
술, 감정, 정서에 반응해야 한다.

치료자에게 아동을 의뢰하는 이유가 공격적인 행동 때문이라면, 치료자는 아동이 다트 총으로 치료자를 쏘려고 하거나 인형을 발로 차 직접적으로 공격성을 경험하게 하는 것뿐만 아니라 적절하게 치료적으로 제한하여 아동이 자기 조절을 배울 수 있도록 도와주어야 한다. 놀이도구가 없다면 치료자는 아동이 어제 혹은 지난주에 보인 공격적인 행동에 관해서만 이야기를 나눌 수 있다. 놀이치료에 의뢰된 이유가 무엇이든지 간에 치료자는 아동이 현재 경험 속에서 나타나는 문제에 적극적으로 참여할 수 있는 기회를 주어야 한다.

액슬린(Axline, 1969)은 이러한 과정을 통해 아동이 놀이로 감정을 표출하여 표면상에 떠오르게 하고, 그것을 열어 보고 직면하게 되며, 감정을 통제하는 법을 배우게 될 뿐만 아니라 제거할 수도 있게 된다고 하였다. 이러한 과정을 놀이치료를 경험한 네 살배기 캐시의 놀이에서 볼 수 있다. 잠깐 보아서는 네 살짜리 놀이를 하는 것 같았지만 이불에 눕혀 놓은 인형의 팬티를 보고는 심한 동요를 보인 후, 그 인형을 의사에게 자세히 살펴보게 하였다. 그리고는 인형의 다리를 축 늘어뜨리려고 하였다. 여기에서 어떤 형태와 주제가 확연히 드러나기 시작하였다. 캐시가 꽤 어린 나이에 학대를 당하였음에도 불구하고 그녀는 그러한 경험을 표현하였다.

상징적인 놀이

피아제(1962)는 놀이는 구체적인 경험과 추상적인 사고 간의 교량 역할을 하므로 상징적인 놀이의 기능은 매우 중요하다고 하였다. 아동은 놀이에서 자신이 직접 혹은 간접적으로 경험한 상징적인 것을 구체적인 대상과 감각운동적인 방법으로 다룬다. 때때로 이러한 관계는 꽤 명확하지만 평소의 관계는 오히려 불명확하다. 어느 쪽이나 놀이는 아동이 경험하려는 노력을 의미하고, 그들의 생활이 통제될 때 안정감은 줄어들게 된다.

아동중심 철학은 아동의 건강한 발달로서 놀이를 중요하게 생각한다. 놀이는 구체적인 형태와 아동의 내적 세계를 표현하게끔 하며, 정서적으로 중요한 경험은 놀이를 통해서 의미 있게 표현된다. 놀이치료에서 놀이의 주요 기능은 현실 세계에서 다룰 수 없는 것을 상징적 표현을 통해 다룰 수 있는 상황으로 변화시키고, 자기 지시적인 탐구에 몰두하면서 모방을 학습할 수 있는 기회를 얻게 하는 것이다. 따라서 치료자는 아동이 자기표현을 하는 상징적인 언어로 놀이를 사용한다고 보아야 한다. "아동은 언어보다 놀잇감을 통해 자신의 삶에 있어서 중요한 사람, 사건, 자신에 대해 어떻게 느끼는지를 더 적절하게 보여 준다."(Ginott, 1994, p. 51) "치료자가 상상력이 부족하여 아동이 환상 속으로 들어가는 것을 허용하지 못한다면 중요한 것을 잃게 된다."(Axline, 1969, p. 127)

상징놀이를 통해 아동은 환경적 제약 없이 자유롭게 경험과 동화한다. 동화는

[그림 2-3] 아동이 직접 표현하기에 지나치게 위협적인 감정이나 태도는 스스로 선택한 놀잇감을 통해 표현함으로써 안전하게 투사할 수 있다.

주로 아동이 의식하지 못하는 상태에서 일어남에도 실질적인 변화를 촉진시킨 다. 놀이치료 경험 중 아동은 놀면서 놀이의 상징적 표상을 아주 드물게 의식한 다. 아동에게 놀이 경험이 안전하도록 만드는 요인은 바로 일어난 일과 거리감을 두는 측면에 있다. 아동은 의식적으로 '나를 학대하는 아버지가 무서운데 이 아 버지 인형은 우리 아버지와 너무 비슷하니 사자가 우리 아버지이고, 나는 아기 사자인 척을 해서 내가 하는 행동을 아무도 모르게 해야겠다.'라고 생각하지 않 는다. 아동은 놀이를 통해 경험과 감정을 표현할 수 있는데, 위협적인 경험을 상 징적으로 연기하고 있다는 점을 인지적으로 인식하고 있지 않기 때문이다. 충격 적인 외상 경험이나 상황을 상징적으로 연기하고, 놀이를 통해 일어난 일을 계속 해서 반복하며, 때로는 놀이 활동 속에서 결과를 바꾸거나 뒤집으면서 아동은 경 험을 통제하고 내면의 해결책에 가까워지며, 문제에 더 잘 대응하거나 적응할 수 있게 된다.

놀이를 통한 아동의 사건, 경험, 걱정, 문제 등의 무의식적인 표현은 여섯 살 아동인 브렌다와 함께한 놀이치료 회기에서 쉽게 볼 수 있다. 브렌다는 수술 후 합병증으로 (소변의 배출을 돕는) 카테터를 착용해야 했는데, 학교에서 통을 비우 고 나서 다시 원위치시키기 위해 연결하는 데 상당한 어려움을 겪었다. 항상 연 결 부분이 새서 크게 좌절하고 당혹스러워하였다. 놀이치료 중에는 반복해서 인형의 집을 이용해 물이 새는 싱크대나 배관 관련 문제를 표현하는 이야기놀 이를 하였다. 수화기를 들고는 배관공에게 크게 화를 내며 "멍청한 싱크대가 또 새요! 이 바보 같은 물건 좀 빨리 와서 다시 고쳐 주세요."라고 말하였다. 하지 만 카테터 통을 올바르게 부착하는 방법을 배운 주부터는 이러한 장면을 연기 하지 않았다.

이와 같이 아동 본인이 한 행동을 치료사에게 보이는 경우처럼 아동이 놀이에 서 문자 그대로의 의미를 의식할 때가 있다. 일곱 살의 스콧은 펀치백의 뒷덜미 를 헤드록 자세로 감싸 쥐고는 내게 "오늘 놀이터에서 제가 로저에게 한 일을 보 여 줄게요!"라고 소리쳤다.

2001년 9월 11일 국제무역센터에서 일어난 테러사건에 대한 반응과 감정 표현은 이러한 차이점을 생생하게 보여 준다. 어른들은 그들이 경험한 충격과 공포에 대해 이야기하고 또 이야기한다. 그러나 같은 경험으로 고통을 겪은 대부분의 아동은 절대로 그것에 대해 언급하지 않는다. 그들의 반응은 놀이를 통해서 표현된다. 아이들은 블록으로 타워를 만들고 그것을 비행기로 무너뜨린다. 빌딩은 무너져 불타고, 사이렌이 울리며, 사람들은 다치고 죽으며, 구급차는 사람들을 병원으로 옮긴다. 놀이치료를 받던 세 살의 아이는 반복적으로 헬리콥터를 벽에 던지고 그것이 땅에 떨어지는 것을 지켜보았다. 그러고는 "헬리콥터가 싫어! 헬리콥터가 싫어!"라고 거칠게 말을 하였다.

이 글을 작성하는 시점에 일본은 충격적인 지진과 쓰나미를 겪었으며, 특히 아동들이 겪었을 혼돈과 공포는 감히 상상하기 어렵다. 수천 가족의 모든 일상이 파괴되었고, 아동들은 더 이상 안전하다고 느끼지 않게 되었다.

일주일에 여러 번 진행되는 30분의 놀이치료가 삶에 있어 예상 가능한 일상이자 상징성이 주는 안전감에 기대어 억눌린 공포를 연기할 곳, 절제력을 다시 얻는 곳, 필요한 만큼의 평온함을 경험하는 곳, 혼돈 속의 오아시스가 될 수 있을 것이다.

놀이치료 과정에서의 단계

놀이치료 과정의 단계는 치료자와 아동 간의 상호 작용, 비평가적인 경험, 놀이치료실의 자유로운 환경이 제공된 결과이며, 치료자는 전체성을 가진 사람으로서 의사소통하여 진심으로 아동을 소중히 여기고 돌보아 주게 된다. 아동의 독특한 본질과 개별성이 수용되고 인정되는 특별한 삶 속에서 아동은 치료자와 의사소통하게 된다. 또한 수용된다는 느낌을 내부 깊숙이 느낄 때 자기의 한계성을 확장할 수 있게 된다. 이러한 경험과 자기 확장의 가능성은 종종 놀이치료 과정

중 변화를 보이는 단계에서 나타난다.

　무스타카스(Moustakas, 1955a)는 정서적 문제를 가진 아동들의 놀이치료 사례 연구 분석에서 자기 인식으로 나아가는 치료적 과정은 5단계를 거쳐 진행됨을 발견하였다. 1단계에 나타나는 광범위한 부정적 감정은 지저분한 것을 절대 견디지 못하고 청결과 정돈에 심하게 집착하는 아동의 사례에서처럼 아동의 모든 놀이에서 표현된다. 때로는 놀이치료실, 놀잇감, 치료자에게 적대감을 가득 발산할 수도 있다. 또는 어떤 활동도 시작하지 못하고 놀이치료실 가운데에 가만히 서 있는 아동처럼 높은 수준의 불안을 나타낼 수도 있다.

　2단계에서 아동은 일반적으로 불안 또는 적대감과 같은 양가감정을 표현한다. 무스타카스는 한 아동이 인형을 하나씩 집어 들고는 소리를 지르면서 테이블에 인형을 쾅쾅 내리치다 바닥에 다 던져 버리고는 "나는 이 중 어느 것도 마음에 안 들어요. 하지만 이것은 마음에 들어요."라며 쥐 인형을 집어 든 상황을 묘사하였다. 그리고 그 아동은 바로 "이것도 마음에 안 들어요."라며 쥐의 머리를 쥐어짰다고 하였다.

　3단계에서는 부모, 형제, 타인에게 더욱 집중적으로 직접적인 부정적 감정을 표현한다. 이러한 감정 또는 태도는 종종 아동의 상징놀이에서 분명하게 나타난다. 부모와 새로 태어난 아기에게 강한 부정적 반응을 행동으로 표현한 아동의 사례에서 아동은 엄마, 아빠, 아기 가족 인형을 한 줄로 세우고 "이 사람들은 도둑이다. 그래서 나는 이들을 쏴 죽일 거다."라고 선포하고는 인형을 차례로 쏴 죽였다.

　4단계에서는 양가감정이 아동의 놀이에서 다시 표현되는데, 부모, 형제, 타인에 대한 긍정적·부정적 감정과 태도가 나타난다. 여섯 살의 데이비드는 "너를 두들겨 팰 거야. 아무도 널 좋아하지 않아!"라고 소리치며 보보 인형을 있는 힘껏 때리고 찼다. 그 후 의료상자를 가지고 와 보보 인형을 진료하면서 "내가 너의 기분이 나아지게 해 줄게."라고 말하였다.

　5단계에서는 아동의 놀이에서 대개 현실적인 긍정적·부정적 태도가 명확해지고, 분명해지며, 분리되어 나타나지만, 긍정적 태도가 우세하다(Moustakas, 1955a, p. 84). 마지막 단계는 아동이 더 완전한 사람이 되기에 충분히 안전하다고 느끼게 해 주는 치료자의 이해와 수용과 돌봄 관계의 직접적인 결과다. 존재의 질은 치료자가 하는 다른 어떤 것보다 중요하다. 놀이치료에서 아동에게 제공되는 수용적이고 안전한 환경에서 각 아동의 독특함은 더 자유롭게 표현되어 더욱 완전해진다. 치료자가 이러한 독특한 자기(self)의 진가를 알아보고 수용하면서 아동은 수용을 내면화하고, 자신만의 독특함을 받아들이며 알아보기 시작한다. 이렇게 하면서 자기 인식이 진행된다. 자기 인식은 놀이의 촉진적인 과정을 통해서 표현된다.

　놀이치료 과정에 대한 가장 포괄적인 연구 중 하나인 헨드릭스(Hendricks, 1971)의 내담자중심 놀이치료 과정의 기술적인 분석 보고에서는 아동이 놀이치료 과정에서 다음과 같은 특징을 보인다고 한다.

- 1~4회: 호기심을 보이고, 탐색을 하게 되며, 확실한 의견을 말하지 않고 어물쩍거리며, 창조적인 놀이를 표현하고, 간단하고 서술적인 정보를 제공하는 설명, 행복과 불안한 감정을 모두 나타낸다.
- 5~8회: 탐색, 꾸물거림, 창조적인 놀이가 계속되고, 일반적인 공격놀이가 증가하며, 행복과 불안의 계속된 표현, 자발적인 반응이 분명해진다.
- 9~12회: 탐색, 꾸물거림, 공격적인 놀이가 감소하고, 관계놀이가 증가하며, 창조적인 놀이와 행복이 우세하고, 치료자와의 비언어적인 행동이 증가하며, 가족과 자신에 대한 좀 더 많은 정보를 제공한다.
- 13~16회: 창조적이고, 관계놀이가 우세하며, 특정한 공격적인 놀이와 행복의 표현, 당황, 싫증, 불신감이 증가한다.
- 17~20회: 극놀이와 역할놀이가 우세하고, 특정한 공격적 언어가 계속되며, 치료자와의 관계 형성이 증가하고, 행복한 감정이 우세하며, 자신과 가족에 대한 정보를 계속적으로 표현한다.
- 21~24회: 관계놀이와 극놀이, 역할놀이가 우세하고, 흔히 일어나기 쉬운 일상생활놀이가 증가한다.

두 번째로 주요한 놀이치료 과정의 포괄적인 연구는 위디(Withee, 1975)가 완성하였는데, 첫 3회기까지의 놀이치료 시간에는 아동이 그들의 행동에 대한 상담자의 반영에 대해 대부분 언어적으로 단서를 던져 주었고, 높은 수준의 불안을 보였으며, 언어적 · 비언어적 탐색놀이 활동을 보였다. 4~6회기 동안에는 호기심과 탐색은 감소한 반면에 공격적인 놀이와 소리 효과음을 내는 것은 절정에 도달하였다. 7~9회기 동안에는 공격적인 놀이는 가장 낮은 수준으로 감소하고, 창조적 놀이, 행복의 표현과 가정, 학교, 그들 삶의 다른 영역에 대한 언어적 정보는 가장 높은 수준으로 증가하였다. 10~12회기 동안에는 관계놀이가 가장 높은 수준을 차지하고, 주저하며 꾸물거리는 놀이가 가장 낮은 수준을 보였다. 13~15회기 동안에는 주저하여 꾸물거리는 놀이와 비언어적 분노 표현이 절정에 달하였다. 불안은 이전 수준 이상으로 증가하고, 언어적 관계의 상호 작용과 치료자와의 직접적인 시도는 가장 높은 수준에 도달하였다. 이때 소년과 소녀 간에 차이점이 나타나는데, 소년은 소녀보다 분노, 공격적인 진술, 공격적인 놀이, 소리 효과음을 더 많이 나타내었고, 소녀는 소년보다 창조적이며 관계놀이, 행복, 불안, 치료자 반응에 대한 언어적 확증, 긍정적이고 부정적인 사고의 언어화를 더 많이 나타내었다.

변별 가능한 패턴을 보여 준 이러한 연구는 놀이치료실에서 치료적 관계를 형성할 때 아동들의 놀이 과정에서 명백하게 나타나는 것을 보여 준다. 놀이치료 과정이 계속 진행되면서 아동은 좀 더 직접적으로 현실적인 감정을 표현하기 시작하고 특별한 것에 더욱 초점을 맞춘다. 아동은 첫 번째 단계에서는 탐색하고 주저하며 어물쩍거리고, 창조적인 놀이를 한다. 두 번째 단계에서는 가족과 자신에 관한 것을 공격적인 놀이와 언어로 표현한다. 그 후의 회기에서는 극놀이와 치료자와의 관계가 중요해지며, 불안, 좌절, 분노를 표현한다.

적응 아동과 부적응 아동의 놀이

무스타카스(1955b)는 적응 아동과 부적응 아동의 놀이에 대해 기술하였는데, 여기에는 몇 가지 차이점이 있다. 적응 아동은 말하기를 좋아하고, 그들을 위해 존재하는 것처럼 그들의 세계에 관해 토론하기를 좋아한다. 반면에 몇몇 부적응 아동은 첫 몇 회기 동안 말하는 데 있어 치료자와 굉장한 어려움을 보이며 철저하게 침묵을 지킨다. 다른 부적응 아동은 첫 몇 회기 동안에는 속사포처럼 많은 질문을 하고 대화를 한다. 부적응 아동의 첫 반응은 심사숙고하고 신중한 반면에 적응 아동은 놀이에서 자유롭고 자발적인 모습을 보인다.

적응 아동은 모든 놀이 영역을 탐색해 보고, 놀이도구를 넓은 영역에서 다양하게 사용한다. 그와는 대조적으로 부적응 아동은 좁은 공간의 놀이 영역에서 놀고, 놀잇감도 적게 사용한다. 부적응 아동은 종종 무엇을 하고, 무엇을 하면 안 되는지에 대해 이야기해 주기를 원한다. 그러나 적응 아동은 치료적 관계에서의 제한점과 자신들의 책임감을 발견하기 위해 다양한 전략을 사용한다.

방해나 괴롭힘을 당할 때 적응 아동은 자신의 문제를 나타내기 위해 구체적인 방법을 사용한다. 부적응 아동은 자신의 감정을 좀 더 상징적으로 표현하는데, 페인트나 진흙, 모래, 물과 같은 것을 사용한다. 부적응 아동은 종종 공격적인데, 때때로 치료자에게 공격적인 행동을 하며 놀이도구를 파괴하고 싶어 하기도 한다. 공격성은 또한 적응 아동에게서도 나타난다. 하지만 큰 파괴 없이 분명하게 표현하고, 표현에 대한 책임감을 가진다. 적응 아동은 자신, 치료자, 놀이에 대한 그들 감정의 강도가 부적응 아동처럼 그렇게 심각하지는 않다.

무스타카스(1955b)는 적응 아동과 부적응 아동과의 놀이치료 경험을 통해 모든 아동이 그들의 적응의 질과 관계없이 유사한 형태의 부정적인 태도를 표현한다고 하였다. 적응 아동과 부적응 아동 간의 차이점은 근본적으로 그들이 보이는 부정적인 태도에 달려 있는 것이 아니라 오히려 그런 태도의 양과 강도에 달려 있다고 보아야 한다. 적응 아동의 부정적인 태도는 표현이 약하고, 좀 더 초점이 분명하며, 방향성을 지닌 반면에 부적응 아동의 부정적인 태도는 초점과 방향에 비중을 덜 두고, 빈번하며 강렬하게 나타난다.

하우와 실번(Howe & Silvern, 1981)은 공격적인 아동, 위축된 아동, 잘 적응된 아동의 놀이치료에서 각각 행동의 차이점을 확인하였다. 공격적인 아동은 빈번하게 놀이를 붕괴하고, 갈등이 있는 놀이와 자기 폭로적 진술, 높은 수준의 환상적 놀이, 치료자와 놀잇감에 대한 공격적 행동을 보였다. 위축된 소년은 불안, 기괴한 놀이, 치료자의 개입에 대한 거부, 놀이에서 불만족스러운 내용으로 반응하는 퇴행을 보이는 것으로 확인되었다. 이에 비해 잘 적응된 아동은 정서적 불편함, 사회적 부적절감, 환상놀이를 덜 나타내었다. 위축된 소녀와 잘 적응된 소녀는 차이가 없었다.

페리(Perry, 1988)는 놀이치료에서 적응 아동과 부적응 아동의 놀이 행동을 연구하였는데, 부적응 아동이 적응 아동보다 좀 더 불만족스러운 감정, 갈등적 주제, 놀이 붕괴, 부정적인 자기 폭로적 진술을 표현하는 것을 발견하였다. 부적응 아동은 적응 아동보다 놀이 시간 동안에 분노, 슬픔, 두려움, 불행, 불안의 감정을 표현하는 데 많은 시간을 보냈다. 부적응 아동은 적응 아동보다 놀이치료 회기 동안에 더 자주 그들의 문제와 갈등을 말하고 그것을 놀이로 표출하였다. 사회적으로 부적절한 놀이나 환상놀이를 사용하는 영역에서는 적응 아동과 부적응 아동 간의 의미 있는 차이가 나타나지 않았다.

이(Oe, 1989)는 부적응 아동과 적응 아동의 첫 회기 내의 놀이 행동을 비교하였는데, 놀이의 가치를 진단적 목적으로 조사하였다. 부적응 아동은 적응 아동에 비해 주변 환경에서 일어나는 일에 대한 불순응을 더 많이 드러내었다. 비록 이(1989)는 부적응 아동과 적응 아동 사이의 중요한 차이점을 발견하지는 못하였지만, 부적응 아동이 극적이거나 역할 행동을 더 강하게 표현한다는 것을 알아내었다. 또한 부적응적인 여자아이는 부적응적인 남자아이에 비해 더 많이, 그리고 더 강하게 표현한다고 하였다.

　놀이치료자는 아동의 놀이의 의미에 대해 자기 주관적인 추측을 해서는 안 된다. 아동이 사용하는 놀잇감이나 놀잇감과 노는 방식이 항상 정서적인 문제를 드러내는 것은 아니다. 환경적인 요인, 최초 일어난 사건, 경제적 악화는 구성 요인이 될 것이다.

참고문헌

Axline, V. (1969). *Play therapy.* Boston: Houghton Mifflin.

Bettelheim, B. (1987). The importance of play. *Atlantic Monthly*(3), 35-46.

Frank, L. (1982). Play in personality development. In G. Landreth (Ed.), *play therapy: Dynamics of the process of counseling with children* (pp. 19-32). Springfield, IL: Charles C. Thomas.

Ginott, H. (1994). *Group psychotherapy with children: The theory and practice of play therapy.* Northvale, NJ: Aronson.

Hendricks, S. (1971). A descriptive analysis of the process of client-centered play therapy (Doctoral dissertation, North Texas State University, Denton). *Dissertation Abstracts International, 32,* 3689A.

Howe, P., & Silvern, L. (1981). Behavioral observation during play therapy: Preliminary development of a research instrument. *Journal of Personality Assessment, 45,* 168-182.

Moustakas, C. (1955a). Emotional adjustment and the play therapy process. *Journal of Genetic Psychology, 86,* 79-99.

Moustakas, C. (1955b). The frequency and intensity of negative attitudes expressed in play therapy: A comparison of well adjusted and disturbed children. *Journal of Genetic Psychology, 86,* 309-324.

Oe, E. (1989). Comparison of initial session play therapy behaviors of maladjusted and adjusted children (Doctoral dissertation, University of North Texas, Denton).

Papalia, D., & Olds, S. (1986). *Human development.* New York: McGraw-Hill.

Perry, L. (1988). Play therapy behavior of maladjusted and adjusted children (Doctoral dissertation, North Texas State University, Denton).

Piaget, J. (1962). *Play, dreams, and imitation in childhood.* New York: Routledge.

Rogers, C. (1951). *Client-centered therapy.* Boston: Houghton Mifflin.

Smolen, E. (1959). Nonverbal aspects of therapy with children. *American Journal of psychotherapy, 13,* 872-881.

Withee, K. (1975). A descriptive analysis of the process of play therapy (Doctoral dissertation, North Texas State University, Denton). *Dissertation Abstracts International, 36,* 6406B.

Woltmann, A. (1964). Concepts of play therapy techniques. In M. Haworth (Ed.), *Child psychotherapy: Practice and theory* (pp. 20-32). New York: Basic Books.

제3장

놀이치료의 역사와 발전

새는 날아다니고, 물고기는 헤엄치며, 아동은 놀이를 한다.

＊게리 랜드레스(Garry Landreth)

　아동의 삶에서 놀이가 중요한 위치를 차지한다는 것은 오래전부터 인식되어 왔다. 18세기에 루소(Rousseau, 1762/1930)는 그의 저서에서 아동을 이해하고 배우기 위해서는 놀이를 관찰하는 것이 중요하다고 하였다. 그는 자신의 저서 『에밀(Emile)』에서 아동 훈육과 교육에 대한 자신의 생각을 표현하였는데, 아동이 작은 성인이 아님을 주장하였다. 흥미로운 것은 230년이 지난 후에도 여전히 아동에 대한 개념이 분명하지 않다는 점이다. 아동의 놀이와 게임이 치료적 목적으로 사용되기보다는 교육적 목적에 더 가깝다는 루소의 평에도 불구하고, 그는 자신의 저서에서 아동의 세계를 매우 민감하게 이해하고 있다.

　　아동기를 적절하게 보내도록 하라. 그리고 그것이 좋은지, 나쁜지를 너무 일찍 판단하려고 하지 마라. 아동에게 무엇을 하도록 시키기 전에 자연의 시간이 작용하도록 하라. 아동기는 스스로의 성장을 방해하지 않도록 이성이 잠자는 시기다(Rousseau, 1762/1930, p. 71).

　프뢰벨(Fröbel)은 1903년에 그의 저서 『인간의 교육(The education of man)』에서 놀이의 상징적 요소를 강조하였다. 그는 놀이에는 놀이의 본질적 특성에 상관없이 의식적 목적과 무의식적 목적이 있으며, 따라서 의미를 찾을 수 있다고 제안하였다. "놀이는 그 자체로 아동의 영혼을 위한 자유로운 표현이기 때문에 아동

기에 이룰 수 있는 고도의 발달이다. 아동의 놀이는 단순한 운동이 아니다. 놀이
는 의미로 가득 차 있다."(Fröbel, 1903, p. 22)

아동에 대한 심리적 접근을 기술한 최초의 출판물은 지그문트 프로이트
(Sigmund Freud)가 1909년에 보고한, 공포증이 있는 다섯 살 난 '어린 한스'에 대
한 고전적 사례다. 프로이트는 한스의 집을 한 차례 잠깐 방문하였다가 한스를
보았다. 프로이트는 그의 아버지의 보고에 따라 아버지에게 제안을 하는 방식으
로 한스를 치료하였다. '어린 한스'는 아동의 문제가 정서적인 것에서 기인한다는
사실을 보여 주는 최초의 사례다. 오늘날에는 아동의 심리적 장애에 대한 새로운
개념의 중요성을 평가하기 어려울 정도로 정서적 원인을 쉽게 받아들이고 있다.
레이스먼(Reisman, 1966)은 20세기의 여명기에 전문가들이 아동기 장애가 일반적
으로 아동에 대한 교육과 훈련의 결핍에서 기인한다고 단정한 점을 지적하였다.

캐너(Kanner, 1957)는 자신의 연구를 통해 20세기 초에는 어떤 의미에서든 소
아정신의학으로 간주할 수 있는 어떤 절차나 접근도 이용되지 않았다라고 결론
지었다. 놀이치료는 정신분석적 치료를 아동에게 적용하려는 노력에서 발전하
였다. 1900년대 초반에는 아동에 관해 알려진 것이 거의 없다는 점을 고려한다
면, 기본적으로 내담자의 회상을 통해 얻은 자료를 분석하는 이 형식적이고 고도
로 구조화된 접근 방법이 아동분석에서는 부정확하고 부적절한 것임을 금방 알
아차린 것은 놀라운 일이다.

정신분석적 놀이치료

한스에 대한 프로이트의 치료에 이어, 헤르민 허그-헬무스(Hermine Hug-
Hellmuth, 1921)는 아동분석에서는 놀이가 필수적이라고 보며, 아동이 자신을 표
현하도록 아동에게 놀잇감을 제공한 최초의 치료자 중 한 사람이다. 그녀의 치료
가 안나 프로이트(Anna Freud)와 멜라니 클라인(Melanie Klein)보다 앞서긴 하였지

만 그녀는 구체적인 치료 접근을 형식화하지는 못하였다. 그러나 그녀는 성인의 치료 방법을 아동에게 적용하기 어렵다는 점에 관심을 가졌다. 우리가 현재 당면한 것과 똑같은 문제가 당시에도 존재하였던 것으로 보인다. 똑같은 문제라는 것은 기존의 성인의 치료 방법을 아동에게 적용하려고 하는 것과 아동분석이 성인 정신분석과는 거리가 있으며, 다르다는 것을 알게 되었다는 것이다. 아동은 자신의 불안을 성인처럼 언어로 표현할 수 없다. 또한 아동은 성인과 달리 자신의 과거를 탐색하거나 자신의 발달 단계에 관해 토론하는 것에 조금도 관심이 없으며, 자주 자유연상을 거부한다. 결과적으로 1900년대 초반에 일했던 대부분의 아동과 작업하는 치료자는 아동을 관찰하는 방식인 간접적인 치료 방법에 의존하게 되었다.

1919년에 멜라니 클라인(1955)은 여섯 살 이하의 아동을 분석하는 수단으로서 놀이기술을 사용하기 시작하였다. 그녀는 아동의 놀이가 성인의 자유연상처럼 동기화된 것으로 가정하고, 언어화된 자유연상 대신 놀이를 분석하였다. 따라서 놀이치료는 아동의 무의식에 닿을 수 있는 직접적인 길이 되었다. 그녀는 해석의 결과로 놀이에 부가적 자료가 드러난다고 보고하였다. 안나 프로이트(1946; 1965)는 치료자인 그녀 자신이 아동과 치료동맹을 맺는 방법으로서 놀이를 이용하기 시작하였다. 그녀는 클라인과는 달리 아동의 그림과 놀이 속에 숨어 있는 무의식적 동기를 해석하기에 앞서 아동과 치료자 사이의 정서적 관계 발전의 중요성을 강조하였다. 또한 클라인과 프로이트는 둘 다 과거를 드러내고 자아를 강하게 할 것을 강조하였으며, 아동이 자신을 가장 자유롭게 표현할 수 있는 매체가 놀이라고 믿었다.

멜라니 클라인(1955)은 아동이 환상, 불안, 방어를 표현하도록 격려하는 수단으로 놀이를 이용하였다. 멜라니 클라인과 안나 프로이트의 주요 차이점은 클라인이 아동놀이의 전의식적 의미와 무의식적 의미의 해석에 더 의존하였다는 것이다. 클라인은 거의 모든 놀이 활동에 상징적 의미, 특히 성적 의미가 있다고 보았다. 그녀는 무의식의 탐색은 치료의 주요 과제이며, 치료자와의 전이관계 분석을 통해 그것을 가장 잘 성취할 수 있다고 믿었다. 클라인은 치료자-아동 관계에서 욕망과 불안이 처음 생겼던 시점(아동기의 최고의 애정 대상, 부모 특히 어머니에게로)으로 거슬러 올라가 살펴볼 것을 강조하였다. 초기의 정서와 환상을 재경험하고, 그것을 이해하며, 치료자의 해석을 통해 통찰을 얻으면 아동의 불안이 감소된다는 것이다.

멜라니 클라인(1955)은 장난감 인형을 벽돌로 둘러싸며 놀이를 하는 아동의 놀이치료 사례를 통해 해석의 중요성을 설명하였다.

> 이 아동은 방을 보여 주려 하고 있으며, 인형은 사람을 상징한다고 결론을 내리고 이것을 해석하고자 하였다. 이러한 해석은 아동의 무의식을 최초로 건드리는 데 중요하다. 해석을 통해 아동은 장난감이 마음속에서 사람을 의미하며, 따라서 아동이 장난감에 대해 표현하는 감정이 사람들과 관계있다는 것을 깨닫게 된다. 해석하기 전에는 아동은 그 사실을 인식하지 못하였다. 아동은 자신의 마음의 한 부분을 알지 못했다는 것을 통찰하기 시작하였는데, 다시 말하면 무의식이 존재한다는 것을 깨닫기 시작하였다. 더 나아가 왜 분석가가 아동과 함께 있는지도 명확히 알게 되었다(p. 225).

멜라니 클라인이 사용한 놀잇감과 놀이도구―나무로 만든 남자와 여자 인형, 동물 모형, 자동차, 집, 공, 마블, 종이, 가위, 점토, 물감, 풀, 연필―는 기본적으로 단순하고, 작으며, 비구조화되고, 기계적이지 않은 것이었다. 그녀는 아동과 치료자 사이의 개인적이고 친밀한 관계를 나타내는 각 아동의 놀잇감을 서랍 속에 넣고 잠가 두었다. 클라인은 자신에 대한 신체적 공격은 허용하지 않았으나, 아동에게 공격적 환상을 표출할 수 있는 기회를 주기 위해 언어적 공격을 허용하였다. 그녀는 상황을 조절할 수 있을 때 아동의 더 깊은 동기를 해석할 수 있다고 보았다.

안나 프로이트(1946; 1965)는 아동의 내면세계에 접근하는 수단으로, 그리고 치료자에 대한 긍정적 애착을 촉진하는 수단으로 놀이를 이용하였는데, 아동이 그녀를 좋아하도록 영향을 주는 것이 주 목표였다. 놀이에 대한 직접적 해석은 최소로 줄이고, 놀이 상황에서 모든 것을 상징적인 것으로 단정하는 데 주의하였다. 어떤 놀이는 정서적 가치를 거의 가지고 있지 않다고 보았는데, 이는 그 놀이가 단순히 최근 경험의 의식적 반복이었기 때문이다. 안나 프로이트는 아동은 전이신경증을 일으키지 않는다고 믿었다. 그녀는 놀이 관찰과 부모 면담을 통해 광범위한 지식을 얻기 전까지는 아동의 놀이의 실제 의미에 관한 직접적인 해석을 하지 않았다.

지그문트 프로이트가 발전시킨 자유연상법이 본래 인지적이기 때문에 안나 프로이트는 아동을 감정 수준에서 경험할 수 있도록 구조를 변경하였다. 그녀는 아동이 백일몽이나 환상을 언어로 표현하도록 격려하였으며, 아동이 감정과 태도를 말하기 어려워하면 조용히 앉아 '그림을 보도록' 하였다. 이러한 기술을 통해 아동이 자신의 내면의 생각을 언어화하는 법을 배울 수 있고, 분석가의 해석을 통하여 사고의 의미를 발견하도록 하였다. 따라서 아동은 자신의 무의식에 대한 통찰을 얻게 되는 것이다. 그녀는 치료자와의 관계가 발전됨에 따라 놀이보다는 언어적 상호 작용을 강조하였다.

멜라니 클라인(1955)은 1929년에 미국을 방문하였고, 추후 미국에서 아동과의 치료 과정의 일부로 놀이를 이용하였다. 헤르민 허그 헬무스, 안나 프로이트, 멜라니 클라인은 아동과 아동 문제에 관한 견해를 변화시키는 데 획기적인 기여를 하였다.

이완놀이치료

놀이치료를 형식화하는 데 기여한 두 번째 주요 진전은 데이비드 레비(David Levy, 1938)가 발전시킨 이완치료다. 이는 구체적인 스트레스 상황을 가진 아동을 위한 구조화된 놀이치료 접근이다. 데이비드 레비는 아동의 놀이는 해석할 필요성이 전혀 없으므로 자신의 방법은 놀이의 정화 효과에 기초를 두고 있다고 하였다. 이 접근에서 치료자의 주된 역할은 선택한 놀잇감을 통해 아동의 불안반응을 일으키는 경험을 다시 만들어 내는 장면의 이동자가 되는 것이다. 아동이 놀이치료실과 치료자에게 친숙해지도록 자유놀이를 하게 한 후 적절하다고 느껴질 때 놀이도구를 이용하여 스트레스를 일으키는 장면을 만들어 내는 것이다. 외상사건의 재연출은 아동으로 하여금 고통과 긴장을 방출하게 한다. 나머지 시간에는 아동이 마음대로 자유놀이를 하게 한다. 경험을 '놀이로 표현'하거나 재연출의 과정을 통해 아동은 놀이를 통제할 수 있게 되고, 따라서 '행동함을 받는' 수동적인 역할에서 적극적인 역할인 '행위자'로 이동하게 된다. 아동이 놀이를 할 때 치료자는 아동이 표현한 언어적 · 비언어적 감정을 반영한다. 이완치료에서는 세 가지 활동이 놀이치료실에서 일어난다.

1. 물건을 던지거나, 공을 찢어 터뜨리거나, 젖병을 빠는 유아적 즐거움을 방출하는 것
2. 엄마 가슴에 아기 인형이 있는 것을 보여 줌으로써 형제간의 경쟁을 자극하는 등의 표준화된 상황에서 감정을 방출하는 것
3. 아동의 삶과 관련된 스트레스 경험을 놀이로 재현하여 감정을 방출하는 것

레비(1939)가 기술한 다음의 사례는 이완치료 접근의 진수를 보여 준다.

두 살 된 여자아이가 야경증 때문에 의뢰되었는데, 의뢰되기 이틀 전부터 야경증이 시작되었다. 이 아이는 자다가 놀라서 깨어 침대에 물고기가 있다고 비명을 질렀다. 야경증은 바로 그날 시장에 갔던 것과 관계가 있었다. 이 아이가 물고기를 볼 수 있도록 생선가게 주인이 아이를 들어 올렸다.

두 번째 호소는 말을 더듬는 것이었다. 그 당시까지의 언어 발달은 정상적이었음에도 불구하고, 의뢰되기 5개월 전부터 말을 더듬는 증상이 시작되었다. 10회기의 놀이치료를 실시하였는데, 2회기 때 점토로 만든 물고기를 소개하였다. 인형이 왜 물고기를 무서워하느냐는 질문에 대해 "물고기가 물까 봐."와 자신의 눈, 귀, 자궁을 가리키면서 물고기가 "여기로 들어갈까 봐."라고 대답하였다. 악몽이 시작되기 며칠 전, 이 내담자는 벌거벗은 아버지를 본 후 성 차이에 대해 질문한 적이 있었다. 놀이치료 과정에서 여러 번 물고기를 소개하고, 스스로 놀이를 촉진하도록 하였다. 예를 들어, 핑거 페인트를 보더니 그것을 가지고 놀고 싶어 하였다. 내가 어떻게 사용하는 것인지 보여 주었으나 이 아동은 만지려고 하지 않았고, 자신의 손에 묻히지도 못하게 하였다. 치료자 혼자 물감을 가지고 놀면서 아이의 손이 미칠 수 있는 곳에 물감을 놓자 마침내 아이는 물감을 좋아하게 되었다.

첫 면담이 끝난 다음에는 어떤 행동의 변화도 없었다. 물고기 공포는 3회기나 4회기 놀이치료 후에 사라졌고, 말을 더듬는 것은 6회기부터 나아지기 시작하여 마지막 회기가 끝나기 2주 전부터는 완전히 사라졌다. 7개월 후에도 효과가 지속되었다(p. 220).

고브 햄비지(Gove Hambidge, 1955)는 '구조화된 놀이치료'라는 제목으로 레비의 연구를 확장시켰다. 여기서는 치료관계의 형성에 이어 불안을 야기하는 상황을 직접 재현하고, 상황을 놀이로 연결한 다음, 개입을 통해 아동이 회복할 수 있도록 자유놀이를 허용하였다.

관계놀이치료

제스 타푸트(Jesse Taft, 1933)와 프레드릭 알렌(Frederick Allen, 1934)의 작업을

관계치료라고 하는데, 이는 놀이치료에서 세 번째로 중요한 발전을 이루었다. 관계놀이치료의 철학적 근거는 과거 역사와 무의식을 중요시하지 않고 현재, 즉 '지금-여기'에서의 치료자-내담자 관계가 중요하다고 강조한 오토 랭크(Otto Rank, 1936)에게서 출발하였다.

관계놀이치료에서는 기본적으로 치료자와 아동 사이의 정서적 관계의 치료적 힘을 강조한다. 알렌(1934)은 다음과 같이 언급하였다.

> 나는 내담자가 자신을 더욱 적절하게 수용하는 것, 그가 할 수 있는 것, 그가 계속 살아갈 세상과의 관계에서 느끼는 것에 대해 보다 분명한 개념을 얻을 수 있도록 자연스러운 관계를 만드는 데 관심이 있다. 나는 내가 한 개인으로서 내담자에게 관심이 있다고 내담자가 느끼는 것에 대해 걱정하지 않는다(p. 198).

과거의 경험을 설명하거나 해석하지 않는다. 현재의 감정과 반응이 주요 관심 대상이며, 이 접근이 치료 기간을 상당히 단축시킨 것으로 알려졌다. 알렌과 타푸트는 아동을 스스로의 행동을 건설적으로 변화시킬 역량이 있는 내적 힘을 가진 개인으로 볼 것을 강조하였다. 따라서 놀이를 할 것인지 하지 않을 것인지, 그리고 자신의 활동을 주도할 것인지를 선택할 자유가 아동에게 주어져야 한다. 아동이 점차 자신은 분리된 개인이며, 자신의 능력을 가지고 다른 개인과의 관계 속에 존재할 수 있다는 것을 깨닫게 된다는 것이 이 접근의 가설이다. 이 방법에서는 아동은 성장 과정을 스스로 책임져야 하며, 치료자는 치료자와 관련된 문제보다는 아동과 관련된 어려움에 집중해야 한다.

비지시적/아동중심 놀이치료

칼 로저스(Carl Rogers, 1942)는 관계치료자들의 작업을 공부한 후, 그것을 더욱 확장시켜 비지시적 치료로 발전시켰는데, 이는 나중에 내담자중심치료(Rogers, 1951)로, 그리고 오늘날에는 인간중심치료로 불리게 되었다.

놀이치료에서의 네 번째 주요 발전은 칼 로저스의 학생이자 후에 동료가 된 버지니아 액슬린(Virginia Axline, 1947)에 의해 이루어졌다. 그녀는 로저스의 비지시적/인간중심 이론(예를 들어, 성장을 향한 개인의 본질적인 자기 안내적 능력을 신뢰)철학과 원리를 놀이치료 장면에서 아동에게 성공적으로 적용하였다. 비지시적 놀이치료는 아동을 통제하거나 변화시키려 하지 않으며, 아동의 행동은 항상 완전한 자아실현을 위한 추동에서 기인한다는 이론에 근거를 둔다.

비지시적 놀이치료의 목표는 아동의 자기 인식과 자기 안내다. 치료자에게는 잘 준비된 놀이치료실이 있어야 하며, 아동에게는 놀이를 할 것인지 아니면 조용히 있을 것인지를 선택할 자유가 있다. 치료자는 아동이 감정을 표현하고, 동일시하며, 수용할 때 자기 자신을 수용하고, 그 감정을 자유롭게 다룰 수 있다는 사실을 믿으며, 아동의 사고와 감정을 적극적으로 반영해 주어야 한다.

액슬린(1950)은 놀이치료에 대한 자신의 개념을 다음과 같이 요약하였다. "놀이 경험이 치료적인 이유는 그것이 아동과 성인 사이에 안전한 관계를 제공함으로써 아동이 자신의 용어로, 정확히 자신의 방식으로 자신의 시간에 자신을 설명할 수 있는 자유와 여유를 주기 때문이다."(p. 68) 이 접근은 나중에 내담자중심 놀이치료라고 불리게 되었으며, 이 책에서는 이것을 아동중심 놀이치료로 확장시켰다. 최근에는 놀이치료에 대한 여러 가지 탄탄한 이론적 접근이 적용되고 있지만, 이 중 아동중심 놀이치료가 가장 오랜 기간 동안 적용되어 왔으며, 검증된 연구도 가장 많이 뒷받침되어 있다. 임상 장면에 있는 놀이치료자에게 진행된 최근의 설문에 따르면 아동중심 놀이치료는 놀이치료 임상가에게 가장 많이 쓰이고 있다(Lambert et al., 2007).

초등학교에서의 놀이치료

1960년대 초등학교의 생활지도와 상담 프로그램은 놀이치료에서의 다섯 번째 주요 발전의 문을 열었다. 1960년대 이전의 놀이치료는 부적응 아동의 치료에 초점을 둔, 주로 사설기관 치료자의 영역이었으며, 관련 문헌도 이러한 상황을 반영하는 놀이치료와 관련된 것이었다. 그러나 초등학교에 초등학교 상담자가 등장하게 되었고, 알렉산더(Alexander, 1964), 랜드레스(1972), 랜드레스, 알렌과 쟈콧(Landreth, Allen, & Jacquot, 1969), 무로(Muro, 1968), 미릭과 홀덴(Myrick & Holdin, 1971), 넬슨(Nelson, 1966)과 워터랜드(Waterland, 1970) 등이 관련 문헌에서 자신들의 놀이치료 경험을 서둘러 기술하였다. 이들은 부적응 아동뿐만 아니라 모든 아동의 광범위한 발달적 요구를 충족시키기 위해 학교 장면에서 놀이치료를 사용할 것을 권장하였다. 예방적 역할을 강조하는 놀이치료의 이러한 경향은 계속되었다.

디믹과 허프(Dimick & Huff, 1970)는 아동이 충분히, 그리고 효과적으로 타인에게 자신을 표현하는 언어적 의사소통을 세련된 수준으로 하기 전까지는 아동과 상담자 사이에 의미 있는 의사소통이 일어나도록 놀이 매체를 사용해야 한다고 제안하였다. 그렇다면 초등학교 상담자, 학교심리학자 또는 사회사업가가 놀이치료를 해야 하는가 하는 주요 의문이 생기지만, 그보다는 어떻게 초등학교에서 놀이치료를 할 것인가가 더 큰 문제다.

초등학교의 궁극적인 목표는 아동에게 적절한 학습 기회를 제공하여 아동의 지적·정서적·신체적·사회적 발달을 돕는 것이다. 따라서 초등학교 장면에서 놀이치료 사용의 주요 목표는 아동이 제공받은 학습 경험이 효과적으로 작용하도록 돕는 준비 과정의 역할을 하는 것이다. 아동에게 억지로 배우게 할 수는 없다. 아무리 잘 가르치는 교사도 배울 준비가 안 된 아동을 가르칠 수는 없다. 놀이치료는 아동의 학습 기회를 최대화할 수 있는 경험을 학습 환경과 연결하는 역할을 한다.

최근 놀이치료를 사용하는 초등학교 상담자가 늘어나고, 놀이치료를 사용하는 정신건강 전문가 역시 큰 폭으로 증가하고 있다. 몇몇 대학의 상담 교육 프로그램은 상담 과정에서 놀이치료 훈련을 하도록 권하고 있다.

국제놀이치료학회

1982년 국제놀이치료학회(Association for Play Therapy: APT)의 설립은 6개 놀이치료 분야의 진보적인 성장을 이루었다. APT의 조직은 놀이치료 발전에 전념하는 국제사회를 위한 독창적인 계획이었다. APT는 여러 학문 분야에 걸친 절충적인 태도를 취하였다. 학회에서는 『국제놀이치료학술지(*International Journal of Play Therapy*)』라는 우수한 계간지를 발간하였는데, 매년 10월에 미국이나 캐나다 등지에서 학회를 개최하였다. APT의 회원은 1988년 450명에서 2011년 5,670명으로 증가하였다. 이러한 빠른 증가는 놀이치료 분야가 얼마나 빠르게 발전하고 있는지를 사실적으로 보여 준다. 아동과 작업하는 데 관심이 있다면 APT 회원이 되기를 권한다. 회원 가입을 하려면 놀이치료학회에 편지를 보내야 한다(주소: 2050 North Winery Avenue, Suite 101, Fresno, California, 93703/이메일 주소: www.info@a4pt.org). 또는 www.a4pt.org 홈페이지에 접속하면 자세한 내용을 볼 수 있다.

대학에서의 훈련 과정

현장에 있는 전문가와 훈련 과정에 있는 예비전문가 사이에서 놀이치료 훈련 과정에 대한 관심이 증가함에 따라 놀이치료 과목과 슈퍼비전을 제공하는 대학이 증가하고 있다. 1989년에는 겨우 33개의 대학에서 놀이치료 과정을 제공하였지만, APT 자료에 의하면 2011년에는 미국 내 최소 171개의 대학에서 한 학기 또는 전 학기 과정으로 놀이치료 훈련을 제공하고 있다. APT 홈페이지의 'Find University Play Therapy' 페이지에는 놀이치료 훈련을 제공하는 대학 관련 자료를 제공하고 있다.

놀이치료센터

노스텍사스 대학교(University of North Texas)에 위치한 '국립놀이치료센터(National Center for Play Therapy)'는 놀이치료 분야에 주요한 발전을 이루었다. 이 센터는 계속적인 훈련과 연구를 위한 장소뿐만 아니라 놀이치료 문헌, 훈련, 연구와 관련된 정보의 교환소 역할을 한다. 또한 8개의 시설이 완비된 놀이치료실과 3개의 활동중심 놀이치료실(activity therapy room)을 갖추고 있는데, 각 방에는 비디오 시설과 일방경이 준비되어 있다.

상담교육학과에 속한 놀이치료센터에는 대학원생을 위한 놀이치료 실습과 슈퍼비전을 포함한 8개의 놀이치료 과목이 개설되어 있고, 6월에는 2주간의 여름 놀이치료 강좌가 열린다. 또한 매년 10월에는 놀이치료학회가 개최되고, 놀이치료 문헌 목록을 포함한 연구와 조사 결과를 출판한다. 또한 놀이치료에 크게 공헌한 유명한 분들의 놀이치료 임상 장면을 다룬 비디오 시리즈를 생산하고, 박사 과정에 장학금을 제공한다. 이 놀이치료센터는 세계에서 가장 큰 규모의 놀이치료 프로그램 기관으로 알려져 있으며, 외국의 많은 학자, 연구자, 대학 교수가 연구를 위해 이 센터를 활용하고 있다. 정보를 원할 경우, Center for Play Therapy, University of North Texas, 1155 Union Circle No. 310829, Denton, Texas, 76203-5017로 연락하거나 웹사이트 www.coe.unt.edu/cpt를 확인하라.

부모-자녀 관계 증진 치료

아동의 현재와 미래의 정신건강을 위해 가장 중요한 것은 부모-자녀 관계다. 그러므로 미래 성인의 정신건강을 긍정적인 방향으로 만들고 싶다면 모든 아동의 정신건강을 향상시키기 위해 엄청난 노력을 기울여야만 한다. 정신건강 관련 일을 하는 사람들은 미래 성인의 삶에 절대적인 영향을 미치는 가장 중요한 위치에 있는 부모를 교육할 수 있는 훈련을 반드시 받아야 한다. 기본적인 놀이치료기술을 이용하여 부모가 치료 중개자로서 자녀를 훈련시키는 부모-자녀 관계 증진 치료는 놀이치료 분야에서의 가장 중요한 발전 중 하나다. 1960년 베나드 거니(Bernard Guerney)와 루이스 거니(Louise Guerney) 부부가 개발한 이 혁신적 접근은 부모놀이치료로 널리 알려져 있다. 거니 부부가 착안한 부모놀이치료는 아동중심 놀이치료의 기본 기술을 부모에게 훈련시켜 부모가 매주 가정에서 특별한 놀이 시간을 통해 아동의 삶에 치료적 조력자가 되게 하는 것이다.

부모놀이치료에 대한 설명은 내가 쓴 『부모-자녀 관계 증진 치료(*Child Parent Relationship Therapy*)』의 정의를 보면 더 분명해진다. 부모놀이치료는 부모를 그들 자녀의 치료적 중간 개입자로 만들기 위해 교육 지침서를 제공하고, 놀이 시간 설명하기, 집에서 놀이 시간 가지기, 지지적인 환경에서 슈퍼비전 받기 등의 전문적인 놀이치료 훈련을 하는 독특한 접근으로 정의할 수 있다. 부모는 아동중심 놀이치료의 기본적인 원리와 기술을 익히고, 반영적 경청하기, 아동의 감정을 알아차리고 반영해 주기, 치료적 제한 설정하기, 아동의 자존감 높이기를 배우며, 선별된 놀잇감 세트를 가지고 매주 자녀와 놀이 시간을 가지게 된다. 이를 통해 부모는 부모-자녀 관계를 향상시키는 무비판적이고, 이해하며, 수용적인 환경을 어떻게 만드는지를 배운다. 그 결과, 부모와 자녀 모두 개인적 성장과 변화를 경험하게 된다.

나는 시간과 경제적인 제약이 종종 부모 참여의 방해 요소가 되는 것을 발견하여 거니 부부의 모델을 더 집약해서 10회기 부모 훈련 프로그램으로 발전시켰다

(Landreth, 1991; 2002). 랜드레스와 브래튼(Landreth & Bratton, 2006)은 10회기의 부모놀이치료 모델로 부모-자녀 관계 증진 치료(Child Parent Relationship Therapy: CPRT)를 만들었다. CPRT의 내용은 지침서로 만들어졌고(Bratton, Landreth, Kellam, & Blackard, 2006), 치료 접근이 지침서로 만들어진 것은 놀이치료 분야에서 처음 있는 일이었다. 부모-자녀 관계 증진 치료는 정신과 분야의 발전을 촉진시킨다. 치료기술은 부모와 나누어야 한다. 만약 놀이치료실에서 치료자가 아동과 함께하는 것이 아동에게 도움이 된다면 부모가 보여 주는 그와 같은 행동도 아동의 전반적인 성장과 발달에 도움이 될 것이다.

놀이치료의 추세

성인 놀이치료

성인 놀이치료에 대한 관심은 날로 증가하고 있다. 치료 장면에서 개인이 아닌 놀이 활동에 초점을 맞추기 때문에 성인은 놀이 활동 그 자체에 몰입하게 되며, 단순한 언어화를 통해서는 불가능한 여러 가지 인식을 얻게 된다. 놀이를 통해 성인은 매우 개인적 경험인 자기와 대화하게 된다. 놀이에는 직접 참여해야 하기 때문에 인형의 집, 모래상자, 페인트, 보보 인형은 성인에게 매우 촉진적인 도구다. 내가 2001년도에 쓴 『놀이치료의 혁신: 이슈, 과정, 특수 대상(*Innovations in Play Therapy: Issues, Process, and Special Populations*)』에 요양소의 노인을 대상으로 한 놀이치료 장면이 매우 효과적으로 표현되어 있다. 어떤 치료자들은 놀이치료실에서 성인에게 놀잇감을 자유롭게 고르게 한 후 흥미로운 결과를 얻었다고 보고하였다. 그 밖의 치료자들도 놀이치료실에서 집단놀이치료를 실시하였는데, 성인 구성원에게 자신을 상징하는 놀잇감을 선택하게 하였다. 놀잇감을 골라 구성원들과 함께 공유하고 피드백을 얻는 것이 핵심이 된다.

가족치료에서의 놀이치료 기법

가족치료자들도 아동의 참여와 표현을 촉진하기 위해 치료 장면에서 놀잇감과 미술 재료를 사용하는 것의 가치를 인식해 가고 있다. 아홉 살에서 열 살 미만의 아동은 가족 면담에 효과적으로 참여하기 위해 필요한 언어 능력을 가지고 있지 못하다. 가족치료에서 성인들끼리는 언어적 상호 작용이 이루어지지만, 아동들은 놀이 매체 없이 구경꾼 역할을 하거나 목적 없이 방 안이나 생각 속을 배회하는 것을 많이 볼 수 있다. 아동에게 가족 인형을 주고 집에서 일어난 일을 보여 달라고 하는 것은 집에서 어떤 상호 작용이 일어나는지를 말로 설명하라고 하는 것보다 훨씬 효과적이다. 놀이치료 활동에 전 가족을 참여시키면 매우 촉진적이며, 치료 과정에는 모든 사람을 참여시킬 수 있다. 놀이 활동 계획에 부모가 자녀와 함께 참여하도록 하면 부모는 장래 가족 상호 작용에 도움이 될 문제 해결 방식을 배우게 된다. 가족놀이치료는 치료자로 하여금 놀이촉진자, 역할모델, 참여자, 교사 또는 교육자로서 상호 작용하는 광범위한 역할을 맡게 한다.

집단놀이치료

놀이치료의 발전 역사를 살펴볼 때, 집단놀이치료를 실시하긴 했지만 그 사용이 매우 제한되었다. 1961년에 출판되었으며, 1994년에 재발행된 해임 기노트(Haim Ginott)의 『아동의 집단심리치료: 놀이치료의 이론과 실재(*Group Psychotherapy with Children: The Theory and Practice of Play Therapy*)』와 1999년에 출판된 스위니(Sweeney)와 호메이어(Homeyer)의 『집단놀이치료 핸드북(*Handbook of Group Play Therapy*)』이 집단놀이치료를 주제로 다룬 유일한 교과서다. 집단놀이치료 워크숍에 대한 놀이치료학회의 관심은 높아지고 있다. 집단놀이치료를 여기에 제시한 것은 집단놀이치료에 대한 관심이 급격히 증가하는 이유를 보여 주기 위해서다.

청소년과 성인을 대상으로 한 집단상담처럼 집단놀이치료는 놀이치료실에서 다른 아동들과의 자연스러운 상호 작용을 통해 기본적으로 다른 아동뿐만 아니라 자신에 관해 배우는 심리적이고 사회적인 과정이다. 상호 작용 과정을 통해 아동은 다른 아동이 대인관계에서 책임을 지도록 돕는다. 이제 아동은 그러한 상호 작용을 집단놀이치료 장면 밖의 또래들에게 자연스럽고 즉각적으로 확장시킨다. 대부분의 집단적 접근과는 달리, 집단놀이치료에서는 집단 목표와 응집력이 집단 과정의 필수 요소가 아니다. 아동은 다른 아동을 관찰하면서 자신이 해보고 싶은 것을 시도해 볼 용기를 얻는다.

병원에서의 놀이치료

어린 아동에게 입원은 놀랍고도 스트레스를 주는 경험일 수 있다. 왜냐하면 모든 종류의 개입적인 절차가 이루어지는 낯선 환경이기 때문이다. 그러한 행위와 새로운 환경 때문에 아동은 불안해하고 통제력을 상실한다. 골든(Golden, 1983)은 아동이 처음 자신에게 왔을 때, 외과의사의 칼이 환자를 건강하게 만들어 퇴원을 하도록 돕는 것처럼 놀이치료자의 놀잇감 하나하나가 중요한 것임을 믿었다. 만약 아동이 자신의 공포와 걱정을 적절하게 표현하고 다룰 수 있는 기회를 얻지 못한다면 정서적 문제가 발생하여 건강한 적응에 방해를 받을 수도 있다.

놀이치료의 원칙과 절차의 적용은 위계적으로 병원에서 발견할 수 있다. 미국 아동생활 프로그램(Child Life Programs)은 놀이치료실과 협력하거나 불모의 환경일 수도 있는 곳에 놀잇감을 제공하였다. 병원 시설, 주사기, 청진기, 마스크 등을 인형 또는 손 인형 등과 함께 사용하는 놀이를 통해 치료자는 아동이 의료 절차와 친해지게 하였으며, 따라서 아동의 병원 공포를 현저하게 줄일 수 있게 되었다. 또한 아동으로 하여금 도구를 고르게 하고, 놀이를 주도하게 하여 긍정적인 결과를 얻기도 하였다. 아동은 자신의 놀이치료 과정에서 자신이 경험한 것을 드러낼 것이다. 이것은 자신이 경험한 것을 이해하려는 방법으로, 또는 통제감을 얻으려는 방법으로 볼 수 있다.

참고문헌

Alexander, E. (1964). School centered play therapy program. *Personnel and Guidance Journal, 43,* 256-261.

Allen, F. (1934). Therapeutic work with children. *American Journal of Orthopsychiatry, 4,* 193-202.

Axline, V. (1947). Nondirective play therapy for poor readers. *Journal of Consulting Psychology, 11,* 61-69.

Axline, V. (1950). Entering the child's world via play experiences. *Progressive Education, 27,* 68-75.

Bratton, S., Landreth, G., Kellam, T., & Blackard, S. (2006). *Child Parent relationship therapy (CPRT) treatment manual.* New York: Routledge.

Dimick, K., & Huff, V. (1970). *Child counseling.* Dubuque, IA: William C. Brown.

Freud, A. (1946). *The psychoanalytic treatment of children.* London: Imago.

Freud, A. (1965). *The psycho-analytical treatment of children.* New York: International Universities Press.

Freud, S. (1909/1955). The case of *"Little Hans" and the "Rat Man."* London: Hogarth Press.

Fröbel, F. (1903). *The education of man.* New York: D. Appleton.

Ginott, H. (1961/1994). *Group psychotherapy with children: The theory and practice of play therapy.* Northvale, NJ: Aronson.

Golden, D. (1983). Play therapy for hospitalized children. In C. Schaefer & K. O'Conner (Eds.), *Handbook of play therapy* (pp. 213-233). New York: John Wiley.

Hambidge, G. (1955). Structured play therapy. *American Journal of Orthopsychiatry, 25,* 601-617.

Hug-Hellmuth, H. (1921). On the technique of child analysis. *International Journal of Psychoanalysis, 2,* 287.

Kanner, L. (1957). *Child psychiatry.* Springfield, IL: Thomas.

Klein, M. (1955). The psychoanalytic play technique. *American Journal of Orthopsychiatry, 25,* 223-237.

Lambert, S., LeBlanc, M., Mullen, J., Ray, D., Baggerly, J., White, J., & Kaplan, D. (2007). Learning more about those who play in session: The national play therapy in counseling practices project (Phase I). *International Journal of Play Therapy, 14,* 7-23.

Landreth, G. (1972). Why play therapy? *Texas Personnel and Guidance Association Guidelines, 21,* 1.

Landreth, G. (1991). *Play therapy: The art of the relationship.* New York: Accelerated Development.

Landreth, G. (2001). *Innovations in play therapy: Issues, process and special populations.* Philadelphia: Brunner-Routledge.

Landreth, G. (2002). *Play therapy: The art of the relationship* (2nd ed.). New York: Routledge.

Landreth, G., Allen, L., & Jacquot, W. (1969). A team approach to learning disabilities. *Journal of Learning Disabilities, 2,* 82-87.

Landreth, G., & Bratton, S. (2006). *Child parent relationship therapy (CPRT): A 10-session filial therapy model.* New York: Routledge.

Levy, D. (1938). Release therapy in young children. *Psychiatry, 1,* 387-389.

Levy, D. (1939). Release therapy. *American Journal of Orthopsychiatry, 9,* 713-736.

Muro, J. (1968). Play media in counseling: A brief report of experience and some opinions. *Elementary School Guidance and Counseling Journal, 2,* 104-110.

Myrick, R., & Holdin, W. (1971). A study of play process in counseling. *Elementary School Guidance and Counseling Journal, 5,* 256-265.

Nelson, R. (1966). Elementary school counseling with unstructured play media. *Personnel and Guidance Journal, 45,* 24-27.

Rank, O. (1936). *Will therapy.* New York: Knopf.

Reisman, J. (1966). *The development of clinical psychology.* New York: Appleton-

Century-Crofts.

Rogers, C. (1942). *Counseling and psychotherapy*. Boston: Houghton Mifflin.

Rogers, C. (1951). *Client-centered therapy*. Boston: Houghton Mifflin.

Rousseau, J. (1762/1930). *Emile*. New York: J. M. Dent & Sons.

Sweeney, D., & Homeyer, L. (1999). *Handbook of group play therapy*. San Francisco: Jossey-Bass.

Taft, J. (1933). *The dynamics of therapy in a controlled relationship*. New York: Macmillan.

Waterland, J. (1970). Actions instead of words: Play therapy for the young child. *Elementary School Guidance and Counseling Journal, 4*, 180-197.

제 4 장

아동에 대한 관점

어린 아동이 건강하게 성장하기 위해 필요한 것은
읽는 법을 배우는 것이 아니라 놀이하는 방법을 배우는 것이다.

*프레드 로저스(Fred Rogers)

어떤 사람들은 우주가 마지막으로 탐색해야 할 미연구 분야라고들 하지만 진짜 마지막 남은 미연구 분야는 아동기일 것이다. 아동기의 복잡함에 관해 알려진 것은 거의 없으며, 아동기의 의미를 발견하고 이해하려는 노력도 제한되었는데, 그 이유는 우리가 아동에게 배워야 하기 때문이다.

> **기본 규칙**
> 아동에 관한 중요한 것은 아동을 통해서만 배울 수 있다.

놀이치료에서 놀이치료자와 관계 맺는 아동만이 치료자가 몰랐던 아동에 관한 중요한 것을 알려 줄 수 있다. 우리는 아동을 통해서만 아동을 배울 수 있다. 아동은 자신의 복잡한 성격 구조를 짜고, 정서적 가능성이라는 풍요한 직조물을 치료자와의 관계에서 내어놓는다. 이러한 정서적 가능성이 작용하는 방향은 치료자 개인, 치료자가 보이는 반응 유형, 아동이 치료자에게 느끼는 것에 영향을 받는다.

어린 아동과의 관계에 대한 신조

아동중심 이론에 근거하여 아동과 관계를 맺는 과정은 치료자를 위한 탐험적이고 자기 계획적 태도의 틀인 다음의 신조에 기초를 둔다.

1. 아동은 축소된 성인이 아니다. 치료자는 아동을 축소된 성인으로 대하지 않는다.

2. 아동은 인간이다. 이들에게는 깊은 정서적 고통과 즐거움을 경험할 능력이 있다.

3. 아동은 독특하며 존중받을 가치가 있다. 치료자는 각 아동의 독특함을 인정하고 아동 그 자체를 존중한다.

4. 아동은 유연하다. 아동은 자신의 삶에서 방해물이나 환경을 극복할 수 있는 엄청난 힘을 가지고 있다.

5. 아동에게는 성장과 성숙을 향한 타고난 성향이 있다. 아동은 내면에 직관적인 지혜를 가지고 있다.

6. 아동에게는 긍정적인 자기 안내 능력이 있다. 아동은 창의적인 방식으로 자신의 세계를 다룰 수 있다.

7. 아동의 자연적인 언어는 놀이다. 놀이는 아동이 가장 편안해하는 자기표현 매체다.

8. 아동에게는 침묵할 수 있는 권리가 있다. 치료자는 아동이 말하지 않기로 결정한 것을 존중한다.

9. 아동은 자신이 필요로 하는 곳에서 치료적 경험을 한다. 치료자는 아동이 언제, 어떻게 놀아야 할지를 결정하려고 해서는 안 된다.

10. 아동의 성장을 재촉할 수는 없다. 치료자는 이것을 인식하고 아동의 발달 과정에 대해 인내심을 가진다.

아동은 자신의 권리를 가진 개인이다. 이들은 사전에 결정된 어떤 연령에 이르거나 어떤 기준을 충족시킨 다음에야 개인이 되는 것이 아니다. 각 아동은 나름대로의 독특한 성격을 가지고 있는데, 이 독특함은 아동의 삶에서 어떤 중요한 사람에게 달려 있는 것이 아니다. 또한 아동 개인의 중요성이나 아동 행동의 기능도 다른 중요한 사람에게 달려 있지 않다. 따라서 아동은 개인으로서의 가치와 존엄성을 지니고 있기 때문에 존중받을 가치가 있다. 개인으로서의 아동에게 반응하는 치료자는 이들의 독특함을 인정하고 받아들여야 한다. 어떤 어른들은 마치 무생물을 다루듯 아동을 '그것'이라고 표현한다. 아동을 '그것'이라고 생각하는 것은 항상 가장 큰 장해가 된다. 아동은 인간이다. 그러한 차별을 받아서는 안 된다.

아동은 연구할 대상이 아니며, 순간의 역동으로 이해되어야 할 개인이다. 놀이치료실의 치료자 앞에 서 있는 아동은 분석되어야 할 문제가 아니라 관계 맺고 이해받아야 할 전인(全人)이다. 모든 개인은 가치 있는 개인으로서 인식되고, 자신에게 귀 기울여 주기를 열망한다. 어떤 아동에게 그것은 마치 자신의 메시지를 전하면서 매일매일의 삶을 수행하는 것과 같다. '이봐요, 거기 누구 없어요? 누구든 나를 좀 봐 줄 사람 없어요? 마음이 아파요. 나를 이해할 수 있겠어요? 돌봐 줄 수 있어요?' 하지만 매일매일의 삶에서 어른들은 아동의 이러한 정서적 메시지를 무시한다. 그래도 놀이치료실에서는 아동을 쳐다봐 주고, 경청해 주며, 반응해 주고, 자신의 삶을 계획할 수 있게 해 준다. 이것은 아동이 성장과 자기 안내를 위한 내적 자원을 끌어내도록 허용하는 과정이다. 놀이치료실에서 경험한 허용은 아동으로 하여금 자신의 특성을 충분히 표현하게 한다.

아동은 탄력적이다

아동은 내부에 힘을 가지고 있으며 유연하다. 이들은 급속히 회복된다. 아동이 가정 환경의 산물이라는 표현은 너무 단순하며, 동일한 환경에서 자란 서로 다른 아동에 대해서는 설명하지 못한다. 삶에서 재난으로 보이는 일이 닥쳤을 때에도 어떤 아동은 상처받지 않는 이유를 어떻게 설명할 것인가? 어떤 아동은 무자비하고 둔감한 부모에게 매일 맞지만 이 과정에서 심리적 상처를 받지 않는다. 어떤 아동은 가난한 환경에서 자라지만 풍요한 정신과 인생에 대한 조망을 가지고 성장한다. 어떤 아동은 알코올 중독 부모를 두었지만 소위 '상호 의존적인 다른 형제들'과는 다르게 독립적이며 적응도 잘한다. 어떤 아동은 정서적으로 문제가 있는 부모 밑에서 성장하고도 십 대 시절과 성인기에 상당히 잘 적응한다. 이러한 이유를 설명할 수 있는 한 가지 이론은 이들이 환경과 상호 작용하면서 개인 내부에 통합이 일어나기 때문이라는 것이다. 이러한 설명은 심지어 역경 속에서도 충만과 성숙을 향한 인간 유기체의 능력과 노력을 강조한다([그림 4-1]).

[그림 4-1] 아동은 성장과 성숙을 향해 나아가는 선천적인 능력을 가지고 있다. 놀이치료관계는 이러한 능력을 촉진시킨다.

　연구자들이 제안한 아동이 상처받지 않는 중요한 변인에는 높은 자기 존중, 자기 통제, 내적 동기, 개인적 정체감이 있다. 이러한 아동은 자신감이 있다. 이들은 자신의 환경을 통제할 수 있다고 느끼며, 목표 지향적이다. 연구자들은 이러한 아동의 부모가 자녀로 하여금 자기 안내를 하도록 허용한다는 사실을 알아내었다(Segal & Yahraes, 1979). 이러한 연구 결과는 아동이 경험하는 놀이치료관계의 역동과 과정을 반영한다.

　아동은 유연하다라는 생각을 하노라면, 서부 텍사스의 버려진 우물 파이프에 빠져 세상 사람들의 주목을 받았던 18개월의 제시카 맥클루가 생각난다. 어린 아동에게 얼마나 끔찍하고 무서운 경험이었을까? 이것은 어른에게도 마찬가지로 끔찍했을 것이다. 이 아동은 좁은 파이프 속에 갇혀 누구와도 이야기하거나 접촉할 수 없었으며, 자기를 편안하게 해 줄 사람이 아무도 없었다. 자신이 어디에 있고, 무슨 일이 벌어지고 있는지도 알 길이 없었다. 그 이틀이 마치 영원 같았을 것이다. 맥클루는 46시간 동안 혼자 있었다. 이 아이가 어두운 우물에 빠져 혼자 이틀을 보낸 후 구조대원이 처음으로 이 아이와 접촉하였는데, 이때 구조대원들은 이 작은 아이가 부르는 부드러운 노랫소리를 들었다. 스스로를 편안히 하고 돌보려는 자연적인 내적 동기, 이 얼마나 놀라운 일인가? 우리 어른들은 아동의 가능성과 능력을 알 만큼 지혜롭지 못하다. 아동에 대한 우리의 관점은 너무 편협하고 제한되어 있다. 어떤 어른들은 아동을 정확하게 이해하기 위해 아동을 제한해서 보기도 한다. 하지만 인간 유기체의 능력은 우리의 이해 수준을 벗어난다.

　통상적으로 아동은 즐거워하며, 기쁨으로 가득 차 있다. 그렇게 할 기회가 주어진다면 아동은 흥분, 개방, 경이로움으로 삶에 접근한다. 모든 아동은 삶에서 매일 어떤 즐거움을 경험해야 하며, 이것은 규칙을 밑바탕으로 하여 아동과 상호작용하는 모든 어른의 목표가 되어야 한다. 아동은 과제를 완성하도록 재촉받고 성장하도록 내몰릴 때 즐거움을 박탈당한다. 모든 아동의 삶에는 평온과 인내의 자리가 있어야 한다. 아동은 평온과 인내 속에서 자신의 내적 자원을 발견할 수 있다. 아동은 기본적으로 모든 것을 신뢰하므로 상처받기도 쉽다. 어른들은 아동의 그러한 신뢰를 이용하지 않도록 매우 조심해야 한다. 어른들은 아동의 내적 경험에 매우 민감해야 한다.

아동은 어제에 머무르지 않는다. 아동의 세계는 현재다. 아동에게 "기다려."라고 말할 수는 없다. 왜냐하면 아동의 세계는 현재 경험의 세계이기 때문이다. 아동의 세계는 충분히, 천천히 격렬한 활동으로 끝을 맺는다. 이들은 사물을 복잡하게 만들려고 하지 않는다. 아동은 끊임없이 성장하고 내적·외적으로 변화하는데, 이러한 역동 과정은 역동적인 치료 과정과 잘 조화되어야 한다.

어떤 아동은 팝콘 같고, 어떤 아동은 당밀 같다

장시간 동안 아동과 함께 있어 본 사람이라면 누구나 아동이 개성 있고 독특한 방식으로 자신의 세계를 탐색하면서 보여 주는 성격과 행동에 익숙해진다.

어떤 아동은 팝콘 같다. 이들은 모든 것을 대단한 에너지와 활동으로 행한다. 어떤 일이 일어나면 이들은 새롭고 경이로운 아이디어를 실행하기 위해 팝콘처럼 튕겨 나간다. 무언가가 이들의 관심을 끌면 이들은 벌떼처럼 움직임 없이 선회하는 듯 보이다가 집중적으로 행동을 한 다음 다른 흥밋거리를 찾아 윙윙거리며 날아다닌다.

어떤 아동은 당밀과 같아서 거의 한 장소에서 다른 장소로 움직이지 않는다. 이들은 자신의 내부를 사로잡고 있는 모든 일에 대단히 신중하고 사려 깊게 행동하며, 주변에서 일어나고 있는 일에 흔들리지 않는다. 이들은 조정기와 같아서 원래 그래야 하는 것처럼 모든 것이 내부에서 잘 돌아가고 기능하며, 변화가 있다 해도 외부 세계에서는 이러한 움직임이나 변화를 관찰하기 어렵다.

어떤 아동은 버섯과 같아서 하룻밤만에 꽃이 핀다. 어떤 아동은 난초와 같다. 이들은 꽃이 피는 데 7년에서 12년까지 걸린다(Nutt, 1971). 효과적인 놀이치료자는 난이 피기를 기다리는 사람이지만 버섯에도 인내할 수 있어야 한다. 각 아동은 삶을 살아가는 방법과 문제 해결에 독특하게 접근한다. 따라서 성숙한 개인인 치료자는 아동이 자신의 독특한 자기를 발견할 때까지 인내를 가지고 기다려야 한다. 왜냐하면 아동은 성장하고 잘 적응하는 데 필요한 능력을 가지고 있기 때문이다. 치료자는 아동이 어려움을 극복할 능력이 있다는 진정한 신념을 가지고 있어야 하며, 자신의 인내심 부족 때문에 소위 아동이 변화하기 위해 해야 한다고 어른들이 말하는, 보다 중요한 활동이나 주제를 이야기하라고 시키지 말아야 한다. 치료자는 아동을 존중하기 때문에 아동을 방해하거나 아동을 '얕보는' 투로 이야기하지 않을 뿐만 아니라 아동이 말하는 것이나 느끼는 것을 무시하지 않는다.

참고문헌

Nutt, G. (1971). *Being me: Self you bug me.* Nashville, TN: Broadman.

Segal, J., & Yahraes, H. (1979). *A child's journey: Forces that shape the lives of our young.* New York: McGraw-Hill.

제5장

아동중심 놀이치료

가장 위대한 발견은 자신을 발견하는 일이다.

＊랠프 에머슨(Ralph Emerson)

아동중심 철학은 아동과 관계하며 살아가는 모든 사람을 위한 포괄적인 철학이다. 즉, 놀이치료실에서 사용하고 나와서는 벗어던지는 하나의 이론적 기술이아니라 아동에 대해서, 그리고 그들의 본능적인 성장과 성숙을 가능하게 하는 능력을 깊이 신뢰하는 데 기초한 방법이다. 아동중심 놀이치료는 하나의 완전한 치료적 체계이므로 라포 형성 기법의 일부로 적용하기 위한 것만이 아니며, 아동의 자기 결정 능력과 유연성에 대한 믿음에 기초하는 것이다. 아동 자신은 자신을 위한 가장 신뢰할 만한 정보의 원천이다. 그들은 자신의 성장을 적절하게 유도할 수 있고, 놀이치료관계에서 감정과 경험을 표현할 수 있는 자유를 얻는다. 아동은 놀이치료실에서 자신의 역사를 창조하고, 치료자는 아동이 결정한 방향을 존중한다.

아동중심 놀이치료는 아동의 내적 자아를 깊이 신뢰한다. 그러므로 치료자의 목표는 아동의 내적 지향성, 적극성, 전진성, 창의성, 자기 치유 능력을 북돋아 주는 방법에 따라 달라진다. 이 철학적 신념이 놀이치료실에서 실제로 실현된다면, 그들은 힘을 얻어 자기 탐색, 자기 발견을 함으로써 발달상에 큰 변화를 일으킬 것이다.

아동중심 놀이치료자는 아동의 내부에 있는 신념과 정서적 성장을 촉진시키는 관계를 발달시키는 것을 다루게 된다. 이러한 아동중심 놀이치료는 태도이고, 철학이며, 존재의 방식이다. 또한 아동에게 무엇을 해 주는 것이 아니라 그들과 함께하는 방식이다.

성격 이론

치료자가 제공할 수 있는 지적 지식이나 '중요한' 정보처럼 아동이 알고 있는 것은 성격 발달에 있어 중요한 것이 아니다. 하지만 아동이 자신에 대해 어떻게 느끼는가 하는 것은 의미 있는 행동의 차이를 만든다. 아동은 개개인마다 자기 인식을 지니고 있고, 아동에게 있어 세계는 현실이며, 이러한 자기 인식은 아동의 삶에서 일어나는 일상적인 경험이 무엇이든지 간에 이것이 개인적으로 기능하도록 하는 기초가 된다. 아동의 자기에 대한 관점과 무한한 잠재성은 아동중심 놀이치료가 기초하고 있는 성격 구조 이론에 바탕을 두고 있다. 이러한 원칙은 아동의 생활 양식적 접근을 형성하는 치료자의 신념, 동기, 태도의 복잡성을 이해하기 위한 틀을 제공한다.

이러한 점에서 나는 아동과 멋지고 참신한 방법으로 창조적인 생활을 하는 것에 대해 계속 집필 중이지만, 이론에 대한 논의는 필요하다. 이론적 성격 구조의 체계를 이해하고 지키는 것은 치료자가 아동에 대해 일관성 있게 접근하도록 해 주고, 아동이 경험한 내적 세계를 이해할 수 있는 민감성을 발달시킨다.

상담 이론은 연령에 제한 없이 성격 이론과 행동에 관한 이론을 기초로 한다는 것을 이야기하고 싶다. 내가 가르치는 놀이치료 수업 과정에서, 아동과의 놀이치료 회기에서는 아동중심적 접근을 사용하는 것에 흥미를 가지지만, 성인이나 청소년을 상담할 때는 동일한 성격과 행동에 관한 이론을 적용하는 것을 의아해하는 몇몇의 대학원 학생과 정신보건 실무자의 반응을 보고 나는 어리둥절함을 느껴 왔다. 상담 이론은 모든 연령을 넘어서는 성격 발달과 행동을 설명하는 발달적 이론을 포함하며, 연령에 상관없이 동일하게 적용된다. 다섯 살의 아동이 선천적으로 자기실현 가능성을 가지고 있다는 것을 어떻게 믿고, 치료자는 아동이 주도하는 그대로를 따라가는 것이 필요하다는 것을 어떻게 믿으며, 서른 살 성인의 인지적 취약성은 심리적인 부적응을 이끌 수 있으므로 치료자의 역할이 성인에게 무엇이 이성적이고 비이성적인지에 관해 교육하는 것이라는 것을 어떻게 지지할 수 있는가? 나는 개인을 연령 기준으로 보는 상반된 관점을 적용함으로써 생기는 불일치되는 부분을 정리하기가 어렵다.

그러므로 다시 이론에 관련된 연구로 돌아가 보자. 아동중심 놀이치료에서의 이론적인 구성 요소는 아동이 '되어 감(becoming)'을 해낼 수 있는 자기를 발견하는 것과 자기와 관련된 아동의 과정에 대한 내적 역동에 초점을 맞춘다. 성격 구조의 아동중심 이론은 세 가지 중심 개념인 ① 사람, ② 현상학적 영역, ③ 자기를 기본으로 한다(Rogers, 1951).

사 람

사람은 아동의 있는 그대로의 생각, 행동, 감정 그리고 신체적인 영역 등 모든 것을 뜻한다. 기본 명제는 모든 아동이 "그가 중심이고, 그는 계속적으로 변화하는 경험적 세계 안에 존재한다."(Rogers, 1951, p. 483)는 것이다. 아동이 이렇게 변화하는 경험 세계에 반응할 때, 아동은 하나의 조직된 전체로서 반응하므로 어떤 부분의 변화는 다른 부분의 변화를 가져온다. 따라서 전체 체계로서 아동 내에서 일어나는 계속적으로 보이는 역동적 대인관계의 상호 작용은 자기실현을 향한 욕구다. 이러한 적극적 과정은 자신이 더욱 긍정적으로 기능하는 사람이 되고, 한 개체로서 발달, 독립, 성숙, 자기 고양을 향해 접근해 가는 것을 의미한다. 이러한 과정에서 아동의 행동은 목표를 향해 가는데, 개인의 욕구는 아동의 현실을 구성하는 독특한 현상학적 영역에서 경험되는 것이다.

현산학적 영역

성격 구조에 대한 아동중심 이론의 두 번째 중심 개념은 현상학적 영역이다. 이것은 아동이 경험하는 모든 것, 즉 의식적·무의식적, 내적·외적인 것 모두를 포함한다. 아동이 지각하는 것이 무엇이든지 간에 그것이 바로 아동의 현실이 된다. 그러므로 아동과 그들의 행동을 이해하려면 아동의 현실에 대한 지각을 이해해야만 한다. 아동의 현상학적 세계가 중요한 초점이며, 아동과 의미 있는 관계를 이루기 위해서는 이것이 반드시 이해되어야만 한다. 아동의 행동은 목표 지향적이며, 이러한 개인적 욕구는 아동의 현실을 구성하는 독특한 현상학적 장에서 경험되는 것이라고 볼 수 있다.

그러므로 아동이 현상학적 장에서 지각하는 모든 것이 현실의 실제적인 사건과는 반대로, 기본적으로 중요하게 가정된다. 아동의 행동은 아동의 눈을 통해서 이해해야 한다. 즉, 치료자는 아동의 아주 단순한 행동(예를 들어, 그림, 받아쓰기를 시도하는 것, 찰흙놀이)조차도 판단하고 평가하는 것을 반드시 피해야 하고, 아동의 내적 준거의 틀을 이해하도록 노력해야 한다. 치료자가 아동의 내면과 대화하는 것에 성공한다면, 아동의 현상학적 세계가 중요한 초점이 될 것이고, 비로소 아동을 이해할 수 있을 것이다. 아동은 미리 예측된 기준이나 예상을 빗나가기 마련이다.

경험적 환경에 대한 아동의 사고, 행동, 감정, 몸짓으로 변화를 위한 상호 작용을 한다는 것은 아동의 관점, 태도, 사고가 계속 변화한다는 의미다. 이러한 역동은 일주일에 단지 한 번씩 아동을 보는 치료자에게는 매우 큰 의미를 준다. 치료자는 이번 주에 아동이 어떻게 반응하였는지를 잘 파악하여야 한다. 지난주에 그 사건에 대해 특정 방법으로 반응하였다면 이번 주에는 다른 방법으로 반응할 것이고, 그것이 바로 아동의 내적 현실 세계의 변화가 될 것이다. 아동의 내적 세계에서 끊임없이 변화하는 통합의 과정은 아동의 거대한 내적 능력이라고 표현할 수 있고, 희망을 불러일으키는 것이다. 개인의 역동적 경험으로 아동은 끊임없이 사고, 감정, 태도의 내적 재조직을 경험하게 된다. 그러므로 과거 경험은 날마다 똑같은 강도와 영향력을 발휘하지 않는다. 따라서 치료자는 아동이 과거 사건 이후에 성장하였고, 더 이상 과거와 같이 영향을 받지 않으므로 아동을 과거의 경험으로 되돌릴 필요가 없다. 치료자는 아동의 현재 놀이치료실 경험을 아동이 필요로 하는 곳으로 이끌어야 한다.

자 기

성격 구조에 대한 아동중심 이론의 세 번째 중심 개념은 자기다. 로저스(Rogers, 1951)는 모든 아동은 세상의 중심에서 지속적인 변화를 경험하면서 존재한다고 가정하였다. 아동은 아동이 실제라고 믿는 현실을 경험하고, 지각하는 방법으로 모든 장면에 반응한다. 아동은 전체 현상학적 장과 환경이라는 곳에서 중요한 타인과의 상호 작용을 통해 이러한 경험의 일부분을 자기로 분화하기 시작한다.

패터슨(Patterson, 1974)에 의하면, 아동은 다른 사람과의 상호 작용을 통해서 하나의 인간으로 거듭날 수 있고, 하나의 자기를 발달시키게 된다. 자기는 현상학적 장과의 계속적인 상호 작용의 결과로 성장하고 변화한다.

자기의 구조에 대해 로저스(1951)는 다음과 같이 기술하였다.

- 자각을 인정할 수 있는 자기 지각의 조직화된 형태
- 한 사람의 성격과 능력의 지각 같은 요소로 구성됨.
- 타인과 환경에 연관된 자아의 지각과 개념
- 경험과 대상에 관련된 것으로서 인지하는 가치의 질
- 긍정적이거나 부정적인 장막을 가진 것처럼 인지되는 목표와 이상(p. 501)

따라서 일반적으로 아동의 행동은 아동의 자기 개념과 일치한다. 아동은 성장하면서 중요한 타인과 부모에게서 반응 및 평가를 경험한다. 그리고 이러한 평가에 따라 좋고, 나쁜 것으로 자신을 인식한다. 부모가 아동에게 멍청하고, 무능력하다고 반응한다면 아동은 스스로를 멍청하고, 무능력하다고 믿게 된다. 아무도 아동이 해낼 수 있다고 반응해 주지 않는데 어떻게 아동이 자신에게 능력이 있다고 느낄 수 있겠는가? 아무도 아동을 좋아해 주지 않는다면 아동이 어떻게 자신을 좋아할 수 있겠는가? 아무도 아동을 믿지 않는다면 아동이 어떻게 스스로를 믿을 수 있겠는가? 아무도 아동을 수용해 주지 않는다면 아동이 어떻게 자신을 수용적으로 느낄 수 있겠는가? 아무도 아동을 원하지 않는데 어떻게 아동이 자신을 중요하게 그리고 원한다고 느낄 수 있겠는가? 어느 누구도 아동에게 자기 책임을 느낄 수 있는 기회를 주지 않았는데 어떻게 아동이 자기 책임이 무엇인지를 발견할 수 있겠는가?

로저스는 자기(self)는 현상학적 장과 함께 상호 작용을 계속한 결과로서 성장하고 변화한다고 가정하였다. 아동의 행동은 자기의 개념과 일치되어 보인다. 그러므로 놀이치료 경험은 자기 개념에서의 긍정적인 변화를 촉진할 수 있다. 아동중심 놀이치료관계에서 아동은 진정으로 자신을 염려해 주고, 있는 그대로 수용해 주며, 자신과 함께 있기를 원하고, 자신의 유능함을 믿으며, 자신이 신뢰를 가지고 책임감 있는 결정을 하도록 믿어 주고, 인간으로서 신뢰하며, 허용적이고 수용적인 분위기에서 그에게 책임감을 돌려주는 성인을 경험한다. 이러한 안전한 관계로 인해 아동의 삶에서 치료자는 의미 있는 누군가가 된다. 아동은 아동의 있는 그대로에 대한 치료자의 태도와 반응을 내면화하고, 자신을 적절하게 느끼며, 수용하고, 스스로를 신뢰하며, 유능하다고 보고, 자신을 좋아하며, 책임감 있게 행동하게 된다.

성격과 행동의 아동중심적 관점

로저스(1951)는 인간의 행동과 동기를 이해하는 데 개념적 틀을 제공하고, 아동중심 놀이치료의 철학적 핵심인 성격과 행동에 대한 열아홉 가지를 발표하였다. 이제부터 언급하는 것은 아동의 행동과 사람에 대한 아동중심적 관점을 드러내는 것으로, 놀이치료에서 아동에 대한 기본 관점을 제공한다.

아동은 끊임없이 변화하는 경험의 세계에 존재한다. 그리고 그 중심에 아동 자신이 서 있다. 아동은 자신의 현실 세계에서 경험하고 인식하는 부분에 하나의 조직화된 전체로서 반응한다. 아동이 발달하고 주변 환경과 상호 작용을 하게 되면서 그만의 세계(지각된 세계)는 점차적으로 '나('자기'와는 구별되는)'라는 인식으로 변화해 간다. 그러면서 아동은 자기 자신에 대한, 주변 환경에 대한, 주변 환경과 자기 자신의 관계에 대한 개념을 형성해 간다. 아동은 기본적으로 자기 자신의 잠재력을 발휘하고, 유지하며, 경험하려는 경향을 보인다. 결과적인 행동은 목표 지향적이고, 감정적으로 지각하며, 경험한 욕구를 만족시키기 위한 시도라고 볼 수 있다. 그러므로 아동의 행동을 가장 잘 이해하기 위해서는 아동의 내적인 틀을 볼 수 있어야 한다.

대부분의 아동의 행동은 자기 자신에 대한 개념과 일치한다. 아동은 자기 개념과 일치하지 않는 행동은 하지 않는다. 심리적인 자유와 적응은 아동의 모든 경험이 자기 개념과 일치할 때 이루어진다. 만약 그렇지 않을 때는 긴장과 부적응을 경험하게 된다. 자기 개념과 일치하지 않는 경험은 두려움으로 지각될 수도 있으며, 이 때문에 아동은 자기가 가지고 있는 자기 개념을 보호하기 위해 경직된 행동을 하게 된다. 아동은 자기가 위협에서 자유로워지면 자기와 불일치되는 경험을 자각하도록 받아들인다. 아동은 잘 통합된 자기 개념이 존재한다면 타인을 좀더 잘 이해하게 되고, 따라서 사람들과 더 나은 관계를 맺게 된다. 아동은 외적인 동기에서 아동이 가진 내적 가치 실현 경향성의 동기로 움직이게 된다(Rogers, 1951, pp. 481-533).

다음은 로저스가 주장한 19개의 명제 중 일부다.

아동에 대한 관점은 다음과 같다.

1. 개인 현실에서 스스로 최선의 결정을 할 수 있다. 아동이 지각하는 것이 '실제(reality)'다.
2. 조직화된 전체로서 행동한다.

3. 독립, 성숙, 그리고 자아 증진을 향해 움직인다.

4. 욕구 충족을 위한 목표를 지향한다.

5. 행동은 이성적인 감정에 영향을 받는다.

6. 자기 개념과 일치된 방법으로 행동한다.

7. 자기 개념과 불일치하는 행동은 하지 않는다.

8. 경직된 행동으로 위험에 반응한다.

9. 위협이 없다면 자기의 불일치된 경험의 인식을 허용한다(Rogers, 1951, pp. 481-533).

이러한 성격의 이론적 구조와 행동을 이해하고 기준을 가지는 것은 놀이치료자가 아동의 행동과 아동을 있는 그대로 이해할 수 있게 하며, 아동이 지각하는 실재를 통해 아동을 명확히 이해하는 것을 돕는다. 따라서 놀이치료관계 안에서 치료자의 역할은 더 일치를 이루고 효과적이게 된다.

아동중심 놀이치료의 주요 개념

아동중심 놀이치료는 자신의 성장과 성숙을 향한 능력이 아동에게 있다는 기본 철학과 아동에게는 발전적인 방향을 향한 자기 안내 능력이 있다고 믿는 태도를 취한다. 이것은 정상적인 발달은 성장의 발달 단계에서 인간 유기체의 움직임을 눈으로 볼 수 있다는 본질의 이해를 기초로 하고 있고, 항상 더 높은 단계로 성숙하고 있다는 것을 의미한다. 이러한 경향은 본질적이고, 외부적으로 동기화되거나 가르침을 받아서 되는 것이 아니다. 아동에게는 자연적으로 호기심이 있고, 성숙과 성취를 즐거워하며, 세계와 관련된 자신과 끊임없는 자신의 세계를 발견하며 생활을 활기 있게 보낸다.

자기 발견과 자기 성장의 과정에 대해 무스타카스(Moustakas, 1981)는 다음과 같이 말하였다.

> 치료의 도전은 흥미와 욕구를 추구하기 위하여 아동에게 흥미와 관심을 가
> 지고, 아동의 의지를 활성화시키며, 행동을 선택하도록 기다리고 도와주는 것
> 이다. 이는 아동이 많은 인내와 삶의 속박, 스트레스에 대처할 수 있고, 아동
> 스스로 길을 찾을 수 있다는 확고한 믿음이 있어야 한다. 그리고 아동은 자신의
> 내부에 귀를 기울이고, 자신이 자아를 발달시키는 선택을 할 수 있는 힘을 가진
> 존재라고 믿는 신념을 필요로 한다(p. 18).

아동 내부에는 적응, 정신건강, 발달적 성장, 독립, 자율성에 대한 미묘한 지향
성이 있고, 자기실현을 향해 가는 고유한 경향이 있다. 아동 삶의 기본 개성이나
본성은 활동이다. 그 활동에 접근하는 것은 활동 과정의 하나이며, 이것은 아동
의 놀이를 가까이에서 관찰하면 발견할 수 있다. 그리고 그들의 놀이는 일상생활
활동 안에서 자기충족을 높이기 위하여 능동적으로 발달한다. 이러한 본질적인
발견, 발달, 성장에 대한 추진은 유아와 어린 아동의 발달 단계에서 이미 관찰할 수
있다. 신체적 발달 과업을 완성하거나 성취하려는 시도에서 어려움과 좌절을 경
험하는 유아는 자연적으로 그 자신만의 독특한 대처기술을 사용하고자 하며, 새
로운 활력, 노력, 결정을 가지고 재시도해 보려고 한다.

어린아이는 한곳에서 그다음 곳으로 끊임없이 기어가는 것에만 만족하지 않
는다. 일어서도록 재촉하고, 발달적으로 앞으로 움직여 가도록 하는 내적 욕구에
의해 걷는 것을 배우게 된다. 이것은 의식적인 결정이나 잘 고안된 계획, 또는 몇
몇 의미 있는 성인의 노력에 의해 되는 것이 아니다. 이것은 필요조건이 구비된
다면, 본능적으로 타고난 성장과 발달의 결과에 따라 저절로 일어난다. 그러나
이러한 선천적인 지향 과정은 연속적인 발달 단계를 수월하게 자동적으로 보증
받는 것은 아니다. 유아는 서 있는 자세에서 비틀거리고, 흔들흔들하면서 앞으로
가며, 넘어지고, 서 있으며, 몇 발자국 앞으로 디디면서 비틀거리고, 다시 넘어지

게 된다. 비록 이 과정에는 몇 가지 고통이 따르지만, 유아는 이러한 앞으로 가고 자 하는 성장의 욕구 과정을 계속하게 된다.

유아가 목표를 성취하기 위해 어떤 행동을 변화시키거나, 이러한 행동이 중요 한 성인에게 어떤 영향을 미치는가, 무엇이 잘못되었는가, 무엇이 고통을 유발하 는가 하는 것을 누군가에게 설명할 필요는 없다. 이러한 방향이 있는 목표는 유 아가 다음 단계로 갈 준비가 되었을 때, 비록 일시적인 퇴행으로 기는 단계가 발 생하기도 하지만, 자동적으로 일어날 것이다. 유아는 자신이 만족할 만큼 걷는 것이 완성될 때까지 이 과정을 계속적으로 반복할 것이다. 이러한 경험에서 유아 는 자기에 대한 책임감을 얻게 되기 때문에 성취와 만족감은 자기를 강화하고 내 재화한다. 이러한 계속적인 성장의 욕구에 대해 성숙한 행동이 미숙한 행동보다 큰 만족감을 채워 줄 것이다.

비록 이러한 예가 매우 복잡한 과정을 너무 단순하게 설명하였다고 할지라도, 이 예는 아동이 자기 결정을 할 수 있다는 것을 명백하게 보여 준다. 독립적이고, 자기결정적인 방향으로 움직이려고 하는 성향과 자율성, 외부 힘의 통제에서 벗 어나려고 하는 것은 유아나 걸음마기에서 보이는 발달적 완성으로 제한되는 것 이 아니라, 자기 향상과 의미 있는 대인관계에 대한 욕구로서 인생에서 하나의 단계이고, 모든 발달 단계에서 모든 사람이 근본적으로 가지고 있는 동기의 힘으 로 볼 수 있다. 아동은 이미 인지된 것보다 더 위대한 자기 안내 능력과 적절한 결정을 책임질 수 있는 능력을 지니고 있다. 끊임없는 자기실현 욕구는 각 아동 기에 존재하는 강력한 힘이다. 이러한 본질적인 욕구는 독립, 성숙, 자기 안내를 향해 간다. 아동의 마음이나 의식적인 사고는 아동의 행동이 정서적 욕구의 영역 을 가리키고 있는 것이 아니라, 그가 원하는 곳에 자신을 데리고 갈 내적 균형을 향해 나아가는 아동의 자연스러운 욕구다. 액슬린(Axline, 1969)에 의하면,

모든 시간에서 개인의 행동은 한 가지 충동, 곧 자기실현의 완성에 대한 충 동에 의해 유발되는 것 같다. 개인이 완전한 자기실현을 성취하는 데 장애물을

만났을 때 저항과 마찰, 긴장의 영역을 만들게 된다. 자기실현에 대한 충동은 계속되고, 개인의 행동은 현실 세계에서 자기 개념을 세우기 위해 외견상으로 싸움으로써 이러한 내적 충동을 만족시키거나, 많은 투쟁을 하지 않고도 건설할 수 있는 내적 세계에 자기 개념을 제한하여 내적 충동을 만족시킨다(p. 13).

적응과 부적응

　자기실현과 자기 가치의 주장에 대한 내적 욕망은 기본적인 욕구이고, 각 아동은 이러한 욕구를 만족시키기 위해서 계속적으로 노력한다. "적응적인 사람은 많은 장애물을 만나지 않은 사람인 것 같고, 자신의 권리에 대한 자유와 독립을 얻은 사람이다. 부적응적인 사람은 투쟁 없이는 이러한 것을 성취할 권리를 박탈당한 사람인 것 같다."(Axline, 1969, p. 21)

　이러한 원칙은 다음에 제시된 매트의 사례처럼 몇몇 아동의 생활에서 볼 수 있다.

　　일곱 살 난 매트는 주머니에 손을 집어넣은 채 등을 구부리고는 야윈 얼굴로 상담센터에 들어왔다. 그는 나이가 들어 보였고, 정신적 충격을 받았으며, 자신을 편안하게 해 줄 친밀한 어떤 누구도 없이 4일간을 불쾌한 냄새가 나는 어두운 감옥에 갇혀 있었다는 것에 좌절감을 느끼고 있었다. 부모는 감옥과 그리 멀지 않은 곳에 살고 있었음에도 불구하고, 매트를 찾아오지 않았다. 그의 부모는 마음속 깊은 곳에 그렇게 한 이유를 가지고 있었는데, 아마 이러한 사실을 몰랐거나 아니면 감추고 있었다. 내가 이른 아침 감옥에서 매트를 보았을 때, 그는 진정시키기가 어려웠고, 냉담하였지만 당황하는 눈빛이 역력하였으며, 뻘겋게 튼 입술은 얼마나 불안해하고 있는가를 잘 보여 주었다. 이 당황한 작은 소년은 아동의 요구를 이해하거나 대비하는 데 전혀 준비가 되어 있지 않은 한 시설의 희생자로 보였다.

초기에 매트를 담당한 2학년 선생님은 매트가 공격적인 행동을 보이고, 주의 집중 시간이 짧으며, 느리고, 시무룩해 있다는 이유로 상담센터에 의뢰하였다. 검사 결과, 확실하지는 않지만 매트에게 어느 정도의 학업 발달 능력이 잠재되어 있음을 알 수 있었다. 매트는 놀이치료를 추천받아 학교에서 도보로 한 블럭 거리인 본 상담센터에 오게 되었다. 1주일에 1번씩, 6회기 동안에는 학교 스태프와 함께 상담센터에 왔다. 7회기가 되던 날, 매트가 오지 않아 학교에 전화를 걸었다가 그가 감옥에 들어갔다는 사실을 알게 되었다. 매트가 식품점에서 빈 음료수병을 훔치다가 체포되었고, 한 달 동안 이런 일이 두 번씩이나 일어났기 때문에 매트의 부모는 '우리는 구제 불능인 매트와 아무것도 할 수 없다.'며 재판소에게 그를 관할하도록 합법적인 관할권을 일임하였다. 그래서 매트는 감옥에 가게 되었다. 나는 매트를 보호하는 조건으로 그를 석방하도록 재판정을 설득하였고, 그 결과 매트는 놀이치료실로 다시 돌아오게 되었다. 매트는 보보 인형을 치면서 자신의 좌절을 내뿜었다. 그는 "어떤 녀석이 자신의 부모가 진정 자신을 사랑하는지 가끔 궁금해해요. 선생님이 밖에 나가서 뭔가 나쁜 일을 하면 어떻게 하겠어요? 그래서 선생님의 부모가 그것을 알고 선생님을 때린다면 어떻게 하겠어요? 물론 선생님은 그들이 선생님을 사랑한다는 것을 알고 있고요."라고 말하였다. 매트는 그의 자아를 향상시키려는 욕구를 가지고 있지만, 그 당시 부모가 용납할 수 없는 행동을 하였다는 것 때문에 멀리 떨어져 있어야 했다.

매트는 가족 품에서 사랑받고, 수용받으며, 가치 있는 가족의 일원이 되기를 바랐다. 그는 그러한 자신을 발견하였지만 가족관계는 안전을 제공받기에 충분한, 지지적이고 사랑이 충만한 관계가 되지 못하였고, 사랑받을 수 있는 사람으로서 반응하고, 인정받기를 바라는 자아의 부분은 발전적인 방법으로 작용하여 소속감을 느끼고 싶어 하였다. 매트는 자기를 향상시키려는 그의 내적 욕구를 외부로 표현할 수가 없었다. 그는 간접적으로 호소하다 결국에는 자기방어의 방법으로 자기의 가치를 확인하였다.

액슬린(1969)은 잘 적응된 행동과 부적응 행동의 차이점을 다음과 같이 설명하였다.

> 개인은 충분한 자신감을 발달시킬 때…… 삶의 궁극적 목표인 자기실현을 성취하기 위해서 평가, 선택, 적용을 통해 자신의 행동을 의식적이고, 목적에 적합하게 자기 안내를 할 때 적응된 행동을 보인다고 하였다. 반면에 개인에게 행동 과정을 계획하기 위한 자신감이 부족할 때는 직접적이기보다는 간접적으로 자기실현이 증대되는 데 만족을 느끼는 것 같고, 좀 더 건설적이고 생산적인 방향으로 자신의 욕구에 대한 만족을 거의 못 느끼거나 전혀 못 느낄 때, 부적응 행동을 보인다고 하였다. 개인이 완전한 자기실현을 성취하기 위해 시도해 온 내적 자기 개념과 개인의 행동은 일치하지 않는다. 더욱이 행동과 개념이 동떨어지게 되면 될수록 부적응 정도는 더 심해진다(pp. 13-14).

모든 부적응은 실제의 경험과 자기 개념 간의 불일치에 의해서 나타난다. 아동이 경험에 대한 지각을 왜곡하거나 부정할 때마다 자기와 경험 간의 불일치 상태는 어느 정도 존재한다.

그러므로 아동중심 놀이치료자는 아동의 자기 개념과 경험을 이해하기 위해 아동의 시선으로 봐야 한다. 그리고 아동이 자신이 지각한 경험을 탐험하고, 자신을 표현하는 데 충분한 안정감을 느낄 수 있는 관계를 만들어 아동을 이해해야 한다.

앞서 말한 바와 같이 아동은 그들의 심리적인 부적응적 요소를 이겨 내려는 능력과 안전한 관계 안에서 부적응 상태를 벗어나 심리적으로 건강한 상태를 향하는 경향성과 능력을 가지고 있다.

성장하기 위한 치료적 조건

앞서 기술한 발달을 위한 움직임, 성취하려는 경향은 아동중심 놀이치료의 중심 개념이고, 로저스(1980)는 '개인은 그들 자신 안에 자기 이해를 위한, 그리고 그들의 자기 개념, 기본적 태도, 자기 지시적 행동을 수정하는 거대한 자원을 가지고 있다.'고 하였다. 이러한 자원은 심리적인 태도를 촉진시키는 분위기가 제공될 때 개발될 수 있다(p. 115). 놀이치료자의 태도는 치료적 관계를 기본적으로 형성하는 것이고, 성장을 위한 아동의 내적 자원을 촉진할 수 있는 것은 진실성(사실성), 비소유적 온정(따뜻한 보살핌과 수용), 감정이입(민감한 이해)이다(Rogers, 1986).

사실성

아동중심 놀이치료관계는 치료자가 어떤 역할을 가장하거나 규정된 방법으로 행동하는 것이 아니다. 그것은 사실적 또는 진실적인 것이 아니다. 태도는 삶을 살아가는 방식이지, 필요할 때 적용하는 기술이 아니다. 진실성은 치료자가 행동을 취하는 방식보다는 존재(본질)의 방식을 취해야 하는 기본적이고 근본적인 치료자의 태도다. 사실성은 '~하는 체 가장하는 것'이 아니라 오히려 그 순간에 관계 속에서 자기를 '살아 숨 쉬게' 하는 것이다. 아동의 감정과 태도를 알아채는 치료자의 자각의 기능은 이러한 범위 내에서 가능하다. 진실성이나 사실성은 치료자가 높은 수준의 자기 이해와 자기 수용을 지니고 있음을 의미하고, 그것이 관계 안에서 무엇을 느끼고 무엇을 표현하느냐와 일치된다는 것을 함축한다. 이러한 개념은 놀이치료자가 충분히 자기실현화되어 있어야 함을 의미하는 것이 아니라, 오히려 아동과의 관계 내에서 일치의 필요성과 중요성에 관한 진술이다.

여기서 논하는 사실성이나 진실성의 종류는 즉각적인 감정이나 순식간에 지나쳐 버리는 사고를 표현하도록 하는 것이 아니다. 이런 식으로 한다면 치료자가 무책임한 것이고, 치료자의 통찰력 부족으로 나타나게 된다. 그러므로 놀이치료자는 굉장한 자기 이해와 놀이치료실에서 보이는 아동의 행동과 연관되어 경험한 개인적 거부감을 통찰하여야 하고, 개인의 태도와 가치의 기능, 아동보다는 오히려 자기 자신에게 맞춰진 감정을 통찰해야 한다. 이러한 자기 이해 영역은 초보 놀이치료자에게 특히 중요하다. 아동이 정신없는 행동을 하고, 치료자를 조종하려고 하거나, 언어적인 학대를 하게 되면 초보 놀이치료자는 아동을 싫어하거나 거부 감정을 경험하기 때문이다. 이러한 영역에서 자신의 동기에 대한 자기 이해가 부족한 놀이치료자는 아동에게 부적절한 방법으로 거부를 투사할 것이다. 그래서 사실성은 동기를 수반하고, 기꺼이 자기 자신이 되며, 적절하게 이러한 감정과 반응을 표현할 수 있는 통찰력을 가지고 자신의 감정과 반응을 수용하며, 깨닫는 것이다. 그래서 치료자는 사실적이거나 진실되어야 하고, 전문가라기보다는 한 사람으로서 아동에게 경험되어야 한다.

아동은 놀이치료자의 존재에 대해 매우 예민하고, 어떠한 거짓된 태도나 전문가적인 역할이 있음을 날카롭게 알아차린다. 그 순간에 아동과 함께 진실된 인생을 사는 성인과의 만남은 아동에게 매우 좋은 경험이 될 수 있다. 이러한 경험은 "선생님은 상담자가 아니라 '진짜' 사람 같아요."라는 한 아동의 말로 요약할 수 있다.

따뜻한 보살핌과 수용

'따뜻한 보살핌과 수용'에 관한 논의는 먼저 놀이치료자의 자기 수용의 필요성에 조점을 두어야 한다. 아동과의 시간에서는 아동이 어떤 기계적인 수용을 하는 객관적인 관계가 아니라 자아를 인식하고, 그러한 관계와 관련되는 자아의 확장이 나타나야 한다. 수용에 있어서 아동은 가장하지 않는다. 그리고 아동의 수용은 기본적으로 무조건적이다.

나는 아동이 나의 있는 그대로, 내가 하는 그대로 나를 좋아하고, 수용한다는 것을 그들과의 경험에서 배웠다. 그들은 나를 분석하거나 진단하려고 하지 않는다. 그들은 나의 강점과 약점을 모두 수용한다. 그들의 수용을 경험한 것은 나 자신이 있는 그대로의 나를 자유롭게 수용하도록 해 주었다. 놀이치료자가 그 자신을 느끼지 못한다면 어떻게 아동을 진정으로 따뜻하게 해 줄 수 있겠는가? 놀이치료자가 자기 거부나 수용적이지 못한 것을 경험한다면 어떻게 아동을 수용할수 있겠는가? 내가 나를 존중하지 않는다면 어떻게 여러분을 존중할 수 있겠는가? 수용은 진실성과 마찬가지 태도이고, 존재 방식이며, 나를 치료자라는 사람으로 확장하게 하고, 치료자는 그 순간에 전부가 된다.

수용과 따뜻한 보살핌은 아동에게 가치 있는 사람으로서 아동을 긍정적으로 존중하는 특징이 있다. 치료자가 아동에게 진실한 마음으로 온정을 베풀고, 그것에서 아동이 보살핌을 경험하는 것은 무조건적인 것이다. 이러한 보살핌은 경험으로 느끼는 것이고, 가치 있는 수용과 존중을 하는 데 있어 추상적인 태도가 아니며, 다른 사람에 대한 존중감이 상담이나 심리학을 전공하고 독서를 많이 하는것으로 생기는 것은 아니다. 치료자는 아동을 평가하거나 판단하지 않고, 진정소중한 사람으로 받아들여야 한다. 보살핌은 관계 내의 상호 작용에 기초하고, 아동을 사람으로서 알게 한다. 그러므로 명백히 아동과 만나게 되는 첫 몇 분 동안에 자동적으로 가장 깊은 수준에까지 가 있는 것은 아니다.

로저스(1977)가 지적한 것처럼, 치료자는 모든 시간 동안에 무조건적인 보살핌을 해야 한다. 무조건적인 보살핌과 수용은 전부가 아니면 전무가 되는 것이 아니라, 아동의 삶에 대한 놀이치료자의 깊고 변치 않는 감정, 충실함, 인정을 아동과 함께 경험하였을 때 그것이 어느 정도로 표출되느냐의 문제로 가장 잘 고려된다. 그것은 자발적인 태도가 아니라 놀이치료실 안에서 발달된 관계처럼 아동을 수용하는 실제 경험을 말한다. 아동은 반항적이고, 시무룩해하며, 화를 내고, 저항적인 것만큼 협조적이며, 행복하거나 즐겁게 치료자와 함께할 때 자신이 소중하고 존중받는다는 것을 느낀다(그림 5-1).

[그림 5-1] 따뜻한 보살핌과 수용은 아동에게 자유를 제공하며, 허용은 놀이치료실 안에서의 친밀한 관계를 통해 아동이 스스로를 충분히 드러낼 수 있게 만든다. 치료자는 비평이나 평가를 하지 않고 진정으로 아동을 돌보아야 한다.

따뜻한 보살핌과 수용은 놀이치료실에서 관계를 함께함으로써 아동 자신을 충분히 허용하고 자유롭게 해 준다. 치료자는 어떻게든 아동이 달라졌으면 하고 바라지 않는다. '네가 ~한다면 나는 너를 받아들일 것이다.'가 아닌 '나는 너를 있는 그대로 받아들인다.'라는 자신의 생각을 일관성 있게 분명히 밝혀야 한다. 수용은 아동의 모든 행동을 승인한다는 의미는 아니다. 이 장에서 치료적 제한에 관해 논의한 것처럼 많은 행동이 놀이치료실 안에서 수용될 수 없다는 것을 고려해야 한다. 하지만 여기서 이 중심 개념은 아동이 어떤 행동을 하더라도 그것으로 인해 아동을 독특한 사람으로 인정하거나 평가하지 않아야 한다는 것이다. 이러한 비평가적인 수용이 절대적으로 중요하다. 이것은 아동이 표현하기에 충분히 안전하다고 느끼는 분위기를 제공해 주는 것이다. 그래서 아동의 가장 깊숙이 자리 잡고 있는 감정과 사고가 드러날 수 있게 하는 것이다.

대부분의 아동은 성인을 기쁘게 하고자 하는 강한 욕구를 가지고 있고, 또한 치료자가 거부하는 반응인지 아닌지 포착하기 힘든 단서에도 꽤 예민하게 반응한다. 아동은 놀이치료자의 경험이 무엇이든지 간에 예민하고 날카롭다. 그러므로 치료자의 자각의 중요성과 자기 이해는 다시 한 번 강조할 필요가 있다. 아동은 자기중심적이다. 그들은 그들 자신을 거절한다는 의미로 치료자의 지루함, 조급함, 분명하지 않은 비판, 또는 다른 부정적인 행동을 내재화할 것이다. 아동은 발달상 성인의 비언어적 의사소통의 단서를 '판독하는 것'에 좌우되기 때문에 치료자의 어떤 감정에도 예민하다.

아동이 계속해서 많은 찰흙을 물감통에 철썩철썩 소리를 내며 집어넣을 때 치료자가 내적 긴장감을 경험한다면, 아동은 그것을 알아차릴 것이고, 경험적인 의사소통과 탐색이 어렵게 될 것이다. 놀이치료실 가운데에서 침묵을 지키고 있는 아동을 통해 초조함을 느낄 때는 '너는 여기서 아무것도 가지고 놀고 싶지 않니?'와 같은 약간 다른 어조나 '베스, 너는 바로 거기서 인형과 놀기를 원하는구나.'와 같은 제안으로 아동이 서서히 놀이를 시작하게 해야 한다. 아동은 치료자를 기쁘게 하지 않는다. 물을 가득 채운 젖병을 오랫동안 빨고 있는 열 살 난 남자아이의 행동으로 인해 치료자가 '뭐하는 거야! 그런 짓을 하기에 너는 너무 커! 아기 짓을 하고 있는 거로군. 그 짓을 그만두게끔 내가 무언가를 해야겠어.'라고 반응한다고 하자.

이러한 비평적인 반응을 하려면 눈썹을 가늘게 치켜뜨고, 이를 앙 물어 쳐다보아야 할 것이며, 이로써 아동은 재빨리 자신의 행동이 허용받지 못한다는 것을 알아차릴 것이다. 그래서 아동은 '아기' 놀이를 할 때 죄책감을 느끼게 된다. 치료자가 아동이 하는 몇 가지 놀이 활동에 기꺼이 반응하고 다른 활동은 그렇지 않다면, 아동은 놀이가 허용되지 않는다고 여길 것이고, 치료자가 그것에 기꺼이 반응할 준비가 되어 있지 않다고 생각할 것이다.

이것은 참으로 미묘한 일이지만, 놀이치료관계에서의 중요한 힘은 아동이 경험하는 수용의 정도에 주요한 영향을 미치고 있다. 따뜻한 보살핌과 수용은 아동의 경험적 세계에 대한 기본적 수용성의 태도이고, 아동이 치료자를 신뢰할 수 있는 자각을 촉진시킨다.

민감한 이해

대부분의 성인과 아동의 상호 작용에 있어서 전형적인 접근 방법은 아동에 관해 무엇을 알고 있는가에 기초를 두고 아동을 평가하는 태도다. 성인은 좀처럼 아동의 주관적 세계, 그의 내적 준거 틀을 이해하고자 하지 않는다. 아동은 탐색하는 데, 한계를 시험하는 데 있어 자신의 삶의 굉장한 부분을 자유롭게 나누지 못한다. 아동은 자신의 객관적인 경험의 세계가 이해받고, 수용받게 되는 관계를 경험할 때까지 변화되는 것 또한 자유롭지 못하다. 아동을 민감하게 이해하는 것은 치료자가 그 자신의 경험과 기대를 제쳐 놓을 때 일어나는데, 따라서 치료자는 아동의 활동, 경험, 감정, 사고의 개별성을 인정해야 한다.

로저스(1961)에 의하면, 이러한 감정이입은 사람의 내적 준거 틀을 추정함으로써 또 다른 세계를 볼 수 있는 능력이다. "'마치 ~인 것처럼'이라는 속성, 즉 가정이라는 것을 잊지 않으면서 마치 당신의 세계인 양 내담자의 사적인 세계를 느껴 보는 것—이것이 감정이입이고, 치료의 중요한 부분이다."(p. 284)

아동의 관점에서 아동을 민감하게 이해하려는 시도는 가장 어려운 일 중 하나이고, 치료적 관계의 가장 비평적인 요소가 된다. 아동은 자신이 놀이치료자에게 이해받는다는 느낌 때문에 자신의 더 많은 부분을 함께하도록 격려받는다. 이러한 이해는 아동에게 매력 있게 작용할 것이다. 그들은 이해받기 때문에 관계에서 위험을 무릅쓰고 앞으로 나아가는 것이 좀 더 안전하다고 여기고, 그로 인해 자기 세계에 대한 지각이 변화된다.

다가오는 전진 과정과 새로운 의미를 드러내는 친밀한 대상은 『어린 왕자(*The Little Prince*)』(de Saint Exupery, 1943)의 이야기에서 도식적으로 묘사된다. 이 이야기에 나오는 여우는 어린 왕자에게 자신을 길들여 달라고(그와 관계 형성을 하기 위해) 그를 납득시키려 한다. 여우는 어린 왕자에게 자기의 생활은 단조롭고, 지루하다고 이야기한다. 자기는 닭을 쫓고, 사람은 자기를 쫓는다면서 일상적인 일에는 변화가 없다고 하였다. 여우는 닭을 모두 똑같은 존재로 기술하였고, 사람 역시 모두 똑같다고 하였다.

그런 다음 여우가 말하기를,

> 하지만 당신이 나를 길들인다면, 마치 태양이 나의 삶에 빛을 비춰 주는 것처럼 될 수 있을 거예요. 나는 다른 모든 것과는 다른 발소리를 알게 될 거예요. 다른 발소리는 나를 땅 밑으로 기어 들어가게 만들 테지만, 당신의 발소리는 나를 굴속에서 나오도록 부를 거예요. 마치 음악처럼……. 그리고 저기를 봐요. 저쪽에 곡식이 자라는 밭이 보이지요? 나는 빵을 먹지 않아요. 밀 같은 것은 내겐 소용없어요. 밀밭은 나에게 아무것도 생각나게 하지 않아요. 그것은 슬픈 일이죠. 당신은 금빛 머리카락을 가지고 있군요. 당신이 나를 길들인다는 것이 얼마나 멋진 일일까 생각해 봐요! 곡식, 그것 또한 금빛이지요. 곡식을 보면 당신이 생각날 거예요. 그리고 난 밀밭 사이를 스치는 바람 소리를 듣는 것을 좋아하게 될 거예요(p. 83).

이러한 묘사와 놀이치료에서 현저한 인식의 변화를 가져오는 이해와 수용의 영향과는 유사성이 있다. 관계가 가진 치유의 힘에 관한 얼마나 멋진 묘사인가! 세상에 대한 인식의 변화와 그 과정에서 새롭고 작은 중요한 의미의 변화가 생긴다. 의미 있는 관계의 결과로 지각은 변화된다.

놀이치료관계 안에서, 놀이치료자는 아동의 내적 리듬을 예측하고 놀이치료 과정의 흐름 속에서 아동의 정서적인 움직임에 민감하다. 아동과 감정이입한다는 것은 종종 놀이치료실에서 의자에 앉아 아동이 자신의 마음에 와 닿는 대로 행동하도록 허용하는 수동적인 과정으로 간주된다. 그것은 아동이 놀이치료자

에게 반응하는 것이 적거나, 반응하지 않으려는 마음가짐으로 오든지 간에 상관
없이 허용한다는 것을 의미한다. 무(無)는 진실, 그 이상일 수 있다. 민감한 이해
는 치료자가 아동과 높은 수준의 정서적인 상호 작용을 유지하도록 하는 것이다.
따라서 치료자는 현재 감정을 단순하게 반영하는 것보다는 오히려 아동과 일체
감을 가져야 한다. 그래야 아동이 놀이하는 것처럼 된다.

아동과 함께하는 이러한 과정과 민감하고 정확하게 아동을 이해하는 것은 아
동과 관계를 맺도록 하는 자기의 실행을 요구한다. 치료자가 온 정성으로 참여할
수 있는 가장 적극적인 결과의 하나로 아동과의 관계에 완전히 위임하게 된다.
이러한 것은 손쉽게 도입되는 어떤 객관적인 관찰 활동이 아니다. 정신적 · 정서
적 노력은 정확한 감각을 요구하고, 이해를 가지고 아동의 사적인 세계로 들어가
게 한다. 아동은 이러한 방법으로 '접촉'이 될 때 '알게' 된다([그림 5-2]).

[그림 5-2] 아동과의 관계는 아동이 유일한 존재라는 것을 존중하고, 아동의 내적 지시에 따라
펼쳐지는 아동의 세계에 대한 공감적 경험을 나누는 것이다.

　　민감한 이해는 놀이치료자가 아동의 경험적 현실 세계를 인식하여 완전히 정서적으로 접촉하는 것을 의미한다. 질문이나 평가 없이 아동의 언어·감정의 표출, 개인 경험의 세계와 연관된 경험으로 구성된 것이다. 치료자가 그 순간에 아동이 경험하고 표현하는 모든 것을 완전히 조화시킨다는 것은 어려운 일이다. 치료자는 아동의 경험보다 앞서 생각하지 말고, 어떤 방식으로 의미를 추론해서 내용을 분석하지 말아야 한다. 치료자의 태도는 아동이 가능한 한 깊게 그 순간에 자신이 경험하는 것을 느끼도록 하고, 가능한 순간에 충분히 자기 내에서 직관적인 감정이입 반응이 나오도록 수용하는 것이다. 아동의 독특성을 계속적으로 존중하고, 순간순간에 경험하는 감정이입이 아동에게서 나타나는 내적 지시에 의해 결정되어 활발하게 펼쳐지는 아동의 세계에서 살아 나오도록 해야 한다.

　　치료자는 불필요하게 확신을 시킴으로써 아동의 고통스러운 경험을 멀리 보내려고 하지 않아야 한다. 즉, 두려움에 가득 찬 아동을 '모든 것이 잘될 거야.'라는 말로 안심을 시키거나 '하지만 너의 엄마는 너를 정말 사랑한단다.'라는 말로 편안하게 하려고 하지 않아야 한다. 이렇게 하는 것은 아동이 그때 느끼는 것을 거절할 수 있게 만들기 때문이다. 이러한 반응은 아동에게 고통을 경험하는 것은 용납되지 않는다는 명백한 메시지를 전해 준다. 치료자는 아동의 감정이 무엇이든지 간에 그것이 정당한 감정이 되도록 고려해야 한다. 보비가 자신이 제일 좋아하는 크레파스를 잃어버려서 슬프다면 치료자는 그 슬픔을 경험해야 한다. 아동이 그것을 느끼는 크기가 아니라 '마치' 슬픔이 일어나는 것을 경험하는 것이다. 비록 치료자가 알코올 중독자 아버지에게 신체적 학대를 받은 적이 없다고 할지라도, 케빈이 느꼈던 공포와 분노는 '마치' 치료자의 직관적 경험 내에서 경험되어야 한다. 치료자의 힘으로 주어진 이러한 종류의 자기 경험은 아동이 해방되고, 보상받으며, 회복력 있는 활동을 하게끔 한다. 아동의 삶에서, 설혹 다른 곳에서 아동의 정서적 부분이 완전하게 동일시되고, 가치 있는 것으로서 수용되는 곳이 있더라도 이는 아주 드물다.

치료적 관계

아동이라는 한 사람과 관계를 나누면서 보이는 미묘한 차이의 특징이 존재함에도 불구하고, 거의 감지할 수 없는 것까지도 기술하려는 시도는 마치 작은 수은의 기포를 손가락으로 집으려고 하는 것과 같다. 수은의 본질을 살펴볼 때, 수은을 집는다는 것은 거의 불가능하다. 서로 나눈 경험을 어떻게 한 가지로 적절하게 기술할 수 있을까? 그것은 가치 있는 사람으로서 충분히 수용받는 존재이고, 그 속에서 안전감을 얻게 되면 경험하는 믿기 어려운 정서적 해방감을 표현함으로써 투쟁하는 아동의 원기 왕성함이다. 이러한 순간에 경험한 정서를 적절하게 기술하는 데 유용한 단어가 있을까? 그렇다면 내가 아는 단어는 없다. 단어란 항상 아동과 나눈 순간의 정수를 전달하기 위해서는 부적절한 의미가 되는 것 같다. 우리는 관계의 의미를 묘사하기 위해 놀이치료실에서 경험하는 것을 벗어나는 아동을 지켜보아야만 한다.

다섯 살 난 필립은 흥분하여 손을 위아래로 반복적으로 흔들면서 놀이치료실 가운데에 서 있다. '이 세상에서 누가 이와 같은 곳이 있다는 것을 생각이나 해 보았을까!' 정말 이러한 관계는 모든 아동이 경험해 보지 못한 것이다. 여기서 성인은 아동이 있는 그대로가 되도록 허용해야 한다. 아동은 그때 누군가에게, 그리고 무엇인가를 수용받았다.

아동이 자신의 내부 세계를 알도록 허용받음으로써 우리가 아동과 함께 진실한 경험을 하고 관계를 맺는 것은 우리의 지식을 갈고 닦아 배우는 것이 아니다. 이것은 오직 마음으로만 배울 수 있다. 아동과의 관계에서 한 사람의 마음에 반응하는 것의 중요성은 『오즈의 마법사(*The Wizard of Oz*)』(Baum, 1956, pp. 55-56)의 허수아비와 깡통인간의 대화에서 잘 나타난다.

"나는 잘 모르겠어."라고 허수아비가 대답하였다.

"너도 알다시피 내 머리는 지푸라기로 꽉 채워졌지. 내가 오즈에게 가서 뇌를 달라고 하려는 이유가 바로 그거야."

"오, 알겠다." 깡통인간이 말하였다.

"하지만 뇌가 세계에서 가장 좋은 것만은 아니야."

"넌 뭐 다른 거라도 있니?" 허수아비가 물어보았다.

"아니, 내 머리는 텅 비어 있는 걸." 깡통인간이 답하였다.

"하지만 내가 일단 뇌를 가질 수만 있다면 마음도 가지고 싶어. 그래서 그 둘 모두를 가지려고 노력한 거야. 그런데 난 마음을 먼저 가져야만 할 것 같아."

아동을 사람으로 존중하고, 아동의 세계를 소중히 여기는 것은 마음의 활동이 아니다. 그것은 진정으로 치료자의 내부를 경험하고 느끼며, 치료자의 무조건적인 수용을 진심으로 인정하는 아동이 느끼고 감지하는 것이다. 그래서 놀이치료실에서 가지는 이러한 아동과의 관계는 각자가 개체(인)로 간주되면서 서로 수용과 인정의 관계를 나누게 되는 것이다.

이것은 기대(expectation)가 아닌 바람(expectancy)에 관한 특별한 관계다. 기대는 초점을 행동에 맞추고, 아동이 무엇을 해야 할지, 그리고 특정한 방법으로 놀이하는 것을 아동이 예전부터 인정받았던 정해진 행동의 방법으로 보여 주기를 기대한다. 기대하는 관계는 정체성과 가치의 기본을 수행의 기준으로 판단한다. 기대는 아동을 제한하고 꼼짝 못하게 한다. '나는 놀이치료실에서 브라이언에게 기대하지 않기 때문에, 그에게 실망하지 않을 것이다.'

바람은 함께하는 것을 기다리게 하는 역동적인 가치를 포함한다. '오늘 브라이언은 어떨까?' 바람은 열정을 가진 태도다. 바람은 생생하고 역동적이며 잠재력을 가지고 있다. 바람이 있는 관계는 아동의 과거나 아동에 관한 정보에 의존하지 않는다.

나는 때때로 이러한 환상을 경험한다. 그것은 놀이치료에서 한 아동과 관계를 발달시켜 나가는 것은 누군가가 선반 위에 아름답고 매우 값비싼 꽃병을 놓은 깜깜한 방으로 들어가는 것과 같다는 환상이다. 나는 꽃병이 어딘가에 있다는 것을 알고 있고, 어떻게 생겼으며, 또 얼마나 아름다운지를 보기 위해서 그것을 찾으려고 깜깜한 방에 들어간다. 이러한 조건에서 나는 어두운 방을 활보하거나 더듬거리며 꽃병의 위치를 찾으려고 하지 않을 것이다. 나는 신속하게 팔을 흔들어 선반을 찾으려고 하거나 그래서 그것을 마루에 떨어뜨리고 난 후 떨고 있는 모습을 보이고 싶지도 않다. 이러한 행동은 상상조차 할 수 없다. 그 대신 나는 어두운 방에 조심스럽게 들어가 먼저 새로운 환경에 적응할 것이다. 그리고 방의 크기를 감지하려고 할 것이다.

나는 모든 에너지의 초점을 근접해 있는 대상의 존재를 알아차리기 위해서 예민하게 반응하는 데 맞출 것이다. 먼저 방의 어두움에 적응하고, 아주 조심스럽게 안내해 나갈 것이다. 나는 방 안의 무엇이 나에게 도움이 되는지를 천천히 탐색해 나갈 것이다. 나의 움직임은 서서히 진행된다. 나는 내가 방에서 경험한 것에 익숙해지기 시작할 것이고, 내가 경험하고 온몸으로 감지한 것을 내가 생각해 낼 수 있을 만큼 명백하게 보게 될 것이다.

나의 모든 감각은 꽃병의 존재에 곤두서게 된다. 얼마 후 꽃병의 위치를 알아차리는 데 실패하였다는 것을 알게 될 것이고, 나는 방법을 바꾸어 앞으로 움직이지 않거나 재빨리 새로운 절차를 세워 마루를 기어서 가려고 할 것이다. 또는 그와 반대로 내가 꽃병이 여기 어딘가에 있다는 것을 알기 때문에 나는 대단한 인내를 가지고 꽃병을 느껴 보도록 할 것이다. 나는 꽃병을 빨리 발견하려고 재촉하지 않는 대신에 큰 인내를 가지고 참을 것이다.

마침내 나의 손이 무언가를 만지게 되고, 나는 아주 차분하게 '꽃병이 여기 있다!'라고 말할 것이다. 나는 밀려드는 안도감과 기쁨, 꽃병의 생김새에 대한 예측과 호기심을 경험하게 된다. 그런 다음 아주 조심스럽고 부드럽게 꽃병을 만져 볼 것이고, 그것의 아름다움과 모양을 탐색할 것이다. 그리고 머릿속에 그것의 아름다움을 그려 볼 것이다. 이와 같은 방법을 통해 나는 정서적으로 불안한 아동과 '접촉'하고, 경험하기를 원한다.

내가 아동과 관계하고 있을 때 나는 아동 안의 건드려지지 않은 무엇인가에 접촉하고 싶은 무언의 내면의 투쟁을 경험한다. 그것을 위해 나는 아동 내면의 침묵을 즐기고 감사하는 것을 배워 왔다. 기다리는 것은 치료적인 과정의 한 부분이다. 아동을 기다린다는 것은 아동에 대한 믿음과 아동을 기꺼이 신뢰한다는 것을 전달한다. 나는 아동의 내적인 과정과 함께 인내하기를 원한다. 아동과 접촉하는 데 있어서 나의 노력이 효과적이라면,

> 나는 여전히 나 자신 그대로에 머물며 아동을 본다.
> 나는 여전히 나 자신 그대로에 머물며 아동에게 귀 기울인다.
> 나는 여전히 나 자신 그대로에 머물며 아동의 상상력에 **접촉한다**.
> 나는 여전히 나 자신 그대로에 머물며 아동이 이끄는 곳으로 **따라간다**.
> 나는 여전히 나 자신 그대로에 머물며 아동을 **경험한다**.
> 나는 여전히 나 자신 그대로에 머물며 아동의 숨겨진 내면의 아동 그 자체에 접촉한다.
> 나는 여전히 나 자신 그대로에 머물며 아동을 기다린다.

내가 아동을 도울 수 있게 된다면, 나는 우리가 함께 나눈 시간의 모든 경험 수준에서 아동이라는 사람과 접촉해야만 한다. 나 자신 그대로에 머무른다는 것은 반응을 하지 않거나 조용히 하겠다는 것이 아니다. 언어적·비언어적으로 항상 많은 것이 아동에게 전달된다. 나는 아동의 정서적 세계에 부드럽게 접촉하기를 원하고, 또한 아동이 표현하는 생각과 묘사하는 것을 가능한 한 충분히 듣고 싶다. 나는 나 자신 그대로의 언어적·비언어적 반응을 통해 마음속 깊이 아동을 이해하고 싶고 알고 싶은 나의 바람이 아동에게 전달되기를, 그리고 아동이 삶 속에서 순간순간 표현하고 느끼며 경험하고 알게 된 것을 포함한 아동의 생각과 감정의 경험적인 내적 세계까지도 이해할 수 있기를 원한다.

내가 듣기를 원하는 것처럼 아동은 그의 삶의 두려운 부분, 또는 아동이 나나

타인에게 거절당했던 공포의 한 부분을 함께 나누기를 원한다. 그리하여 아동이 평가와 비판에 대한 두려움과 또 그것을 듣기를 원하는 것과의 내적 갈등을 경험함으로써 이러한 관계를 통해 과감하게 앞으로 전진하기를 바란다. 그러한 때에 자기의 취약한 부분에 대한 잠정적이고 지각하기 어려운 공유가 일어나는데, 이것은 분명하지 않고 숨겨진 메시지이기 때문에 쉽게 알지 못하고 지나가 버리게 되는 모호한 방식으로 일어난다.

이와 같은 관계에서 아동은 그 순간에 자기의 기초가 되는 부분이나 아동이 공유하기를 원하는 경험이 우리가 경험하는 관계의 직접적인 의식 수준에서조차 이루어지지 않는다는 것을 좀 더 깊은 수준에서 어렴풋이 깨닫게 된다. 다른 때는 아동의 불안한 부분이 수용되도록 직접적인 의식적 수준에서 간절한 열망을 감지할 수 있다. 무엇이 일어나느냐의 본질은 마치 아동이 "누가 내 이야기 좀 들어 줘요!"라고 울부짖는 것과 같다. 우리가 함께 관계를 발달시키고 나누는 이 순간에 나는 나의 태도, 단어, 감정, 억양, 얼굴 표정, 몸짓, 있는 그대로의 전체로서 나를 좋아하게 되고, 아동이 안전감과 수용, 인정받고 있음을 느끼도록 도와줄 수 있는 더욱 깊은 메시지로 아동을 경청, 이해, 수용함으로써 의사소통한다.

때때로 나는 이런 순간에 반응함으로써 아동과 함께 우리가 떠날 여행의 문 앞에 서서 문을 살며시 열고, 아동에게 다음과 같은 말을 한다.

"나는 문 반대편에 무엇이 있는지 정말 알지 못한단다. 아마도 거기에 네가 놀랄 만한 것이 있을지도 모르고, 또 만나고 싶지 않은 무언가가 있을지도 모르지만, 난 너와 함께 기꺼이 이 문을 통해서 걸어 나갈 거야. 난 네가 이 문으로 나가도록 이끌지도 않을 것이고, 또 너를 밀어 넣거나 따라가지도 않을 거야. 난 완전히 네 옆에 함께 있을 것이고, 그곳에 무엇이 있는지를 우리는 함께 발견하게 될 거야. 난 네가 이런 과정에서 무엇을 찾든지 간에 잘 대처하고 직면할 수 있다는 것을 믿어."

이러한 관계를 로저스는 "자기 구조는 치료자와의 안전한 관계 속에서 긴장을 풀게 되는 과정이고, 이전에 부정(否定)한 경험을 지각하게 되어 변화된 자기로 통합하게 된다."(Rogers, 1952, p. 70)라고 기술하였다.

다른 자기를 향한 움직임의 시작은 치료자가 보여 준 온정, 관심, 보살핌, 이해, 진실성, 감정이입을 아동이 지각하고 느낄 때 촉진된다. 이러한 촉진된 심리적 태도의 분위기에서(Rogers, 1980) 아동이 자기 지시적 행동과 자기 개념, 기본 태도를 변화시키는 것은 자기 자신의 거대한 자원에 달려 있다. 따라서 아동 내부에 존재하는 변화에 대한 힘은 치료자가 제공해 준 지도, 충고, 정보의 결과 때문이 아니다.

로저스에 의하면, "내가 어떤 특정한 관계의 형태를 제공해 줄 수 있다면, 다른 사람은 성장과 변화를 위하여 그러한 관계를 이용할 수 있는 능력을 자기 안에서 발견할 것이며, 그에 따라 개인의 발달이 일어날 것이다."(Rogers, 1961, p. 33) 그러므로 그 관계는 치료적이고, 관계를 발달시키는 과정에서 아동을 알려고 하고 자신을 알리고자 하는 아동중심 놀이치료자의 주요 기본 태도의 기능이라고 할 수 있다.

아동중심 놀이치료는 자신의 힘을 마음껏 발휘하려는 아동의 능력이 치료자에게서 일정하게 전달되는 신뢰의 토대하에서 발전해 온 서로 공유하고, 살아 있는 관계다. 이러한 관계에서 치료 과정이 발생하고, 치료 과정에서는 아동이 직접적이고 현존하는 경험을 다룬다. 아동은 스스로를 수용하는 경험을 하면서 자신을 가치 있게 보기 시작하고, 자신을 훌륭하고 구별된 존재로 인식하여 수용한다. 아동이 점차 자신을 경험함에 따라 그들은 마음대로 현재의 삶을 경험하고, 그들의 개성을 창조적이고 책임감 있게 사용하게 된다. 치료자가 이렇게 되도록 만들 수는 없다. 치료자는 아동 판단의 기준을 관찰·경험하고, 치료자의 신념이나 해결 방식을 아동에게 강요하지 않으면서 그 의미를 이해하려고 노력해야 한다. 이러한 치료자의 목적은 아동의 문화적 배경이나 문제점을 제시함에 따라 변하는 것이 아니다. 글로버(Glover, 2001)에 따르면, "문화가 다른 아동에게 효과적으로 개입한다는 것은 정확히 말하면, 치료자의 특별한 개입이 아니라 아동중심 놀이치료를 형성하는 수용과 존중의 관계를 만드는 것이다."(p. 32)

학습과 변화를 위한 동기화는 아동의 내적 자아 현실화 경향에 기인하기 때문에 치료자는 아동을 억지로 동기화하거나, 활력을 주거나, 이미 결정된 목표로 이끌 필요가 없다. 나는 아동이 아동에게 필요한 곳으로 우리의 경험을 이끌 것이라고 믿는다. 우리의 관계에 있어서 나는 아동이 어디쯤 있어야 하는지, 무엇을 해야 하는지 알 만큼 현명하지 못하다. 나는 자신에게 필요한 경험으로 이끌고자 하는 아동의 직관적인 내적 경향성을 믿는다. 우리가 함께하는 시간 동안에 무엇을 해야 할지에 대해서는 언제나 확신이 서지 않는다. 예를 들어, 오직 아동과 가해자만이 성폭력에 대해 알고 있다. 부모와 선생님은 아이가 깜짝 놀라 깬다든지, 다른 아이를 무는 행동을 한다는 것만 안다.

아동중심 접근법에서 아동은 놀이의 주제, 내용, 과정을 선택한다. 그리고 자신이 가지고 놀 놀잇감과 놀이 속도를 선택한다. 치료자는 아무리 하찮은 것이라도 아동을 위한다는 구실로 어떠한 결정도 하지 않는다. 그러므로 아동은 자신에 대한 책임을 지도록 권유받고, 그 과정에서 자신의 강점을 발견하게 된다.

아동중심 접근법에서 치료자와 아동 간의 상호 작용의 본질은 아동과의 치료적 접촉을 위한 지침서로 이용되는 액슬린(1969)의 여덟 가지 기본 원칙에 있다. 개정 및 확장된 원리는 다음과 같다.

1. 치료자는 진실로 아동에게 흥미를 가지며, 따뜻하고 보호하는 관계로 발전시킨다.
2. 치료자는 아동의 무제한적인 수용을 경험하고, 아동이 어떤 방식으로든 다를 것이라고 바라지 않는다.
3. 치료자는 관계에서 아동이 안전감과 허용을 느끼도록 만들고, 아동이 충분히 자유롭게 자신을 탐구하고 표현하도록 해 준다.
4. 치료자는 항상 아동의 감정에 민감하고, 이러한 감정을 아동이 스스로 이해하는 법을 개발하여 부드럽게 반영한다.
5. 치료자는 책임 있게 행동하는 아동의 능력을 깊이 신뢰하고, 개인적인 문제

를 해결하는 아동의 능력을 일관성 있게 존중하며, 아동이 그렇게 하도록 허용한다.

6. 치료자는 아동의 내적 지시를 신뢰하여 모든 방면에서 관계를 형성하도록 허용하고, 아동의 놀이나 대화를 지시하는 어떠한 강요도 하지 않는다.

7. 치료자는 치료 과정의 점진성을 인정하고 서두르지 않는다.

8. 치료자는 아동이 개인적이고 적절한 관계를 책임감 있게 수용하도록 돕는 데에만 치료적 제한을 설정한다.

이 접근법에서 초점은 문제가 아니라 아동이 된다. 놀이치료자가 아동과 상호 작용할 때 초점이 아동의 문제를 해결하는 것에 있다면, 이때 아동에게 전달되는 메시지는 '너의 문제가 너보다 더 중요해.'다.

기본 규칙

문제에 초점을 맞췄을 때 아동에 대한 시각을 잃는다.

아동은 아동이 경험하고 있는 어떤 문제보다 항상 더 중요하다. 만일 아동이 내가 한 사람으로서 아동을 대하기보다는 그가 가진 문제를 더 중시하거나 관심을 보인다고 생각한 적이 있다면 아동은 매우 실망할 것이다. 모든 아동은 그들이 한 일이나 경험한 어떤 것보다 더 가치 있다. 나는 경험의 정도로 한 개인을 정의할 수 없다는 것을 아동에게서 배웠다. 아동은 그들의 경험으로 한정되지 않는다. 그들이 한 일과 성취한 것은 아동의 전부가 아니다.

이 책을 읽는 독자는 인생에서 꿈이 깨지거나, 비극에 압도당하거나, 크게 당황하거나, 가슴이 찢어지는 상실을 느끼거나, 외상을 입을 만한 사건을 경험했을 수 있다. 당신이 경험한 일이 당신의 전부는 아니다. 이 독자는 아마도 대학원 학생으로서 이 책을 읽고 현재 당신의 인생에 방향을 설정했을 수도 있다. 당신 자체가 무겁고 압도당할 만한 경험을 극복함으로써 인간 유기체의 회복력을 증명할 수 있다는 증거다. 인간은 그 사람이 겪은 일로 정의되지 않는다는 것이 명백하다.

> **기본 규칙**
> 아동에 관한 사실이 아동의 인격, 그 자체에 대한 것을 설명할 수는 없다.

　놀이치료자는 스스로 아동을 이해하는 데 있어서 제한된 시야를 가지는 것을 피해야 하고, 자신의 복잡한 문제에 대한 해답을 찾기 위해 얽매여서도 안 된다. 아동에게 보이는 문제는 더 깊은 문제로 인해 보이는 표면적인 증상이다. 그러므로 나는 아동의 인생에 중요한 사람, 즉 부모나 선생님이 아동에 대해 이야기하는 것을 듣고 아동을 가정하지 않는다. 아동에 대해서 가장 중요한 것 또는 전부는 아동 그 자체에 대해서 아는 것이다. 그러므로 놀이치료관계에서 나의 목표는 내가 정말 모른다는 사실을 모르고 있다는 것을 발견하는 것이다. 나는 내가 아동에게서 무엇을 찾아야 하는지 알 만큼 현명하지 못하다. 내가 무엇을 찾아야 하는지 모르는데 어떻게 찾으러 갈 수 있겠는가?

　나는 아동에 대해서 모르는 것이 너무 많다. 아마도 가장 중요한 것은 내가 무엇을 모르는가일 것이다. 나는 아동이 무엇을 겪어야 하는지 알 만큼 현명하지 않다. 그러므로 나는 아동이 스스로 관계 안에서 자신이 필요한 곳에 나를 데려갈 것이라는 것을 믿는다. 나는 아동에 관해 선입관을 가지지 않는다. 그것은 창의적인 아동의 성장을 막을 수 있다. 나는 아동이 상처받기 쉬운 내면을 서서히 보여 주는 것을 끈기 있게 기다리며 경외로움을 가지고 능동적으로 함께한다.

　의미 있는 관계의 여정은 아동의 과거력을 밝히거나, 과거의 행동을 폭로하거나, 환경적인 요인을 찾아 교육적인 계획을 세우는 것이 아니다. 치료자가 지시하거나, 개입을 구조화하거나, 아동의 문제를 해결해 주는 것도 아니다. 아동과 함께하고, 아동의 세계를 충분히 경험하는 것이 의미 있는 관계다. 내가 미처 경험해 보지 못한 아동의 한 부분에 참여하고, 경험하며, 보는 것이다. 슈퍼비전 집단 내의 한 놀이치료자는 "치료는 내가 뭔가를 하는 것이 아니고, 일부가 되는 것이에요. 놀이치료는 아동과 함께하는 여행이에요."라고 말하였다.

아동중심 놀이치료는 아동을 규정하는 접근법이 아니기 때문에 진단은 필요 없다. 치료자는 의뢰된 특정한 문제에 따라 접근법을 바꾸지 않아야 한다. 발전되는 관계와 이러한 관계에서 방출되는 아동의 창조적인 힘은 변화의 과정과 아동의 성장을 창출한다. 관계가 곧 치료다. 관계는 행동적 변화나 치료를 위한 준비가 아니다.

놀이치료관계의 결과로서 아동이 성장하는 것이 무엇이든지 간에 그것은 아동에게 이미 있었던 것이다. 치료자는 아무것도 새롭게 만들지 않는다. 치료자는 단지 아동에게 이미 존재하는 것을 방출하도록 도울 따름이다. 긍정적인 행동 변화나 아동이 이룬 성장에 대한 잠재력은 치료자가 아동을 보기 전에 이미 아동에게 존재하는 것이다. 그러므로 그 변화는 치료자의 공이라고 할 수 없다. 이 과정에서 아동은 자신을 책임지게 되고, 자기 지시를 통해 일어나는 책임감에 의해 결과적으로 더욱 긍정적인 행동을 하게 된다.

아동중심 놀이치료에서는 놀잇감의 사용이나 행동에 대한 해석이 아니라 관계가 성장의 열쇠가 된다. 그러므로 관계는 항상 현재 살아 있는 경험에 초점을 맞추어야 한다.

- 문제 _____ 보다는 _____ 사람
- 과거 _____ 보다는 _____ 현재
- 사고나 행동 _____ 보다는 _____ 감정
- 설명 _____ 보다는 _____ 이해
- 교정 _____ 보다는 _____ 수용
- 치료자의 가르침 ___ 보다는 _____ 아동의 안내

• 치료자의 지식 _____보다는 _____아동의 지혜

관계는 아동이 자기를 향상시키는 방식으로 자신을 표현하도록 아동에게 충분한 내적 자유와 안전성 개발을 위해 필요한 일관된 수용을 제공한다. 아동의 성장을 촉진하는 관계의 중요한 요소는 놀이치료관계에서의 치료 특성에 추가될 수 있다.

• 아동을 믿을 것
• 아동을 존중할 것
• 아동을 수용할 것
• 아동의 내적인 소리를 들을 것
• 아동의 욕구에 초점을 맞출 것
• 아동에게 스스로 방향을 정할 자유를 줄 것
• 아동에게 결정할 기회를 줄 것
• 아동의 영역을 존중할 것
• 과정에 있어서 인내심을 가질 것

아동중심 놀이치료의 목표

아동중심 놀이치료 접근법에 대하여 논할 때, 개별적이고 지시적인 목표보다는 광범위하게 정의된 치료 목표가 강조된다. 각 아동에게 특정한 목표가 부여되었을 때, 치료자는 이미 알고 있는 문제와 관련된 목표를 다루도록 미묘하고도 직접적으로 아동을 밀어붙일 것이며, 그래서 아동의 자발적인 기회를 제한하게 될 것이다. 그렇다면 이는 치료자가 부모나 선생님이 확인한 '문제'에 관심이 없다는 뜻인가? 전혀 그렇지 않다. 아동에 관한 이러한 정보는 아동의 전체 생활의

일부분일 따름이고, 필수적이지는 않지만 놀이치료실에서 아동과 대화할 때 치료자가 이해하는 데 도움이 된다.

짚고 넘어가야 할 중요한 경고는 치료 전에 아동에 관한 정보를 들으면 치료자는 그 아동에 대한 편견을 가지게 되어 아동의 다른 부분을 놓치는 결과를 초래한다는 것이다. 비록 이것이 이상적인 관심일지라도 다른 상담자를 통해 인터뷰를 할 수 없는 주위 여건 때문에 아동과 작업하기 전에 부모나 교사와 인터뷰하는 것을 거의 피할 수 없는 것이 사실이다. 이러한 가능성이 있는 문제는 치료자가 잠재적 편견을 깨닫고, 또 아동이 치료자와 함께 있는 순간에는 아동을 하나의 사람으로 인정하도록 충분히 이해한다면 대부분 극복할 수 있다.

아동중심 놀이치료의 일반적인 목표는 자기실현을 향한 아동의 내적인 자발적 노력과 일치한다. 최우선적 전제는 아동이 이해하고 도와주는 어른과 함께 있을 때 내적인 힘을 발견할 수 있도록 긍정적인 성장 경험을 제공하는 것이다.

기본 규칙

문제를 중심에 두고 관계를 만들어 가는 것은 불가능하다.

아동중심 놀이치료는 아동의 문제보다는 아동 자체에 초점을 맞추기 때문에 아동이 자신의 일생에 영향을 줄 현재와 미래의 문제를 대처하는 데 보다 적절한 사람이 되도록 노력하는 부분을 강조한다. 그 때문에 아동중심 놀이치료의 목표는 다음과 같이 아동을 돕는 것이다.

1. 더욱 긍정적인 자기 개념을 발견하게 한다.
2. 자기 책임을 더 크게 지도록 한다.
3. 더욱 자발적이 되도록 한다.
4. 더욱 자기 수용적이 되도록 한다.

5. 더욱 자존적이 되도록 한다.

6. 스스로 의사 결정을 하도록 한다.

7. 조절감을 경험하도록 한다.

8. 대처 과정에 민감해지도록 한다.

9. 평가의 내적 기준을 발달시키도록 한다.

10. 자신을 더욱 신뢰하도록 한다.

이와 같은 아동중심 놀이치료의 목표는 특징을 이해하고 접근의 과정을 위한 일반적인 골격을 제공한다. 아동에게 특정한 목표가 설정되지 않기 때문에 치료자는 목표에 초점을 맞춘 사람들의 발달을 자유롭게 촉진시켜야 한다. 이는 특정한 문제를 다루는 데 있어 아동을 배제하지 않기 때문에 아동은 표현해야 할 필요성을 느끼게 되며, 실제로 이런 일은 자주 발생한다. 이러한 아동중심의 관계에서 치료자는 자신의 목표를 설정하는 아동의 능력을 신뢰해야 한다. 비록 놀이치료에서 아동은 자신의 특정한 목표를 세우는 데 서툴고, 언어적·의식적으로도 목표를 세우지 않는다. 네 살 된 아동이 스스로 "나는 두 살 된 내 동생을 그만 때려야 할까 봐요."라든가, 다섯 살 된 아동이 "나의 목표는 나 자신을 더욱 좋아하는 것이에요."라든가, 여섯 살 된 아동이 "나를 성학대하는 아빠에게서 받은 분노를 해소하기 위해서 왔어요."라고 하지는 않는다. 그러한 문제는 아동에 의해 목표라고 진술되지는 않을지라도 종종 아동의 놀이를 통해 나타나고, 아동은 관계를 맺는 과정 중에 그들만의 방법으로 문제를 처리해 나갈 것이다.

이러한 관점에서 볼 때 아동을 통제하거나, 어떤 방식으로 하도록 강요하거나, 치료자가 정한 결론에 도달하도록 의도하지 않는 것이 무엇보다 중요하다. 치료자는 아동에게 무엇이 최선이고, 아동이 반드시 무엇을 생각해야 하며, 아동이 어떻게 느껴야 하는지를 결정하는 권위적인 존재가 아니다. 이러한 경우, 아동은 자신의 힘을 발견할 기회를 박탈당하게 된다. 이 접근법에서 아동은 자신이 놀이치료로 도움이 되는 어떤 문제를 가지고 있다고 깨달아야 할 필요는 없다.

놀이치료에서 아동이 배우는 것

놀이치료에 의뢰되는 아동의 대다수는 어느 정도 학교 경험과 연관되어 있기 때문에 먼저 시도할 주제는 학습에 관한 것이다. 대부분의 교사의 일과는 아동이 배우도록 도와주는 것이다. 따라서 교사는 아동이 놀이치료에서 무엇을 배우는지를 알고 싶어 한다. 특히 아동이 놀이치료 시간에 참여하기 위해 수업 시간에 빠질 때는 더욱 그러하다. 실제로 놀이치료는 가장 좋은 성장을 촉진하는 환경하에서 이루어지는 훌륭한 학습 경험이며, 학교의 목표, 아동과 아동의 세계에 대하여 배우는 아동을 돕는 목표와 일치하는 목표를 가진 발달적 견지에서 보아야 한다.

놀이치료는 자신을 알고 수용하는 법을 배우도록 도와줌으로써 아동의 발달을 돕는다. 또한 놀이치료는 아동이 교사가 제공한 학습 경험에서 교훈을 습득할 수 있게 도와줌으로써 세계에 관해 배우는 넓은 의미의 학교 목적을 성취하도록 돕는다. 불안해하거나 걱정하는 아동이 열등한 자기 개념을 가지고 있거나, 가정 환경상 이혼을 경험하였거나, 또래와의 관계가 좋지 않다면 가장 실력 있는 교사가 가르쳐도 학습의 최대 효과를 얻기는 어렵다. 그러므로 놀이치료는 학습 환경에 수반하여 교실에서 배우는 기회를 극대화하도록 아동을 돕는 경험이 되어야 한다.

위험 부담, 자기 탐색, 자기 발견은 위협이 존재하거나 안전이 결여되어 있을 때에는 쉽게 나타나지 않는다. 놀이치료에서 얻을 수 있는 잠재적 학습 경험은 아동이 위험을 무릅쓰고 자신의 깊은 곳에 숨어 있는 모든 정서적인 면을 표현할 때, 아동이 충분히 수용되고 안전하다고 느낄 수 있는 편안한 분위기를 치료자가 얼마나 성공적으로 만들 수 있는가에 비례한다. 이는 아동의 의식적인 결정이 아니라 비판, 제안, 칭찬, 반대, 그들을 변화시키려는 노력이 없는 허용된 분위기의 결과다. 아동은 있는 그대로 수용된다. 그러므로 이 관계에서 아동은 어른을 즐겁게 할 필요가 없다. "여기서는 선생님도 조그마한 '나이 든 자기'가 될 수 있어요."라는 어떤 아동의 표현대로 말이다. 자기를 위협하는 것이 없기 때문에 자기 탐색과 자기 발견은 자연스럽게 일어난다. 놀이치료가 자기표현을 나타내는 것을 의미하는 것은 아니다. 놀이치료실에서 확립된 허용의 감정에 대하여, 자신의 확실한 안전에 대하여, 치료 제한의 사려 깊은 적용에 대하여 반응함으로써—나중에 논의되겠지만—아동은 자기 조절과 책임 있는 표현의 자유를 배운다.

놀이치료관계에서 배우는 것의 대부분은 인지학습이 아니라 치료 경험 과정에 걸쳐 나타나는 자신을 개발하는 경험적이고, 직관적인 학습이다. 아동중심 놀이치료의 관계 안에서 아동이 자기 자신에 대해 배우는 것은 치료자가 관계를 촉진함으로써 생긴 결과물이다. 다음은 아동의 자기 자신의 변화를 촉진하는 것에 관한 기본적인 여덟 가지 배움의 경험이다.

- 아동은 스스로 존중하는 것을 배운다. 놀이치료자는 한결같은 태도로 아동을 대하며, 아동이 소극적으로 놀이를 하는지, 공격적인 행동을 하는지, 투덜거리거나 단순한 것을 도와 달라는 의존적인 행동을 하는지 간에 개의치 않고 대화를 한다. 아동은 치료자의 존중에 대한 감각과 평가하지 않고 항상 존중 받는 느낌, 수용 받는 존재감을 경험하면서 존중을 내면화하여 스스로를 존중하는 법을 배우게 된다.
- 아동은 자신의 감정을 수용하는 것을 배운다. 아동은 자신의 감정을 놀이로 표현할 때, 이를 이해해 주고 강력한 감정이라도 수용해 주는 치료자와의 경험을 통해 자신의 감정을 수용하는 법을 배운다. 아동은 자신의 감정을 수용 받는 경험을 함으로써 자신의 감정을 더 드러내기 시작한다.
- 아동은 자신의 감정을 표현하는 것에 대한 책임감을 배운다. 아동이 자신의 감정을 솔직하게 표현하고 수용함으로써 감정의 강렬함은 사라지고, 아동이 자신의 심성을 적절하게 조절할 수 있게 된다. 아동이 자신의 감정을 조절하는 책임감을 배우게 되면 그들은 더 이상 감정의 지배를 받지 않게 된다. 자유롭게 표현하는 과정은 아동이 자신의 감정에서 자유로워지게 한다.
- 아동은 스스로 자신의 책임감을 배워 나간다. 발달의 자연스러운 과정 안에서 아

동은 독립과 자립을 향해 고군분투한다. 그러나 종종 아동의 그러한 노력은 선의를 가지고 아동을 위해 무엇인가를 해 주는 어른으로 인해 좌절되고, 아동에게는 스스로 책임지는 것에 대한 감정과 경험의 기회가 주어지지 않는다. 놀이치료관계 안에서 치료자는 아동의 잠재력을 믿고, 아동이 자신의 힘을 발견하는 기회를 빼앗을 수 있는, 아동을 위해 무엇인가를 해 주는 것에 저항해야 한다. 치료자는 아동이 스스로 무엇인가를 하기 위해 고군분투하는 것을 허용하여 아동 스스로가 책임감을 깨닫고 그에 따른 감정이 어떤지를 발견하도록 해야 한다.

- 아동은 문제 해결을 위해 창의적이 되고, 문제 해결 전략을 배운다. 아동이 스스로 자신의 해결 방법을 찾고, 임무를 완수하며, 문제를 파악하도록 허용하면 아동이 가지고 있던 창의적인 자원이 발견되고 발달하게 된다. 이런 경험이 증가됨에 따라 아동은 초기에는 압도당했을지라도 자신의 문제에 맞설 수 있게 된다. 그리고 스스로 해냈다는 만족감을 경험한다. 아동이 자신의 문제를 스스로 해결하는 것을 처음에는 거부한다고 할지라도 치료자의 지속적인 기다림을 통해 아동의 창조적인 경향성은 밖으로 나오게 될 것이다.

- 아동은 자기 통제와 스스로 방향을 결정하는 것을 배운다. 아동 자신이 할 수 있었던 통제 경험이 없으면, 아동이 자기 통제를 배우고 스스로 방향을 결정하는 것은 가능하지 않다. 그것이 당연한 원칙이며, 아동과 의미 있는 성인과의 상호 작용을 시간을 두고 유심히 관찰하게 되면 아동의 삶에서 이러한 기회가 부재했던 것이 뚜렷하게 드러난다. 다른 성인과 다르게 놀이치료자는 아동을 위해 결정을 해 주거나 아동을 직간접적으로 통제하려고 시도하지 않는다. 놀이치료실 안에서 아동의 행동에 대한 언어적인 제한 설정은 아동이 스스로 자신의 행동을 조절할 수 있게 한다. 왜냐하면 통제는 외부적으로 당하는 것이 아니라 아동이 자신의 결정을 만들어 가는 것을 허용함으로써 아동이 스스로 통제하고 방향을 결정하는 것이기 때문이다.

- 아동은 점차적으로 감정의 단계를 배우고, 스스로를 더 수용한다. 아동이 치료자의

무조건적인 수용을 경험하게 되면, 점차적으로 눈에 보이지 않는 방법을 통해 자신을 가치 있는 존재로 받아들이기 시작한다. 이것은 자기에 관해 배우고 직간접적으로 의사소통하는 과정이다. 치료자는 아동을 수용한다고 명백하게 이야기하지 않는다. 왜냐하면 그것은 치료자와 아동의 관계나 아동이 자신에 대해서 스스로 느끼는 방법에 아주 적은 긍정적인 영향을 미치거나 긍정적인 영향을 주지 않기 때문이다. 수용은 치료자의 행동과 그 자체로 전달되는 언어적이고 비언어적이며 태도적인 메시지다. 처음에는 아동이 느끼는 것과 아동의 있는 그대로가 무비판적으로 수용되는 경험을 하게 될 것이다. 변화되기를 바라는 것이 아니라 아동을 있는 그대로 받아들이는 것이다. 이것은 자기 수용을 증가시키고 긍정적인 자기 개념 발달을 위한 주요한 요인이 된다.

• 아동은 선택하는 것을 배우고, 그들의 선택에 책임을 지게 된다. 인생은 끝나지 않는 선택의 연속이다. 그러나 아동이 어떻게 선택하는지나 무엇을 선택하는지에 따르는 감정—망설임, 고민, 회피, 무력감, 불안 그리고 다른 사람이 허용할지에 대한 불안—은 선택을 해 본 경험이 없는 경우에는 알기가 어렵다. 그러므로 치료자는 아동을 위해서 그림을 그릴 때 어떤 색깔을 쓸 것인지, 어떤 장난감을 가지고 놀지 등에 대한 단순한 선택조차도 결정해 주는 것을 피해야 한다.

앞에서 이야기한 것은 아동의 성숙을 위한 성장에 바람직한 것이다.

아동중심 놀이치료에서의 다문화적 접근

아동중심 놀이치료는 아동의 사회 · 경제적 위치나 민족적인 배경에 관해 문화적으로 민감하게 접근한다.

치료자는 아동의 피부색, 상황, 환경, 염려, 그리고 불평에 개의치 않고, 자신의 신념, 철학, 이론과 아동에 대한 접근을 수정하지 않아야 한다. 치료자는 아동에게 동등한 공감, 수용, 이해, 그리고 진실성을 제공해야 한다. 놀이와 표현의 문화적 적응을 포함하여 아동에 대한 안정적이고 독특한 태도로 아동이 놀이를 통해 자유로운 의사소통을 하게 해야 한다(Sweeney & Landreth, 2009, p. 135).

아동에게 세심하게 맞추고, 아동의 문화를 초월한 감정에 반응하는 것은 다문화적인 언어다([그림 5-3]). 이 장의 앞부분에서 말했듯이, 아동중심 놀이치료자는 아동에게 문제 해결이나 치료자의 신념을 강요하지 않으며, 아동이 지각하는 의미와 관점을 보고 경험하려고 노력해야 한다. 이와 같은 치료자의 기본적인 자

[그림 5-3] 아동중심 놀이치료는 아동이 자기 주도적인 놀이로 그들의 문화적 측면을 나타내고, 언어적 장벽을 초월하기 때문에 문화적으로 민감하게 반응하는 개입이다.

세는 아동의 문제나 문화적인 관점에 영향을 받지 않는다. 글로버(2001)에 의하면, "아동중심 놀이치료에서 치료자와 다른 문화에 속한 아동을 위해 이상적인 중재가 가능한 것은 이러한 수용과 존중하는 관계로 인한 것이다."(p. 32) 아동이 자신의 경험을 놀이로 표현할 때 치료자가 공감, 진실한 따뜻함, 수용으로 반응한다면, 아동은 자기와 타인에 대한 수용과 공감을 발달시키고, 수용된 아동의 문화적 놀이는 아동이 자신의 문화를 수용하는 것으로 발달된다. 비록 일부 놀이치료자가 언어적 접근에 의존하고, 문제를 해결하기 위해 아동이 그들의 느낌을 언어적으로 표현하도록 자극하더라도, 아동중심 놀이치료자는 차이를 존중하며, 감정에 대해 직접적인 언어적 표현을 하도록 강요하고 부추기지 않아야 한다. 아동이 그들에게 가장 편안한 의사소통의 방법을 선택하도록 허용해야 한다. 놀이는 아동의 태생적인 감정 표현 그 자체다. 아동은 실제로 일어난 일과 경험에 수반되는 스트레스나 고통에서 스스로를 지키기 위해 종종 그들의 경험과 감정을 직접 표현하지 않고, 상징적 방법인 놀이로 표현하기 때문이다. 직접적인 감정의 표현이 촉진되지 않은 다문화 그룹에 있는 아동은 아동중심 놀이치료관계의 놀이를 통해 안전감을 느끼며, 열정적인 감정적 반응을 탐색하여 그것을 온전히 표현할 수 있다. 글로버(2001)는 아동중심 놀이치료가 아동이 자신의 모습 그대로일 수 있는 자유를 허용하기 위해 문화적인 세심한 관계를 바탕으로 이루어져야 함을 제안하였다. 몇몇의 놀이치료 접근에서 치료자는 아동이 자신의 삶의 경험이나 문제와 관련된 정보를 자발적으로 안내해 주기를 바라고, 이런 문제를 놀이치료 회기에서 광범위하게 구조적으로 다루기를 기대한다. 이러한 접근은 문제를 타인에게는 숨기고 가족 안에서만 다뤄야 한다는 믿음과 사회문화적 가치를 가진 집단과 반대된다. 아동중심 놀이치료자는 아동에게 문제에 관해서 질문하시 않아야 한다. 그 이유는 아동중심 접근이 지시적 접근이 아니며, 배경 정보는 치료자가 무엇을 하며, 놀이치료실에서 어떻게 관계를 형성하는지에 대한 정보를 제공하지 않기 때문이다.

린(Lin, 2011)은 백인 아동보다 그 밖의 민족 문화 아동이 놀이치료에서 주로 더

큰 향상을 보이는 것과 관련해 메타분석을 실시하였다. 그는 아동중심 놀이치료
적 접근이 언어적 장벽을 넘어서 다른 민족 아동에게도 아동이 자기 주도적이 되
어 활용하는 것을 허용하는 접근이기 때문에 이러한 결과를 설명할 수 있다고 가
정하였다. 따라서 아동이 영어로 표현해야만 하는 외부 세계에서 충분히 표현하
지 못한 자신의 내면의 감정, 생각, 경험을 그 외의 비언어적인 방법으로 표현하
는 것을 허용해야 한다. 린은 실무자가 아동중심 놀이치료를 문화적으로 반응적
인 중재 방법으로서 자신 있게 간주하는 것에 대해 충분히 고려해야 한다고 자신
의 연구를 결론짓고 있다.

  가르사(Garza, 2010)는 히스패닉계 아동과 함께 아동중심 놀이치료의 영향을
연구하고 다음과 같은 결론을 내렸다.

> CCPT는 히스패닉계 아동을 위한 유용한 치료적 방법임이 강하게 지지되었
> 다. 이 결과는 주목할 만하다. 왜냐하면 이 연구는 CCPT를 연구를 통해 입증된
> 개입으로써 비교하기 때문이다. 행동적인 가치에 초점을 맞췄던 아동의 부모
> 가 CCPT와의 접점을 찾은 후, 이 가정의 아동의 행동적 결과가 부각되어 나타
> 났기 때문이다(p. 188).

  연구는 아동중심 놀이치료와 부모-자녀 관계(아동중심 치료의 철학, 이론 그리
고 기술을 기반으로 한 부모-자녀 치료) 치료가 대부분의 문화(아프리카, 중국, 독일,
히스패닉, 이란, 이스라엘, 일본, 한국, 미국 아동 그리고 푸에르토리코의 아동 포함)에
서 효과적일 수 있다는 것을 보여 준다(이 책의 제17장에 연구 결과가 제시되었다.).

참고문헌

Axline, V. (1969). *Play therapy*. New York: Ballantine.

Baum, K. (1956). *The wizard of oz*. New York: Rand McNally.

de Saint Exupery, A. (1943). *The little prince.* New York: Harcourt, Brace.

Garza, Y. (2010). School-based child-centered play therapy with Hispanic children. In J. Baggerly, D. Ray, & S. Bratton (Eds.), *Child-centered play therapy research: The evidence base for effective practice* (pp. 177-191). Hoboken, NJ: Wiley.

Garza, Y., & Bratton, S. C. (2005). School-based child-centered play therapy with Hispanic children: Outcomes and cultural considerations. *International Journal of Play Therapy, 14*(1), 51-79.

Glover, G. (2001). Cultural considerations in play therapy. In G. Landreth (Ed.), *Innovations in play therapy: Issues, process, and special populations* (pp. 31-41). Philadelphia: Brunner-Routledge.

Lin, Y. (2011). Contemporary Research of Child-Centered Play Therapy (CCPT) modalities: A Meta Analytic Review of Controlled Outcome Studies. (Unpublished doctoral dissertation, University of North Texas, Denton.)

Moustakas, C. (1981). *Rhythms, rituals and relationships.* Detroit, MI: Harlow Press.

Patterson, C. (1974). *Relationship counseling and psychotherapy.* New York: Harper & Row.

Rogers, C. (1951). *Client-centered therapy: Its current practice, implications, and theory.* Boston: Houghton Mifflin.

Rogers, C. (1952). Client-centered psychotherapy. *Scientific American, 187,* 70.

Rogers, C. (1961). *On becoming a person.* Boston: Houghton Mifflin.

Rogers, C. (1977). *Carl Rogers on personal power: Inner strength and its revolutionary impact.* New York: Delacorte.

Rogers, C. (1980). *A way of being.* Boston: Houghton Mifflin.

Rogers, C. (1986). Client-centered therapy. In J. L. Kutash & A. Wolf (Eds.), *Psychotherapist's casebook* (pp. 197-208). San Francisco: Jossey-Bass.

Sweeney, D., & Landreth, G. (2009). Child-centered play therapy. In K. O'Connor & L. Braverman (Ed.), *Play therapy theory and practice: Comparing theories and techniques* (2nd ed., pp. 123-162). Hoboken, NJ: Wiley.

놀이치료자

인간은 놀이할 때에만 완벽한 인간이다.

* 실러(Schiller)

놀이치료자는 아동의 삶에서 특별한 성인이다. 그 이유는 치료자가 지시하거나, 확인하거나, 가르치고 싶어 하는 대신에 아동이 자기 안내를 할 수 있도록 자유롭게 해 주면서 개개의 아동에게 인간적으로 반응하기 때문이다. 아동이 이 독특함을 인식하고 있다는 것은 다음의 발췌문에서 볼 수 있다.

크리스: 이 개구리를 무슨 색으로 칠할까요?

치료자: 여기서는 개구리에 칠하고 싶은 색깔을 네가 결정할 수 있단다.

크리스: 모르겠어요. 검은색 괜찮아요? 어떤 개구리가 검은색이죠? 우리 선생님
이 그리는데 개구리는 녹색이래요.

치료자: 개구리를 검은색으로 칠하고 싶지만 그래도 될지 안 될지 확신이 들지
않는구나.

크리스: 네, 무슨 색으로 칠해야 하는지 말해 주세요.

치료자: 내가 너를 대신해 결정해 주길 바라는구나.

크리스: 네, 다른 사람은 다 그렇게 해 줘요.

치료자: 모든 사람이 너 대신에 결정해 주기 때문에 나도 그렇게 해야 한다고 생
각하지만, 여기서는 개구리에 칠하고 싶은 색깔을 네가 결정할 수 있단다.

크리스: 파란색으로 칠하겠어요! 최초의 파란색 개구리예요! 선생님은 재미있
군요!

치료자: 내가 무엇을 하라고 말해 주지 않으니까 이상하게 여겨지나 보구나.

크리스: 네! 파란색 개구리처럼요.

차이 만들기

물론 크리스가 옳다. 놀이치료를 하는 치료자는 '재미있는' 사람이다. 이들이 유머를 사용하기 때문에 '재미있는' 것이 아니라 아동이 경험하는 관계를 새롭고 다르게 만들기 때문에 '재미있는' 것이다. 이러한 관계는 언어로는 맺기 어려운 아동과의 관계를 발전시키는 것과 독특한 의사소통의 기회를 주는 놀이 매체에 의해 만들어진다. 놀이치료실이 독특할 필요는 없다. 대부분의 아동은 이미 놀이치료실에 있는 놀잇감을 경험해 보았을 것이기 때문이다. 그러나 놀이치료실은 치료가를 정말로 독특하게—아동이 생각하기에 '재미있는' 것—만들어 주는 차이를 이끌어 낼 수 있어야 한다. 이 성인 치료자는 아동이 다른 성인에게서 거의 경험해 보지 못한 특성을 가지고 있어야 한다.

아동을 수용하는 것은 아동의 독특함을 존중하는 것이며, 아동의 감정에 대해 민감하다는 것은 놀이치료자를 독특한 성인으로 만들어 주는 요소다. 치료자는 아동을 생각, 감정, 신념, 아이디어, 욕망, 상상, 존중받을 가치가 있는, 자신의 의견을 지닌 개인으로 보아야 한다. 많은 어른이 바쁘다는 이유로 아동을 보지 않는다. 그렇게 하기에는 너무 바쁘다. 또한 어른들은 해야 할 일이 너무 많으며, 당장 그 일을 해야 하고, 결국 서둘러서 해야 하는 일이 중요한 일이다. 결과적으로 어른들은 진정으로 아동을 보지 못하게 된다. 그러한 상황에서 어른은 아동의 존재를 모호하게 인식한다. 놀이치료실에 오는 대부분의 아동이 45분간 성인의 완벽하고도 분산되지 않은 관심을 받는 것은 정말로 특별한 경험이다. 놀이치료실의 성인은 아동이 하는 모든 것에 주의를 기울이며, 아동의 감정과 놀이 활동에 순수한 관심을 가지고 있다. 대부분의 다른 성인과는 달리 치료자는 아동에게만 헌신하는 시간을 보낸다.

놀이치료자는 의도적으로 분위기를 만든다. 치료자는 자신이 하는 일과 왜 그 일을 하고 있는지에 대해 알아야 한다. 이것은 치료자를 독특하게 만드는데, 왜냐하면 치료자는 아동과의 관계에 동요되지 않으며, 그보다는 자신의 말과 행위에 매우 신중하기 때문이다. 치료자는 아동과의 관계 형성에 도움이 되는 분위기를 만들기 위해 열심히 일해야 한다. 차이는 치료자가 아동과 아동중심으로 함께 시간을 보내며, 아동이 치료자와 분리될 수 있기 때문에 생기는 것이다. 즉, 아동을 능력 있고 독특한 개인으로 보아야 한다. 차이는 또한 치료자가 아동을 매우 존중하기 때문에 생겨난다.

함께하기

처음에 아동이 놀이치료자를 보면 다른 어른과 별다른 차이점을 느끼지 못한다. 이 어른은 대부분의 다른 어른보다 좀 더 크거나 아니면 좀 작을 수도 있다. 또한 기억하기 쉬운 얼굴일 수도 있지만, 이 어른이 매우 특별하다는 인상을 줄 만큼 신체적으로 특이한 것도 아니다. 따라서 유능한 놀이치료자와 다른 어른 사이의 차이는 놀이치료자 자신이 완전히 현재에 있어야 하고, 아동이 접근할 수 있는 데 있어야 한다.

놀이치료자가 아동에게 다른 유형의 성인으로 보이는 이유 중 가장 중요한 것은 '충분히 현재에 존재하여 여기에 함께' 있기 때문이다. 즉, 놀이치료자는 관찰, 경청, 인식하는 말을 통해 아동과 상호 작용하는 것이다. 많은 아동은 관계 맺는 어른들과의 관계에서 함께하지 못하는 경험을 한다. 어른들은 텔레비전을 통해 아동을 관찰하거나, 석간신문 뒤로 아동의 말을 들으면서 아동이 잘못할 때에만 알아본다.

놀이치료자는 아동의 놀이뿐만 아니라, 아동의 욕구, 필요, 감정을 의도적으로 관찰하고, 공감적으로 경청하며, 인식하는 어른이다. 놀이치료자는 아동과 현재에 함께하는 것이 단지 신체적으로 함께하는 것 이상이 요구되는 것임을 안다. 함께하는 것은 아동에게 놀이치료를 독특한 경험으로 만들어 줄 수 있는 기술이다.

놀이치료자는 아동의 마음을 마음으로 듣는 사람이다. 아동의 고통의 깊이를 듣기 위해 귀 기울이는 사람이다. 아동을 무비판적으로 수용하는 사람이다. 절망 가운데 있는 아동의 진귀함을 알아보는 사람이다. 아동의 절절한 외로움을 아는 사람이다. 아동과 함께하는 것을 바라고 이해하는 사람이다.

놀이치료자의 독특함은 아동이 말하는 것뿐만 아니라 아동의 활동을 통해 전달되는 메시지를 적극적으로 경청하기 때문에 돋보인다. 치료자는 아동이 선택한 놀잇감과 놀이도구, 그리고 아동의 놀이하는 방법이 아동이 전하고 싶어 하는 모든 노력의 일부로, 의미를 지닌다고 이해해야 한다. 아동은 치료자의 완전한 관심을 받는다. 너무 바쁘고 자신들의 욕구를 만족시키는 데 몰입해 있는 다른 어른들과는 달리 치료자는 서두르지 않고, 아동의 욕구를 이해하는 일에 충실하며, 진정으로 아동의 이야기를 듣고자 한다. 함께하는 시간을 보내면서 아동의 이야기를 듣고 이해하는 것이 치료자의 기본 목표다.

수년이 지난 뒤에 놀이치료 경험을 돌아보면 아동의 반응을 통해서 함께하는 관계가 어떤 영향을 미쳤는지를 볼 수 있다. "되돌아보면 당신은 특별히 무엇을 하진 않았지만 나와 함께 있었죠. 그리고 항상 두 팔을 벌리고 여행자가 집으로 돌아오기를 조용히 기다리는 항구처럼 거기에 있어 주었죠. 당신 덕분에 나는 집으로 돌아갈 수 있었어요." (Axline, 1950, p. 60)

성격 특성

다음은 도달할 수 없는 완벽한 인간에 대해 기술한 것인지도 모른다. 그렇다고 해서 아동이 성장하고 발달하도록 도울 수 있는 개인적인 특성을 기술하려고 한 것은 아니다. 이러한 특성은 얻는다는 것이 중요한 것이 아니고, 획득하기 위해 끊임없이 자기 동기화하고, 그러한 차원을 자신의 삶과 아동과의 관계 속으로 통합하는 것이 훨씬 더 중요하다. 놀이치료자의 의도는 과정 속에서 역동적이고 촉진적인 자질이며, 설명 가능한 차원을 얻는 것이 아니다. 의도는 치료자의 태도와 동기의 깊은 부분에 존재하며, 치료자의 행동에서 다음의 특성을 볼 수 있다.

객관성과 융통성.   유능한 치료자는 아동이 독립적인 개인이 되도록 하기 위해 객관적이고, 새로운 것에 수용적인 태도를 가지며, 예기치 않은 것을 수용하고 받아들일 만큼 융통적이다. 아동에게 행동을 강요하려고 하지 않는다. 치료자는 아동의 세계와 이들의 경험을 순수하게 인식한다. 이러한 인식은 아동에 대한 민감한 이해, 관심, 돌봄, 좋아함이 특징이다.

> **기본 규칙**
>
> 치료자가 아동에 대해 어떻게 느끼는가는 치료자가 아동에 관해 무엇을 아는가보다 중요하다.

평가나 판단하지 않기.   치료자는 아동 또는 아동이 만들거나 만들지 않은 것을 평가하거나 판단할 필요가 없다. 평가하거나 판단하지 않으려는 태도는 치료자가 판단이나 평가받지 않는 경험이 얼마나 보상적인가를 경험적으로 이해하고 있을 때 가능해진다. 치료자는 놀이를 할지 안 할지, 이야기를 할지 안 할지에 대한 아동의 결정을 수용해야 한다. 아동은 치료자의 수용을 얻기 위해 다른 어떤 방식으로 변화하거나 행동할 필요가 없다. 치료자는 아동이 그 순간에 어디에 있는지를 파악하고, 그곳으로 함께 가기 위해 노력해야 한다.

개방된 마음.   치료자는 폐쇄된 마음이 아니라 개방된 마음을 가지고 있어야 한다. 아동의 세계에 대한 개방성과 민감성은 놀이치료자에게 필수조건이다. 지금까지 사람들이 말해 온 아동이 아니라 있는 그대로의 아동의 장점에 기초해 아동을 생각하고 관계를 맺어야 한다. 치료자는 비교적 위협과 불안에서 자유롭기 때문에 의미를 왜곡하지 않으며, 아동이 되고자 하는 바를 개방적으로 받아들여야 한다. 치료자는 자신의 현실 세계에서 벗어나 아동의 현실 세계를 경험할 수 있어야 한다. 이 개방된 마음은 치료자로 하여금 충분하고 정확하게 아동이 언어적·비언어적 놀이를 통해 전달하는 의미를 이해할 수 있게 한다.

　　인내심.　　놀이치료자는 아동이 자신의 속도로 나아가도록 기다리고, 아동의 진행 과정과 표현, 순간에도 인내심이 있어야 한다. 인내심은 놀이치료자가 아동이 자신의 세계에서 보는 것을 이해하고, 보며, 경험할 수 있게 한다. 이러한 인내심의 과정은 화이트(White, 1952)의 글에서 분명하게 나타난다.

> 식물을 키우는 것은 인류의 가장 성공적인 업적 중 하나다. 성공의 요인은 아마도 농부가 식물을 잘못된 방식으로 다루지 않았기 때문일 것이다. 그는 식물의 독특함을 존중하고, 적절한 환경을 제공하려고 노력하였다. 또 심각한 피해를 입지 않게 식물을 보호하였다. 농부는 식물이 스스로 자라도록 놔두었고, 씨앗이 더 빨리 싹 틔우게 재촉하지 않았으며, 처음 땅을 뚫고 싹을 틔울 때 잡아끌지도 않았다. 여러 모양의 잎을 비슷하게 만들려고 다듬지도 않았다. 식물을 대하는 농부의 태도는 아동을 대하는 태도로 적절하다. 아동은 오직 스스로 싹을 틔우려는 의지가 있어야 성장할 수 있다(p. 363).

이러한 인내심은 아동의 내적 지향성, 건설적 능력, 성장, 창조성, 자기 치유 능력을 믿는 아동중심 놀이치료의 확고한 신념에 기반을 둔다.

　　모호함 견디기.　　유능한 놀이치료자는 아동의 놀이 세계를 따라가는 사람으로서 아동에게 책임감을 돌려주고, 아동이 활동, 주제, 방향, 내용을 주도하도록 그 모호함을 견딜 수 있는 사람이다. 아동중심 놀이치료자는 아동에 관한 사실적 내용이나 대답을 필요로 하지 않는다. 아동의 행동이 무엇을 의미하는지 모르는 모호한 과정을 견딘다. 놀이치료자는 아동의 불명확한 세계에 있더라도 편안해 한다.

미래 지향성.   아동은 항상 진행 과정 중에 있기 때문에 놀이치료자는 지금 아동의 모습보다 발전 가능성을 보고 반응해야 하며, 아동에게 미래 지향성을 투사해야 한다. 내 친구 중에 나무 조각가가 있다. 그는 오래된 죽은 나무 그루터기에서 카우보이 부츠, 웨스턴 모자, 다부진 카우보이의 얼굴을 조각할 수 있는 가능성을 보았다. 그는 오래된 죽은 나무 그루터기의 지금 상태를 보고 반응하지 않았다. 그는 그루터기가 가지고 있는 가능성을 본 것이다. 그는 작업을 할 때 무언가가 될 수 있는 나무 그루터기의 가능성을 보고 그의 온 힘을 집중하였다. 마찬가지로 아동중심 놀이치료자는 아동의 가능성을 보고, 지난 회기가 불과 며칠 전에 이루어졌더라도 과거와 관계된 태도나 언어적 반응으로 아동을 방해하지 않아야 한다.

치료자는 항상 아동이 있는 곳에 있어야 하며, 아동이 그 방향으로 이끌지 않는 한 어제, 지난주, 지난달, 또는 일 년 전에 일어난 일에 관해 알려고 할 필요가 없다. 그런 다음 치료자는 기꺼이 아동을 따라야 한다. 치료자는 이전의 놀이치료 시간을 언급하지 말아야 한다. 왜냐하면 아동은 더 이상 그 시점에 있지 않기 때문이다. 일주일에 한 번씩 놀이치료를 한다고 가정하면, 치료자가 아동을 지난주에 본 이래로 아동은 한 주 동안 성장, 발달, 변화해 왔다. 따라서 치료자는 아동이 이번 주에 서 있는 곳에 있어야 하고, 과거에 초점을 둔 반응은 피해야 한다. 다음에 나타난 여섯 번째 회기의 상호 작용에서 치료자는 과거에 초점을 맞추고 있다.

아동: (화판에 그림을 그리고 있다.)

치료자: 너는 지난 시간과 같이 그림에 어떤 흰 공간도 남겨 두길 원치 않는구나.

아동: (시간이 흘러서 게임을 한다.)

치료자: 너는 지난 시간에 했던 것처럼 새로운 속임수를 써 보려 하는구나.

아동: (집에서 가져온 반지를 치료자에게 보여 준다.)

치료자: 너는 지난 시간에 집에서 가져왔던 반지를 또 가지고 왔구나.

이 놀이치료자의 반응은 치료적이지 않다. 왜냐하면 아동의 사고, 행동, 감정, 경험, 신체적 상태는 계속해서 변화하는 상호 작용 방식을 나타내고 있는데, 이를 못 보고 과거에 초점을 맞추고 있기 때문이다. 아동의 지각된 세계는 계속 변하고 있고, 이번 주에 놀이치료실에 온 아동은 어떤 식으로든지 이전과 다르다. 그러므로 과거의 경험은 더 이상 같은 방식으로 인식되거나 경험되지 않아야 한다. 아동은 지난주가 아니라 지금 하고 있는 것에 초점을 두고 있기 때문에 이해받는 느낌을 가지지 못한다. 미래 지향성은 아동을 미래에 투사하거나 미래로 이끌고 가는 것이 아니라, 아동이 계속적인 과정에 있음을 수용하는 태도다.

개인적 용기.   유능한 놀이치료자는 실수를 인정하거나, 가끔 상처받기도 하면서 인간의 지각이 부정확하다는 것을 받아들이고, 개인적 용기에 의해 행동하고 반응한다. 개인적 용기는 아동의 창의적인 자기표현에 대한 직관적인 느낌에 따라 반응하거나 위험을 감수할 때 필요하다. 아동의 경험과 감정에 정서적으로 영향을 받을 만큼 상처받기 쉬운 자아를 가진 치료자는 개인적인 용기가 필요하다. 치료자는 방어적이지 않은 개인적인 방법으로 자기를 공유하면서 위험에 대한 개방성을 가져야 한다. 내적 자신감에 기초한 개인적 용기는 아동이 치료자에게 나무 블록을 던지거나 다트 총을 쏘겠다고 위협하는 상황과 같이 아동이 관계의 한계를 시험할 때 필요하다. 위험 부담이 있는 행동을 잘 견디지 못하는 치료자는 그러한 상황에서 아동을 처벌하거나 위협하는 부적절한 반응을 한다. 이러한 상황 역시 많은 인내를 요한다.

사실성, 따뜻함과 보살핌, 수용, 민감한 이해. 사실성, 따뜻함과 보살핌, 수용, 민감한 이해에 관해서는 앞 장에서 논의하였으므로 여기에는 치료 과정에서 나타나는 성격 차원의 가치를 인식하기 위한 것만 언급하였다. 이 차원은 사랑하는 것과 동정의 측면에서 더 언급하겠다.

헬렌 켈러(Hellen Keller, 1954)는 그녀의 자서전에서 사랑, 동정이 삶의 과정을 변화시키는 데 중요한 의미를 가진다고 하였다.

> 한때 나는 나에게 희망이 전혀 없고, 내 얼굴에 어둠만이 가득 드리워진 깊은 곳이 있다는 것을 알았다. 그때 사랑이 찾아와 내 영혼을 자유롭게 하였다. 나는 한때 나를 잡아 눌렀던 벽에 맞서 나 자신과 싸웠다. 내 삶에는 과거나 미래가 없었다. 내가 바라는 것은 죽음뿐이었다. 그러나 비어 있는 내 손에 누군가의 손가락을 통해 언어가 느껴졌을 때, 내 심장은 살아 있음의 환희로 뛰었다. 나는 어두움의 의미를 모르지만, 그것을 극복하는 법을 배웠다(p. 57).

개인적 안정. 유능한 놀이치료자는 개인적으로 안정되어 있다. 따라서 자신의 적절감에 위협을 느끼지 않고도 개인적 한계를 인식하고 수용한다. 또한 아동이 하는 말에 위협을 받지 않는다([그림 6-1]). 어떤 놀이치료자는 아동을 도와야 한다고 생각한다. 그래서 자신이 부적절한 사람임을 알면서도 도와줄 수 있는 능력을 넘어서거나 훈련의 한계를 넘어서는, 정서적인 문제를 지닌 아동을 도와주려고 내담자로 받아들인다. 그러나 치료자는 아동을 다른 기관이나 다른 치료자에게 의뢰할 때를 알아야 한다.

[그림 6-1] 놀이치료자는 아동이 자신이 필요한 방향으로 관계를 이끌 것이라는 믿음과 개인적 안정감을 가지고 있어야 한다.

유머 감각.   아동은 즐겁게 논다. 아동은 놀이하고 발견하는 것을 즐긴다. 이들은 무엇인가가 즐거우면 그대로 큰 소리로 웃는다. 놀이치료자는 유머 감각을 가지고 있어야 하며, 아동이 재미있어 하는 경험에 대해 치료자도 재미를 느낄 수 있어야 한다. 그러나 놀이치료자가 아동을 비웃는 일은 결코 있어서는 안 된다.

치료자의 자기 이해

연령에 상관없이 모든 치료자는 자신의 동기, 욕구, 단점, 편견, 개인적 갈등, 개인적 힘뿐만 아니라 정서적 문제에 대한 이해와 통찰을 가져야 한다는 것이 전문가들 사이의 합의된 견해다. 치료자는 자신의 가치와 욕구를 아동과의 관계에

서 구분하고 분리시킬 수 없다고 가정해야 한다. 치료자는 사람이지 로봇이 아니
다. 따라서 개인적 가치와 욕구는 사람의 일부분이며, 관계의 일부가 된다. 그렇
다면 치료자의 성격이 관계의 일부가 되는가 하는 것이 문제가 아니라, 어느 정
도까지 개입되는가 하는 것이 문제다.

　치료자의 책임은 자기 이해를 촉진하는 자기 탐색의 과정에 참여하여 가능한
영향을 최소화하는 것이다. 자기를 알아 가는 이러한 과정은 개인치료와 개별 또
는 집단 치료를 통해 촉진될 수 있다. 또 다른 자기 탐색 방법은 치료자가 자신의
동기와 욕구를 탐색하는 슈퍼비전이나 자문관계를 가지는 것이다. 자기 탐색은
과정이며, 결과가 아니기 때문에 전문 직업을 통해 그러한 과정에 참여하는 것은
치료자에게 도움이 될 수 있다. 다음의 질문에 대답해 봄으로써 자기 이해 과정
을 증진시킬 수 있다.

- 놀이치료에서 충족되는 나의 욕구는 무엇인가?
- 충족되어야 할 나의 욕구는 얼마나 되는가?
- 나는 이 아동을 좋아하는가?
- 나는 이 아동과 함께 있고 싶어 하는가?
- 나의 태도와 감정이 이 아동에게 어떤 영향을 주는가?
- 이 아동은 나를 어떻게 지각하는가?

　개인적 편견, 가치, 정서적 욕구, 공포, 개인적 스트레스, 불안, 자기 및 타인에
대한 기대를 인식하지 못하는 치료자는 아마도 아동의 그러한 차원을 효과적으
로 느끼지 못할 것이다. 치료자가 아동과 함께 놀이치료실에 들어갈 때, 성격 욕
구를 놀이치료실 밖에 두고 들어가지는 않는다. 결과적으로 이러한 욕구는 관계
및 발전적 치료 과정의 일부가 된다. 아동이 치료자를 좋아해 주기를 바라는 욕
구, 거부에 대한 두려움, 제한 설정에 따른 죄의식, 성공, 칭찬받고 싶은 욕구를
치료자가 인식하지 못하면, 이러한 욕구는 치료자의 아동 탐색과 표현을 통제하

고 제한하면서 미묘하게 조작적인 방법으로 나타난다.

놀이치료관계는 보이는 것 그 이상이다. 아동에 대한 치료자의 태도, 동기, 기대, 욕구는 치료관계의 결과와 발달에 유의한 영향을 미친다. 섬세한 조직화의 정도는 아동이 앞과 같이 보이지 않는 것을 관계 속에서 느끼게 하고, 이것은 치료자의 의도와 상관없이 아동의 행동에 영향을 미친다.

다음은 놀이치료자가 치료관계에서 알아야 할 사항이다.

- 당신의 목표는 아동을 변화시키는 것인가? 그렇다면 그것을 위해서 아동을 순수하게 수용할 수 있겠는가?
- 아동이 놀이하기를 원하는가? 치료자는 아동이 놀이하기를 원한다면, 아동에게 놀이치료실에서 자신의 의지를 발휘할 수 있는 자유를 줄 수 있겠는가?
- 어떤 행동은 다른 행동보다 더 수용해 주고 있는가? 아동이 치료자가 특정 행동에만 반응하면 감사해 하고 좋아할 것이라고 생각하는가?
- 지저분한 것에 대해 잘 참을 수 있는가? 잘 참을 수 없다면 아동이 지저분하게 하려는 욕구를 표현할 수 있겠는가?
- 아동이 고통이나 어려움에서 구출되기를 희망하는가? 만약 치료자가 아동의 고통을 참아 주지 못한다면, 과연 아동은 그의 내적인 힘과 자원을 발견할 수 있겠는가?
- 아동에게 사랑받을 필요를 느끼는가? 만약 치료자가 아동에게 사랑받고 싶은 욕구를 인식하지 못한다면, 필요한 치료적 제한을 할 수 있겠는가?
- 아동과 함께하고 있을 때 안전하다고 느끼는가? 놀이치료자가 아동과 함께 있을 때 안전하다고 느끼지 못한다면, 과연 아동은 놀이치료관계에서 자신이 안전하다고 느낄 수 있겠는가?
- 아동을 믿는가? 치료자가 아동을 믿지 못한다면, 과연 아동이 자신을 믿을 수 있겠는가?
- 아동이 특정 주제를 다루기 기대하는가? 만약 그렇다면 과연 아동이 자신의 내

적인 문제를 자유롭게 탐색할 수 있겠는가?

이러한 사항은 놀이치료 과정에 미묘하게 영향을 미치는 보이지 않는 것이다. 놀이치료자의 자기 이해가 놀이치료관계에 있어서 이러한 변수의 영향을 최소한으로 줄일 수 있을 것이다.

치료자가 놀이치료에 가져오는 대부분의 중요한 자원은 자기의 차원이다. 숙련도와 기술은 유용한 도구이지만, 치료자 자신의 성격이 가장 큰 재산이다. 놀이치료자가 되기 위해서는 훈련과 기술이 중요하지만 그것만으로는 충분하지 않다. 치료자는 지각적 · 경험적 세계를 느낄 수 있는 아동과 함께 있는 것을 기뻐하고, 아동의 세계를 흥미 있게 경험할 수 있는 사람이어야 한다. 훈련과 치료 절차의 사용도 중요하지만, 인간이 될 수 있는 치료자의 능력이 가장 중요하다. 치료자 개인은 치료자가 알고 있는 그 어느 것보다 더 중요하다. 치료자는 아동과 함께하는 것과 자기 자신을 탐색하는 것에 안전함을 느끼며, 자기가 되는 위험을 감수할 만큼 안전한 사람이어야 한다. 아동을 정말로 가치 있게 돌보는 사람, 그런 사람과 함께 아동은 만족스럽게 자기 성장을 격려받는다.

치료자의 자기 수용

아동중심 놀이치료 접근은 자기와 아동을 향한 치료자의 태도에 의해 좌우된다. 이러한 태도는 자기와 아동에 대한 수용을 통해 나타나며, 보다 긍정적인 행동을 향한 자기 안내를 연습하는 과정에서 아동에게 자기에 대해 책임질 수 있는 능력이 있다는 깊은 신념을 통해 나타난다. 놀이치료자는 치료 중인 아동이 자신과 다른 경험을 하는 것을 충분히 받아들일 만큼 자신에게 수용적이어야 한다. 자기 수용은 치료자가 아동과 함께하고, 아동을 수용하는 것을 가능하게 하는 내적 힘이다. 아동에 대한 이러한 성실한 태도는 아동에게 선택할 권리가 있음을 존중하며, 아동 자신을 성숙하게 만족시키고, 궁극적으로 사회에 수용될 수 있는 선택을 할 능력이 아동에게 있음을 인식하는 것이다. 치료자의 자기 수용을 통해 아동은 변화하는 것, 그리고 변화하지 않는 것에 대해서도 충분히 안전하게 느끼는 관계를 형성하게 된다.

> **기본 규칙**
>
> 아동이 변하지 않아도 괜찮다고 느끼기 전까지 아동은 변하지 않을 것이다.

치료자의 관점은 치료자의 자기 수용과 아동 수용의 정도에 따라 달라진다. 치료자는 아동이 어떤 식으로 달라지기를 바라지 않는다. 아동은 지금으로 충분하다. 치료자의 목표는 그 순간에 아동이 자기와 타인에 관해 배운 경험을 자유롭게 나눌 수 있는 분위기를 만드는 것이다. 아동에 대한 깊은 존경심을 가지고 아동에게 충분하고, 완전하며, 분산되지 않은 관심을 주어야 한다.

이런 식으로 자기를 주는 것은 치료자가 아동에게서 확인한 개인적 경험과 감정이 자신의 이전 경험에 대한 정서적 재애착과 구별되도록 주의해야 한다는 의미다. 치료자는 정서적 반응이나 욕구를 아동에게 투사하지 않으려고 해야 한다. 따라서 놀이치료자는 계속적인 자기 인식과 자기 수용 과정에 참여하여야 한다. 자기 발견의 과정은 아동뿐만 아니라 치료자에 대한 보상일 수 있으며, 자기 수용에 필요한 것이다. 놀이치료자는 훈련 프로그램을 통해 그러한 수용을 경험하고, 자기 수용의 과정을 시작한다. 한 대학원생이 자기 평가를 한 것에 그 영향이 잘 나타나 있다.

놀이치료는 나에게 매우 보상적이다. 왜냐하면 내가 아동이 자신을 수용하도록 돕기 때문에 놀이치료에서의 대단한 보상은 아동에게서 내 자신의 욕구를 분리할 수 있을 때 오는 것이다. 자신의 욕구를 확인할 수 있을 때, 그는 자신의 감정을 인식할 뿐만 아니라 그 감정을 수용하고, 그 자신을 수용하게 된

다고 생각한다. 나는 이 수업에서 나 자신을 수용하는 과정을 시작하였다. 나
는 책임감 있게 행동할 수 있게 되었고, 놀이치료에서 내 욕구를 분리할 수 있
게 되었다. 물론 자기를 수용하는 과정은 삶 전체를 통해 계속되는 것이지만,
내가 지금까지 해 온 것은 얼마나 훌륭한 시작인가. 이제 나는 내 삶의 다른
부분에도 자기 신뢰를 일반화하고 싶다! 나를 수용할 수 있다는 사실에 감사
한다.

또 다른 학생은 다음과 같이 썼다.

슈퍼비전 시간에 받은 피드백은 내가 보다 더 나 자신이 될 수 있게 해 주었
고, 나의 직관적 반응에 의지할 수 있게 해 주었다. 그것이 중요하다. 나는 그
것이 필요하였다. 내가 긴장을 풀수록 진실로 그것을 경험하게 되었다. 나는
정말로 그것을 즐겼다!

놀이치료자는 아동의 본성에 대한 믿음을 가지고 있고, 아동의 보편적인 특징
이 변화에 대한 욕구임을 믿으며, 이 변화가 아동의 독특한 특성임을 존중해야
한다. 이 충동의 내적 역동성은 그동안 억제되거나 방해받아 왔지만 적당한 조건
아래에서는 다시 생명을 얻을 수 있다. 아동의 성장과 변화에 대한 치료자의 믿
음은 불변하고 지적인 차원에서 나온 것이 아니라, 관계 및 삶의 경험에서 자신
에 대한 발견이 계속적으로 발달함을 알게 되는 경험적 과정에서 주로 결정된 것
이다. 이 자기 이해와 그에 수반되는 자기 수용은 치료자로 하여금 아동의 내부
에서 아동의 자아가 나오도록 기다릴 수 있게 한다. 이 인내는 아동에게 투사된
자기를 통해 감지될 수 있다. 왜냐하면 기꺼이 수용해야 할 개인적 불완전함과
용서해야 할 불완전함이 있기 때문이다. 치료자는 그 자신의 인간성을 수용한다.
따라서 아동이 완벽해야 할 어떤 이유도 없다.

> **기본 규칙**
>
> 자기 자신의 약점을 수용하지 못하면 다른 사람의 약점도 수용하지 못한다.

한 초보 놀이치료자가 자기 이해와 자기 수용을 자유롭게 해 주는 측면에 대해 기술하였다.

내 자신에 관해 더 많이 이해하고 내 불완전함을 인정함으로써 자아의식과 치료자로서의 역할 기대를 충족시키고자 하는 욕구에서 벗어날 수 있었다. 이렇게 미리 예상된 상(像)은 나에게서 자유와 자발성을 빼앗아 갔다. 나는 더 이상 놀이치료실에서 힘겨운 허드렛일을 한다고 느끼지 않으며, 마이클과 개인적이고 창조적인 만남을 이루어 가고 있다. 나는 긴장하기 때문에 다른 사람에게 접근하는 것이 어렵지만, 내가 무의식적으로 행동하였던 거짓 움직임이나 쓸데없는 행동에 주목하면서 이제 내 자신을 볼 수 있을 정도로 이완되고 있다.

놀이치료자의 태도는 놀이치료의 톤을 정하고, 신속하게 전체 경험 속으로 스며들어야 한다. 놀이치료는 역할이 아니다. 그것은 존재다. '방법'이나 테크닉을 쓰려고 하는 놀이치료자는 으스대고, 인위적이며, 궁극적으로 만족하지 못하고 실패할 것이다. 아동의 내적 자아는 치료자가 권위자와 리더의 역할을 포기하는 만큼 더 많이 성장한다. 그러한 입장은 아동에게 의존 기대를 일으킨다. 치료자의 목표는 충분히 가능한 개인적 자기를 투사하는 것이다. 따라서 이것은 발전하는 관계에서 아동의 자아를 향한 움직임을 촉진시킨다. 아동은 치료자 개인의 모든 미묘함에 매우 민감하다. 따라서 치료자가 사용하는 기술보다 치료자 개인에 의해 훨씬 많은 영향을 받는다. 효과적인 치료자는 자신의 독특함을 인정함으로써 타인의 독특함도 수용할 수 있어야 한다.

놀이치료자의 역할

치료자는 특정한 주제나 활동으로 아동을 지시하거나 주도할 그 어떤 이유도 없다. 치료자는 아동으로 하여금 길을 주도하게 하고, 그것을 따르는 것에 만족한다. 중요한 것은 치료자의 지혜가 아니라 아동의 지혜다. 치료자의 방향이 아니라 아동의 방향이다. 치료자의 해결책이 아니라 아동의 창의성이다. 따라서 아동은 자신이 독특할 수 있도록 전적으로 받아들여야 한다.

아동중심 놀이치료자는 감독자, 교사, 동료, 아기를 봐 주는 사람, 또는 대리부모가 아니다. 딥스는 치료자에 대한 자신의 생각을 다음과 같이 말하였다.

> 당신은 엄마가 아니에요. 당신은 선생님이 아니에요. 당신은 엄마 계 모임의 한 사람도 아니에요. 당신은 누구죠? 그러나 그건 중요한 게 아니에요. 당신은 이 멋진 놀이치료실의 안주인이에요(Axline, 1964, p. 204).

치료자는 아동을 위해 문제를 해결해 주지 않고, 행동을 설명해 주지도 않으며, 동기나 의도를 해석해 주지도 않는다. 그런 것은 모두 아동에게서 자기 발견의 기회를 빼앗아 버린다.

그렇다면 치료자가 수동적이어야 하는가? 그것은 절대로 아니다. 치료자는 적극적인 역할을 해야 한다. 치료자가 적극적이려면 아동에게 무엇을 해야 하는가? 치료자가 신체적 활동을 많이 해야 하는가? 적극적인 것은 눈으로 볼 수 있는 어떤 것이 아니다.

치료자는 아동이 하는 것과 말하는 것에 정서적으로 적극적인 민감함과 반응적인 태도를 보여야 한다. 이러한 정서적 투자는 아동과 치료자 모두가 느끼는 상호 작용적인 자질이 특징이며, 치료자의 상호 작용적인 언어 표현으로 경험된다. 치료자는 놀이치료 과정에서 적극적인 역할을 하는데, 경험을 지시하거나 운영하는 측면에서는 적극적인 역할을 하지 않고 간접적으로 개입하며, 아동의 감정, 활동, 의사 결정의 모든 것에 순수한 관심을 가져야 한다.

치료자의 노력이 아동에게 아동에 대해 가르칠 수 있는가? 대학원 과정, 책, 아동과의 경험에서 얻은 치료자의 지식을 아동 내담자에게 나누어 줄 수 있는가? 지브란(Gibran, 1923)의 『예언(*The Prophet*)』은 이 문제에 대해 "한 사람의 지혜는 다른 사람에게 날개를 달아 주지 못한다."(p. 32)고 설명하였다. 놀이치료자는 이런 일이 일어나게 만드는 사람이 아니다. 왜냐하면 그것은 실제 세계에서 일어날 수 있는 일 가운데 하나가 아니기 때문이다. 단순히 삶에서 필요한 내적 지혜를 타인에게 만들어 주는 것은 불가능하다. 아동의 성장에 중요하거나 필요한 어떤 것도 이미 아동에게 존재한다. 치료자의 역할이나 책임은 아동의 삶을 다시 만들거나 사전에 결정된 어떤 방식으로 변화시키는 것이 아니다. 삶은 결코 불변하는 것이 아니며, 그것은 잔인한 학습과 새로워짐의 과정이다. 파스테르나크(Pasternak)는 이 과정을 다음과 같이 이야기하였다.

> 사람들이 삶을 다시 만드는 것에 관해 이야기하는 소리를 들으면 나는 화가 나고 절망스러워진다. 인생을 다시 만드는 것! 삶에 관해 아무것도 이해하지 못한다고 말할 수 있는 사람들은—그들이 얼마나 보고 행하였든지 간에—그것의 숨소리를 전혀 느끼지 못한다. 이들은 삶을 자신들이 처리해야 할, 그리고 자신들의 손길로 새로워지는 원재료 더미로 본다. 삶은 그 자체로 항상 새로워지고, 다시 만들어지며, 모습을 바꾼다(Salisbury, 1958, p. 22).

아동과 치료자(치료자도 아동과의 관계에서 영향을 받는다)에게 미치는 아동중심 놀이치료관계의 중요성은 라이언과 함께하였던 나의 경험을 통해 잘 나타난다.

라이언-놀이치료에서 죽어 가는 소년

다섯 살과 일곱 살의 형제가 있었다. 그들은 레슬링을 하고 있었고, 일곱 살의 소년은 부러진 다리로 고통스러워하고 있었다. 그들은 병원에 가서 정말 놀랍고 충격적인 소식을 들어야 했다. 그것은 암이 라이언의 뼈를 약화시켰고, 다리를 절단하는 응급수술을 해야 한다는 것이었다. 진단은 '라이언은 몇 달 살지 못한다.'였다.

놀이치료

내가 먼저 만난 아동은 그의 다섯 살짜리 동생이었다. 그의 부모는 아이가 자신에게 일어난 커다란 충격과 함께 깊은 죄책감을 느끼고 있는 것 같다고 하면서 아이를 나에게 맡겼다. 여덟 번째 치료 전, 엄마는 동생이 놀이치료실에 그의 형을 데려오고 싶어 한다는 말을 나에게 전하였다. 이것은 동생에게 있어서 커다란 발전이었다. 그의 놀이치료실 경험을 누군가와 나누고 싶어 한다는 것은 매우 긍정적인 발전이었다. 그는 어느 순간에 이곳의 경험이 형에게 도움을 줄 수 있다고 느꼈을 것이다. 그리고 그것은 우리의 관계가 라이언을 데려와도 될 만큼 안전하다는 것이었다.

내가 처음 대기실에서 엄마와 두 아이를 만났을 때, 나는 라이언의 상태를 보고 놀랐다. 머리카락이 거의 없었고, 얼굴은 방사선치료로 멍들어 있었으며, 눈은 지친 기색이 역력하였다. 이것이 내가 처음 라이언을 봤을 때다. 나는 이 작은 소년이 장난감 선반으로 돌진하다가 힘이 부족하여 주저앉는 것을 보면서 깊은 슬픔과 아픔을 극복해야 했다. 동생은 라이언과 엄마에게 놀이치료실에 가는 길을 설명해 주었다. 엄마는 라이언을 데려와 놀이치료실 한가운데에 앉혀 준 뒤 퇴실하였다.

나는 라이언의 상태에 집중하느라 잠시 동생을 잊고 있던 내 마음을 추슬렀다. 나는 라이언이 묘사한 장면에 깊이 몰두하였다.

라이언은 대략 25센티미터짜리 공룡을 집더니 장난감 병사를 공룡의 크게 벌어진 입에 넣었다. 그리고 그것을 입 끝까지 집어넣어서 공룡의 빈 몸속으로 들어가게 하였다. 그리고 나서 공룡을 세우더니 30개의 장난감 병사를 세 줄로 세워 공룡을 바라보도록 하였다. 라이언은 조심스럽게 병사들의 모든 무기가 공룡을 향해 있는지 확인한 뒤 잠시 뒤로 물러서서 모든 상황을 바라보았다. 총도 한 방 쏠 수 없었다. 모든 병사는 커다란 괴물 앞에 무력하게 서 있을 수밖에 없었다. 아니 감정은 더 선명해졌다. 그것은 괴물이 아니라 라이언 안의 적이었다. 멈춰지지 않는 적이었다. 병사들은 무력했고, 무기도 소용없었다. 그리고 괴물은 너무 강해서 멈출 수가 없었다. 라이언은 아무 말도 하지 않았다. 그 시간 동안 아무런 소리도 내지 않았고, 그럴 필요도 없었다. 나는 그에게 감동을 받았고, 의사소통이 이루어지고 있었다.

이것은 놀이치료에서 흔치 않게 벌어지는 일이다. 잠깐 동안이지만 외부의 덧없는 경험의 현실이나 시간이 우리의 의식 속에서 사라지는 것 같았다. 나는 내 앞에서 벌어지는 장면에 넋을 잃고 라이언의 내적 경험을 바라보고 있었다. 내 안에서 고통의 신음 소리가 터져 나왔다. '그는 아는 거야…… 아는 거야.' 그러더니 라이언이 동생에게 병사들을 담을 통을 달라고 하면서 그 순간은 사라져 버렸다. 이렇게 나의 짧고 특별한 라이언과의 여정이 시작되었다.

나와 라이언의 놀이치료는 그의 생의 마지막 두 달 동안 진행되었다. 그의 상태는 빠르게 악화되어서 몇 번씩이나 병원에 다녀와야 했다. 병원에 다녀올 때마다 진단은 '얼마 남지 않았다.'였다. 친절하고 섬세한 그의 엄마는 친구를 통해 상황을 알렸고, 나는 전화를 끊으면서 나의 작은 친구를 다시 만날 수 없다는 사실에 눈물을 닦아야 했다. 그러고는 라이언이 회복해서 다시 집으로 돌아왔다는 소식을 들을 수 있었다. 라이언은 나를 다시 만나고 싶어 하였다.

마지막 한 달 동안, 라이언은 그의 침대에서 나오기도 힘들 만큼 약해져 있었다. 그래서 나는 놀이치료에 필요한 도구 몇 가지를 챙겨서 그의 집으로 갔다. 그의 집 앞에 주차할 때마다 나는 몇 분씩이나 차 안에 앉아서 커다란 슬픔에 잠겨 있어야 했다. 나는 라이언과 정말로 함께 있고 싶었지만, 들어가고 싶지 않은 충동과 함께 목이 메었다. 왜냐하면 라이언의 얼굴을 보면 그에게 임박한 죽음을 느낄 수 있었기 때문이었다. 그의 얼굴에는 방사선치료로 생긴 멍 자국이 있었고, 머리 한쪽은 튀어나와 있었으며, 배는 부풀어 오르고, 몸은 말라 가고 있었다. 나는 매 놀이치료 시간마다 마지막이라 생각하고 임하였다. 한숨을 내쉬면서 감정을 접고—라이언이 아닌—내 문제를 수용하였다. 그리고 라이언을 만나서 그의 경험의 세계를 열고, 그가 나누고 싶어 하는 세계를 함께할 준비를 하였다.

비록 약해지고 여위었지만, 라이언은 우리가 함께하는 시간을 좋아하였다. 내가 신문지를 들고 있는 동안, 그는 40개의 손가락을 가진 커다란 미키마우스가 호저와 대머리수리를 들고 있는 그림을 그렸다. 나에게는 그것이 암을 향한 몸부림으로 보였다. 그는 즐겁고 자유로울 수 있었다. 나는 내가 놀이치료 중에 아이가 소변 병에 일을 보는 것을 도와주리라는 것은 상상도 하지 못하였다. 따라서 '볼일을 보고 싶다.'는 그의 말에 '간호사를 불러올게.'라는 나의 반응은 서투르기 짝이 없었다. 라이언의 반응은 '간호사는 필요 없어요.'였고, 우리에게는 분명 간호사가 필요 없었다. 라이언은 나를 믿었고, 나의 서투름을 잘 참아 주었다.

그 다음 주에 라이언은 다시 병원에 있었다. 그리고 또 한 번 드라마틱하게 회복을 하고, 나를 만나고 싶다고 연락해 왔다. 라이언은 이번에도 미키마우스를 그렸지만, 전보다 미키마우스는 작아졌고, 손도 작아졌다. 그는 미키마우스를 보라색으로 칠하였는데, 눈은 어둡고, 볼은 움푹 들어가 있었다. 그것은 죽음으로 보였다. 그러고 나서 라이언은 도구상자에서 계란이 그려진 상자를 꺼내더니 모든 계란을 붉은 색으로 칠하였다. 그리고 상자를 닫더니 모든 것을 검은색으로 칠하였다. 그랬다. 아름다움과 밝음, 희망은 모두 안에 있는 것이었다. 그다음에는 밀짚으로 만든 집, 막대로 만든 집, 벽돌로 만든 집을 그렸다. 그는 밀짚과 막대로 만든 집은 바람에 쓰러지고, 벽돌로 만든 집에서 세 마리의 돼지가 무사할 수 있었다는 이야기를 하였다. 흥미로운 것은 벽돌로 만든 집의 문이 가장 컸다는 것이다. 나는 라이언이 무의식적으로 죽음이 가까이 왔음을 인식하고는 안전한 곳에 있고 싶어 한다고 생각하였다. 그리고 라이언이 피곤하다고 하여 나는 집으로 돌아왔다.

그것이 내가 라이언을 본 마지막이었다. 그와 놀이치료를 하는 동안에 라이언은 자신에게 중요한 것에 초점을 맞추고 그것을 탐구하였다. 그리고 자신이 택한 것을 하고, 원하는 방식으로 놀이를 진행하였다. 우리의 관계에서 나는 가장 힘든 상황 속에서라도 아동은 놀이의 즐거움을 경험할 수 있으며, 비록 자신이 통제할 수 없는 상황일지라도 통제하에 있다고 느낄 수 있다는 것을 발견하였다.

나에 대해 알게 된 것

- 나는 아동이 죽음 앞에 있다는 것이 어떤 것인지 잘 모른다. 그러므로 라이언이 나에게 가르쳐 준 것을 순수하게 받아들일 것이다.
- 나는 아동이 죽어 가는 것에 대해 슬프다고 느꼈다. 그러므로 내 감정에서 아이를 보호해야 할 필요를 느꼈다.
- 나는 내 인생에 대해 잘 모른다. 그러므로 아동에게서 경험한 삶의 놀라움을 계속 받아들일 것이다.
- 나는 때때로 너무—잘 풀리지 않는—문제에 초점을 맞춘다. 그러므로 나는 아동의 경험 세계 너머에서 관찰하고 열심히 노력할 것이다.
- 나는 다른 사람에게 무엇이 중요하고, 의미 있는 것인지를 알지 못한다. 그러므로 나는 아동에게 필요한 것이 무엇인지 찾을 수 있도록 관계 속에서 아동과 함께 노력할 것이다.
- 나도 다른 사람이 내 세계를 '알아' 주면 좋겠다. 그러므로 나는 아동의 세계에 민감해지도록 노력할 것이다.
- 나는 안전하다고 느낄 때 온전한 내가 된다. 그러므로 내가 할 수 있는 한, 나와 함께 있을 때 아동이 안전하다고 느낄 수 있도록 최선의 노력을 다할 것이다.

내가 라이언에게 배운 것

- 나는 그가 고통을 잊도록 해 주고 싶었지만, 라이언은 나와 함께하고 싶어 하였다.
- 나는 그의 문제를 해결해 주지 못했지만, 라이언은 나에게 그런 것을 원하지 않았다.
- 나는 그가 죽어 가는 것을 생각하였지만, 라이언은 살아 있음에 대해 생각하였다.
- 나는 우리가 함께하는 동안에 슬픔을 경험하였지만, 그는 열망하고 즐거워하였다.
- 나는 그의 수척해진 몸을 보았지만, 그는 친구를 보았다.
- 나는 그를 보호하고 싶었지만, 그는 나와 관계를 나누고 싶어 하였다.

라이언은 살아 있다

세상은 그가 죽었다고 하겠지만, 내 마음속에는 그의 살고자 하는 열망이 남아 있다. 산소마스크, 그가 고른 색깔의 얼룩, 견뎌야 했던 고통, 삐걱대지만 기쁨에 찬 그의 목소리에서 느껴지는 피곤의 무게, 그가 그린 그림에서 느껴지는 열정과 활기가 그것이다. 그러므로 그는 살아 있다. 그들이 보지 못하는 나만의 세계에서! 이렇게 죽어 가는 아동이 나에게 삶의 교훈을 주었다.

나는 라이언이 말한 것을 기억한다. "지금은 선생님과 나만의 특별한 시간이에요. 아무도 모르는…… 우리만을 위한 시간이에요." 라이언이 무엇을 기억하고 있을지 궁금해진다.

라이인과의 관계

매우 특별한 아동이 그의 가장 힘든 시간에 나눈 나와의 관계 속에서 나는 아동이 내가 중요하다고 생각하는 방향이 아닌 자신에게 중요한 곳으로 우리의 관계를 이끌도록 할 수 있는 통찰력을 배울 수 있었다. 그의 표출된 열망에 감사하며, 나는 이 특별한 아동에게서 순수하게 감사하는 것을 경험하였다. 그의 육체적인 고통만이 유일하게 그것을 일시적으로 희미하게 만들었다. 우리가 함께한 시간은 그의 삶에 있어서 오아시스 같은 것이었고, 비록 현실에서는 그의 몸이 경험하는 것을 통제하지 못하였지만, 우리가 함께하는 시간 동안에는 통제하는 자유를 경험할 수 있었다.

우리가 함께한 시간 동안 라이언은 죽는 것보다는 사는 것에, 슬픔보다는 즐거움에, 냉담보다는 창의적인 표현에, 우리의 관계가 끝난다는 것보다는 만날 수 있음에 감사하는 데 초점을 맞추었다. 나는 죽어 가는 아이와 관계를 함께하면서 즐거움, 해방, 흥분을 나눌 수 있다는 사실에 놀라움과 경외감을 경험하였다. 라이언에게 놀이는 특별하였고, 그는 우리의 관계를 감사하게 생각하였다. 나는 그제야 성공은 내가 필요하다고 생각하는 것이나 문제를 해결하는 것이 아닐지도 모른다는 생각을 하였다. 그것은 나에게 삶에 대해 가르쳐 준, 죽어 가던 라이언이 자신이 할 수 있는 한 자유로워질 수 있는 안전한 관계 속에 있던 그 순간이었다.

슈퍼비전을 통한 자기 통찰의 촉진

대학원 수업, 토론, 독서, 워크숍, 역할극, 관찰 경험 등은 놀이치료자가 필요로 하는 것이며, 놀이치료자가 되기 위한 학습의 중요한 필요조건이다. 그러나 가장 중요한 학습은 경험에서 나오며, 슈퍼비전을 받는 놀이치료 경험에서 자기 자신, 아동, 놀이치료에 관해 배울 수 있는 가능성은 무한하다. 아동은 경험하기 전에는 알 수 없다. 치료자가 아동과 관계 맺으려는 노력을 하지 않고는 놀이치료 경험을 이해할 수 없다. 치료자가 아동과 함께하지 않고는 염려를 떨쳐 버릴 수 없다. 치료자가 훈련하지 않고는 기술이 발전되지 않는다.

모든 놀이치료자는 끊임없이 자기비판을 해야 하며, 녹화된 자신의 놀이치료 과정을 보는 것은 자기 슈퍼비전과 다른 전문가에 의한 슈퍼비전을 탐구하는 데

〈표 6-1〉 **놀이치료기술 체크리스트**(UNT 놀이치료센터, Denton, Texas)

놀이치료기술 체크리스트
노스텍사스 대학교 놀이치료센터(UNT 놀이치료센터)

치료자: _____　　　아동(나이): _____(___)

관찰자: _____　　　날짜: _____

치료자의 비언어적 소통	너무 많이 함	적당함	더 필요함	전혀 안 함	치료자 반응의 예	다른 가능한 반응
열린 자세						
관심 있어 함						
편안함						
아동의 감정과 일치하는 목소리 톤/표현력						
치료사의 목소리 톤/ 표현력 일치						

치료자 반응	너무 많이 함	적당함	더 필요함	전혀 안 함	치료자 반응의 예	다른 가능한 반응
추적 반응						
감정 반영						
내용 반영						
의사 결정/책임감 키우기 촉진 반응						
창의성/자발성 촉진 반응						
존중감/격려의 반응						
이해 촉진 반응						

제한 설정: 아동과 치료자 보호, 치료자의 수용과 관계를 유지, 놀이치료실과 놀잇감 보호, 구조화, 현실 검증

즉시성/자발성:

아동이 만든 겁겹/연결짐.

치료자 강점:

성장 부분:

가장 좋은 방법일 것이다. 자기 자신을 찍은 비디오테이프를 보는 것은 자기 성장에 필수적이며, 슈퍼비전에서 꼭 해야 하는 일이라고 할 수 있다. 놀이치료자가 자신의 비디오를 보지 않고도 자신이 어떤 치료자인지 아는 것은 불가능하다. 비디오 장비가 비싼 것도 아니고, 놀이치료자가 자신의 치료 과정을 녹화하는 것을 피한다면, 그것은 자기방어이며, 확신이 없기 때문일 것이다. 어떤 놀이치료자라도 경험에 상관없이 자신에 대해 끊임없이 배우는 것을 받아들여야 한다.

노스텍사스 대학교(University of North Texas)의 놀이치료센터에서 발전시킨 놀이치료기술 체크리스트(PTSC)는 슈퍼비전/자문에서 놀이치료자가 아동중심 놀이치료의 언어적 반영이나 비언어적 기술에 초점을 두도록 돕는 데 아주 적합한 척도다(〈표 6-1〉). PTSC는 놀이치료 회기를 보는 동안에 적게 되어 있는데, 비디오에 녹화된 회기를 보면서 자기 슈퍼비전을 할 때 사용할 수 있다. 또는 일방경으로 놀이치료 장면을 보거나 비디오에 녹화된 회기를 보고 슈퍼바이저가 놀이치료자에게 피드백을 줄 때 사용할 수 있다. 이 도구는 슈퍼바이저가 피드백을 줄 때뿐만 아니라 토론을 촉진하는 데도 유용하다. 놀이치료자의 통찰은 자기를 평가해 보고, 슈퍼바이저의 평가와 비교해 보며, 놀이치료자에게 불일치에 대해서 논해 보라고 질문할 때 확대된다. 슈퍼비전/자문에서 놀이치료자의 일관된 이론적 모델과 접근이 발달하도록 돕는 것은 필수적이다.

놀이치료에서 일차적으로 초점을 둘 것은 아동의 행동보다는 아동이다. 슈퍼비전에서의 일차적인 초점은 놀이치료자 자체이고, 기술 발달은 두 번째다. 슈퍼바이저는 겉으로 드러나지는 않지만 근원적인 치료자와 아동의 관계를 보는 데 민감해야 한다. 이 장의 앞에서 논의했던 것처럼, 놀이치료자는 '자신의 욕구를 인식하고 있는가? 아동에 대해서 어떻게 느끼는가? 자신을 신뢰하는가? 아동과 있을 때 안전하게 느끼는가? 다른 사람보다 어떤 행동에 대해서 더 수용적인가? 아동의 불확실성의 모호함을 견딜 수 있는가?'를 볼 수 있어야 한다.

다음에서는 훈련 과정에 있는 놀이치료자의 자기 평가에서 슈퍼비전 경험을 통해 얻을 수 있는 통찰과 영향을 살펴볼 수 있다.

놀이치료자: 마가렛

나는 놀이치료에서 아동과 함께하는 경험을 통해 치료관계가 살아 있는 것임을 이해하게 되었다. 제프리와의 경험을 통해 나는 아동과의 참만남을 더욱 이해하게 되었고, 그것의 역동성을 더욱 느끼게 되었다. 이것은 결코 교과서에서 배울 수 있는 것이 아니었다. 나는 지적인 설명과 분류를 넘어서야 했고, 추상적으로 돕는다는 생각에서 벗어나야 했으며, 나 자신의 내적 경험과 직면해야 했다. 아동과 강력한 관계를 맺는 것은 쉽지 않다. 어떤 면에서 내가 받은 경험은 나로 하여금 논리적 사고와 합리적 분석으로 숨 쉬게 만들었다. 나는 정말로 살아 있는 인간관계의 사인인 신선함과 현재성을 회복해야 했다.

놀이치료자: 케이스

놀이치료 시간에 내가 가장 분명하게 발견한 것 중 하나는 내가 너무 참을성이 없다는 것이었다. 나는 기다리는 것을 배우지 못하였으며, 그러한 점이 스트레스를 주었다. 그 이유는 아마 나 자신 이외의 다른 관점에서 사물을 보는 것이 어려웠기 때문이었을 것이다. 좋은 반응을 하려고 하지 말고 반응해야 한다. 저스틴이 놀이치료실에서 나가지 않으려고 했을 때, 나는 문가에 인내심 있게 서서 감정의 수용과 허용이라는 것이 2분 후에 아동이 자발적으로 걸어 나오게 하는 데 얼마나 효과적인가를 알게 되었다.

놀이치료자: 더글러스

두 번째 시간에 내가 가장 걱정하던 일—계속 질문하는 아동—에 대해 깨닫게 되었다. 에릭이 내게 한 질문의 유형으로 미루어 볼 때, 그는 빈약한 자기 개념을 가지고 있는 게 분명하였다. 그는 자기 판단에 의지하는 것이 어려웠으며, 놀이치료실에서 어떻게 놀지도 결정하기 어려워하였다. 그의 질문에 단순하게 대답하고, 그에게 주도권을 넘겨 주는 일은 내게 어려웠다. 그는 거의 모든 활동에서 나의 승인을 구하였다. 내 반응의 일부는 촉진적이었지만 그렇지 않을 때도 있었다. 그러한 비일관적인 반응이 더 많은 질문을 유발하였고, 이는 또 내게 불안과 적절하지 못한 반응을 더욱 증가시켰다. 아동이 내가 말하는 것에서 무엇인가를 학습한다는 것을 기억하는 것은 매우 중요하다고 생각한다. 내가 아동 자신의 판단을 신뢰하며, 따라서 그가 자기 판단에 의지하는 것을 배울 수 있음을 아동에게 전하는 것이 중요하다. 변화하거나 변화하지 않을 책임은 아동에게 있다. 아동의 자기 확신, 자기 존중을 높여 주는 일이 얼마나 중요한가!

놀이치료자: 칭

나는 놀이치료 시간 동안에 나의 국적, 말의 악센트가 다르고, 또 내가 너무 조용하며, 반응적이지 않았기 때문에 아동이 나에 대해 이상하게 생각한다는 것을 알았다. 처음의 차이는 아동에게 익숙하지 않은 분위기를 만들었고, 나의 내성적인 태도나 조용한 행동이 더욱 친근하지 못한 분위기를 만들었다. 아동이 편안해지도록 하기 위해서는 나의 반응의 빈도를 늘려야 한다는 사실을 알게 되었다.

추천할 만한 훈련 프로그램

치료자는 아동이 능력 있는 치료자에게서 질적인 도움을 받을 수 있도록 가능한 한 모든 노력을 다해야 한다. 놀이치료는 아동의 욕구를 충족시킬 수 있는 접근법으로써, 이에 대한 관심과 열정이 증가하고 있으며, 아동이 이 문제에 관해 스스로 말할 수 없기 때문에 이 분야의 전문가는 아동의 이익을 위해 놀이치료에서 자신을 효과적인 치료자로 만들어 주는 전문화된 지식과 기술을 지니고 있어야 한다. 이러한 점을 기억하면서 훈련 중에 있는 놀이치료자를 위한 잠정적인 가이드라인을 제시하였다. 아동과의 상담에서 필요로 하는 전문가 기준이 성인과의 상담에서 필요로 하는 것보다 덜 엄격해서는 안 된다는 것이 기본 전제다.

- 상담, 심리학, 사회사업, 기타 관련 분야의 전문 영역에서의 석사학위
- 아동발달, 상담 및 심리치료의 이론, 임상상담기술, 집단상담의 내용 영역
- 45시간 이상의 놀이치료 학습
- 자기 검토 기회와 광범위한 시간을 제공하는 집단상담, 개별상담, 또는 기타 관련 경험의 성원으로서 개인상담
- 부적응 아동뿐 아니라 정상 아동의 관찰과 사례 분석
- 경험 있는 놀이치료자의 놀이치료 회기를 관찰하여 토론, 비평하는 기회
- 놀이치료 경험이 있는 전문가에게 놀이치료 슈퍼비전 받기

대학원 과정에서 한 학기에 3학점 과목인 놀이치료 개론 시간에 학생들은 일련의 강의, 토론, 독서와 과제 제출을 해야 하고, 이어 놀이치료실 경험을 해야 한다.

- 놀이치료센터에 있는 석사와 박사 과정 학생들의 놀이치료 장면 관찰
- 나의 놀이치료 장면을 녹화한 비디오 내용을 관찰, 비평
- 진행되고 있는 나의 놀이치료 장면 중 최소한 하나 이상을 관찰하거나 수업 중에 관찰할 수 있는 특별한 시범 관찰 실시
- 반응하기 기술을 개선하고, 아동이 놀이치료실에서 하는 기대하지 않은 행동에 익숙해지기 위해 내가 아동 역할을 하고 학생들이 치료자 역할을 하는 역할극 실시
- 아동의 감정과 지각에 대한 통찰을 얻기 위해 놀이치료실에서 학생들이 둘씩 짝을 지어 역할극 실시
- 미리 자원한 아동과 유아원, 탁아 시설, 교회 주일학교 교실, 아동의 가정 등 조용한 장소에서 실제로 놀이치료를 해 본다. 학생들은 적절한 놀잇감을 넣은 상자, 녹음한 테이프와 아동, 놀이치료, 자기 자신에 관해 배운 것을 중점적으로 비평한 내용을 가지고 온다.
- 한 아동과 놀이치료실에서 놀이치료를 실시하고 슈퍼비전을 받는다. 박사

과정 학생과 놀이치료를 사설기관에서 실시하고 있는 놀이치료자가 슈퍼비전을 한다. 학생들은 그 내용을 비평해서 적어 온다.

학생들은 개론 과정 외에 심화 과정이나 집단놀이치료, 가족치료 과목을 듣는다. 학생들은 한 학기 동안 학교 내의 놀이치료센터에서 슈퍼비전을 받으며 놀이치료 실습을 한다. 놀이치료 실습을 성공적으로 마치면 대학원생들은 놀이치료 슈퍼비전을 계속 받을 수 있는 초등학교나 기관, 병원에 인턴으로 배치된다.

이러한 훈련 지침은 더 많은 대학이 놀이치료 훈련 프로그램을 개설할 때까지 이와 같은 필수 과정을 집중적인 워크숍과 같은 비전통적인 방식으로 채울 수도 있다는 인식하에 만들어진 것이다. 이러한 워크숍은 이전의 워크숍 경험에 덧붙여 45시간 정도로 이루어지면 좋다. 하루나 이틀 과정으로 이루어지는 일반적인 기초 워크숍만으로는 불충분하다. 중요한 것은 슈퍼비전을 받는 경험이며, 학교 실습 외에도 슈퍼비전을 받을 수 있는 다양한 방법이 있다. 자격을 갖춘 치료자와 개별적으로 슈퍼비전 계약을 맺거나 기관의 소속원과 정기적으로 만나는 계약을 맺을 수도 있다. 또는 밀도 있게 45시간 동안 단기로 슈퍼비전을 제공하는 대학의 놀이치료 실습을 받을 수도 있다. 나의 가장 역동적인 경험 중 하나는 4명의 박사 과정 학생들의 도움을 받으면서 한 주에 8명의 사설기관 전문가들과 개별 또는 집단으로 슈퍼비전한 경험이다. 이러한 제안은 최소한의 과정이며, 이것이 표준 과정으로 추천되어서는 안 된다.

참고문헌

Axline, V. (1950). Play therapy experiences as described by child participants. *Journal of Consulting Psychology, 14*(1), 53-63.

Axline, V. (1964). *Dibs: In search of self*. New York: Ballantine.

Bratton, S., Landreth, G., & Homeyer, L. (1990). An intensive three day play therapy supervision/training model. *International Journal of Play Therapy, 2*(2), 61-78.

Gibran, K. (1923). *The prophet.* New York: Alfred Knopf.

Keller, H. (1954). *The story of my life.* New York: Grossett & Dunlap.

Landreth, G. L. (Adaptation) This case is an adaptation of *"The Case of Ryan—A Dying Child"* from Landreth (1988). Reprinted with permission of the American Association for Counseling and Development.

Salisbury, F. (1958). *Human development and learning.* New York: McGraw-Hill.

White, R. (1952). *Lives in progress.* Orlando, FL: Dryden Press.

제7장

놀이치료 과정에서의 부모 참여

아동상담에서는 성인을 상담할 때는 직면하지 않는 관계의 차원이나 측면을 고려해야 한다. 놀이치료 일정을 짜는 일은 아동에게 중요한 성인, 보통은 부모에 의해 이루어진다. 따라서 아동을 도우려는 치료자의 어떠한 노력도 부모와의 관계 형성이라는 매개 변수를 통해 이루어져야 한다. 부모가 치료에 참여할 것인가? 놀이치료실에서의 아동 행동을 부모에게 알릴 때 발생할 수 있는 복잡한 일은 무엇인가? 또한 우리 사회의 부모 역할의 변화에 민감해야 하는데, 높은 이혼율, 한부모 가정의 증가, 가족 간의 스트레스 증가, 개인적 고립감의 증가 등을 인식하고 이에 관한 세심한 이해가 필요하다.

이러한 요인은 부모의 참여와 참여 방향에 중요한 영향을 미친다. 오늘날에는 부모가 일반적으로 상담에 대해 보다 개방적이 되었지만 치료자는 부모가 놀이치료에 관해 다 알고 있다고 가정해서는 안 된다. 또한 부모에게 아동에게 놀이치료에 대해 알리는 것과 첫 회기에 분리 과정을 돕는 방법에 대한 정보를 제공해야 한다.

배경 정보

부모 및 교사와의 면담을 통해 놀이치료실 밖에서의 아동의 삶에서 일어나는 일을 지료사가 보나 살 이해할 수 있도록 하는 유용한 정보를 얻을 수 있으며, 아동놀이의 의미를 이해할 수 있는 단서를 얻을 수 있다. 이러한 정보는 치료자가 아동에게 보다 민감해지고 감정이입이 잘될 수 있도록 관계 형성을 촉진하는 데 도움이 된다. 그러나 '외부 정보'는 치료자가 그것에 의존하여 해석하게 만들기도 한다. 네 살된 파울라의 다음 사례를 살펴보자. 이 아동은 놀이치료실에서 다음과 같은 일이 발생하기 몇 주 전에 엄마가 임신한 사실을 치료자와 함께 알게 되었다.

> 다음 2주 동안 파울라는 의자를 한곳에 몰아넣고 줄로 묶은 다음 종이로 그 것을 덮었다. 작은 구멍을 남겨 두고는 긴장된 웃음소리를 내면서 그 사이를 들락거렸다. 임신에 대한 정보를 이미 가지고 있었던 치료자는 이 놀이를 임신 과 출산에 관한 환상이라는 상징적 표출로 '이해'하였다. 파울라의 분명한 행 동, 즉 분명한 즐거움과 '걱정스러운' 웃음을 관찰한 후 치료자는 그것의 잠재 적 의미에 대한 '어떤' 해석을 하는 것이 최선의 길이라고 생각하였다. 그러나 두 번째 회기가 끝날 무렵, 치료자는 다음 주까지 해석을 미루기로 결심하였 다. 그리고 부모를 면담하기로 한 주에 파울라의 부모를 만났다. 파울라의 부 모는 2주 전에 가족이 캠핑을 갔다고 말하였다. 이들은 파울라가 "이건 몇 달 전에는 할 수 없던 일이었어요."라고 말하면서 공포 없이 이 경험을 잘 처리 할 수 있었던 사실에 매우 기뻐하였다. 이들은 파울라가 부모, 오빠와 텐트 안에 서 잘 때 약간 불안해했지만 쉽게 편안해졌다는 사실에 주목하였다(Cooper & Wanerman, 1977, p. 185).

분명 파울라의 놀이 행동은 최근의 캠프 여행 및 텐트 에피소드와 관계가 있 다. 엄마의 임신에 관해서는 알고 있지만 캠핑에 관해서는 모르는 치료자가 아동 의 놀이치료실에서의 행동을 엄마의 임신에 대한 불안으로 해석할 수도 있지 않 을까?

아동중심 놀이치료자는 놀이치료실 안에서의 아동과 그 관계에 의도적으로 초점을 맞춘다. 놀이치료자는 자신이 아동에 관해 모든 것을 안다고 생각해서는 절대 안 된다. 우리의 정보는 항상 불완전하다.

아동중심 놀이치료자가 얻은 정보는 그에게 변화를 가져오지 않는다. 이것은 현재의 문제에 따라 변하는 처방적 접근이 아니다. 특별한 문제와 어떤 기술을 연결하지 않는다. 아동에 대한 치료자의 신념은 구체적인 문제와 상관이 없다. 따라서 치료자는 회기와 아동에 상관없이 일관적이다.

문제에 초점을 맞추기보다는 아동과 상호 작용한다. 따라서 배경 정보는 아동 중심 놀이치료자에게 필수적인 것은 아니지만 성장이나 변화를 평가하는 근거로 전체적인 윤곽을 형성하는 데 도움이 되는 부차적인 것일 수도 있고, 또는 부모에게 제안을 주는 근거로 사용될 수도 있다.

놀이치료자가 아동에 대한 개방적인 태도를 유지하기 위해 배경 정보를 무시해야 하는 어려움에서 벗어나도록 하기 위한 이상적인 절차는 다른 치료자가 부모 면담이나 상담을 하는 것이다. 이 방법은 또한 치료자가 부모에게 이야기한다는 것을 아동이 알게 될 때 치료자-아동 관계를 방해하는 문제를 개선할 수 있다. 대부분의 놀이치료자는 다른 치료자가 부모와 면담할 수 있는 환경에서 일하는 것이 아니므로 아동 없이 부모와 만나는 시간을 별도로 계획할 수 있다. 그러나 많은 부모가 일주일에 두 번씩 올 만한 여유가 없다. 그런 경우 부모를 위해 치료 시간을 나눌 수도 있다. 이러한 절차는 표준적인 과정으로 추천할 만한 것은 아니지만 치료자가 부모와 함께 작업하는 것이 필수적이라고 판단한다면 유일한 방법일 수 있다.

아동과 부모와의 치료 시간을 각각 나눈다면 부모를 먼저 만나야 한다. 아동을 먼저 만나면 일어난 일을 치료자가 '부모에게 말할 것이다.'라고 아동이 추측하는 것을 피할 수 있다. 그리고 부모와 만나는 것을 항상 아동에게 알려서 아동이 당황하지 않도록 해야 한다. 나이가 많은 아동일수록 놀이치료 전이나 후에 부모를 만나는 것을 더 잘 받아들일 것이다.

부모가 치료에 참여해야 하는가

아동의 삶에서는 부모가 중요하고 의미 있는 역할을 하므로 가능하다면 언제나 치료 과정에 포함시켜야 한다. 보다 나은 부모기술을 위해 부모에게 치료나 훈련이 필요한지 아닌지는 놀이치료자가 결정해야 할 문제다. 종종 부모-자녀 관계 증진 치료는 부모를 위한 개입으로 권한다. 부모-자녀 관계 증진 치료는 부모가 특별한 놀이 시간에 자녀와 함께 놀이를 하면서 아동중심 놀이치료기술을 사용하도록 가르쳐 부모와 자녀의 관계를 증진시키기 위해 만들어진 부모 훈련 프로그램이다. 이로 인해 부모는 자녀의 삶에서 치료적 변화를 일으키는 중개자가 된다. 10회기의 부모-자녀 관계 증진 치료 모델인 CPRT(Landreth & Bratton, 2006)는 여러 연구에서 부모와 자녀의 문제를 해결하는 데 긍정적인 효과를 나타내었다. 대부분의 경우, 부모와 작업하는 것이 필수적이라면 부모기술 훈련을 받도록 추천하고 싶다.

많은 부모는 아동의 정서적 적응을 어떻게 도와야 하는지 알지 못하며, 또한 그것을 잘할 것이라고 기대할 수도 없다. 왜냐하면 적절한 훈련을 받아 본 적이 없기 때문이다. 그러나 부모가 자신에 관해 좋게 느끼고 덜 불안해할 때, 자녀에게 긍정적이고 자기 존중 방식으로 반응하게 된다. 여기서 지적하고 싶은 것은 부모를 배제하는 것보다 부모기술 훈련을 시키는 것이 더 좋다는 것이다.

자주 받는 질문 가운데 하나가 '부모가 치료를 받지 않아도 놀이치료의 효과가 있는가?' 하는 것이다. 가능할 때는 언제나 부모를 치료에 포함시키거나 부모기술 훈련을 추천하지만, 부모기술 훈련이나 부모상담을 하지 않고도 놀이치료를 받는 아동이 긍정적으로 변화될 수 있고, 또 변화한다. 아동이 완벽하게 좋은 환경에만 있는 것은 아니다. 그렇지 않다면 어떻게 끔찍한 가정 환경에서 자란 아동이 잘 적응하고 있으며, 성공적인 성인이 되는 것을 설명할 수 있겠는가? 그러한 사례가 보편적인 것은 아니지만, 성장하고 극복하는 개인의 능력을 강조하고자 하는 것이다. 놀이치료는 부모가 훈련이나 상담을 받지 않고도 효과적일 수 있다.

또 다른 증거는 초등학교의 상담 프로그램에서 확인할 수 있다. 많은 부모가 낮에는 일하기 때문에 상담을 받지 못한다. 따라서 초등학교 상담자가 상담받는 모든 아동의 부모와 상담관계를 가지는 것은 거의 불가능하다. 대부분의 초등학교에서는 상담자가 부모와 최소한의 제한된 접촉만을 하였을 뿐인데도 아동의 행동이 의미 있게 변한다고 보고한다. 그렇다면 부모가 없어 시설에 있는 아동은 어떠한가? 이러한 환경에 있는 아동과의 놀이치료가 효과적일 수 있는가? 부모가 없기 때문에 도움이 소용없는가? 아니면 의미 있는 성인 직원이 시설에 와서 아동과 관계를 맺을 수 있는 곳에서만 치료 효과가 있는가?

이러한 질문에 대한 대답은 분명하다. 학교와 시설에서의 경험은 부모가 상담을 받을 수 없음에도 불구하고 아동에게 대처하고, 적응하며, 변화하고, 성장하는 능력이 있음을 보여 준다.

부모와 함께 작업해야만 아동을 놀이치료할 수 있다고 주장하는 것은 아동의 성장 가능성, 대처 능력 및 아동의 행동 변화와 관련하여 부모 자신의 행동을 바꿀 수 있는 능력을 부인하는 것이다. 치료 경험의 결과로서 아동이 행동을 바꿀 때, 비록 그것이 작은 변화일지라도 부모는 무의식적으로 변화를 지각하고 조금은 변화된 방식을 통해 아동의 변화를 격려하는 쪽으로 아동에게 반응해야 한다. 다르게 말하면, 아동이 집에 가서 약간 다르게 행동하면 부모도 조금 다르게 반응해야 한다는 것이다. 심하게 정서적으로 혼란된 부모 또는 습관적으로 약물 남용을 하는 부모의 경우에는 이러한 전제에 잘 맞지 않는 예외일 수 있으나 일반적으로 이러한 전제는 사실이다.

어떻게 이러한 변화 과정이 작용하는지를 다음 사례에서 볼 수 있다.

세 살 된 사라의 아빠는 딸을 다음과 같이 표현하였다. "아이를 혼자 남겨 놓고 단 1분도 나갈 수가 없습니다. 그러면 무엇인가가 망가지니까요. 모든 걸 엉망으로 만들고 벽에 온통 색칠을 합니다. 믿을 수가 없어요." 사라는 놀이치료에서 치료자의 일관성 있는 수용을 경험하면서 계속되어 온 '아기' 같은 행동(우유병을 빼는 것 등)과 엉망으로 만드는 행동이 줄어들었고, 보다 순응적으로 변화하였다. 엉망으로 만드는 행위는 치료적인 제한을 가하게 만들었고, 아빠의 책임이었던 목욕 시간에 목욕탕을 엉망으로 만드는 행동을 통제하는 것을 배우게 되었다. 사라가 보다 자기 통제적인 행동을 보임에 따라 아빠도 딸을 수용하고, 그녀를 편하게 느끼며, 자발적으로 함께 놀아 주기 시작하였다. 이들은 함께 즐거운 시간을 보내게 되었고, 사라는 수용됨을 느꼈다.

사라는 더 이상 5개월 된 남동생을 꼬집거나 때리지 않았으며, 스스로 놀기 시작하였다. 엄마는 "사라는 이제 징징거리며 나를 따라다니지 않아요."라고 말하였다. 엄마 또한 사라에 대해 편안해졌고, 그녀를 보다 신뢰하게 되었으며, 돌봐 주기를 바라는 사라의 요구에 좀 더 쉽게 반응할 수 있게 되었다. "사랑스러운 내 딸을 다시 찾았구나."라고 말할 수 있게 되었다. 사라의 부모는 치료를 함께 받지 않았을 뿐만 아니라 놀이치료실에서 사라가 무엇을 했는지에 대해서도 전혀 들은 바가 없었다.

이 사례에서 볼 수 있듯이, 부모치료 없이도 아동은 변화할 수 있을 뿐만 아니라 변화한다.

놀이치료 과정에서 동반자로서의 부모

처음 놀이치료 회기 전에 놀이치료자는 아동 없이 부모와 만나게 된다. 부모가 아동의 행동과 아동에 대해서 불만사항을 토로하고, 부정적인 진술을 쏟아 내는 것을 아동이 듣게 된다면 해가 되므로 아동은 참석하지 않는다. 많은 부모가 자녀로 인해 좌절스럽고, 어찌할 바를 모르겠으며, 화가 나고, 절망스러우며, 자포자기하고 싶고, 울적한 기분에서 벗어나고 싶기 때문에 놀이치료를 고려한다. 아동은 부모가 내뿜는 부정적인 것을 경험하지 않도록 부모상담에는 좀처럼 참여하지 않는다.

회기 동안 치료자의 중요한 과업은 부모와 관계를 쌓는 것이다. 부모의 욕구와 염려에 초점을 맞추고 아동을 치료하는 데 있어서 부모의 중요성을 전달해야 한다. 부모는 초기 만남에 감정적 반응과 함께 아동에 대한 심한 걱정을 가지고 온다. 어떤 부모는 압도되어 있는데, 민감한 치료자는 놀이치료실에서의 아동과의 관계처럼 이러한 감정에 대해 공감적 돌봄으로 반응할 것이다. 부모와의 정서적 연결은 치료자를 신뢰하게 하고, 아동을 놀이치료에 일관되게 데려오게 하는 매우 중요한 요소다. 부모는 이해받고 있다는 것을 알 필요가 있다. 초기 부모상담에서 민감한 치료자는 면담 시 자녀의 문제에 대한 부모의 걱정과 부모의 감정적 반응에 대한 깊은 수준에 대해서 번갈아 가며 동등하게 반응해 줄 것이다. 이때는 부모가 비판받는다고 느끼거나 쉽게 압도되므로 교육하거나 지시할 시기가 아니다.

초기 부모상담에서 놀이치료자는 부모에게 놀이치료에 대한 정보를 줄 수 있다. 놀이치료가 무엇인지, 왜 놀이치료가 아동에게 적용되는지(놀잇감은 아동의 언어와 같다는 설명), 놀이치료가 아동에게 어떻게 도움이 되는지, 치료 과정에서 예상되는 것은 무엇인지를 알려 줄 수 있다. 그리고 놀이치료실을 보여 주어 아동이 부모 없이 시간을 보낼 장소에 친숙해지게 할 수 있다. 놀이치료실 가운데서 보는 것은 대개 부모를 이완시킨다.

치료자는 대기실에서 기대하지 않은 일, 예를 들어, 자녀가 부모와 떨어지지 않고 매달리면 어떻게 반응할지, 자녀가 회기를 마치고 대기실로 돌아왔을 때 어떻게 반응할지에 대해서 부모를 준비시키기를 원할 것이다. 부모에게 사건을 예상하고, 어떻게 반응할지 지도해 주는 것이 가장 좋은 방법이다. UNT 놀이치료 센터에서는 놀이치료실에 오는 것에 대해서 어떻게 자녀에게 설명할지에 관한 것 외에도 놀이치료실에서 일어날 수 있는 일에 대한 반응을 적은 작은 책자를 부모에게 제공한다. 약물이나 아동의 공포, 모래상자 안의 흙먼지에 알레르기가 있는지, 어린 아동일 경우 배변 훈련 여부 등 치료 과정에 영향을 미칠 수 있는 사항에 대해 특별히 고려해야 할 점이 있는지를 초기 부모상담에서 다뤄야 한다.

비밀보장에 대한 설명과 중요성을 논의해야 한다. 비록 아동에게 비밀보장에 대한 법적 권리가 없다 하더라도 놀이치료자는 놀이치료실에서 있었던 특정한 행동이나 단어의 비밀보장을 하는 것이 아동에게 필요함을 강조한다. 놀이치료에서 부모는 아동의 놀이치료 회기를 볼 수 없다. 그리하여 아동은 자신의 생각과 감정, 그리고 행동을 온전히 표현하는 데 자유로움을 느낄 수 있다. 첫 상담에서 치료자는 참석이 중요함을 알린다. 놀이치료자는 부모가 조기 종결을 결정한다면, 마지막 회기가 필요함을 강조하도록 한다.

적어도 한 달에 한 번, 정기적으로 부모와 만나는 것을 중요하게 고려해야 한다. 부모상담은 부모를 치료 과정에 참여하게 하고, 아동의 정서적 · 행동적 변화와 발달상의 진전에 대해서 부모의 견해를 들을 수 있는 기회를 제공한다. 부모와 만나는 빈도는 아동과 부모의 특별한 필요에 의해 결정된다. 만일 아동이 정신적 외상을 겪었고, 위기 상황을 경험하고 있다면 부모에게 필요한 지지를 제공하기 위해 더 자주 만날 필요가 있다. 이러한 지속적인 상담은 아동에게 더 긍정적인 방법으로 반응할 수 있는 기술을 부모에게 간략하게 교육시킬 수 있는 기회가 된다. 이러한 기술은 아동 행동에 대한 부모의 논의거리에 설명되어 있다. 일반적으로 부모는 부모-자녀 관계 증진 치료(CPRT)에서 내용과 감정 반영, 선택권 주기, 자아 존중감 키우기, 책임감 돌려주기, 제한 설정과 같은 기본적인 기술을 배운다(Bratton, Landreth, Kellam, & Blackard, 2006; Landreth & Bratton, 2006).

부모에게 놀이치료 설명하기

부모에게 놀이치료가 무엇인지를 이해시키는 것은 치료자가 해야 할 가장 중요한 일 중 하나다. 왜냐하면 부모의 협조는 아동이 놀이치료를 받게 하는 데 필수적이기 때문이다. 부모가 처음에 놀이치료라는 말을 들으면 즉각적으로 재미와 게임을 생각하여 아동이 이미 집에서 놀고 있는데 왜 놀이를 하러 오라고 하는지 의아해한다. 놀이치료가 어떻게 작용하는지를 부모가 이해하지 못하면 과정을 신뢰하거나 치료자를 믿을 것이라고 기대할 수 없고, 그렇게 된다면 부모의 부정적인 태도가 놀이치료에 대한 아동의 감정에 영향을 줄 수도 있다. "네가 놀러 가는 데는 돈이 많이 든다. 게다가 너는 여전히 이불에 오줌을 싸잖니."라는 부모의 말은 아동으로 하여금 죄의식을 느끼게 하고, 치료적 관계를 해친다. 다음의 설명을 부모에게 해 준다면, 치료자의 특별함과 접근이 전달될 것이다.

나는 당신이 리사를 걱정하는 것을 알고 있습니다. 리사는 적응하는 데(집에서, 학교에서, 부모의 이혼에 대해, 다른 아동에 대해 등) 어려움이 있습니다. 성장하는 과정에서 대부분의 아동은 때때로 적응상의 어려움을 겪습니다. 어떤 아동은 어떤 부분에서는 다른 아동보다 더 많은 도움이 필요하고, 어떤 부분에서는 더 적은 도움이 필요합니다. 아동은 당신이 앉아 있는 것처럼 큰 의자에 앉아 자신이 겪는 어려움을 말하기 어려워합니다. 아동은 내부에서 일어나는 감정이나 자신이 생각하는 것을 설명할 수 있는 말을 모릅니다. 그래서 때때로 아동은 자신이 어떻게 느끼는지를 행동으로 표출하거나 보여 줍니다.

놀이치료에서 우리는 아동이 말로 표현하기 어려워하는 것을 놀잇감으로 말할 수 있도록 아동에게 놀잇감을 줍니다. 잠시 후에 놀이치료실을 보여 드리겠습니다. 아동은 그들을 이해해 주는 어떤 사람에게 자신이 어떻게 느끼는지를 말하거나 놀이를 하며 편안하게 느낍니다. 왜냐하면 감정이 방출되었으니까요. 어떤 것에 대해 괴로워하거나 염려할 때 그것을 당신을 정말로 염려해 주고 이해해 주는 누군가에게 말하고 나면 아마 당신도 같은 것을 느낄 것입니다. 놀이치료는 아동을 위한 것입니다. 아동은 자신이 느끼고 생각하는 것을 말하기 위해 인형, 손 인형, 물감 또는 기타 놀잇감을 사용할 수 있습니다. 그러므로 아동이 놀이하는 방식이나 놀이치료실에서 하는 일은 매우 중요합니다. 놀이치료에서 아동은 건설적인 방식으로 자신의 사고와 감정을 표현하는 법, 행동을 통제하는 법, 의사를 결정하는 법, 책임을 수용하는 법을 배웁니다.

놀이치료가 끝난 후에 리사에게 무엇을 했는지 묻는다면, 리사는 아마 그냥 놀았다고 대답할 것입니다. 누군가 당신에게 오늘 무엇을 했느냐고 묻는다면 당신도 아마 그냥 이야기했다고 대답하겠죠. 리사도 그와 같이 대답할 것입니다. 그러나 우리가 무엇을 이야기했는가는 매우 중요합니다. 아동이 놀이치료실에서 한 행동도 매우 중요합니다. 아동은 상담자의 도움으로 그들의 문제를 풀어 갑니다. 또한 아동은 이따금 중요한 일이 일어나고 있는 순간을 인식하지 못합니다. 그래서 중요하게 언급할 것이 없기도 합니다. 때때로 부모나 선생님 보다는 객관적일 수 있고, 수용적인 누군가와 감정, 특별히 공포나 분노를 이야기하는 것이 아동에게도 더 쉬운 일입니다. 그러므로 리사가 무엇을 했고, 무슨 일이 있었으며, 또는 무엇이 재미있었는지에 대해 묻지 않는 것이 가장 좋습니다.

놀이치료실에 있는 시간은 아동에게 특별한 개인적인 시간입니다. 그들은 누군가에게, 심지어 부모에게까지도 보고해야 할 필요를 느껴서는 안 됩니다. 아동의 놀이치료 시간은 성인상담에서와 같이 비밀이 보장된 시간입니다. 나는 성인을 존중하는 것과 똑같이 리사를 존중하고 싶습니다. 따라서 나의 일반적인 인상을 당신과 함께 나누고 제안을 하는 것을 기쁘게 생각하지만, 리사가 놀이치료실에서 한 말이나 행동을 구체적으로 말할 수는 없습니다. 당신이 알아야 한다고 생각되는 일반적인 사항에 대해서는 나눌 것입니다. 당신이 만일 나에게 상담하러 와서 당신이 염려하는 무언가를 나와 함께 나눈다면 나중에 내가 당신의 배우자나 고용주에게 그것을 말하지 않기를 원할 것입니다. 우리의 시간은 비밀이 보장되는 시간이 될 것입니다. 리사와 제가 놀이치료실에서 나오면 "어땠니?" 또는 "재미있었니?"라고 묻지 않는 것이 좋습니다. 그냥 "자, 집에 가자."라고만 말하세요.

때때로 리사는 그림을 집에 가져가려고 할 수도 있습니다. 만약 당신이 그림을 칭찬한다면 리사는 당신을 위해 그림을 더 그려야 한다고 생각할지도 모릅니다. 그저 그림을 보고 "여러 가지 색깔을 썼구나. 파란색도 있고, 연두색도 있고, 아랫부분에는 갈색을 많이 칠했네."라고만 평하십시오. 어떤 때는 그림이 엉망이 되고, 놀이치료실 바닥에 모래가 쏟아지기 때문에 더러워져도 괜찮은 낡은 옷을 입혀 보내라고 말할 것입니다. 옷에 물감이 묻어 있어도 놀라거나 리사를 비난하지 마십시오. 물감은 물로 지워집니다. 어떤 아동은 물감으로 인해 자신의 몸이 더러워질까 봐 잘 놀지 못합니다.

리사가 나를 만나러 오는 것에 대해 어떻게 말할지 당신이 궁금해하리라는 생각이 듭니다. 리사에게 놀잇감이 아주 많이 있는 특별한 놀이치료실로 랜드레스 씨를 보러 가게 될 것이라고 말했을지도 모르겠습니다. 만약 리사가 왜 놀이치료실에 가는지 궁금해한다면 다음과 같은 일반적인 것을 말해 주세요. "네가 집에서 잘 지내지 못하는 것 같아서(또는 문제와 연관된 기타 일반적인 설명을 해 줄 수도 있다), 그리고 가끔은 혼자서 특별한 사람과 함께 지내는 시간이 도움이 될 거야."

부모가 질문할 만한 것에 대해 낱낱이 설명하였다. 하지만 부모에게 모든 설명을 쉼 없이 해 준다면 부모가 받아들일 수 있는 것 이상을 주는 것이다.

초기 면담의 일부로 놀이치료실에 한번 가 보거나 놀이도구가 많이 들어 있는 사무실 캐비닛을 열어 보여 주면 당신이 놀이치료에 대해 설명하려고 했던 것을 부모가 더 잘 이해하게 될 것이다. 이러한 과정을 서두르지는 말자. 부모가 질문하도록 격려하자. 이때는 놀이의 목적을 설명하기에 좋은 시간이다.

분리에 대해 부모를 준비시키기

아동이 놀이치료실에 들어가지 않으려고 하면, 부모는 난처함을 느끼고 대기실에서 아동을 놀이치료실로 보내기 위해 매우 부적절한 말을 하기도 한다. "여기 있는 멋진 분과 놀이치료실에 가지 않으면 이분은 너를 좋지 않게 생각하실 거다."라고 말하는 부모는 처음부터 관계를 힘들게 시작하도록 만든다. 아동이 "놀이치료실에 들어가기 싫어요."라고 꺼리면서 말하는 것은 아동이 추하거나, 나쁘거나, 또는 부정적인 어떤 것을 의미하지 않는다. 그냥 아동이 엄마를 떠나기 싫거나, 또는 놀이치료실에 가기 싫거나, 어른이 이해할 수 없는 다른 이유가 있는 것뿐이다.

부모가 아이를 데리고 처음 놀이치료실에 왔을 때 기대하는 것이 무엇인지 알고 있고 어떻게 반응하는지에 관해 이야기를 들었다면, 보통 부모와 아동에게 분리 과정은 덜 어려우며 치료자에게는 안심이 된다. 준비가 되면 부모는 아동이 보다 독립적일 수 있도록 도울 수 있다. 치료자가 부모에게 다음의 설명을 해 주면 도움이 된다.

처음에 어린 아동이 이곳에 오면 나와 함께 놀이치료실에 들어가기를 꺼리기도 하는데, 그 이유는 이곳이 아동에게 낯선 곳이고, 전에 와 본 적이 없기 때문입니다. 그렇지만 대부분의 어린 아동은 기꺼이 놀이치료실에 들어갑니다. 내가 대기실에 와서 로버트에게 나를 소개할 것입니다. "이제 놀이치료실에 들어갈 수 있어."라고 말할 것입니다. 만약 당신이 "좋아, 나는 여기서 기다릴게. 그리고 네가 끝나고 나올 때까지 여기에 있을게, 로버트."라고 말하면 도움이 될 것입니다. (부모가 안녕, 바이 바이라고 말하면 안 됩니다. 왜냐하면 이 말은 정말로 시간이 오래 걸리나 보다, 또는 영원히 갈지도 모른다는 감정을 가지게 할 수도 있기 때문입니다.) 로버트에게 "착하게 굴어라."라든가 다른 지시를 하지 마세요.

만약 로버트가 놀이치료실에 들어가기를 꺼려 한다면, 저는 주저하는 마음을 인내하면서 로버트의 감정을 읽을 것입니다. 그가 놀이치료실에 들어가는 것을 결정하는 데 시간이 좀 필요할 겁니다. 나는 이 시간 동안 부모님이 조용히 앉아서 기다리기를 바랍니다. 나는 아동이 놀이치료실에 들어가기 싫어해도 편안합니다. 나는 우리가 놀이치료실에 들어갈 것이라고 믿습니다. 단지 몇 분의 시간이 필요할 뿐입니다. 시간이 지나도 로버트가 여전히 놀이치료실에 들어가기 싫어하면, 부모님께 우리와 함께 놀이치료실이 있는 곳까지 복도를 함께 걷자고 말할 것입니다. 놀이치료실 문 앞에 이르면 당신이 놀이치료실에 들어가야 하는지 말아야 하는지를 알려 드리겠습니다. 제가 놀이치료실에 들어가라고 하면 곧바로 들어가서 제가 지정한 자리에 앉아 그냥 관찰하십시오. 만약 로버트가 당신에게 놀잇감을 보여 주거나 상호 작용하려고 하면 집에서 하는 것처럼 반응하십시오.

놀이치료실에서는 아동이 소리치거나 망치로 두드리는 소리가 들릴 수 있으며, 그런 소리는 이상한 게 아니라 아동이 열심히 놀이하는 것임을 미리 부모에게 알려야 한다. 또는 아동이 놀이치료실을 나가고 싶어서 우는 소리가 들릴 수도 있다. 이 행동 또한 수용할 수 있다. 큰 소음과 우는 소리는 무언가 잘못되었다는 의미가 아니다.

가끔 부모는 치료자가 대기실로 오자마자 아동에 관해 무엇인가 이야기하고 싶어 한다. 대기실에서는 전적으로 아동에게 관심을 보여 주고 싶다는 것을 부모에게 상기시킨다. 따라서 최선의 절차는 계획된 부모 면담 때까지 부모가 자신의 이야기를 유보하도록 하는 것이다.

부모 면담

자신의 자녀가 도움이 필요하다는 사실을 인정하는 것은 부모에게 매우 민감하고 어려운 일이다. '시간이 지나면 좋아지기를 희망하면서' 가능한 한 도움을 받는 것을 미루고자 한다. 그리고 많은 경우에, 마침내 염려하는 문제가 장기화되거나 부모를 놀라게 하고 좌절시키는 지경이 되어서야 치료자를 만나러 온다. 치료자는 부모가 특별히 도움을 청하기까지 겪어 온 노력에 민감해야 하며, 그러한 노력을 현재의 문제에 집중하도록 재촉하기보다 이해하도록 만들어야 한다. 부모는 죄책감, 좌절, 부적절감, 또는 분노를 느낄 수 있으며, 놀이치료실에서와 마찬가지로 이러한 감정을 공감적으로 먼저 다루어야 한다. 일관된 아동중심 놀이치료 접근으로 부모와 관계를 쌓는 것은 중요하게 다루어져야 한다.

엄마 자신의 정서적 적응과 좌절, 인내 수준이 아동의 치료를 결정하는 요인이다. 아동상담소에 의뢰된 아동 50명과 나이와 증상을 고려하여 선택한 치료에 의뢰되지 않은 아동 50명을 대상으로 한 쉐퍼드, 오픈하임, 미첼(Shepherd, Oppenheim, Mitchell, 1966)의 연구에 의하면, 놀이치료실에 온 엄마는 스트레스, 불안 때문에 우울한 상태였고, 아동의 문제 때문에 당황해하였으며, 무엇을 해야 할지 걱정하였다. 비교집단의 엄마는 자녀의 문제를 우연한 것이라 여겼고, 일시적이며, 참고 시간이 지나면 좋아질 것이라고 생각하였다. 이들은 보다 자기 확신적이었다.

다른 연구 결과에서는 치료자가 부모의 반응에 숨어 있는 정서적 역동에 민감하고 반응적이어야 함을 강조한다. 숙련된 치료자는 최초의 면담에서 문제 사이를 왔다 갔다 하는 부모를 따라 현재 문제와 부모 감정의 안팎에 초점을 맞추는 상호 작용이라는 복잡한 직조물을 짤 것이다. 놀이치료 회기를 나누어야 한다면, 한 부분은 면담 그 자체이고, 또 한 부분은 대표적인 접수 면담 자료이며, 또 다른 한 부분은 부모가 생각할 것을 제안하고 함께 부모를 안내하는 것이다. 예를 들어, 아동을 잠재우기 어려운 문제를 가지고 있는 부모가 아동에게 책을 읽어 주지 않는다는 것을 알고 나서 치료자는 아동을 재우기 전에 짧은 이야기책을 읽어 주라고 제안하였다. 치료자는 부모, 아동, 그리고 그 관계를 완전히 이해하기 전에는 이러한 제안을 할 때 매우 주의해야 한다.

다음에서는 놀이치료가 필요한지를 결정하기 위해 놀이치료실에서 사전 진단 회기를 실시하기 전에 이루어진 최초의 부모 면담에서 부모의 염려에 부드럽게 반응하는 과정을 제시하였다.

엄마: 아이가 5명이나 있어요.

치료자: 매우 바쁘시겠군요.

엄마: 네, 하루 종일 직장에서 일을 하고 집에 오면 집안일도 해야 하고, 또 아이들도 돌봐야 해요. 약을 먹는 동안은 학교에서 잘 지내죠. 약을 끊으면 이 아이는 다시 통제력을 잃어요.

치료자: 아이가 어떤 종류의 약을 먹고 있나요?

엄마: 리탈린이에요.

치료자: 오늘 아침에도 약을 먹이셨나요?

엄마: 저…… 오후에 학교 가기 전에 두 알, 학교 갔다 와서 한 알을 먹었어요. 약 기운이 떨어지는 밤에는 기운이 넘치는 것 같아요.

치료자: 아이가 다시 힘이 생기면 어머니는 바쁘고 어려우시겠군요.

엄마: 네, 제가 지쳐서 쉬고 싶은 저녁 시간에 그러죠. 하루 종일 일하고 와서 힘이 넘쳐 나는 그 아이를 돌보며 집안일을 하는 건 힘든 일이에요.

치료자: 하루 종일 직장에서 일하고 안소니를 돌보는 건 힘든 일이죠. 더구나 안소니는 아기 때부터 그렇게 힘이 넘쳤으니까요.

엄마: 네, 아무도 모를 거예요. 아이가 과잉증을 앓고 있어서 힘이 넘쳐 난다고 말해도 아무도 동의하질 않아요. 그 애와 함께 거의 2년 동안 집에 있었어요. 아이를 탁아 시설에 맡기고 나서 문제가 일어나기 시작했죠. 사람들이

그제야 제 말에 귀를 기울이기 시작했어요. "이 아이는 무언가 문제가 있어요."라고 말했죠. 안소니는 자신이 원하기만 하면 좋은 아이가 될 수 있죠. 하지만 그렇지 못해요.

치료자: 그 아이가 결심하면 자신의 행동을 통제할 수 있다는 걸 아신다는 말씀이신가요?

엄마: 가끔.

치료자: 아이가 정말로 그렇게 할 수 있는지 아닌지 확신하지 않으시는군요.

엄마: 자주 그렇지 못해요. 그리고 당신이 그 아이를 따라다녀 보면 이해하실 거예요. 정말 힘들어요.

치료자: 무슨 뜻인가요? 어머니가 힘든 시간을 보내신다는 것인가요?

엄마: 그 아이를 계속 따라다녀 봐야 해요. 내 말은 함께 있어 봐야 한다는 거예요. 무엇을 하라고 시키면 하지 않아요.

치료자: 어머니께서는 그 아이를 따라다니면서 그 아이가 그렇게 하는 걸 보셔야 하나요?

엄마: 가끔요. 무엇을 하라고 하면 하지 않아서 엉덩이를 맞을 때가 있어요. 그러면서 말은 참 잘하죠.

치료자: 말대꾸를 하는군요.

엄마: 네, 그래요.

치료자: 얼마나 자주 안소니를 때리시나요?

엄마: 말하기 어려워요. 왜냐하면 되도록이면 그렇게 하지 않으려고 하니까요. 제가 말한 것처럼 마지막 수단일 때 그렇게 하죠.

치료자: 마지막 수단으로 때리시는군요.

엄마: 네, 매일 그러는 건 아니에요. 제가 더 이상 참을 수 없는 지경까지만 이르게 하지 않으면 때리는 건 피하려고 하죠.

치료자: 음······.

엄마: 아시다시피 이제는 그렇게 안 하려고 해요. 가끔 그렇게 하겠다고 아이를

위협하기만 하죠.

치료자: 그러면 아이가 행동을 그만두는군요.

엄마: 내 말을 들어요.

치료자: 그래서 아이가 자신을 통제할 수 있는 것으로 보이는군요. 그러나 그 후
　　　에 아이는 자신을 통제해야겠다는 생각이 없다고 느낄 정도로 산만하고요.

엄마: 맞아요. 바로 그거예요. 너무 힘이 넘쳐서……. 그 아이에게서 힘을 다 빼
　　　낸다면 모든 것이 잘될 것 같아요. (웃으며) 그렇지만 약 이외에는 방법이
　　　없어요.

치료자: 약을 복용한 지는 얼마나 오래되었나요?

엄마: 약 2년 정도 됐어요.

치료자: 약 때문에 소아과에 마지막으로 간 게 언제였습니까?

엄마: 한 달 전쯤일 거예요. 아이가 보이는 반응에 따라 복용량을 바꿔요. 내가
　　　느끼는 것에 따라 의사가 약을 가감하죠. 아이가 잘 지낸다고 하면 약의
　　　양을 줄이죠. 잘 지내는 것 같아서 한동안 약을 줄였어요. 그런데 학교에
　　　다니자 다시 나빠지기 시작해서 약 복용량을 늘렸습니다.

치료자: 아까 밤이 되면 약 기운이 떨어진다고 말씀하셨는데, 그때는 아이가 어
　　　떻죠?

엄마: 끔찍해요!

치료자: 끔찍하다는 게 무슨 뜻입니까?

엄마: 정말로 나쁜 일이 일어나는 건 아니에요. 보통 흔들의자에서 나와 함께
　　　잠이 들어요. 나는 의자에서 휴식을 취하고, 아이는 잠이 들죠. 보통 10시
　　　경에 잠들죠. 아이는 매일 아침 4시에서 5시 사이에 잠에서 깨요. 저는 아
　　　침 4시에는 일어날 수가 없어요. (웃는다.)

치료자: 매우 이른 시간이군요. 개운하지 않겠어요.

엄마: 매우 이른 시간이에요! 아이는 깨서 나와 함께 침대에 누워 있고 싶어 하
　　　는데, 나는 그것이 귀찮아요. 잠시 편안히 잤으면 해서 결국은 아이를 침대

에 다시 눕히거나 흔들의자에 눕히죠. 그러면 잠시 자요. 때때로 아이가 나한테 따져 묻기도 하지만 그렇지 않을 때도 있어요. 그렇지만 그 아이는 잠을 오래 자지 않아요. 그리고 잠자리에서 오줌을 싸는 습관이 있어요. 멈추게 할 수가 없어요. 점점 고통스러운 일이에요. 그 아이는 여섯 살이에요. 멈추어야 하는데……. 의사가 약을 주겠다고 하지만 저는 아이에게 또 다른 약을 먹이고 싶지 않아요. 한 가지만으로도 충분하거든요.

치료자: 정말 좌절되시겠어요. 밤에 잠자리를 적시지 않을 때도 있었나요?

엄마: 네, 몇 년 전에 그랬어요. 한밤중에 일어나 화장실에 다녀와서는 날 깨우지 않고 다시 잠들었어요. 한동안 그랬어요. 하지만 오래전 일이죠. 6개월, 1년 전까지 그랬어요.

치료자: 오래됐군요.

엄마: 네, 오래되었죠.

치료자: 그러면 안소니가 거의 매일 밤 침대를 적셨군요.

엄마: 거의 매일 밤요.

치료자: 그렇지 않을 때도 있었군요.

엄마: 네, 그렇지만 대부분 밤에 오줌을 쌌어요. 내 생각에는 게으름 때문인 것 같아요. 침대에서 일어나 화장실에 가기를 싫어하는 거죠.

치료자: 어머니께서는 아이가 원한다면 이부자리에 오줌을 싸지 않을 거라고 생각하시는군요.

엄마: 네, 그 아이가 그렇게 한다면요. 잠자리에 들 때 마음으로 결심하면 일어날 수 있을 거예요. 그렇죠.

치료자: 밤에 일어나게 해서 규칙적으로 화장실에 가게 한 적은 없습니까?

엄마: 아뇨. (웃는다.) 저는 잠을 충분히 못 자요. 아이가 나를 일찍 깨우니까요.

치료자: 어머니에게 힘든 시간이네요. 편히 쉬지도 못하고……. 아버지는 어떠세요? 아버지도 아이가 일어날 때 일어나시나요?

엄마: 애 아빠는 머리만 닿으면 자요. 다음날 아침까지 무슨 일이 일어났는지

전혀 몰라요. 아마 침대에 폭탄이 떨어져도 모를 거예요.

치료자: 그를 괴롭히는 게 아무것도 없군요. 그러면 어머니한테 모든 게 달렸겠네요.

엄마: 꼭 그렇지는 않아요. 잠에서 깨어나는 유일한 시간은 우리 중 한 사람이 아플 때예요. 정말로 우리가 심하게 아플 때만 그가 소리를 알아듣죠. 안소니는 새벽 3, 4, 5시에 침대에 뛰어드는데 아빠는 아무것도 모르죠. 이런 식이라면 아무것도 변하지 않을 거예요.

치료자: 어머니께서는 아버지에게 아무 도움도 받지 못한다고 생각하시는군요.

엄마: 그래요. 남편이 밤늦게 자는 한 그래요.

치료자: 어머니께서는 안소니를 돌보고, 그 아이의 행동을 변화시키는 것은 어머니 책임이라고 말씀하신 것 같은데……

엄마: 상당히 그렇죠. 대부분요. 한 달 전까지만 해도 안소니는 두 달 동안 아빠와 함께 집에 있었어요. 실직한 상태였거든요. 남편이 실직한 상태여서 베이비시터에게 줄 돈이 없었어요. 그래서 그때 남편이 아이를 돌보게 됐어요. 그리고 모든 게 잘되어 가는 것으로 보였죠. 정말로 아이는 그 당시에도 과잉 행동적이었어요. 둘은 잘 지냈고, 좋아 보였어요. 학교에서나, 어디에서나 거의 문제가 없었고요. 그런데 아이를 다시 베이비시터에게 맡기게 되었어요. 현재 탁아소에는 보낼 수가 없어요. 네다섯 군데나 아이를 보내 봤지만 아이의 과잉 행동 때문에 어느 곳에서도 아이를 봐 줄 수 없다고 하더군요. 지금은 베이비시터가 집에 와서 우리 아이만 돌봐 주고 있어요. 꽤 잘 지내는 것 같아요.

치료자: 안소니가 집중적인 관심을 받는 집과 학교에서는 괜찮게 지내는군요.

엄마: 아이는 일대일의 관심을 받아야 한다고 많은 사람이 이야기했어요. 아이는 자기만 돌봐 주는 것을 원해요. 하지만 일을 그만두고 하루 종일 함께 있겠다고 협박하면 아이는 그것을 싫어해요. 그 아이는 내가 일을 그만두는 걸 원하지 않아요. 왜냐하면 그때는 장난감도 사 줄 수 없기 때문이죠.

치료자: 어머니께서는 아이가 자신을 통제하도록 만들기 위해 무엇이든 기꺼이
할 정도로 화가 나 있군요.

엄마: 네, 하지만 자신을 완전히 통제하는 것, 그것을 아이가 이해하지 못해요.
아이가 정말 통제하기를 원하지 않는지 아니면 할 수 없는 건지를 잘 모르
겠어요.

치료자: 제가 좀 혼동되는군요. '아이가 정말로 굳게 마음먹는다면 자신을 통제
할 수 있을 거야.'라고 생각하시는 면이 있군요. 그렇지만 한편으로는 정
말 때때로 자신을 통제할 수 없다고 생각하시네요.

엄마: 잘 모르겠어요.

치료자: 그 점이 확실하지 않으시군요.

엄마: 네, 내가 일어나기를 바라는 일과 실제로 일어나는 일은 다르죠. 저는 정
말로 오랫동안 견뎌 왔어요. 제가 걱정하는 저의 주요 문제는 아이가 유치
원을 마치고 나서 어떻게 될까 하는 거예요. 아이를 통제하기 위해 약을
많이 먹였어요. 그렇지만 이제 하루 종일 학교에 있으면 무슨 일이 벌어지
겠어요? 그리고 아이가 나이에 비해 커요. 그건 제가 염려하는 또 한 가지
문제예요. 정말로 그 아이는 커요.

치료자: 그래서 어머니께서는 1학년이 되어서도 지금과 같은 문제가 계속 일어
날 것이라고 생각하시는군요. 이제 앞으로 진짜 문제를 가지게 될 거라고
요. 또한 어머니께서도 아이와의 문제를 가지게 될 거고요. 어머니께서는
좌절하셨어요. 어떻게 할 수 없을 정도로 심하게 좌절할 때가 있군요?

엄마: 네, 다른 사람들은 제가 겪어 온 것을 이해하지 못할 거예요. 모든 것을
통제하려고 노력해 온 지난 6개월 동안 내가 신경 쇠약에 걸린 건 아닐까
하고 생각한 적도 몇 번 있었어요. 한때는 거의 그랬어요. 무엇인가 해야
했고, 하지 않는다면 안소니가 살아남는 건 문제가 아닐 거예요. 그건 엄
마가 살아남는 거예요.

치료자: 어머니께서는 스트레스가 대단하군요. 모든 것이 함께 잘되어 가도록

어머니께서는 오랫동안 열심히 일해 오셨고, 이제 때때로 거의 더 이상 견

딜 수 없는 지경에 이르죠.

엄마: 네, 변해야 해요. 그렇지만 지금까지 밀고 온 사람은 저예요. 그걸 필요로

하는 사람은 저죠. 그리고 저는 그걸 느껴요. 한때 저는 남편도 이 모든 걸

겪어야 한다고 생각했어요. 하지만 남편이 그렇게 하기는 힘들어요. 남편

은 나이가 많아요. 쉰여덟 살인 데다가 자기 방식이 고정돼 버렸어요. 그

건 제가 싸우고 있는 또 다른 문제죠.

치료자: 어머니께서는 남편의 협조를 구하는 일이 힘드시군요. 그리고 어머니께

서는 도움이 필요하고요. 혼자 힘으로 모든 걸 돌봐야 하는 건 힘든 일이죠.

엄마: 네, 정말로 남편은 예전에 비해 많이 도와주고 있어요. 왜냐하면 제가 더

이상 어떻게 할 수 없어서 소리치고 비명을 질렀기 때문이에요.

치료자: 그렇게 도움이 필요하다는 메시지를 남편에게 전하셨군요. 그렇지만

여전히 힘들게 일해야 하고 절망하셨군요.

엄마: 네, 상당히 그래요. 도움이 있어야 해요.

이 부모 면담 회기는 놀이치료에 대한 설명과 놀이치료실 중 하나를 구경하는 것으로 끝이 났다. 엄마도 치료를 받아야 했기 때문에 아들과 함께 오는 것이 나을 것이라고 판단하였다.

놀이치료에서의 윤리적 · 법적 주제

놀이치료자는 상담, 심리치료 혹은 사회사업과 같이 정신건강과 관련된 특별한 영역에서 훈련을 받고 있기 때문에 그들이 속한 전문적 기관이나 공식적인 허가에 따라 규정된 연구의 영역이 윤리적 · 법적 주제와 연관되어 있어 이것이 훈련과 실제 작업을 통해 다루어질 것이라고 생각한다. 물론 아동은 종속인구(a dependent population)이기 때문에 아동과 관련된 일에 있어 법과 윤리에 관심을 기울이는 것은 중요하다. 이 장에서는 일종의 기억을 상기시키는 것과 같은 놀이 치료 안에서의 아동과의 특별한 작업과 연관된 기본적인 규정에 관심을 가지고 자 한다. 그렇다고 해서 이 장의 목적이 윤리적 그리고 법적 주제의 철저한 개관 을 제공하는 것은 아니다.

놀이치료자는 그들이 문서화된 합의, 전문적 상담, 그리고 내담자를 보호하기 위한 슈퍼비전과 같은 적절한 예방과 직업의 경계를 이루는 기준을 요구하는 전 문적 기관의 실제적인 윤리적 규범과 기준을 따르라는 조언을 받게 된다. 연방 법률은 미성년자의 치료에 대하여 의견이 다르기 때문에 놀이치료자는 그들이 속한 주의 법률을 익히는 것이 필요하다.

윤리적 · 법적 고려는 정신건강 전문가가 아동과 작업할 때 부모의 참여를 지 시하도록 할 수 있다. 스위니(Sweeney, 2001)는 다음과 같이 설명하고 있다.

> 아동과 함께 작업할 때, 아동이 치료에 집중하는 동안 법적 후견인은 윤리 적 · 법적 관점에서 기본적으로 아동이라는 사실을 기억하는 것이 필요하다. 이 는 주 의회의 의견이 단순히 미성년자는 법적인 자격이 없다고 보기 때문이다. 이는 아동이 서비스에 동의(혹은 거절)하기 위한 법적 자격이 있거나 기밀 정보 와 관련한 특권을 취득하거나 보유하는 권리에 대해 고려되지 않은 것이다. 이 러한 권리를 가지고 있는 사람은 대부분의 경우 법적 후견인인 부모다. 이는 아 동상담의 윤리적 · 법적 관점에서 불명확한 것이 될 수 있다(p. 65).

톰슨과 루돌프(Thompson & Rudolph, 2000)는 "'안내자 역할'에 대한 미성년자 와 부모의 권리는 혼란의 원인이 될 수 있다고 본다. 성인이 아동의 가치와 존엄 에 동의하는 경우, 미성년자가 제한된 경험과 결정을 위한 인지적 능력으로 인해 성인보다 법적으로 적은 권리를 행사하게 된다는 것을 인식해야 한다."(p. 502)라 고 하였다. 따라서 부모에게 놀이치료의 목적과 과정에 대해 알려야만 하며, 문서화된 동의서에 서명하도록 해야 한다. 문서화된 동의서는 놀이치료에서 복잡한 주제다. 스위니(2001)는 다음과 같이 설명하고 있다.

> 문서화된 동의서의 원칙에 부합하기 위해서는 내담자가 협력적이고, 지식을 갖추고 있으며, 이를 행할 능력이 있는 상황에서 동의해야 한다는 윤리적 · 법적 원칙이 존재한다. 미성년자라는 위치 때문에 아동은 협력적이고, 지식이 있으며, 능력이 있는 내담자가 아니다. 놀이치료자는 아동이 성인 내담자와 다르게 치료에 참여하는 발달기술이 부족하기 때문에 아동과의 의사소통 수단으로 놀이를 선택한다. 문서화된 동의서의 개념은 세련되고, 추상적이며, 놀이치료 시의 기본적 근거에 반대되는 것이어야 한다. 일반적으로 아동이 놀이치료 과정에서 동의서에 서명하는 것이 법적으로 가능하지 않기 때문에 반드시 대리인을 결정해야 한다. 대부분의 경우 부모나 법적 후견인이 대리인이 된다(p. 68).

허가는 놀이치료를 계획하는 아동의 법적 후견인에게 얻어야 한다. 치료자는 아동을 보호하고, 놀이치료 안에서 아동을 준비시킬 수 있는 대상이 부모라고 단정 지어서는 안 된다. 아동에 대한 논의를 하는 성인이 아동의 엄마가 될 수도 있지만 그녀가 이혼한 후에는 아빠가 전적인 후견 의무를 가지고 있을 수 있다. 이혼한 부모의 경우, 치료자는 아동의 주제와 관련된 사항에 관한 최근 법적 지시의 복사본을 요구해야 한다. 이혼동의서가 가장 최근 정보가 아닐지도 모른다. 예방적 차원에서 놀이치료자의 기록지에 부모에게 받은 복사본을 추가하여 기록해야 한다. 치료자는 법적 후견인의 문서화된 동의서를 받음으로써 아동의 놀이치료에 대한 허가를 확인해야 하며, 부모가 법적 후견인이라는 것을 확인해야 한다. 별도 양식은 정보의 공개를 위한 허가를 위해 필요하며, 회기의 오디오와 비디오 녹화로 만들어진다.

학교 직원 또는 대리인 등의 사람들과 아동에 관해 논의하기 전에 부모의 허가를 얻어야 한다. 법적 후견인에게 허가를 받지 않은 채 아동의 법적 후견인이 아닌 아동의 생활에서 개인적으로 중요한 인물 혹은 교사와 아동의 문제를 논의하거나 정보를 공유해서는 안 된다. 이러한 규칙은 상담자가 교육 팀의 일원으로 일하는 경우나 교사와의 논의를 허용하는 초등학교의 경우에는 적용되지 않을 수도 있다.

정신과 의뢰

자살 가능성이 있는 경우에는 정신과 진단을 받을 필요가 있다. 시설 보호가 필요하다면, 치료자는 대다수의 정신과 시설이 어린 아동을 적절하게 보호할 장비를 갖추고 있지 않다는 점을 상기시켜야 한다. 치료자가 병원을 방문하여 직원에게 중요한 질문을 할 수도 있다. 아동과 일하기 위해 어떤 종류의 훈련과 경험이 필요한가? 직원이 가지고 있는 학위, 자격증, 또는 면허는 어떤 것인가? 발달 단계가 열 살 미만인 아동에게는 어떤 절차를 사용할 것인가? 직원들이 아동을 정말로 염려하고 이해하는가? 그들은 따뜻한 사람인가? 놀이치료실은 있는가? 그렇다면 보자고 하라. 고도의 자질이 있는 직원이 있다고 가정하지 말라. 왜냐하면 프로그램이 정신과 시설의 일부로서 실시되기 때문이다. 이것은 치료자가 정신과 의뢰를 돕기 위해 필요로 하는 정보다.

참고문헌

Bratton, S., Landreth, G., Kellam, T., & Blackard, S. (2006). *Child parent relationship therapy (CPRT) treatment manual: A 10-session filial therapy model for training parents* (includes CD-ROM). New York: Routledge.

Cooper, S., & Wanerman, L. (1977). *Children in treatment: A primer for beginning psychotherapists*. New York: Brunner/Mazel.

Landreth, G., & Bratton, S. (2006). *Child parent relationship therapy (CPRT): A 10-session filial therapy model.* New York: Routledge.

Shepherd, M., Oppenheim, A., & Mitchell, S. (1966). Childhood behavior disorders and the child-guidance clinic. *Journal of Child Psychology and Psychiatry, 7,* 39-52.

Sweeney, D. (2001). Legal and ethical issues in play therapy. In G. Landreth (Ed.), *Innovations in play therapy: Issues, process, and special populations* (pp. 65-81). Philadelphia: Brunner-Routledge.

Thompson, C., & Rudolph, L. (2000). *Counseling children* (5th ed.). Pacific Grove, CA: Brooks/Cole.

제 8 장

놀이치료실과 놀이도구

놀이치료실의 분위기는 참으로 중요하다. 놀이치료에서 아동에게 영향을 미치는 여러 요소 중 첫째로 만나는 것이 놀이치료실이기 때문이다. 놀이치료실의 분위기는 따뜻해야 하고, '아동만의 공간'이라는 명백한 메시지를 지니고 있어야 한다.

아동에게 친숙한 환경을 제공하기 위해서는 적절한 계획과 노력, 아동이 어떻게 느낄 것인가에 대한 민감한 이해력이 요구된다. "여기에 있는 것은 자유롭게 사용할 수 있어. 편안히 잘 살펴봐."라고 말해 주는 것처럼 아동은 개방적인 분위기에서 편안함을 느끼게 된다. 놀이치료실에서의 느낌은 잘 짜인 따뜻한 스웨터를 입는 것과 같아야 한다. 그곳의 놀잇감이나 놀이도구는 아마도 '나를 써 줘.'라고 말하는 것 같다. 하지만 놀잇감, 놀이치료실 등 모든 것이 새로운 상황에서 이러한 감정이 일어나기란 매우 어렵다. 놀이치료실이 어떨 때는 냉담하게 느껴질 수도 있다.

새로운 놀이치료실을 아동 자신이 상호 작용할 수 있는 편안한 장소로 바꾸어 놓기 위해서는 대단한 노력과 창조성이 필요하다. 보통은 시간이 경과하여 오래되고 잘 다듬어진 방을 선호하게 된다.

놀이치료실의 위치

아동은 꽤 시끄럽기 때문에 놀이치료실의 위치가 다른 내담자와 직원에게 방해되지 않는 곳이 좋다. 부모나 다른 아동이 놀이치료실에서 있었던 일을 듣는다면 아동의 사생활을 침범하는 일이 되고, 부모가 불필요하게 아동을 추궁할 수도 있다. 그래서 어떤 이는 놀이치료실에 방음 장치를 하도록 권유하지만 이는 여러 가지 여건상 쉬운 일이 아니다. 아동이 소리치고, 블록을 던지며, 망치를 두들기는 등의 소음이 놀이치료실 밖으로 들려올 때가 있으므로 천장에 방음 타일을 설치하면 소리를 꽤 줄일 수 있다. 그러나 벽에는 설치하지 않는 것이 좋은데, 이는 질감 때문에 아동이 장난하는 것을 막기 위해서다. 또한 수용성 페인트칠이나 통기성이 있는 제품은 피하도록 한다.

놀이치료실을 완전히 고립해 놓는 것은 아마도 비현실적일 것이다. 나는 사설 상담소에서 몇 년간 일한 적이 있는데, 그때 작은 집에 2개의 놀이치료실을 설치하고 아동만의 공간으로 개조한 적이 있었다. 그것은 굉장한 경험이었는데, 아동은 그런 공간을 '작은 집'이라고 표현하였다.

놀이치료실의 크기

방은 대략적으로 3.6×4.5(미터) 크기가 놀이치료의 목적에 가장 일치할 수 있는 크기다. 나는 더 작은 방에서도 일해 보았지만, 14~18.5평방미터 정도가 아동이 달아나지 않는 가장 이상적인 크기인 것 같다. 너무 좁거나 너무 넓은 방은 이러한 목적에 위배된다. 너무 넓은 방은 아동이 멀리 달아날 수 있다. 커다란 방은 치료자가 아동에게 접근할 때 아동이 주도할 기회를 박탈하고, 치료자가 아동을 쫓아다니느라 바쁘기 때문에 바람직하지 않다.

2~3명 정도의 아동이 집단놀이를 하기에 적당한 공간이면 좋다. 만일 더 많은 아동이 있는 경우에도 쉴 공간이나 몇 분 동안만이라도 혼자서 놀기를 원하는 아동을 위해 신체 활동에 방해가 안 되는 범위 내에서 이 정도의 크기가 적절하다. 충분한 공간은 아동 개개인에게 필요하다. 아동이 다른 사람의 놀이를 방해하지 않고 공격하지 않는다는 조건하에 아동 스스로가 활동할 수 있는 공간이 필요하다. 물론 아동이 놀이를 함께 배울 수 있어야 하지만, 놀이치료의 세팅은 정서적

으로 매우 힘든 경험을 한 아동에게도 맞추어져야 하므로 홀로 있을 공간을 제공하는 것도 중요하며, 이것은 심리적으로 재조직하는 데에도 필요하다.

아동은 이와 같이 공간을 요구할 수도 없고, 다른 아동이 자기 스스로 동기화되는 활발한 활동 기간이 필요하다는 것을 알아차리지도 못한다. 너무나 많은 아동을 충분하지 못한 공간에서 치료한다는 것은 치료적 요소에 위배되고, 아동에게 해를 끼치는 일이다. 3~5명 정도의 대집단을 놀이치료하는 경우, 놀이치료실의 크기는 대략 28평방미터 정도가 적당하다.

놀이치료실의 특징

놀이치료실은 문이나 벽에 창문이 없어 비밀이 보장되어야 한다. 창문이 있다면 블라인드를 설치하여야 한다. 창문이 없는 것이 최상의 방법이다.

바닥재는 청소하기 쉽고 내구성이 있는 비닐 장판을 사용하는 것이 좋다. 비닐 장판은 손상될 경우에 쉽고 저렴하게 교체할 수 있기 때문이다. 카펫은 어떤 종류라도 피하는 것이 좋다. 카펫은 더러워지기 쉽고, 한 번 박힌 모래는 밖으로 쓸어 내기도 힘들어 사용하지 않는 것이 좋다. 이젤 밑에는 커다란 크기의 비닐을 깔아 놓는 것이 좋다. 이러한 배려가 없다면 아동이 조심하고 깨끗하게 해야만 하는 부담감이 있다. 카펫도 이와 같은 메시지를 줄 수 있다.

놀이치료실의 벽은 닦을 수 있는 에나멜로 칠하는 것이 좋다. 자극적이고 현란한 색, 또는 너무 어둡고 칙칙한 색 역시 피하는 것이 좋다. 약간 회색빛을 띠는 흰빛의 색이 밝고 기분 좋은 분위기를 자아내므로 적절하다.

경제적 여유가 있다면 일방경과 슈퍼비전 및 교육을 위해 보청 시설이 있으면 좋다. 놀이치료 과정은 일방경을 통해서 녹화할 수 있게 한다. 놀이치료실 안에 비디오카메라를 설치하여 아동을 방해하지 말아야 한다. 놀이치료실 안에 카메라가 있으면 종종 아동이 카메라를 보면서 과장된 연기를 하거나 장난을 치는 경우가 있다. 또한 비싼 카메라를 손상시킬까 봐 걱정하는 치료자의 불안 수준을 높이기 때문에 카메라는 놀이치료실 안에 설치하지 않는 것이 좋다.

일반적으로는 부모가 놀이치료 회기를 지켜보지 않도록 한다. 그런데 가족치료와 같이 부모교육을 위해서 아동을 관찰해야 하는 경우는 예외다. 부모교육을 위해서는 일방경이 가장 적절한데, 부모의 관찰을 통해서 교육 시에 논의되고, 부모가 자녀와 함께 놀이치료실에서 체험한 것을 슈퍼비전 받는 기회가 주어지는 것은 아주 중요한 일이다.

물이 나오는 싱크대가 있으면 좋은데, 이때 더운물은 위험하기 때문에 찬물만 나오게 한다. 싱크대 밑의 온수가 나오는 밸브를 끊어 놓거나 잠가 둔다. 찬물은 반 정도만 나오게 하여 많은 양의 물이 갑자기 밖으로 튀지 않도록 한다. 싱크대 역시 수도꼭지에서 물이 덜 나오면 넘치지 않을 것이다. 이러한 준비는 치료자가 더욱 허용적이도록 도움을 주고, 많은 제한점을 내놓지 않아도 되게 한다.

칠판은 아동 키에 맞게 바닥에서 0.5미터 정도 높이의 벽면에 배치한다. 또한 지우개, 백색과 유색 분필을 비치한다. 새 분필은 되도록 부러뜨려 놓아 아동이 조심해야 한다는 느낌을 가지지 않도록 한다.

유리가 아닌 금속 소재의 거울을 벽에 둔다. 아동은 거울을 자기 표정을 확인하고, 자신을 탐색해 보며, 자신의 가정과 관련된 장면을 연기할 때 사용한다.

전형적인 놀이치료실에는 두 벽면에 놓일 선반이 필요한 경우도 있다. 이는 놀잇감과 놀이도구를 잘 배치하게끔 충분한 공간을 제공해 줄 수 있고, 도구를 지저분하게 쌓아 두지 않고 각 선반 꼭대기에 잘 전시해 놓을 수 있기 때문이다. 튼튼하게 만든 선반은 영구적으로 벽에 딱 붙게 설계해 아동이 그 안으로 기어 들어가도 안전하게끔 만드는 것이 이상적이다. 선반의 높이는 꼭대기가 약 1미터를 넘지 않도록 하여 작은 아동이라도 도움 없이 놀잇감을 꺼낼 수 있도록 한다 ([그림 8-1]).

만일 놀이치료실을 새롭게 만들 기회가 생긴다면, 세면대와 변기가 달린 아주

[그림 8-1] 견고한 선반은 아동 자신이 작고 취약하다고 느껴질 때 숨을 수 있는 최적의 공간이다.

작은 화장실을 만들고, 화장실에는 문을 달아 준다. 이는 화장실에 가기 위해 놀이치료실을 떠나야 하는 문제점을 해소할 수 있다. 과연 아동이 얼마만큼이나 화장실에 들락날락하도록 내버려 두어야 하는지, 그리고 그것이 정말 필요해서 요청하는 것인지 아닌지 하는 치료자의 고민은 해결이 될 것이다. 아동이 화장실에서 보이는 활동은 놀이치료실에서의 활동의 연장이고, 화장실은 치료자에게서 숨거나 한 걸음 물러서는 장소로서, 어른을 완전히 차단하고 감시에서 벗어나는 곳이다.

　놀이치료실에는 단단한 나무나 딱딱한 재질의 아동용 가구를 배치해야 한다. 책상 하나와 의자 3개가 필요한데, 그중 하나는 성인용으로 구입한다. 또한 물감, 진흙, 핑거 페인팅 등을 보관할 수 있는 사물함이 필요하다. 사물함은 싱크대 주변에 비치한다.

놀이치료를 위한 그 밖의 다른 장소

바람직하고 완벽하게 갖추어진 놀이치료실이라 할지라도 아동 자신을 표현하는 데는 완전하지 못하다. 나는 놀이치료를 위한 공간이 없다는 변명을 절대 받아들이지 않는다. 중요한 것은 아동이 가장 자연스러운 의사소통 유형을 선택할 기회를 제공받는다는 것이다. 어떤 아동은 두 가지 유형을 조화롭게 사용하는데, 그것은 놀이와 언어화다. 어떤 것을 선택하든지 허용되어 있기 때문에 아동이 스스로 방향을 정해 놓고 자신의 일에 책임을 질 수 있도록 하는 것이 치료적 과업이다.

텍사스 서부에 있는 창작초등학교의 한 상담교사는 학교 버스의 뒤쪽을 놀이치료실로 개조하였다. 그리고 앞쪽을 안내실로 구분 지었다. 이 버스로 한 주에 한 번씩 각 학교를 다니면서 버스를 주차장에 주차한 채로 놀이치료를 시행하였다.

개인 사무실과 사설기관에 있는 많은 치료자가 공간이 충분하다면 자신의 사무실 모퉁이 중 한 곳을 놀이치료실로 사용하는 것도 꽤 효과적이다. 한 학교 이상을 다니면서 초등학교에서 상담을 하고 있는 치료자는 다른 선생님과 함께 사용하는 사무실을 나누어 '작은 방' 하나를 가지고 있다. 놀이치료를 하는 동안 사용하고 있지 않은 정규 교실, 작업실, 양호실, 간이음식점의 한 코너를 사용하기도 한다. 한 초등학교 치료자가 획기적으로 도서실 안의 책을 치운 다음 이러한 공간을 꾸몄는데, 학기 초에는 다시 구분을 하였다. 그 치료자가 텅 빈 책꽂이에 놀잇감과 놀이도구를 가지런히 정리하여 아동은 바닥과 선반에서 번갈아 가며 놀 수 있었다. 다른 치료자는 학교운동장 옆에 인접해 있는 교회를 이용하고, 또 다른 치료자는 강당이나 간이음식점의 무대를 이용하여 만족할 만한 결과를 얻었다고 하였다. 이러한 곳은 흔히 사용하는 곳은 아닌데, 무대의 한 부분이나 무대 뒤를 이용할 때는 커튼을 이용하여 좀 더 비밀을 보장해 주어야 한다.

간이음식점이나 교실과 같은 곳에서는 의자나 책상을 사용하여 놀이 영역의 신체적 한계점을 표시해 둠으로써 아동이 방 전체를 어슬렁거리며 방황하고 다니지 않도록 하는 것이 좋다. 치료적 관계의 발전은 이러한 조건에서는 거의 불가능하다. 이러한 곳에서는 치료자가 좀 더 엄격한 제한을 설정해야만 한다. 놀이치료를 하는 곳이 어디든지 간에 비밀이 보장되도록 모든 노력을 기울여야 한다. 완전한 비밀보장이 어렵다면, 아동은 아마 타인에게서 듣고 본 것을 알리는 정도밖에 되지 않을 것이다.

이러한 개조된 장소에서는 치료자가 책상 밑이나 코너, 서랍, 상자나 가방 안에 놀잇감과 놀이도구를 보관하여 아동이 필요에 따라 선택할 수 있게 한다. 놀이도구는 상담을 시작하기 바로 전에 책상 한 모퉁이, 의자 시트, 바닥에 가지런히 놓을 수도 있다. 커튼이 달려 있는 책장이나 문이 있는 진열장은 소꿉놀이를 할 수 있는 최적의 장소다. 각 회기에 앞서서 놀이도구 진열을 개방하는 것은 아동이 좀 더 편안하게 놀이에 참여하도록 도와주고, 아동에게 "이건 너를 위한 거야."라고 말해 주어 허용감을 전달해야 한다.

합리적인 놀잇감과 놀이도구 선택

이번 장의 목표는 치료자가 놀잇감과 놀이도구를 선택할 때, 아동이 감정을 표현하고, 관계를 탐구하며, 자신을 이해할 수 있도록 하는 몇 가지 지침을 소개하는 것이다.

몇 가지 고려해야 할 일반적인 지침은 놀잇감은 내구성이 있고, '조심해.'라기보다는 '놀이할 때 잘 살펴보아라.'라는 메시지로 대화할 수 있어야 한다. 아동이 표현의 매개체로 놀잇감과 놀이도구를 선택하도록 다양하게 제공해야만 한다. 놀잇감은 설명이 필요하지 않다. 기억하라. 사람이 사용한 첫 번째 놀잇감은 막대기와 돌이었다. 연령에 적절하고, 복잡하지 않으며, 기계적이지 않은 놀잇감이 아동이 자신을 표현하고자 할 때 쉽게 좌절감을 느끼지 않게 한다. 놀잇감은 아동이 치료자의 도움 없이도 다룰 수 있어야 한다. 놀이치료를 필요로 하는 많은 아동은 이미 의존적인 경향이 있으므로 이러한 행동이 강화되지 않아야 한다. 따라서 아동 혼자서도 조작할 수 있는 놀잇감을 선택해야 한다. 게임은 대부분 이러한 기준에 맞지 않고, 치료자의 직접적인 개입을 필요로 하며, 치료자가 주로 경쟁자의 역할을 하여야 한다. 그래서 치료자는 종종 게임에서 이기거나 아니면 아동이 이기도록 해 주는 등 거짓으로 하는 경우가 있다. 아동은 치료자의 이러한 역할을 빨리 눈치채게 되고, 그래서 긍정적인 자존심을 발달시키는 데 너무나 중요한 만족감을 얻지 못하게 된다. 비경쟁 게임은 더 나이 든 아동에게는 꽤 용이하게 작용할 수 있다.

놀잇감과 놀이도구의 선택은 합리적인 기준하에서 잘 이루어져야 한다. 아동의 발달 수준을 인지하고, 그들이 놀이와 활동을 통해 자신을 자연스럽게 표현할 수 있게끔 하여야 한다. 앞서 언급한 바와 같이 놀잇감은 아동의 세계이고, 놀이는 그들의 언어다. 그러므로 놀잇감과 놀이도구(세계)는 폭넓은 놀이 활동(언어) 영역을 제공해 주어 아동의 표현을 촉진하는 것으로 선택되어야만 한다. 아동은 자신의 감정과 반응을 놀이를 통해 좀 더 충분히 표현할 수 있게 되므로 놀이치료에서 선택된 놀잇감과 놀이도구는 치료적으로 중요한 가치를 지니게 된다. 다음은 놀잇감과 놀이도구를 선택할 때 중요한 평가적 기준이 되는 사항이다.

1. 폭넓은 창의적 표현을 촉진하는 것
2. 폭넓은 정서적 표현을 촉진하는 것
3. 아동의 흥미를 일으키는 것
4. 표현이 가능하고, 탐색적인 놀이를 촉진시키는 것
5. 언어화되지 않아도 탐색과 표현이 가능한 것
6. 미리 정해진 구조 없이도 성공할 수 있는 것
7. 확실하지 않은 애매한 놀이도 가능한 것
8. 활동적인 놀이에도 사용할 만큼 튼튼한 것

놀잇감과 놀이도구는 아동의 의사소통 과정의 한 부분이기 때문에 주의 깊은 관심과 적절한 항목에 의해 선택되어야 한다. 이 규칙은 모은다기보다는 선택하는 것이다. 닥치는 대로 수집된 놀잇감과 놀이도구가 갖추어진 놀이 영역과 놀이 치료실은 놀이치료 과정에서 실패를 초래하기가 쉽다.

> **기본 규칙**
> 놀잇감과 놀이도구는 수집되는 것이 아니라 선택되어야 한다.

놀잇감과 놀이도구는 첫째, 놀이치료의 목적을 성취하는 데 기여하는 것으로, 둘째, 놀이치료의 이론적인 근거와 일치하는 범위 내에서 주의 깊게 선택되어야 한다. 모든 놀이도구가 아동이 자신의 욕구, 감정, 경험을 자동적으로 표현하도록 촉진시키는 것은 아니다. 기계적·전자적 놀잇감이나 전자 게임은 놀이치료에 적합하지 않다. 전자 게임은 아동의 창조성과 관계의 발전에 도움이 되지 않는다. 또한 게임은 이미 짜인 내용이라 상징적인 놀이가 불가능하다. 물건은 아동이 정한 방식대로 사용되어야 한다.

아동이 놀이에 사용하는 놀잇감과 놀이도구는 아동의 개인적인 세계와 소통하게 해 준다. 그러므로 놀이치료에서 놀잇감과 놀이도구는 일곱 가지 필수 요건을 용이하게 하는 것으로 선택되어야 한다. 즉, 아동과 긍정적인 관계 형성, 폭넓은 감정 표현, 실생활 경험 탐색, 제한점에 대한 현실 검증, 긍정적인 자기상 발달, 자기 이해 발달, 자기 조절을 발달시킬 기회를 제공하는 것이어야 한다.

아동과 긍정적인 관계 형성

치료자와 아동 간의 관계는 치료자가 아동의 의사소통을 이해하고, 아동이 의사소통을 자유롭게 할 수 있는 환경을 창조하는 능력을 바탕으로 하고 있다. 놀잇감을 선택하는 것은 치료자에게는 아동에 대한 분명한 이해를 증진시키고, 아동에게는 분명한 의사소통을 이루기 위한 실제 생활의 주제, 공격성, 창조적인 표현을 놀이로 나타내게 해 준다. 그러므로 아동의 가족 구성원을 나타내는 가족 인형은 동일시가 잘되지 않는 대상을 가지고 표현하기보다는 치료자가 아동을 더욱 잘 이해할 수 있도록 아동이 가족 인형을 가지고 장면을 창조할 기회를 제공해야 한다.

아동의 의사소통의 의미를 이해하기 위한 치료적 관계의 중요성과 치료자가 아동놀이의 의미를 좀 더 쉽게 이해하기 위해 적절한 놀잇감을 선택하는 방법의 중요성은 다음 기노트(Ginott, 1994)의 예에서 적절하게 나타난다.

> 아동은 종종 엄마, 아빠, 형제를 나타내는 인형을 사용하여 가족 간의 주제를 표현한다. 이러한 인형이 없을 때, 아동은 나무로 만든 크고 작은 블록을 가지고 가족 간의 주제를 상징적으로 표현한다. 하지만 치료자가 메시지의 정확한 의미를 놓칠 수도 있다. 2개의 블록을 맞대고 두들기면서 엉덩이를 두드리는 것과 성교를 표현하는 것은 소음에 대한 치료자의 인내를 시험하는 것일 수도 있다. 연필깎이에 연필을 끼워 넣는 것이 성교를 표현하는 것일 수도 있지만 단순히 연필을 깎으려고 하는 것일 수도 있다. 하지만 아빠 인형이 엄마 인형 위에 올라서 있을 때, 치료자가 잘못 해석할 여지는 적다. 아동의 경우, 연필과 인형은 표현의 의미로서 동등하게 필요한 것이다. 하지만 치료자에게는 그렇지가 않다. 가족 인형이 있음으로 해서 치료자가 아동을 이해하는 데 많은 도움을 줄 수 있게 된다(p. 54).

폭넓은 감정 표현

손 인형과 같은 놀잇감은 폭넓은 감정 표현을 하는 데 도움을 준다. 감정을 쉽게 표현하도록 도와주는 놀잇감을 선택하는 것은 아동 내부에서 올라오는 욕구가 있을 때 그러한 감정의 표현을 용이하게 한다. 내부에서 솟구치는 특별한 감정 표현에 대한 욕구가 없다면 아동은 그 영역에서 방해를 받게 된다. 손 인형의 특징은 감정을 표현하도록 하는 것이기 때문에, 손 인형은 두려움 없이 감정을 표현하는 안전한 길을 제공한다. 드물지만 몇몇 보드게임은 폭넓은 감정 표현과 현실 경험의 탐구와 한계에 도전하는 것을 가능하게 한다. 어떤 종류의 보드게임이 성폭력과 테러를 표출시킬 수 있을까?

실생활 경험 탐색

치료에 대한 욕구를 불러일으키는 것은 실생활의 경험이다. 그렇기 때문에 실생활 경험의 표현은 아동이나 성인의 모든 치료에서 필수적인 요소다. 의료기구와 같은 놀잇감의 선택은 생활 상황에서 자기 통제감을 발달시키고 내적 균형을 증진시킨다. 아동이 놀이에서 실생활 경험을 표현하고 이것이 치료자에 의해 이해되고 수용될 때, 실생활 경험은 조절 가능하도록 잘 정리된다.

제한점에 대한 현실 검증

다트와 같은 놀잇감은 아동의 공격성을 표출하게 하고, 허용되는 것과 되지 않는 것의 한계를 검증해 볼 수 있는 기회를 제공해 준다. 놀이치료 과정에서 아동은 한계의 선을 어디에 놓아야 하는지를 배울 수 있다. 제한점의 검증은 치료자와의 관계에서 아동에게 한계점이 어디인지를 발견하도록 해 준다. 또한 어떤 점은 상상이라는 것을 알게 되는 현실 경험이다. 제한이 검증될 때 억눌린 감정이 활기차게 표현될 수 있다.

긍정적인 자기상 발달

놀이치료가 필요한 많은 아동은 부정적인 자기상을 가지고 있다. 쉽게 익히고 조작할 수 있는 찰흙, 크레파스, 블록과 같은 놀잇감과 놀이도구를 제공하는 것은 아동이 '나 혼자서도 할 수 있어. 나는 잘할 수 있어.'라는 감정을 느끼도록 하는 데 필요하다. 이러한 감정은 아동의 삶 전반에 일반화되게 된다. 복잡하고 기계적인 놀잇감은 완성하기가 어렵고 낮은 자기 개념을 더 낮추게 된다.

자기 이해 발달

자기 이해는 허용적인 관계 형성을 맺도록 하는 치료자와의 상호 작용을 통해 이루어지는데, 아동은 그 속에서 안정되었다고 느껴 감정을 표현하게 된다. 이러한 감정의 대부분은 종종 부정적인 감정인데, 아동은 부정적인 감정을 표현하면서 치료자의 수용 감정을 경험하고, 이를 처음으로 자신의 세계로 소화시키며, 그를 통해 자신을 좀 더 이해하게 된다. 펀치백 인형과 같은 놀잇감과 놀이도구의 다양성은 폭넓은 감정을 표현하는 데 용이하고, 자기 이해를 가져오게 된다.

자기 조절의 발달 기회 제공

자기 조절의 발달은 아동이 성인의 지도나 개입 없이도 스스로 선택하고 결정할 수 있는 책임감에서 성장하게 된다. 모래는 자기 조절을 발달시키고, 제한을 설정할 충분한 기회를 제공하며, 감정을 표현하도록 하는 탁월한 매개체 역할을 한다.

놀잇감의 범주

이 장에서는 놀잇감과 놀이도구의 중요성에 대해서 언급하고 있지만, 그것이 치료적인 관계 형성에서 첫 번째로 중요하다는 것은 아니다. 정서적인 분위기는 치료자의 성격, 치료자와 아동 간의 자발적인 상호 작용, 치료자 태도의 결과로 발달된다. 그러므로 이것을 대신할 만한 것은 아무것도 없다. 하지만 놀잇감과 놀이도구는 치료자와의 상호 작용 및 아동에 의한 감정의 종류와 정도를 결정하거나 구조화한다. 따라서 주의 깊은 관심을 가지고 선택하여야 한다.

놀잇감의 구조와 디자인의 본질을 볼 때, 몇몇 놀잇감과 놀이도구는 어느 정도까지는 아동의 행동을 구조화하고 다른 것보다는 좀 더 많은 행동을 유도해 내는 경향이 있다. 크레파스와 물감은 그림을 그리거나 색칠하도록 한다. 모래는 파거나 묻는 행동을 유도한다. 놀잇감의 특징에 기초한 놀이는 아동이 창조적이기에는 충분히 안전하다고 느끼지 못하는 놀이치료 초기 단계에서 나타나기 쉽다.

여기에서는 놀이치료자에게 아동이 탐색하고 표현하는 데 용이하게끔 다양하게 구조화되고, 비구조화된 놀잇감과 놀이도구를 선택하도록 하는 지침서를 제공하려고 하였다. 놀이치료에 대한 적절한 놀잇감과 놀이도구는 다음의 세 가지 광범위한 범주 안에서 분류할 수 있다.

실생활 놀잇감

가족 인형, 인형 집, 손 인형, 얼굴 형상이 그려져 있지 않은 인형은 아동생활의 가족 구성원을 대표할 수 있어서 아동이 직접적인 감정 표현을 하는 데 도움을 준다. 분노, 두려움, 형제간의 경쟁, 위기, 가족 갈등 등을 사람 인형을 통해 직접적으로 표현할 수 있다. 차, 트럭, 배, 금전 등록기는 저항, 근심, 부끄럽거나 위축된 아동에게 특히 중요하다. 왜냐하면 그들은 어떠한 감정을 드러내 보이지 않고 애매한 방법으로 놀기 때문이다. 아동은 준비가 되어 있을 때, 자신의 감정을 충분하고 개방적으로 표현하게끔 도와주는 놀이 매체를 선택할 것이다. 치료자가 준비되었거나 어떤 감정 표현을 원하는지는 중요하지 않다. 결코 아동은 표현하는 감정이나 토의할 주제에 대해 압력받지 말아야 한다. 아동이 안전하다고 느낄 때 그 경험이 수용될 것이고, 치료자를 신뢰하게 되었다는 것을 알 때 감정

[**그림 8-2**] 실생활 놀잇감은 아동이 경험은 했지만 언어로 표현할 수 없는 일과 사건을 놀이로
나타낼 수 있는 기회를 제공한다.

은 자발적으로 표현될 것이다([그림 8-2]).

금전 등록기는 아동이 열쇠를 조작하고 수를 셈으로써 아동에게 조절감을 제
공한다. 자동차나 트럭은 방을 탐색하고 돌아다니기 위한 구실을 제공한다. 이것
은 또한 치료자에게 접근하는 안전한 방법이 된다. 아동이 신체적으로 가까워질
때, '치료자는 하고 싶은 것을 찾아내게 되는 것'이다. 놀이치료실에서 아동이
왜 그렇게 많은 일을 하는지, 그리고 치료자가 이러한 가능성이 있는 동기에 대
해 왜 민감해야 되는지가 나타난다. '칠판에 낙서하지 마라.'는 규칙이 있는 학
급에서 생활한 아동의 경우, 놀이치료실에 있는 칠판은 아동에게 허용성을 전달
한다. 치료자가 아동의 외적인 안전한 행동을 기대하는 전형적인 성인이 아니라
아동의 내적 사람과 접촉한다면 이러한 허용적인 분위기는 중요하다.

공격성을 표출할 수 있는 놀잇감

놀이치료에서 아동은 종종 언어적으로 표현할 수 없는 강한 억눌린 감정을 가지고 있다. 펀치백, 장난감 군인, 악어 손 인형, 총, 고무 칼은 분노, 적개심, 좌절을 표현하는 아동에게 사용된다.

특히 펀치백 같은 공격성 놀잇감을 놀이치료실에서 사용하는 것은 펀치백이 아동의 공격적 행동을 일으킨다고 믿는 일부 놀이치료자의 걱정과 논란 속에 있다. 그러한 관점은 적절한 경계 안에서 무생물 대상에게 공격성을 표출하도록 허용하면서 행동보다 아동의 감정과 욕구에 초점을 맞추는 아동중심 놀이치료의 과정에 대한 이해 부족 때문에 등장하였다. 아동이 공격적 행동을 나타낼 때 중요한 요소는 아동의 감정을 이해하는 데 먼저 초점을 맞추는 치료적 제한 설정의 사용이다. 이처럼 관계를 중요하게 여기며, 이해와 수용받는 경험 안에서 아동은 내적으로 깊게 묻혀 있던 분노의 감정을 놀이로 표현하게 된다. 아동은 분노를 표현한 놀이 과정을 통해 그 감정을 해소한다. 그리고 아동은 치료적 제한 설정을 통해 이러한 감정을 더욱 성숙하게 충족하면서 수용 가능하고 자기 자신에게 힘을 줄 수 있는 방식으로 표현하며, 조절하고, 대처하는 것을 배우게 된다. 행동으로 표출해야 할 필요성을 감소시키고 공격적 행동의 표출 감소를 촉진하는 치료적 영역은 제한을 깨뜨리고자 하는 아동의 소망과 공격성 혹은 분노의 감정이 일어남을 치료자가 수용하는 것이다. 이러한 변화는 자기 조절의 발달과 관련될 수 있다.

노스텍사스 대학교(University of North Texas) 놀이치료센터에서의 경험과 아동의 놀이치료 회기에 대한 연구는 펀치백이 공격성을 일으킨다는 관점에 대해 반박한다. 20명의 아동을 대상으로 205개의 놀이치료 회기를 분석한 사례 기록 연구는 205회기 중 65%가 아동이 펀치백으로 놀지 않았음을 발견하였다. 펀치백으로 한 공격성 놀이는 회기 중 22%로 보고되었다. 양육놀이는 회기 중 11%였고, 펀치백으로 놀았지만 애매한 유형의 놀이는 회기 중 0.05%로 보고되었다

(Trotter, Eshelman, & Landreth, 2004). 이러한 발견은 스미스(Smith, 2002)의 관찰연구와 일맥상통한다. 12명을 대상으로 한 그의 놀이치료 연구에서 펀치백은 거의 사용되지 않았다. 놀이치료실에서 아동이 놀잇감과 놀이도구를 사용하는 방식은 일반적으로 놀잇감과 놀이도구의 디자인보다는 그들의 개인적 욕구에 따른다.

모든 놀이치료는 아동이 파괴하는 경험을 할 수 있어야 한다. 달걀 곽이 유용하게 쓰일 수 있다. 아동은 쿵쿵거리고, 자르며, 찢고, 칠하는 등의 표현을 할 수 있다. 아이스크림 나무 막대를 두 조각으로 부러뜨릴 수 있고, 찰흙을 공격적으로 찌를 수 있다. 공격적인 아동은 자기 향상에 도움이 되는 긍정적인 감정으로 옮겨 갈 수 있고, 놀이치료실의 수용적인 환경에서 만족할 정도로 공격적인 감정을 발산할 기회를 경험한다. 아동이 상징적으로 쏘고, 묻으며, 물고, 때리며, 찌르는 표현은 놀이치료실에서 수용될 수 있다.

놀이치료실에서 표현되는 강렬한 분노와 공격적인 감정은 때때로 초보 놀이치료자를 불안하게 할 수도 있다. 이러한 상황에서 치료자는 자신의 서툴고 불안한 감정에서 자신을 보호하고자 하는 개인의 욕구를 알아차려야 한다. 그리고 아동의 표현을 방해하는 행동을 참아 내야만 한다. 하지만 그때 아동의 행동에 대한 제한점을 몇 가지 설정할 필요가 있는데, 아동이 온 방에 모래를 뿌리는 행동을 예로 들 수 있다. 아동은 말판을 두들기거나 나무에 못을 박는 행동을 하면서 감정을 발산시키고, 또 동시에 집중도를 높이기 위해 에너지와 흥미를 이용한다.

야생동물을 표현하는 동물 놀잇감 또한 포함되어야 한다. 왜냐하면 초기 치료 단계의 아동은 인형을 통해서도 공격적인 감정을 표출하지 못하기 때문이다. 예를 들어, 이러한 아동은 아빠 인형을 때리는 것이 아니라 사자 인형을 때린다. 어떤 아동은 자신의 공격성을 악어 손 인형을 물고, 씹으며, 깨무는 것으로써 표현할 것이다. 찰흙은 두 가지 범주, 즉 창의적이고 공격적인 면을 다룰 수 있는 도구다. 아동은 찰흙을 두들기고, 던지며, 주무르고, 온 정성을 다해 펴 보기도 하며, 힘 있게 찢어 보기도 한다. 또한 찰흙은 아동이 놀이에서 여러 가지 형상을 창조하는 데 사용할 수도 있다.

창의적 표현과 정서적 해소를 위한 놀잇감

　모래와 물([그림 8-3])은 비구조화된 놀이 매체로 아동이 가장 잘 사용하는 것이다. 물이 놀이치료실 도구 중에서 가장 치료적인 것이라고 할지라도 놀이치료에서는 찾기가 쉽지 않다. 치료자가 더럽고 어지럽혀져 있는 것을 참기 힘들어하고, 놀이치료실을 산뜻하고 깨끗하게 유지하기 위해서 물과 모래가 없는 경우가 대부분이다. 이는 아마도 청소 문제 때문에 꺼리게 되는 부분일 것이다. 하지만 물과 모래를 소량만 담을 수 있는 양동이나 개수통을 준비하여 여기에서만 사용하도록 적절한 제한 설정을 해 두면 되기 때문에 이러한 이유는 타당하지가 않다. 모래와 물은 비구조물이므로 무엇이든지 만들 수 있다. 달의 표면, 모래 늪, 해변, 무언가를 깨끗하게 치우는 용도 등 만들지 못하는 것이 없다. 모래와 물을

[그림 8-3] 모래는 아동이 원하는 무엇이든 될 수 있다. 달의 표면, 모래 늪, 해변, 깨끗하게 치우는 용도 등 제한적이지 않다.

가지고 노는 방법에는 옳고 그른 것이 없다. 그렇기 때문에 아동은 성공을 확신하고, 만족감을 경험할 수 있다. 이것은 특히 수줍어하거나 위축된 아동에게 도움이 된다.

블록은 집도 될 수 있고, 던지며, 쌓고, 발로 찰 수도 있다. 아동의 건설하고, 파괴하고 싶은 감정을 탐색할 수 있다. 물과 모래로 놀이할 때에는 올바른 방식이 없기 때문에 아동은 만족감을 느낄 수 있다. 이젤에 그림을 그리는 것은 아동에게 창의적인 표현을 하게 하고, 지저분하게 하기도 하며, 마치 화장실에서의 장면을 연출하기 위해 그것을 문지르고 더럽히는 것처럼 여러 종류의 감정을 표현하게 한다([그림 8-4]).

[그림 8-4] 화판 작업은 창조적인 것, 지저분한 것, 화장실 장면을 상상하기, 마구 문지르기, 감정 표현하기를 가능하게 한다.

토트백 놀이치료실

아동이 언어로 의사소통할 수 있는 수준이 될 때까지 자신과 자신의 감정의 내적 세계를 충분히 표현하고, 탐색하도록 허용하며, 그 과정에 이용할 수 있도록 놀잇감과 놀이도구를 주의 깊게 선택해야 한다. 나는 한정된 수의 놀잇감과 놀이도구를 가지고 아동이 자신의 폭넓은 감정과 메시지를 전달할 수 있게 하였다. 두 번째로, 놀이치료를 변경하여 활용할 때는 놀잇감과 놀이도구의 선택 시 크기와 휴대성을 고려해야 한다.

다음에 나오는 놀잇감과 놀이도구는 놀이치료에서 요구되는 최소한의 도구이고, 폭넓은 감정 표현을 돕기 위해서는 이러한 것을 추천할 만하다. 놀잇감을 놀이치료실 구석이나 선반 안에 자유자재로 꺼낼 수 있게끔 보관하거나 이런 놀잇감을 넣은 휴대가 간편한 토트백을 사용할 수 있다.

공격성을 나타내는 손 인형(악어, 늑대, 용)

밴드

몸을 굽힐 수 있는 가족 인형

몸을 굽힐 수 있는 얼굴 없는 인형

무딘 가위

액세서리

무명 끈

크레파스(8개)

다트 총

인형

인형 집(종이상자를 사용하여 상자 뚜껑 안쪽에 방을 표시하는 선 그리기, 놀잇감을 놓기 위해 2개의 상자 준비하기)

인형 집 가구(최소한 침대, 부엌, 욕조는 구비)

수갑

만화 주인공 가면

의료 마스크(흰 먼지가 묻은 마스크)

공(탕탕 튀기는 고무공)

신문

젖병(플라스틱)

파이프 청소기

찰흙

아이스크림 나무 막대

고무 칼

작은 비행기

작은 차

숟가락(날카로운 면이 있어 포크는 피하기)

전화기(2대)

장난감 군인(20개)

투명 접착테이프

2개의 놀잇감 접시와 컵(플라스틱이나 양철)

보관 장소가 있다면 오뚝이처럼 일어나는 비닐 펀치백을 두는 것이 특별한 이점이 될 것이다. 어느 정도의 모래를 담을 수 있는 개수통 크기의 플라스틱 보관함은 영구적으로 사용할 수 있다. 정리하는 데 문제가 된다면, 모래 대체물로 쌀을 사용하기도 한다. 2.5센티미터 정도 되는 통에 물을 담아 두는 것도 많은 도움이 된다.

놀이치료실에 추천할 만한 놀잇감과 놀이도구

다음의 놀잇감과 놀이도구는 노스텍사스 대학교에 있는 놀이치료실에서 사용되고 있는 것으로, 아동의 감정 표현을 촉진하는 데 도움이 된다. 이 목록은 수년간의 연구 결과로 필요 없는 항목은 버리고, 또 아동의 다양한 감정을 표현하는 데 도움을 줄 수 있는 여러 가지를 첨가하여 만든 것이다.

공(큰 것, 작은 것)

바비 인형

무딘 가위

빗자루와 쓰레받기

시리얼 상자

색분필, 지우개

크레파스, 연필, 종이

다트 총

그릇(플라스틱이나 금속)

인형 침대, 옷, 담요

인형 집(마루가 보이는 집)

정장

달걀상자

무독성 마커

몸을 굽힐 수 있는 얼굴 없는 인형

손 인형(의사, 간호사, 경찰, 엄마,
　아빠, 언니, 오빠, 아기, 악어, 늑대)

가면

밴드

몸을 굽힐 수 있는 가족 인형

보보 인형

블록 쌓기(다른 모양과 크기)

칠판, 분필

판지(여러 색깔)

심벌즈

공룡, 상어

개수통

인형 가구(단단한 나무)

인형, 아기 옷

드럼

빈 과일 또는 야채 깡통

손전등

수갑

모자: 소방수 모자, 경찰모, 작은 왕관,
　왕관

의료 세트

의료 마스크(하얀색 마스크)	젖병(플라스틱)
고무 젖꼭지	물감, 화판, 붓, 신문지
물 주전자	장난감 카메라
장난감 돈과 계산기	항아리, 팬, 은 식기
망치	인형 극장
지갑과 보석	낡은 수건
냉장고(나무)	밧줄
고무 칼	고무 뱀, 악어
모래상자, 삽, 깔때기, 거름 체, 양동이	통학버스
비누, 칫솔, 빗	거미와 곤충
스펀지와 수건	난로(나무)
여러 동물(2~3개)	전화기(2대)
팅커토이(조립식 장난감)	휴지
치과용 혀 누르는 기구, 아이스크림	군인과 군대 장비
나무 막대	투명 테이프와 무독성 풀
소리 나는 총	수채화 물감
장난감 시계	동물원 동물과 농장 동물 가족
트럭, 차, 비행기, 트랙터, 보트, 구급차	실로폰

　놀이치료자는 항상 놀잇감 선택 과정에서 다양성과 문화적 이슈를 민감하게 고려해야 한다. 이러한 많은 놀잇감과 놀이도구는 아동이 다 자라서 놀잇감이 필요 없는 자녀를 둔 부모에게 기증받거나 물물 교환하는 곳에서 싼 값으로 얻을 수 있다. 지역사회기관에서 근무하는 치료자는 그들이 필요로 하는 놀잇감과 놀이도구를 재정적으로 지원받을 수 있다. 초등학교 치료자는 PTA라는 조직에서 도와주어 매년 놀이도구를 지원받을 수 있다. 앞의 목록은 아동이 자라서 필요 없게 된 물품을 기부하도록 교사의 휴게실에 게시될 수 있다. 이것은 상담자가

놀이치료 프로그램에 대하여 교사 회의에서 설명한 후 실행해야만 한다. 많은 놀잇감의 항목은 '모아지는 것'이기 때문에 놀이치료에 필요한 놀잇감만을 선별하는 작업이 필요하다.

선반 위에 조직된 방식으로 놀잇감을 놓는 것은 질서와 안정감의 시각적 그림을 지속적으로 보여 주고 아동의 탐색과 창조성을 촉진한다. 그러나 세탁물 바구니에 놀잇감을 함께 모아 두고, 그것을 놀이치료실 주변에 흩어 놓는 것 혹은 많은 놀잇감을 담기 위해 선반 위에 플라스틱 보관함을 사용하는 것은 표현의 치료적 과정을 방해하고 혼란을 준다. 조심스럽거나 부정적인 자기 개념을 가진 아동은 바구니 안에 무엇이 있는지 찾으려고 놀잇감이 가득 든 바구니를 뒤질 만큼 충분히 안전감을 느끼지 못한다. 나의 경험상 그러한 놀이치료실은 놀잇감을 담기 위한 바구니와 보관함이 너무 많다. 10개의 작은 자동차와 12개의 많은 놀잇감은 필요하지 않다. 2~3개의 비슷한 놀잇감이 있는 것이 일반적이다.

특별히 고려해야 할 점

성공적인 퍼즐 맞추기는 좌절, 인내, 적절감의 발달을 촉진시킬 수 있지만 한 조각이라도 없다면 놀이가 진행되지 못하므로 구비하지 않는 것이 좋다. 놀이치료실에서는 아동이 삶에서 끊임없이 부정적인 경험을 하지 않도록 해야 한다. 부적절감으로 고통을 받고 있고, 과업을 수행하는 데 어려움을 겪고 있는 아동은 성공을 경험할 수 있고, 만족감을 얻을 수 있어야 한다.

아동의 이야기책은 다른 세팅에서는 매우 추천되지만 놀이치료실에서는 아동의 경험을 표현하도록 촉진하지 않기 때문에 사용하지 않는다. 책은 주요한 방해요인이 될 수 있고, 아동이 그림을 보거나 읽는 데 오랜 시간 동안 앉아 있도록 한다. 종종 아동은 치료자에게 책을 읽어 달라고 요구할 것이다. 이것은 놀이치료실에서 치료자의 관습적인 역할을 없애고, 아동에서 치료자로 초점을 이동시키며, 치료자가 주도권을 가지도록 한다.

레고 형태의 조립식 놀잇감은 너무 많은 조각을 가지고 있기 때문에 사용하지 않는 것이 좋다. 작은 크기의 레고 상자조차도 100~200개의 조각을 가지고 있다. 모든 조각을 찾아 그것을 다시 보관함에 담는 것은 치료자에게 정말 어려운 일일 수 있다. 이미 스트레스를 받아 피곤한 놀이치료자의 인내와 수용은 아동이 200개의 작은 조각을 포함한 레고 상자를 선택했을 때, 그리고 매우 신이 난 아동이 놀이치료실 구석으로 200개의 조각을 내던질 때 심각하게 시험받을 수 있다. 치료자는 200개의 작은 레고 조각을 찾는 일에 맞닥뜨렸을 때, 마음속으로 신음할 것이다.

아동은 놀이치료실에 음식물을 가져오는 것이 허용되지 않는다. 음식물은 집중을 방해하기 때문이다. 부모는 아동이 놀이치료실에 음식물을 가져오기 전에 음식물을 다 먹게 하도록 안내를 받는다. 치료자가 대기실에서 아동이 주스를 마시고 있는 것을 본다면, 다음과 같이 말할 수 있다. "네가 주스를 마시는 것처럼 보이는구나. 주스는 이 방에 있어야 한단다. 너는 우리가 놀이치료실로 갈 때, 주스를 거기에(가리키면서) 두고 올 수 있어. 그것은 우리가 다시 돌아왔을 때, 거기에 있을 거야."

부서진 놀잇감은 치워 두어야 한다. 놀이치료실 내의 놀잇감은 완전해야 하고, 본래 그대로이며, 작동이 되어야 한다. 놀이치료에 의뢰된 많은 아동은 당황하고 좌절된 환경에서 오게 된다. 그러므로 놀이치료실 내의 완전하지 못한 깨진 물건에 대해 아동이 좌절하거나 당황하지 않도록 해야 한다.

수채 물감은 신선함을 유지해야 한다. 굳어 있거나 말라 있지 않아야 한다. 물감은 또한 시큼하고 지독한 냄새가 나지 않도록 주기적으로 교환해 주어야 한다. 수채 물감을 혼합할 때 약간의 중성 세제를 넣어 주면 박테리아를 만들어 냄새가 적게 난다. 중성 세제는 또한 천에 묻은 물감을 쉽게 지워 주는 역할을 하기도 한다. 물감통에 작은 1회용 컵을 끼워 넣으면 청소를 용이하게 해 주고, 물감 교환을 쉽게 할 수 있다. 물감을 엎지르는 것에 대한 예방책으로서 각 컵에 물감을 소량만 넣어 주면 물감이 쏟아져도 쉽게 닦을 수 있다. 아동에게 많은 양의 물감은 필요 없다. 그건 사서 고생하는 것이다.

단단하고 작은 플라스틱 수영장은 좋은 모래상자가 된다. 먼지를 가라앉히기 위해서 모래에 주기적으로 물을 끼얹어 주어야 한다.

아동은 치료자에게서 도망치거나 숨을 장소를 필요로 한다. 인형 극장은 아동이 숨을 수 있도록 해 준다. 몇 가지 항목으로 놀이치료실을 배열할 때, 방 안에 스토브를 배치하는 것을 보면 알 수 있다. 아동은 자신이 그렇게 하는 것이 필요하다고 느낄 때는 치료자의 시각에서 벗어난 스토브의 다른 쪽에서 놀이를 한다. 이러한 치료자에게서의 분리나 거부는 관계 형성에 있어서 자유의 발달이라는 의미로 중요하다.

놀이치료실은 탁아 시설을 위한 장소로 사용되지 말아야 한다. 아동상담을 하지 않는 다른 직원은 부모를 내담자로 보고 상담하는 경우에 놀이치료실을 부모상담 동안에 자녀가 놀 수 있게끔 마련해 준 장소로 보는 경우가 있다. 이러한 규칙은 놀이치료를 하는 아동에게도 적용된다. 놀이치료관계는 특별한 놀이치료실에서 발생하는 특별한 정서적 관계를 뜻한다. 부모가 놀이치료자와 만나는 동안에 놀이치료실에 참여하지 않는 아동이 놀이치료실에 들어가도록 허용하는 것은 중요한 정서적 관계 발달에 좋지 않은 영향을 미친다.

놀이치료실은 깨끗하고, 놀잇감은 상담 과정이 끝난 후에 적당한 위치에 놓여 있어야 한다(청소에 대한 이슈와 태도의 합리적 근거는 제13장을 참고하라.). 놀잇감은 아동의 언어이기 때문에 아동이 표현에 필요한 놀잇감을 찾으러 다니지 않도록 해야 한다. 놀이치료에 오는 아동은 종종 혼란스러운 가족 상황을 경험한다. 만약 놀잇감이 놀이치료실 주변에 어지럽게 놓여 있고, 회기마다 다른 장소에 놓여 있다면, 삶이 항상 혼란스러운 아동의 경험을 놀이치료자가 강화시키는 꼴이된다. 놀이치료실에는 순서와 일관성이 있어야 한다. 이것은 치료적 영역이다.

일관성의 한 부분은 놀잇감이 항상 그들이 배치한 곳에 있다는 것을 뜻한다. 우유병은 때때로 놀이치료실의 한쪽에만 있는 것이 아니라 어떤 때는 정반대 쪽에 있기도 하다. 항목은 항상 그들이 고안한 선반 어딘가에 있어야만 한다. 이러한 것은 놀이치료실이 깔끔하고 깨끗해야 한다는 것을 뜻하지는 않는다. 단지 질서가 있어야 한다는 것이다.

아동은 어딘가에 무엇이 있다는 것을 알고 있을 때 좀 더 안전하게 느낀다. 그것은 놀이치료실과 관계를 맺는 데에도 도움을 줄 것이다. 조직화된 놀이치료실은 환경의 일관성을 촉진하고, 세상이 정돈될 수 있음을 상징하며, 아동의 놀이가 다른 아동이 놀이한 것에 영향을 받지 않도록 한다.

몇몇 직원이 같은 놀이치료실을 사용할 때가 있는데, 이때는 사용하는 모든 사람이 한 달에 한 번씩은 청소를 하는 것이 좋고, 질서 있게 순서대로 재배치하는 것도 잊지 말아야 한다. 그렇게 하지 않으면 놀이치료실은 어수선해져서 치료적인 곳이 아니라 마치 쓰레기장 같은 느낌이 들 것이다.

학교에서의 놀이치료 프로그램의 명칭 제안

어떤 교사, 교장, 부모는 '치료'라는 용어가 정서적인 반작용이라는 점을 고려하여 초등학교 치료자가 놀이치료 프로그램보다는 다른 명칭을 고려하기를 원한다. 학교 장면에서의 놀이치료 프로그램은 놀잇감을 가지고 하는 상담, 놀이를 통한 정서적인 성장, 놀이를 통한 발달적 성장 등 그와 비슷한 명칭을 붙일 수 있다. 초등학교 치료자는 놀이치료라는 용어에 잠재적인 반감을 가지고 있을 수 있다. 아동을 위한 중요한 프로그램이 누군가가 이러한 용어를 반대하기 때문이라는 것에 단순하게 반응해서는 안 된다. 초등학교 치료자는 아동에게 아동이 치료자와 그들의 세계에 대해 의사소통하고자 사용하는 놀잇감과 놀이도구를 제공하여 그것을 잘 표현할 수 있는 가장 좋은 명칭을 개발하도록 한다. 놀이치료를 사용할 때, 초등학교 치료자는 아동의 발달적인 성장을 효과적으로 지원하기 위해 치료자로서의 노력을 다한다. 최대 목표는 교사가 제공하는 것이 아동에게 충분히 유익하게 되도록 돕는 것이다.

참고문헌

Ginott, H. (1994). *Group psychotherapy with children: The theory and practice of play therapy.* Northvale, NJ: Aronson.

Smith, M. (2002). Filial therapy with teachers of deaf and hard of hearing preschool children. (Unpublished doctoral dissertation, University of North Texas, Denton).

Trotter, K., Eshelman, D., & Landreth, G. (2004). Yes, Bobo should be in the playroom! *Association for Play Therapy Newsletter, 23*(2), 25-26.

제9장

관계의 시작: 아동의 시간

세계를 통틀어 이런 곳이 있다는 것을 과연 누가 생각이나 했을까?

＊놀이치료를 받은 한 아동

아동의 시간이란 정말 무엇일까? 이 시간은 아동이 스스로를 안내하고, 시간을 어떻게 활용할 것인가를 결정하는 아주 소중한 시간이며, 관계를 나타낸다. 이 시간에는 아동에게 놀이를 지도하려고 하지 않아도 된다. 이 시간은 아동이 원하는 것을 하는 특별한 시간이다. 아동은 자기가 하고 싶은 것을 천천히 할 수 있으며, 아무도 아동에게 "빨리 해."라고 이야기하지 않는다. 아동은 기분이 좋지 않을 수도 있고, 기분이 나쁜 대로 행동할 수도 있으며, 기분이 안 좋게 보일 수도 있다. 그럴 때에도 어느 누구도 아동에게 "즐거워야 해."라고 말하지 않는다. 아동은 아무것도 하지 않는 상태로 있을 수 있으며, 가만히 있어도 된다. 어느 누구도 아동에게 "어서 해. 무엇이라도 해 봐야지!"라고 하지 않는다. 아동이 크게 소리를 지르고, 시끄럽게 떠들고, 물건을 두들긴다고 해도 아무도 "좀 조용히 해!"라고 하지 않는다. 때때로 아동은 바보처럼 낄낄거리거나 갑자기 큰 소리로 웃어 댈 수도 있다. 그럴 때에도 아무도 아동에게 "네 나이답게 굴어라."라고 말하지 않는다. 또 아동이 어린아이처럼 우유병을 빨 때, 어느 누구도 "넌 젖병을 빨 나이가 아니야."라고 하지 않는다. 아동은 접착제, 풀, 가위를 가지고 우주선을 만들 수 있다. 이때 아무도 "그걸 만들기엔 넌 아직 어려."라고 말하지 않는다. 사실 아동이 완전히 수용되는 가운데 자신의 모든 것을 이 순간에 표현하고 경험할 수 있는 시간과 장소, 관계가 허용되는 경우는 흔한 일이 아니다. 이것이 바로 아동의 시간을 만들어 주는 것이다.

치료자는 아동의 성장이 점진적으로 이루어져야 하며, 아동에게 성장을 강요하거나 재촉해서는 안 된다는 사실을 알고 있어야 한다. 왜냐하면 이 시간은 아동이 마음의 긴장을 풀고 자연스럽게 성장을 이끌어 주며, 특별한 관계로 들어가는 시간이기 때문이다. 놀이치료실 한가운데에 서 있는 다섯 살 난 라파엘은 자신만의 특별한 시간에 대한 느낌을 "내가 여기에서 살 수 있다면." 이라고 표현하였다. 그는 이러한 자신만의 특별한 시간과 장소, 관계의 중요성을 잘 말해 주었다.

관계의 목표

아동중심 놀이치료자는 아동이 잘 수행할 수 있도록 목표를 세우는 것이 아니라 아동과의 치료적 관계의 발달을 촉진하기 위한 목표를 수립해야 한다. 초점은 아동이다. 목표는 아동에게 초점을 맞추고, 아동과의 관계 안에 잘 녹아져 있어야 한다. 다음의 목표는 이러한 목적을 잘 나타내 준다.

아동에게 안전한 분위기 만들어 주기

놀이치료자는 아동이 완벽하게 안전감을 느끼도록 할 수는 없다. 회기를 거듭할수록 점차 아동은 관계를 발달시키는 것을 알게 된다. 또 아동은 어느 정도 제한이 있어야 안전감을 느낄 수 있다. 치료자의 일관성 있는 태도는 안전감을 더욱 증진시킬 수 있다.

아동의 세계를 이해하고 수용하기

아동의 세계를 수용한다는 것은 아동이 놀이치료실에서 무엇을 선택하든지 간에 열정을 가지고 진지하게 관심을 보이는 것으로 나타난다. 수용은 또한 아동의 탐색 속도에 맞추어서 인내심을 가지고 함께 가는 것을 의미한다. 아동을 이해한다는 것은 성인의 관점이 아닌 아동의 시각에서 사물을 보는 것이다.

아동이 정서 세계를 표현하도록 격려하기

놀잇감이 중요하긴 하지만 그것을 가지고 노는 아동의 감정 표현을 보면 이차적인 문제다. 놀이치료에서는 감정에 대해 평가하지 않는다. 아동이 무엇을 느끼든지 간에 비판 없이 있는 그대로 수용되어야 한다.

허용적인 감정 형성하기

이것은 완전히 허용적인 관계를 뜻하는 것은 아니다. 하지만 놀이치료에서 중요한 측면은 아동이 이곳에서 자유로움을 느끼게 하는 것이다. 아동에게 스스로 선택하게 하고, 허용감을 느끼게 한다.

아동 스스로 할 수 있도록 촉진하기

이것은 대부분 결정의 순간에 치료자가 아동을 대신하여 대답하려는 욕구를 참으면서 이루어진다. 어떤 놀잇감을 가지고 놀지, 어떻게 놀지, 어떤 색깔을 사용할지 결정할 기회를 아동에게 주어 책임감이 증진되도록 한다.

아동이 책임감과 자기 조절감을 발달시킬 수 있는 기회 제공하기

실제로 아동의 환경을 항상 조절하기는 불가능하다. 하지만 중요한 변화는 아동이 자신을 조절해야 한다는 것을 스스로 느끼는 것이다. 아동은 놀이치료실에서의 자신의 행동에 대해 책임감을 가질 수 있다. 놀이치료 상황에서 아동 스스로 할 수 있는 것을 놀이치료자가 대신할 때, 아동은 책임감을 배울 기회를 박탈당하게 된다. 자기 조절감은 아동의 일상에 커다란 변화를 가져올 수 있고, 아동의 긍정적 자존감을 발달시킨다. 2,800명의 도시학교 아동을 대상으로 연구한 결과, 학업성취도를 가장 높여 줄 수 있는 것은 환경의 영향이 아니라 아동의 자기 조절감이었다(Segal & Yahraes, 1979).

아동과 접촉하기

대부분의 아동이 자발적으로 놀이치료를 받으러 오지 않기 때문에 아동에게 의미 있는 성인이나 주 양육자가 치료의 필요성을 느끼고 아동을 놀이치료실에 데리고 온다. 그러므로 아동은 치료자 또한 첫 놀이치료 시간에서 아동이 변화되기를 바란다고 생각한다. 결과적으로 아동의 관점에서는 먼저 자신을 보호하고 방어할 필요가 있다고 느낄 때 저항하고, 화내며, 위축된다는 것을 알 수 있다. 아동이 표현하는 어떠한 감정이라도 그 순간의 아동의 상태를 말하는 것이다. 치료자는 이러한 최초의 반응과 감정을 부차적인 것으로 보지 않아야 하며, '아동이 여기에 있는 진정한 이유'와 관련된 과거의 어떤 것으로 보지 않아야 한다. 그것이 아동이다. 그러한 상황에서 아동이 느끼는 것은 무엇이나 그 순간에 아동이 한 인간임을 선언한 것으로 받아들여야 한다.

아동과 정서적 접촉을 하는 과정은 치료자가 아동 앞에 나타났을 때 시작된다. 나는 '아동과 내가 무엇을 할까? 여기서 무엇을 만들어 낼 수 있을까? 이 아동은 무엇을 좋아할까? 이 아동은 무엇을 원하지? 지금 어떻게 느끼고 있을까? 나를 어떻게 인식할까? 이 아동은 내게서 무엇을 필요로 할까?'와 같은 도전을 경험한다. 이럴 때 내 마음에 제일 먼저 떠오르는 것은 '나는 이 아동과의 상호 작용에 있어서 다른 어른처럼 하기는 싫다.'는 것이다. 실제로 그것은 생각으로만 존재하는 것이 아니다. 내가 치료자인 나는 달라야 한다는 진정한 필요성을 느끼고 있기 때문이다. 나는 아동이 물리적인 강요를 받고 너무 **빠르고** 가깝게 아동의 존재가 다가서는 것을 원하지 않는다.

지금 이 아동과 나는 초면이다. '이 아동에게 내 모습은 어떻게 비칠까? 이 아동은 내 얼굴에서 무엇을 보고 있을까? 이 아동은 내 목소리를 어떻게 들었을까? 아동은 내 얼굴에 호감을 가지고 따뜻함을 느낄까? 내 목소리는 친절하게 들렸을까? 지금 이 순간 나는 아동의 세계에 완전히 들어가기 위해 어떤 수를 써서든 작아지고 싶다. 내 몸은 아동에게 말할 수 있는 적절한 자세를 취했을까? 아동은 내가 자신을 이 방 안에서 가장 중요한 사람으로 여기고, 자기의 엄마보다도 더 소중하게 여긴다는 것을 알고 있을까? 내 눈에 그러하다는 것이 보였을까? 아동에 대한 내 관심이 전달되었을까?' 대부분의 경험과 관계에 있어서 특히 새로운 경험과 관계에서 아동은 언제나 호기심을 가지고 있다.

나는 안전할까요?   나는 당신을 몰라요. 당신과 함께 있는 것은 안전할까요? 여기는 안전한 곳인가요? 여기서 내게 무슨 일이 일어나죠? 당신은 내게 무엇을 하라고 할 건가요?

내가 잘 대처해 나갈 수 있을까요?   당신이 내게 하라고 한 것을 하지 않는다면 어떻게 되나요? 당신의 질문에 내가 답할 수 없다면 어떻게 할 것인가요? 당신이 원하는 것을 내게 말하지 않는다면 난 어떻게 행동해야 할까요? 내가 잘못한다면 어떻게 할 것인가요?

나를 받아 주실 건가요?   당신이 나를 좋아할까요? 내가 하는 것을 좋아할 건가요? 나를 좋아하게 하려면 내가 무엇을 해야 하나요?

관계 형성은 아동이 치료자를 어떻게 보느냐에서 시작되고, 아동이 경험하는 그 순간을 치료자가 얼마나 민감하게 느끼는가에 달려 있다. 아동과 접촉한다는 것은 아동의 자아와 의사소통에 있어서 친절하고, 부드러우며, 온화하게 반응하는 것을 의미한다. 아동의 태도, 감정, 생각을 받아들이는 과정을 통하여 치료자는 아동의 세계에 들어간다. 일단 이러한 방법으로 아동과 접촉이 되면 신뢰관계가 진전되기 시작한다. 무스타카스(Moustakas, 1981)에 의하면, 아동과 접촉을 시작한다는 것은 "철저히 열정을 추구하는 용기, 무슨 일이든지 상관하지 않고 아동과 함께하려는 결의를 가져야 치료가 일어날 수 있다."(p. 11)고 한다.

기본 규칙
아동의 세계에 민감해지기

민감하게 된다는 것은 또한 아동이 내담자가 되는 대부분의 장소에서는 의사, 치과의사 등과 같은 누군가가 아동에게 무엇인가를 해 준다는 것을 인식하고 있음을 의미한다. 아동은 놀이치료자도 자기에게 무엇인가 해 줄 것이라고 기대한다. 아동에게 있어서 놀이치료실의 환경은 어떻게 보일까? 그것은 마음을 끄는 장소일까? 혹시 병원에 가는 것처럼 가혹한 장소는 아닐까? 복도는 조용하고 아무것도 없어 심심해 보이지는 않을까? 그곳은 무슨 색깔로 칠해져 있을까? 벽에는 아동이 감상할 수 있는 그림이 있는가? 그 그림은 아동의 눈높이에 알맞게 걸려 있는가? 대기실의 분위기는 과연 이곳이 아동을 위한 곳이라는 것을 나타내고 있는가? 치료자는 자신의 시각으로, 그리고 아동의 눈을 통해서도 주위를 관찰할 줄 알아야 한다.

대기실에서의 첫 만남

관계를 형성하는 것은 대기실에서 치료자와 아동 간의 최초의 상호 작용에서 시작된다. 치료자는 새로운 관계에 대한 기대감을 가지고 대기실에 들어가는데, 아동의 행동과 관련된 정보를 치료자에게 전해 줄 부모와 만나게 된다. 부모는 아동에 관해 중요한 정보를 가지고 있고, 치료자는 반드시 그 문제점을 잘 숙지해야 문제의 정확한 본질을 알 수 있다.

치료자가 부모에게 인사를 하면 부모는 아동의 문제를 바로 쏟아 놓기 시작한다. 이때 치료자는 적극적인 경청을 하거나 인내심을 보여서는 안 된다. 치료자가 부모와 이야기하고 있는 동안 아동은 부모가 자신보다 더 중요하다고 생각하게 된다. 이것은 아동과 중요한 관계를 시작하는 시기에서는 적절한 행동이 아니다. 아동은 그 순간 이미 자신이 중요하지 않다고 느끼게 된다. 왜냐하면 이러한 광경을 수차례 경험해 왔기 때문이다. 부모는 마치 아동이 존재하지 않는 것처럼 제삼자에게 아동에 관한 이야기를 한다.

치료자는 뚜렷한 목적 없이 여기저기 끌려 다니는 부모의 부속물과 같은 존재라는 것이 아동에게 어떤 느낌을 주는지 깊이 생각해 보아야 한다. 아동 스스로가 자신은 보잘것없고, 무시받으며, 필요 없는 존재라고 느끼는 것은 아동이 커다란 문제를 일으키는 원인 중 하나다. 그래야 아동은 많은 관심을 받을 수 있다. 부정적인 관심도 관심을 전혀 주지 않는 것보다는 낫기 때문이다. 치료자는 부모에게 정중한 어조로 지금 그러한 점을 논의할 시기가 아님을 알려야 한다. 왜냐하면 그러한 것은 중요한 부분이고, 부모가 말하는 아동의 문제를 탐색하기 위해서는 충분한 시간이 필요하기 때문이다. 치료자는 첫 만남에서 그 즉시 몸을 숙이고 아동에게 인사하도록 한다.

치료자는 대기실에 들어가서 부모에게 간단히 따뜻한 눈인사를 한 후에 부모와 먼저 이야기를 시작하는 것이 아니라, 즉시 몸을 숙여 아동에게 눈을 맞추고 따뜻한 미소를 지으면서 아동에게 접촉하는 것이 훨씬 도움이 된다는 사실을 깨닫게 될 것이다. 아동은 그 순간 이 장소에서는 자신이 가장 중요한 사람이 된다. 치료자는 작지만 소중한 사람인 아동과의 관계를 형성하기 위해 그곳에 있는 것이고, 아동의 중요성에 대해 서로 이야기를 나누게 된다. 그러므로 치료자는 아동의 존재에만 관심을 보이며, 머물러 있지 말고 아동과 이야기를 나누어야 한다.

다음으로는 아동에게 놀이치료실에 대한 짧은 소개를 하는데, 치료자는 "우리는 지금 놀이치료실에 갈 수 있어. 엄마는 우리가 놀이치료실에서 돌아올 때까지 여기에서 기다리고 계실 거야."라고 말한다. 치료자는 그때 일어서야 하고, 말로 한 설명을 뒷받침해 주기 위해 아동에게 시각적인 신호를 준다. 치료자는 "놀이치료실에 가고 싶니?" 혹은 "우리는 지금 놀이치료실에 갈 수 있어, 알겠지?"라고 말해서는 안 된다. 왜냐하면 그것은 아동이 바로 의심하거나 거부를 일으킬 수 있기 때문이다. 물론 선택은 아동에게 주어진다. 아동이 정말로 놀이치료실에 가려고 하지 않는다면 그것은 놀이치료실에서 다룰 가장 중요한 것이 된다. 이런 이유 때문에 아동이 놀이치료실 안에서 선택한 놀이도구를 가지고 하고 싶은 대로 자유롭게 할 수 있도록 해야 한다.

대기실에서 아동과의 관계 형성이 시작되며, 아동과 관계를 시작하는 시기에는 질문을 하는 것이 적절하지 않다. 대기실에서 놀이치료실로 가는 동안에 치료자가 아동의 주의를 끌고자 "넌 몇 살이니?" "학교 어디 다니니?"라고 질문을 한다면, 아동은 놀이치료실에서도 치료자가 이런 식으로 질문을 할 것이라 예측하고 순종적으로 기다리게 된다. 질문은 치료자가 주도한다. 아동중심 놀이치료자는 아동이 자신이 원하는 곳으로 관계와 경험을 이끌도록 하기 위해서 질문을 피한다.

놀이치료실 밖에 부모나 관찰자가 없다면, 아동을 간섭하거나 자극할 일은 없을 것이다. 다룰 필요가 없는 질문이나 선택은 아동에게 하지 말아야 한다. 아동이 놀이치료실에서 돌아왔을 때 부모가 대기실에서 기다리고 있을 것이라고 말해 주는 것은 아동을 안심시킨다. 치료자는 지금 아동이 아주 낯선 사람과 함께 있고, 낯선 장소에 있으며, 아동이 생각하기에 따라서 '영원한' 시간일 수도 있다는 것을 기억하라.

놀이치료자는 놀이치료실에 들어가기를 꺼려하는 아동에게 다음과 같이 말할 수 있다. "놀이치료실에 들어가서 놀지 말지 결정하는 데 시간이 더 필요하구나. 그렇다면 선생님은 선생님 방에 가 있을게. 놀이치료실에 들어가기 전에 네가 생각할 시간으로 얼마 정도가 적당할까? 1분 정도? 아니면 3분 이상이 좋을까? 어느 것을 고르겠니?" 선택하기는 협조가 가능하게 한다. 왜냐하면 아동은 선택을 통해 통제감을 느끼기 때문이다.

아동이 여전히 들어가기 싫어한다면 치료자는 "로버트 어머니, 놀이치료실 복도까지는 함께 가도 괜찮아요. 그러면 로버트가 놀이치료실이 어디 있는지 엄마가 안다는 것을 알게 될 거예요."라고 말하며 로버트에게 엄마 옆에서 걷든지, 엄마의 손을 잡든지의 선택권을 주어 로버트가 결정에 참여할 수 있게 한다. 이렇게 하면 아동은 거의 언제나 놀이치료실에 들어가게 된다. 왜냐하면 엄마가 치료자와 함께 복도를 걸어가는 동안 아동은 홀로 대기실에서 기다리려고 하지 않기 때문이다. 보통 아동은 부모 없이 놀이치료실로 들어간다. 아동이 그렇게 하지 않는다면 치료자는 "채드 어머니, 채드가 엄마랑 같이 놀이치료실에 들어가고 싶어 하는 것 같아요. 우리랑 같이 들어가실 수 있으세요?"라고 말하면서 부모가 아동을 데리고 놀이치료실 안으로 들어갈 것을 부탁할 수 있다. 엄마가 방에 들어가면 치료자는 "저기에 앉으세요(의자를 가리킨다.). 채드가 엄마의 반응을 필요로 하면 제가 말씀 드릴게요."라고 말한다. 상담이 진행되고 아동의 긴장이 풀어지면 치료자는 부모에게 적당할 때에 놀이치료실에서 나가도록 할 수 있다. 그러면 부모는 아무런 말없이 놀이치료실을 떠나야 한다.

놀이치료실 안에 부모가 들어오게 허용하는 문제는 치료자에게 달려 있다. 치료자는 일단 놀이치료실에 부모가 들어오면 아동과 부모를 분리하는 것이 더 어려울 수 있음을 예상해야 한다. 그 이유는 이미 아동이 들어가기를 꺼리는 행동이 엄마를 붙잡아 두도록 할 수 있기 때문이다. 일반적으로 부모가 놀이치료실에 오래 머물수록 부모와 아동을 분리하기가 어렵다. 분리의 문제는 아동보다 부모에게 더 어려울 수 있으며, 결과적으로 그것을 지각한 아동은 부모의 감정에 따라 반응한다는 것을 치료자는 인식해야 한다. 그러한 경우, 분리의 문제는 놀이치료실 문 앞에서 해결하는 것이 훨씬 더 좋다. 또 다른 요소로 고려할 수 있는 것은 치료자의 감정이다. 치료자는 놀이치료실에 들어오기를 거부하는 아동을 다루는 것보다 부모를 놀이치료실에 들어오게 하는 것이 더 편하다고 느낄 수 있다. 그러나 부모가 놀이치료실에 있는 한, 아동이 충분히 편안함을 느끼면서 중요한 영역을 탐색할 수 없다는 것은 명백한 사실이다.

치료를 받으러 가야 하는지에 대한 결정을 네 살 난 아동이 하기에는 너무 부담이 되는 문제다. 부모는 아동의 편도선이 많이 부었을 때 약을 먹어야 할지에 대한 결정을 아동에게 맡겨서는 안 된다. 왜냐하면 네 살 난 아동이 그런 종류의 책임을 다루기에는 너무 어리기 때문이다. 다리를 다친 여덟 살 난 아이가 병원에 가야 할지 말지를 선택하도록 해서도 안 된다. 마찬가지로 치료를 받으러 가는 것에 대한 결정도 아동에게는 너무 큰 부담이 된다. 자살 충동을 느끼는 열 살된 아동에게 치료를 받을지 말지를 결정하게 해서는 안 된다. 하지만 일단 놀이치료실 안에서는 변화할 수 있는 기회를 얻기 위해 놀이 행동에 참여할지 말지를 아동이 결정할 수 있다. 아동은 변화를 위한 기회를 제공받지만, 아동이 변화하도록 강제적으로 유도해서는 안 된다. 그런 일의 결정권은 아동에게 있다.

아동이 언제 가야 할지, 놀이치료실이나 사무실로 가야 할지 선택할 수 있겠지만, 결국에는 결정된 날에 와야 한다. 아동의 정서가 건강하다는 것은 교육적ㆍ신체적 건강 못지않게 중요하다. 이때는 인내심이 필요한데, 일부 학자들은 놀이치료실을 거부하는 아동도 놀이치료실에 들어가게 해야 한다고 권고한다. 그러나 이런 방법은 별로 마음에 들지 않는다. 마지막 방법으로 부모가 아동을 놀이치료실에 데리고 올 때 가능하다면 아동과의 실랑이는 피하는 것이 좋다. 나는 아동이 놀이치료실에 들어갈 준비가 되도록 도움을 주기 위해서 20~30분가량 힘든 경험을 한 적도 있다.

놀이치료실에서의 관계 발전

아동중심 놀이치료에서 관계의 구조화는 최소한으로 이루어지지만, 이러한 구조화는 자유, 안전과 자기 조절을 촉진하기 위한 전반적인 철학과 목표를 유지하게 한다.

놀이치료실 소개

최소한의 관계의 구조화는 치료자와 아동이 놀이치료실에 들어가 놀이치료에 대해 소개하면서 시작된다. 치료자는 아동을 친근하고 따뜻한 말투와 표정으로 대해야 한다. 이 시간은 매우 심각하고 엄격한 시간이 아니다. 미소를 지으면 치료자의 얼굴에 생기가 더해지고, 단어가 줄 수 없는 느낌을 전달하게 된다.

이 시점에서 언어적 의사소통은 되도록 적게 사용해야 한다. 이 시간은 아동에게 멋진 시간을 가지게 될 거라는 인상을 주는 시간이 아니다. 일상생활 속에서 비난, 거절, 두려움으로 살고 있는 아동에게 놀이치료의 가치를 언어로 설명해서는 안 된다. 관계의 가치는 오직 치료자와의 경험을 통해 알게 되고, 느낄 수 있다. 관계에 관한 지나친 설명은 은연중에 아동의 탐구심이나 표현을 막는다. 놀이치료실의 신비는 단순히 언어로 옮겨지는 것이 아니다. 그것은 아동이 위험을 무릅쓰고 탐색을 할 때만 일어날 수 있다.

놀이치료실에서 사용되는 언어는 조심스러워야 하며, 아동이 자유롭게 소통하고, 아동중심적이며, 관계의 변인을 살펴보면서 선택되어야 한다. 치료자는 "멜리사, 여기는 우리의 놀이치료실이야. 네가 하고 싶어 하는 여러 가지 방법으로 놀잇감과 함께 놀 수 있는 곳이란다."라고 말할 수 있다. 실제로 이러한 말은 무언가를 지시하고 구조화한 말이 된다. 왜냐하면 실제로 아동은 자신이 자유롭게 놀지 않을 때도 놀아야 된다고 기대하고 있기 때문이다.

놀이치료실에서 자유에 대한 한계인 실제 행동에 대한 제한점은 '다양한' 언어에 의해 전달된다. 이것은 중요한 문구다. 그 언어는 '네가 원하는 어떤 식으로든지.'라는 것인데, 이 말은 쓰지 않는 것이 좋다. 왜냐하면 이곳은 완전한 자유를 제공하는 장소는 아니기 때문이다. 경험이 없는 초보 놀이치료자는 종종 아동에게 "여기가 우리의 놀이치료실이야. 이곳은 네가 하고 싶은 어떤 방법으로든지 놀잇감을 가지고 놀 수 있는 곳이란다."라고 놀이치료실을 소개한다. 이러한 태도는 아동이 총을 마구 쏘아 대거나 비행기를 일방경에 내던지는 것을 허락한다는 의미가 될 수 있다. 그러므로 치료자가 구조화된 말을 처음 사용할 때는 충분한 생각을 하고 난 뒤에 하는 것이 좋다.

아동이 이끄는 대로 따르기

놀이치료실을 소개한 뒤 치료자는 자리에 앉아서 아동이 이끄는 대로 따르며, 아동이 자발적으로 의사소통할 수 있도록 해야 한다. 치료자의 의자는 놀이치료실에서 유일하게 중립적인 공간이며, 치료자는 아동의 물리적인 공간과 놀이에 아동이 초대할 때까지 자리에 앉아 있어야 한다. 각 회기가 시작될 때 치료자가 같은 장소에 앉아 있으면 아동은 예측 가능하다는 메시지를 전달받고 안정감을 느낄 수 있다. 예측 가능함은 안정감을 느끼게 하는데, 이 둘은 치료적 요소다. 또한 치료자가 앉아 있으면 아동에게 책임감을 돌려준다. 치료자가 서 있으면 치료자가 아동보다 뛰어나고, 책임이 있다거나, 그 밖의 무엇인가를 해야 한다는 의미일 수 있다. 그리고 서서 아동의 뒤를 졸졸 따라다니며 방 안을 도는 것 같이 보일 것이고, 그것은 아동이 자신을 어깨 너머로 감시하고 있다고 느끼게 할 것이다.

놀이치료자가 놀이치료관계에서 아동이 이끌도록 하는 것은 치료자가 아동이 성장과 성숙을 향해 분투하는 선천적 능력이 있다는 기본적인 철학과 건설적인 자기 안내 능력이 있다는 깊고 지속적인 믿음을 가지는 태도를 실행하는 것이다. 이러한 철학과 그 철학에서 파생되는 태도와 믿음은 치료자로 하여금 아동이 자신이 원하는 방향으로 놀이치료를 경험해 간다고 믿게 한다. 치료자는 아동이 관계의 모든 영역에서 주도하도록 해야 한다. 나에게 집단 슈퍼비전을 받은 한 놀이치료자가 아동을 신뢰하는 이러한 내적 차원의 본질에 대해 이야기한 적이 있다. "처음으로 나 스스

[그림 9-1] 아동은 때때로 관계의 구조화에서 치료자와 접촉하기 위해 놀잇감을 사용한다.

로를 신뢰하고, 아동 자신이 원하는 곳으로 가서 하고 싶은 것을 할 수 있도록 스스로를 충분히 이끌 수 있음을 경험했어요. 아동의 방대하고 창의적인 언어와 풍부한 자원은 나에게 감명을 주었습니다."

아동은 놀이치료실에서의 시간제한과 최소한의 제한을 설정하는 구조 안에서 놀이를 하거나 하지 않을지, 말하거나 말하지 않을지, 방 한 가운데에서 조용히 서 있거나 앉아 있을지, 자신의 놀이에 치료자를 참여시키거나 배제할지, 치료자에게서 숨거나 아닐지, 바닥에 앉거나 방을 뛰어 다닐지, 빠르게 놀거나 느리게 놀지, 치료자를 받아들이거나 그렇지 않을지, 치료자의 말을 듣거나 그렇지 않을지, 큰 소리를 내거나 조용히 할지를 선택하는 자유를 경험한다(그림 9-1). 선택을 한다는 것은 아동중심 놀이치료의 치료적 과정에서 중요한 부분이다. 아동이 놀지 말지를 선택하거나 처음에 어떤 놀잇감으로 놀지를 선택하는 기회가 중요하게 보이지 않을 수 있지만, 아동은 각각의 선택을 통해 그의 삶 일부를 통제할 수 있다.

어떤 놀이치료자는 친밀감을 형성하고 편안한 분위기를 조성하기 위해 바닥에 앉기도 한다. 그러나 아동은 놀이치료자가 바닥에 앉는 것이 놀이에 초대받고 싶어서라고 해석할 가능성이 크다. 그래서 아동이 놀이치료자를 자신의 놀이에 참여시킬 의도가 없음에도 불구하고 의무감으로 그렇게 하는 결과를 초래하기도 한다. 만약 놀이치료자가 바닥에 앉지 않았더라면, 아동은 아마 절대로 놀이치료자에게 같이 놀자고 하지 않았을지도 모른다. 마루는 아동의 공간이고, 치료자는 아동이 먼저 초대하기 전까지는 이것을 존중해 주어야 한다. 아동이 이끄는 대로 따른다는 것은 아동의 놀이에 참여하지 않는 게 아니라 아동의 초대와 지시에 따라 참여하는 것이다.

치료자가 아동의 놀이에 참여할 때는 신중하게 아동이 주도하도록 해야 한다. 참여는 아동의 신호에 따라야 한다. 아동은 드라마의 감독이자 안무가이며, 아동이 결정하지 않는다면 어떠한 놀이도 일어나지 않는다. 치료자가 아동의 놀이에서 질문을 하고, 해결책이나 의견을 제안하거나, 아동이 치료자를 조종하도록 허용한다면, 놀이를 방해하는 것일 수 있다. 치료자가 해결책이나 방향을 제공하면 아동은 자기 지시나 책임감을 배우지 못한다.

물론 아동의 지시를 따르는 데에는 타당한 제한사항이 있다. 치료자는 아동이 옷을 벗으라고 시키면 옷을 벗지 않고, "내가 옷을 벗길 원하는구나. 내 옷을 벗길 수는 없어. 대신에 너는 인형이 나라고 생각하고(인형을 가리킨다) 인형의 옷을 벗길 수 있어."라고 말할 것이다. 치료자는 아동의 놀이에 참가하는 동안 놀이친구가 아닌 치료적 역할을 하도록 한다.

한 학대받은 아동이 폭력적인 아버지가 언어적으로 자신을 공격하는 놀이 각본을 만들었다. 그리고는 치료자에게 "선생님이 내 아빠 해요. 나에게 비명을 지르고, 아주 큰 소리로 고함을 치며 내 이름을 불러 봐요. 나보고 바보라고 하고 나를 몹시 싫어한다고 말하세요." 무슨 일이 있어도 나는 그런 역할을 수행할 수 없을 것이다. 왜냐하면 그 역할은 나의 가치 체계와 아동 보호를 심하게 위반하기 때문이다. 나는 결코 놀이에서라도 아동에게 욕을 퍼붓거나 소리를 지르지 않았다. 그런 폭력적인 말은 놀이일지라도 정서적으로 큰 상처를 남기기 때문이다. 만일 아동이 내가 그에게 해를 끼쳤다고 여긴다면 나는 아주 괴로울 것이다. 그 아이가 그런 경험을 한 후에 어떻게 나와 있을 때 안전하다고 느낄 수 있겠는가? 치료자는 놀이치료관계에서 반드시 일관되고 예측할 수 있어야 한다. 그 아이에게 나는 "아무리 놀이라고 해도 너에게 소리를 지르거나 고함을 치면서 너의 이름을 부르는 게 편치 않구나. 내가 너에게 상처를 줬다고 네가 생각하게 하고 싶지 않아. 대신에 보보 인형을 나라고 생각하고 보보가 너에게 소리치게 할 수 있어."라고 반응하였다. 이러한 전환을 통해 아동은 계속해서 자신이 원하는 대로 표현하고 탐험할 수 있다. (나의 반응은 44개의 단어 정도로, 앞서 권장된 단어의 10개 이상이거나 미만이며, 그러한 결과는 나에게 강한 정서적 주제일 것이다.)

　　다섯 살 난 토비가 치료자와 자신의 앞에 장난감 군인을 일렬로 세우더니 치료자에게 장전된 다트 총을 건넨다. 그는 다시 총을 받아 와서 총에다가 다트를 넣는다. 그는 치료자의 장난감 군인 중 하나를 쏘고 "이제 선생님 차례예요. 내 것 중 하나를 쏘세요."라고 말한다. 치료자가 행동을 하기 전에 아동의 발달과 어린 아동이 자신의 세계를 어떻게 인식하는가에 대해 알아보는 것은 도움이 될 것이다. 우리는 문헌을 통해 어린 아동이 그들의 소유물을 자신의 일부로 여긴다는 것을 알고 있다. 이러한 정보 때문에 치료자는 잠시 멈춰야 한다. 만약 치료자가 토비의 장난감 군인을 쏜다면, 토비는 치료자가 자신을 쏜다고 내면화할 가능성이 있다. 아동의 발달에 대해 알고 있는 치료자는 토비에게 총을 건네며 "네가 내 역할을 하면서 너의 장난감을 쏠 수 있어."라고 말한다. 나는 나의 행동으로 인해서 아동이 나를 예측 불가능한 사람으로 여기거나, 내가 아동을 해칠 것이라고 받아들일 가능성에 대해 매우 민감하게 주의를 기울인다. 나는 나의 행동에 일관성이 있어서 아동이 내가 어떻게 반응한다는 것을 예측할 수 있기를 바란다. 그러면 아동은 나에게 안전감을 느끼게 된다. 일관성은 예측이 가능하게 하고, 예측 가능함은 안전감을 촉진한다.

관계에서 아동이 이끄는 대로 따르면 아동에 대한 치료자의 존중이 전달된다. 구조화된 관계에서 나는 아동이 그가 바라고 해결하고자 애쓰는 곳으로 나를 데려간다고 믿는다. 나는 아동이 이끄는 대로 따라가고, 아동의 자기를 향한 여행에 동참하고 싶다. 자신에 대한 아동의 창조적인 발견이 허락되는 경험이 얼마나 소중한 영광인가!

비언어적 표현 듣기

대부분의 정신건강 전문가는 그들이 자각하는 정도 이상으로 내담자의 언어 표현에 의존한다. 효과적인 놀이치료자는 아동이 말로 표현하지 않으면서 경험하고, 느끼며, 바라고, 원하며, 생각하고, 궁금해하는 것과 언어로 표현할 수 없는 것을 주의 깊게 듣는다. 아동은 꼭 단어를 통해서가 아니더라도 항상 그 자신에 대해 무언가를 전달하고 있다.

> **기본 규칙**
> 치료자는 귀뿐만 아니라 눈으로 아동에게 경청해야 한다.

놀이치료자가 아동에게 들을 필요가 있는 대부분의 것은 귀로 들을 수 없다. 아동의 놀란 얼굴을 당신의 귀로 듣는 건 불가능하다. 당신의 눈을 통해서 알 수 있다. 귀로 아동의 뺨에 흐르는 눈물을 들을 수 없다. 그것은 단지 눈으로 알 수 있다. 놀이치료관계에서 가장 중요한 메시지는 당신의 눈을 통해 알게 될 수 있다. 아동이 놀잇감을 가지고 조용히 놀이를 하더라도 아동은 놀이를 통해서 많은 것을 알려 준다. 그것이 놀이치료가 아동에게 있어서 발달적으로 반응하는 치료적 양식을 선택한 이유가 아닐까? 놀이는 아동의 자연스러운 표현의 매체이고, 반드시 언어적 의사소통이 필요하지 않다.

아동의 공간을 존중하기

아동은 치료자에게서 분리되어야 하고, 아동이 편안함을 느끼는 물리적인 거리를 유지해야 한다. 칼라가 치료자에게 등을 돌린 채 방의 맞은편에 앉아 동물농장 놀이를 하는 데는 이유가 있으며, 그 이유를 충분히 존중해야 한다. 아동은 치료자에게 편안함을 느끼거나 필요하다는 생각이 들 때 접근한다. 치료자가 관계의 이러한 차원을 존중할 때, 이것이 바로 아동중심 놀이치료다. 이러한 행동은 아주 미묘하지만 관계에 대해서는 아주 강력한 메시지를 전달하게 된다.

신체적으로 아동을 따라가기

치료자는 몸을 움직이지 않아도 아동을 따라다닐 수 있다. 하지만 이후의 치료 회기에서 아동이 치료자에게 신체적인 이동을 요청할 경우에는 치료자의 몸을 움직이는 것이 적절할 수 있다. 예를 들어, 아동이 치료자가 앉아 있는 의자에서 1.5미터 떨어진 인형 집에서 놀고 있다면, 치료자는 아동의 활동을 더 가까이에서 보기 위해 의자 가장자리에 앉아 몸을 앞쪽으로 숙이거나 팔을 다리 위에 받치고 몸을 기울이면 의자에서 일어나지 않아도 된다. 이때 치료자의 머리를 낮게 밑으로 숙여 아동의 놀이에 관심과 참여를 나타낸다는 것을 아동에게 반영하는 것이 좋다. 또한 아동이 방을 돌아다닐 때 의자의 한 방향에서 다른 방향으로 몸 전체를 돌리면 지속적인 관심이 전달된다.

> **7 본 규칙**
> 치료자의 코와 발끝이 방향이 일치해야 한다.

아동은 치료자의 신체를 포함한 인간 전체에 자석처럼 마음이 끌려야 한다. 아동이 놀이치료실에 있을 때마다 치료자의 코와 발끝은 아동을 향해 있어야 한다.

나는 놀이치료자를 슈퍼비전하면서 종종 치료자가 몸은 움직이지 아니하고 머리를 90도로 돌려서 눈으로만 아동을 쫓는 것을 보았다. 치료자가 전신을 움직여서 발이 아동 쪽으로 향하였을 때만이 아동은 치료자의 존재를 느낀다.

또한 치료자는 아동에 관해 생각하고, 아동과 그의 행동에 완전히 동화되면서 놀이에 대한 아동의 집중력을 느끼게 되며, 아동의 참여를 알게 되고, 아동의 창의성에 놀라면서 놀이 속에 존재하는 가능한 의미를 추측하게 된다. 얼굴 표정, 목소리, 일반적인 태도로 '함께 있다'는 느낌을 서로 주고받으면서 아동을 따라 방 주위를 다닐 수 있다. 실제로 아동을 따라다니지 않아도 아동의 행동에 개입할 수 있다. 방을 돌아다니는 아동을 지속적으로 따라다니지 않아도 진정한 보살핌, 흔들림 없는 관심, 아동의 내적 참조 틀을 알고자 하는 마음에서 우러나오는 느낌으로 의사소통할 수 있다.

아동과 치료자가 서로 신뢰감이 싹튼 후에 치료자는 아동의 놀이를 관찰할 수 있는 여러 유리한 지점으로 의자를 편안하게 옮겨 놓을 수 있다. 이것은 치료자의 필요에 따라서 하는 것이지 아동의 필요로 하는 것이 아니기 때문에 아동에게 어떤 일이 일어나는지에 대해 말해 두는 것이 순서다. 그래야 아동이 놀라거나 행동이 혼란되지 않기 때문이다. 이럴 때는 "카로스야, 내 의자를 모래상자 옆으로 옮기려고 해(치료자가 의자를 옮기기 시작한다.). 그래야 내가 너의 놀이에 더 가까이 갈 수 있어."라고 말할 수 있다. "그래야 네가 무엇을 하고 있는지를 알 수 있어."라고 말하는 것은 부모처럼 아동을 체크하는 것 같아서 치료자의 의도를 전달하지 못한다. 이것은 미묘한 차이지만 관계에 미치는 영향은 중요하다.

비언어적 행동 반영하기: 추적 반응

치료자는 아동의 행동과 비언어적 놀이 표현에 추적 반응으로 응한다. 추적 반응은 치료자가 관찰한 아동의 행동을 단어로 묘사하고 표현하는 것이다. 에반은 첫 번째 놀이치료 회기에서 놀이치료실을 소개받은 후 방을 돌아다니며 놀잇감을 보고 있다. 그는 엉덩이에 손을 올리고 두리번거린다. 치료자는 에반의 행동을 "음, 너는 첫 번째로 무엇을 하고 놀지를 결정하고 있는 중이구나."라고 추적한다. 에반은 방을 가로질러 바닥에 앉더니 자동차를 집어 앞뒤로 움직이기 시작한다. 치료자는 에반의 행동을 "너는 그것을 가지고 놀기로 결정했구나. 그걸 앞뒤로 움직이고 있어."라고 추적한다. 추적 반응은 아동이 무엇을 하는지에 대한 치료자의 관심을 전달한다. 이러한 치료적 기술은 다음 장에서 좀 더 충분히 설명한다.

내용 반영하기

놀이치료에서 언어적 내용을 반영한다는 것은 청소년과 성인을 대상으로 하는 대화치료의 내용 반영과 유사하다. 놀이치료자는 아동의 언어적 상호 작용을 요약하거나 다른 말로 바꾸어 표현하고 반영하도록 한다. 그러면 아동은 치료자가 무엇을 들었는지 알게 되고, 치료자는 아동의 언어적 표현의 내용을 반영하면서 아동의 세계에 몰두하게 된다. 제니퍼가 공룡을 들고 공룡에 대한 구체적인 정보를 이야기한다. 치료자는 "공룡에 대해 많이 알고 있네."라고 반응한다. 제니퍼(사람들이 타고 있는 차 근처에 폭탄을 떨어뜨리는 척을 한다)는 "사람들은 다치지 않았어요. 사람들이 차 안에 숨어 있는데, 폭탄을 떨어뜨렸던 남자는 그걸 몰라요."라고 말한다. 치료자는 "그들은 안전한데, 그 남자는 모르는구나."라고 반응한다. 이러한 내용 반영은 이해와 수용을 보여 주고, 아동이 주도하도록 한다. 다음 장에서 내용 반영에 대해 좀 더 충분히 설명한다.

감정 반영하기

몇몇 치료자는 모든 것이 괜찮다고 하면서 아동의 감정을 함부로 다루는데, 이는 아동에게 불필요한 편안함을 줌으로써 라포를 형성하려고 하는 것이다. 일곱 살인 크레리스가 울면서 "선생님은 좋은 사람이 아니야. 난 여기에 있기 싫어."

라고 하며 의자에 앉아 있다. 치료자는 "크레리스, 다른 아이들은 여기에 정말로 재미있는 것이 많다고 했어. 저기에 있는 인형 좀 봐. 조금만 있으면 인형과 함께 놀고 싶어질 거야."라고 말하였다. 치료자는 어떤 제안을 하였기 때문에 더 잘되리라 느끼지만 아동은 감정을 무시당하였기 때문에 기분이 좋지 않다.

크레리스가 치료자의 제안을 받아들인다면, 그녀는 더 의존적일 수 있다. 수용적인 치료자는 아동에게 놀이하거나 말하도록 재촉해서는 안 된다. 그것은 아동이 결정해야 한다. 아동의 감정에 초점을 둔 반응이 필요하다. "너는 이 놀이치료실에서 무언가를 하기가 싫고, 그래서 나가고 싶구나." 크레리스는 이제 이해받는다고 느낀다. 허용성이란 아동이 놀이를 하든지 하지 않든지 선택할 수 있다는 것이다. 아동에게 놀이나 이야기할 것을 강요하는 것은 아동의 감정을 무시한 것이고, 아동의 결정권을 빼앗는 꼴이 된다. 이와 같은 방법으로 수용적인 치료

[그림 9-2] 함께하는 관계는 아동과 함께 있는 순간에 치료자의 정서적 경험을 나누고 아동의 감정을 반영함으로써 경험된다.

자는 '아동이 시작하도록' 질문해 들어가지 않아야 한다. 놀이와 마찬가지로 이 야기를 해 나가는 것도 아동이 주도하도록 한다([그림 9-2]).

　안젤리나가 장난감 접시를 탁자 위에 놓더니 웃으면서 "나는 이게 어디에 쓰 이는지 알아요."라고 말하자, 치료자가 "스스로 자랑스러워하네."라고 반응한 다. 다음 장에서 감정 반영에 대해 좀 더 충분히 설명한다.

치료받기를 싫어하고 불안해하는 아동

　아동은 자신이 하고 싶은 방법으로 자유롭게 상호 작용을 한다. 하지만 아동이 놀이치료실 한가운데에 서서 불안해하고 아무 말도 하지 않는다면 어떨까? 아동 이 아무 말 없이 놀이치료실에 앉아 있을 때 치료자가 아무런 반응을 하지 않는 다면, 치료자는 실수를 범하게 되는 것이다. 아동은 모든 시간 내내 자신에 대해 그 무엇인가를 전달하고 있다. 그러므로 항상 치료자의 반응이 있어야 한다. 네 살 난 안젤라는 첫 상담 때 놀이치료실에 들어와서 전혀 말이 없었다. 이 아동은 놀이치료실에서 어떻게 해야 하는지, 무엇을 하기를 기대하는 것인지 불확실하다 고 느끼며 매우 불안해하였다. 치료자는 이미 놀이치료실에 대한 소개를 하였다.

　　안젤라: (치료자 바로 앞에 서서 손가락을 비틀며 치료자를 처다본다. 그러고는
　　　　　　선반 위에 있는 놀잇감을 바라본다.)
　　치료자: 저기에 있는 인형을 보고 있구나. (잠시 멈추기)
　　안젤라: (일방경을 처다보다 자신을 보고 씩 웃는다.)
　　치료자: 거울에 비친 네 모습을 보고 있구나. (잠시 멈추기) 난 때때로 무엇을……
　　　　　　처음에 해야 하는지 결정하기가 어렵다고 생각해. (잠간 쉬고, 안젤라는
　　　　　　다시 놀잇감을 보고 있다.) 하지만 여기는 네가 놀고 싶은 놀잇감을 가지
　　　　　　고 놀 수 있는 곳이야.

안젤라: (손톱 조각을 뜯기 시작한다.)

치료자: 음…… 거기 뭔가가 있네…… 거기. (잠시 멈추기, 안젤라의 손톱을 주
시하면서) 손톱 바로 거기에. (잠시 멈추기) 음…… 너는 손톱의 무언가를
뜯으려고 하네.

안젤라: 이 가는 줄이요. 다른 하나는 벌써 뜯었어요.

치료자: 오, 너는 이미 하나는 뜯었구나.

안젤라: 학교에서.

치료자: 학교에서 했구나. 으음, 그래서 넌 지금 이쪽을 뜯고 있구나.

안젤라의 비언어적 신호에 대한 치료자의 반응으로 감정의 긴장을 풀어 주었
고, 치료자가 언어를 통해 관심을 표현한 것으로 안젤라를 대화 속으로 끌어들이
게 되었다. 꼭 언어적인 표현이 없어도 모든 것이 괜찮다. 안젤라는 이미 눈, 얼
굴, 손을 통해 자신을 표현하고 있기 때문이다. 놀이치료실에서 아동이 어색하고
걱정이 되기 때문에 말을 못할 때, 치료자가 말을 안 해도 된다는 의미는 아니다.
바로 그 점 때문에 아동의 감정만 증폭시키고, 치료자는 어떻게 할 줄을 모르게
된다. 초보 치료자는 이러한 점을 경험하게 되었다.

나는 치료자의 침묵, 치료자의 얼굴 표정, 치료자의 체구 등으로 아동의 행
동을 제약할 수도 있고, 때때로 수용과 허용, 느낌과 관련된 의도적인 방법으로
아동이 자유롭게 느낄 수 있도록 할 수 있다는 것도 알게 되었다. 나는 내 자신
을 어떻게 이용해야 하는가에 매우 조심스러워야 한다. 왜냐하면 내가 아동에
의해 상처받는 것보다 나 때문에 아동이 더욱 쉽게 상처받는다는 것을 알았기
때문이다.

놀이치료관계에 대한 아동의 관점

우리 엄마는 이제 재미있는 일이 생길 거래요. 난 전에도 그런 말을 들었어요. 엄만 내가 여섯 살 난 아동이 가지고 노는 장난감과 물건이 많은 방에 가게 될 거래요. 또 내가 상담자라고 하는 어떤 여자 분과 시간을 보낼 거래요. 그 사람이 원하는 게 무엇일까요? 내가 그 사람을 좋아하게 될까요?

대체 그 사람이 나한테 하려고 하는 게 뭘까요? 아마도 난 다시는 집에 돌아가지 못할지도 몰라요. 난 그 사람이 어떤 사람인지, 어떻게 생겼는지도 몰라요. 오, 안 돼! 발소리가 들려요. 분명히…… 날 삼켜 버릴 거예요…….

이 여자 분은 분명 상담자라고 하는 사람일 거예요. 그 사람은 엄마에게 "안녕하세요."라고 상냥하고 친절하게 말하고는 나에게 자신을 소개해요. 그러면서 아주 생긋 웃는 표정을 지었는데, 그것이 나를 편안하게 해 주어 그때 난 "안녕하세요." 하고 인사를 했어요. 그 사람은 나에게 가까이 와 허리를 굽혀 "안녕!" 하고 말하고는 내 스파이더맨 셔츠와 빨간 줄무늬의 새 테니스 신발을 보면서 신발이 경주용 신발처럼 보인다고 말해요. 정말 그래요! 오, 난 이제 그 사람이 좀 좋아졌어요! 점점 그 사람이 더 좋아질 것 같아요.

우리는 복도로 내려갔어요. 그 사람은 내가 약간 두려워하고 있음을 눈치챈 것 같아요. 또한 내가 그 사람과 그 사람의 특별한 놀이치료실을 이제까지 본 적이 없기 때문에 이곳이 분명 낯설 것이라고 말하면서 가끔은 아동이 이곳을 두려워한다고 말해 줬어요. 그 사람은 조금은 두려워해도 괜찮다고 말을 했어요. 어른한테 그런 소리를 들으니 재미있는 일이네요. 그 사람은 분명히 이해심이 있는 사람일 것이고, 나에게 관심을 가지고 있는 것처럼 보였어요. 아마 그 사람은 자신의 삶에서 한 번쯤 두려운 경험이 있었을지 모르지요.

그 사람은 나를 특별한 곳, 놀이치료실이라는 곳으로 데리고 갔어요. 와, 이곳은 뭔가 다른데! 여긴 장난감이 있네! 그 사람은 나에게 45분 동안 이 놀이치료실에서 함께 지낼 것이라고 해요. 흠, 이상하군! 우리가 얼마 동안 함께 있을 것이라든가, 얼마 동안 내가 놀 수 있는지 아무도 나에게 이야기해 준 사람이 없었는데……. 그리고 이곳에서는 내 마음대로 장난감을 가지고 놀 수 있다고 말해요. 와, 정말 여러 가지 방법으로 놀아도 된다고 말하는 건가요? 그 사람은 나에 대해 아는 게 거의 없는데도 불구하고 나에게 관심을 보이고 좋아하는 것 같아요. 이상하군! 나는 그 사람이 나한테 하는 것처럼 모든 아동을 대하는지 궁금하네요. 그 사람이 나한테 원하는 게 무엇인지 기다려 보는 게 낫겠어요. 다른 어른은 나에게 항상 내가 해야 할 일을 말해 주거든요. 나는 몇 분 동안 침묵해 보지요. 그 사람은 그림을 보면서 나를 주시하는데, 가끔씩 처음에 무얼 할지 정하는 것은 어려운 일이라고 말해 줍니다. 그렇지만 여기는 내가 정말로 나 자신을 위해 결정할 수 있는 곳입니다. 모든 것이 확실히 다릅니다. 나는 붓을 들어 종이에 온통 빨갛게 칠해 봅니다. 기분이 좋아요.

　나는 자주색으로 사과나무를 칠해 볼까 생각합니다. 괜찮을까? 사과라면 빨간색과 녹색으로 칠해야겠지만 난 녹색을 싫어합니다. 그 색만 보면 아스파라거스가 생각이 나요. 욱! 아, 구역질 나. 난 그 사람에게 무슨 색을 칠해야 하는지 물어볼 것입니다. 그 사람은 그런 것은 내가 결정할 수 있는 거라고 말해요. 와, 신나는 일이에요. 다른 사람은 모두 나에게 어떤 색을 칠하라고 말했었지요. 여기서는 대부분의 결정을 내가 하게 되는 것 같아요. 자, 자주색으로 칠해 봅니다. 그 사람은 내가 자주색을 많이 칠하기로 결정한 것처럼 보인다고 말합니다. 아, 됐어! 이것이 꼭 옳다고 보기는 힘들겠지요. 흠, 그건 우스꽝스러운 사과나무로 보인다고 생각할지 궁금합니다. 나는 이 사과나무가 좋아 보이는지 꼭 물어볼 거예요. 그 사람은 내가 원하는 대로 사과나무를 만들기 위해 열심히 칠한 것처럼 보인다고 했습니다. 그건 맞는 말이에요. 이건 정말로 내가 하고 싶었던 대로 온통 자주색이에요. 이 사람은 내가 기쁘게 느끼도록 해 주는군요.

　이곳은 재미있는 곳입니다. 이 사람의 코를 자주색으로 칠하면 얼마나 재미있을까! 자주색 코를 가진 여자. 자, 뭔가 되겠지! 어, 이런! 나는 꼭 그녀의 코를 온통 자주색으로 칠할 거예요. 그녀는 의자에서 벌떡 일어나 분명 놀이치료실 주위를 팔짝팔짝 뛰겠죠! 흠, 그녀는 놀라지도 않아요. 그만두라고 고함지르지도 않아요. 단지 내가 나 자신을 그렇게 칠하고 싶어 하는 줄 알았다고 말할 뿐이에요. 칠한 것에 대해서는 아무 말도 하지 않아요. 그녀는 나에게 종이 위에 색칠을 하거나 펀치백을 자기라고 하고 거기에 색칠을 할 수 있다고 말합니다. 그리고 모든 것에 대해 너무나도 침착하게 대합니다. 놀라지 않는다면 색칠하는 것도 재미가 없을 텐데, 어쨌든 펀치백에 색칠하도록 한 것은 굉장한 생각으로 들립니다. 난 그것을 생각하지 못했거든요.

난 이제 다른 여러 가지 장난감을 가지고 놀기 시작합니다. 우습게도 상담자라고 불리는 이 여자 분은 내가 하는 것을 진짜로 알아차리고 있는 것 같아요. 나는 내가 무언가 하는 것을 좋아합니다. 그녀도 내가 하는 것이 중요하다고 생각하고 있는 것 같습니다. 또한 나에게 관심을 가지고 있습니다. 대부분의 어른은 나에게 그다지 관심을 가져 주지 않았어요. 그리고 이 여자 분은 내가 하고 있는 것을 재치 있게 알아챕니다. 심지어 내가 가장 즐겨 가지고 노는 것에 대해 조언까지도 해 줍니다. 더구나 내가 좋아하는 것이 찰흙이라는 것도 알고 있습니다. 이 사람은 나와 내가 하는 것에 대해 정말 관심을 가지고 있어요.

아이쿠, 벌써 여기가 좋아졌어요. 나는 모래상자 안에서 노는 것과 같은 몇 가지 놀이를 더 시도해 보려고 합니다. 이 여자 분도 나와 함께 모래상자 안에서 놀았으면 하는데, 내가 모래상자 안에서 노는 것을 단지 보기만 하겠다고 말합니다. 난 이 사람의 이런 솔직한 태도가 마음에 들어요. 대부분의 어른은 단지 "조금 있다가 놀아 줄게." 하고는 다 잊어 버렸어요. 어쨌든, 나는 여기서 몇 분 동안만 있게 될 것 같아요. 난 떠날 채비를 합니다. 이 사람은 놀이치료실에서 함께 있을 시간이 15분 남았다고 하면서 그 후에는 가도 좋다고 합니다. "내가 하고 싶어 하는 것은 꼭 할게요."라고 말하는 것을 믿는 것 같아요. 그건 기분 좋은 일이에요.

가만 있자, 다음엔 무얼 할까? 다음번에 무얼 할 것인지 결정하는 것은 즐겁습니다. 집에서는 내가 하고 싶은 것을 거의 결정하지 못했습니다. 나를 돌봐 주는 사람은 항상 이 시간에는 무엇을 해야 한다고 하고, 형들은 내가 하기 싫어하는 것을 하라고 다그치거나, 부모님은 내가 하기 어려운 일을 하라고 합니다. 그런데 이 사람은 그렇지 않아요. 전혀 나를 재촉하지 않고 내가 하고자 하는 행동을 하도록 기다려 줍니다. 또한 모든 아동이 학교에서 그러는 것처럼 느리게 행동하는 것에 대해 비난하지도 않습니다. 이 사람은 그야말로 나를 있는 그대로 좋아하고 있습니다. 아니 적어도 그렇다고 나는 생각합니다. 나는 상담자라고 불리는 이 사람과 공놀이를 하려고 하는데, 이야기도 나누고 동시에 공도 잡을 수 있어 재미있습니다. 정말 이 사람은 내가 무엇을 하든지 간에 아주 흥미로워합니다. 또한 이 사람은 어른들이 말하는 자기 훈련이라는 여러 가지 방법을 알고 있습니다. 내가 공을 받지 못하게 멀리 던지면 이 사람은 공이 굴러가게 그냥 놔둡니다. 그리곤 내가 공을 가지고 싶다면, 가서 가져오면 된다고 말해요. 그분이 공과 더 가까이 있기 때문에 나보다 공을 가져오기가 더 쉽겠지만, 내가 자신을 놀리고 있음을 알고 있는 것입니다. 나를 공에서 떼어 놓지 않으려는 태도가 마음에 듭니다. 엄마는 내가 여러 번 공을 가져오도록 만들면 결국에는 공을 빼앗았을 것이고, 그때도 역시 엄마는 소리를 질러 댔을 것입니다. 그런데 이 사람은 그렇게 해도 결코 화를 내지 않습니다.

나는 상담자라고 불리는 이 사람과 함께 보내는 시간이 정말로 즐겁습니다. 이 사람은 내가 자신의 도움 없이도 해낼 수 있을 거라고 믿습니다. 이 사람 머리 꼭대기에 있는 풀통을 내가 내릴 수 없을 것 같아 내려 달라고 했을 때, 그건 내가 해낼 수 있을 것이라고 말해 줍니다. 내가 해냈어요. 그거 알아요? 내가 해냈다니까요! 나는 내가 이 놀이치료실 밖에서도 혼자 할 수 있을지가 궁금해요. 그렇게 되면 나는 공놀이에서 항상 삼진 아웃을 당해 아빠를 곤란하게 만드는 대신 홈런을 쳐서 집으로 날릴 수 있을 텐데. 아마도 이 사람이 내가 할 수 있다고 믿는 것처럼, 나는 여러 가지를 해낼 수 있을지도 모르죠. 이 사람은 아주 우스운 사람이에요. 이곳은 또한 그렇게 되는 재미있는 곳입니다. 모두 내 스스로…… 단지 내가 결정한 대로 하는 것이 기분 좋아요.

　나는 경찰차 그림에 색칠하려고 해요. 멋지죠, 온통 밝은 청색이에요! 흥! 하지만 경찰차 위의 빨간색 불빛이 내 차의 옆면을 통과하고 있어요. 그건 정말 나를 화나게 만들어요. 이 사람은 내가 화난 듯이 보인다고 해요. 글쎄, 그래요! 그런데 어떻게 알았을까요? 이제까지 어느 누구도 내 감정을 인정해 준 적이 없었어요. 그건 무엇인가에 대해 몹시 흥분할 만큼 화가 나도 괜찮다는 것을 뜻하나요? 분명히 괜찮겠죠. 이 사람은 내가 미칠 지경으로 화가 난 데에 대해 개의치 않는 것처럼 보여요.

　내가 만일 화살을 던져 맞추는 이 다트판을 로켓인 척한다면 이 사람이 어떻게 생각할지 궁금해요. 이 사람에게 왜 그렇게 했는지 물어보면 이 사람은 이곳에서는 내가 원하는 것이면 무엇이든 될 수 있다고 해요. 상상해 보세요! 이 사람이 바로 내가 원하는 대로 되게 해 주는 어른이에요. 이제 나는 '붕~' 소리를 내며 놀이치료실 안을 돌아다닐 수도 있고, 내가 나 스스로를 다스리는 것처럼 나를 지배할 수 있는 사람이 아무도 없는 달에 도달한 척할 수도 있어요.

　난 지금 떠날 시간이 되지 않았으면 합니다. 이 사람에게 말하고 싶은 것이 너무 많지만, 말할 기회를 잡지 못했어요. 우리 아빠, 엄마에게는 아주 사소한 일이라도 말하는 것이 얼마나 어려웠는지. 참 우습죠! 그렇지만 이 사람에게는 무엇이든 말할 수 있을 것 같아요. 이 사람은 다음 주에 오라고 하면서 나와 얼마 동안 다시 함께 지내기를 기다린다고 말해요. 그건 진심으로 들립니다. 난 지금 기분이 참 좋아요. 왜냐하면 나를 단지 아이가 아니라 진정한 사람으로 대해 준 사람은 이 사람이 처음이거든요. 이 사람은 나를 있는 그대로 존중해 줍니다. 그리고 내가 굉장한 일을 할 수 있다는 것을 알고 있습니다. 적어도 난 지금 그렇게 느끼고 있어요!

아동의 질문에 적절히 반응하는 기법

　　일반적인 아동의 행동은 치료자와 접촉하고, 관계 형성을 시작하기 위해 치료자에게 그들 나름대로의 다양한 질문을 하는 것이다. 그러나 치료자는 아동이 하는 질문 중 많은 질문의 답을 그 아동이 이미 알고 있음을 고려해야 한다. 이러한 관점에서 시험해 볼 때, 아동의 질문에 반응한다는 것은 하나의 대답을 제공해 주려고 시도하기보다 오히려 질문 뒤에 숨어 있는 동기를 이해하려고 노력하는 문제가 된다. 질문에 대답해 주게 되면 치료자가 가지고 있는 현실 세계에 아동을 속박하게 되어 그들의 이야깃거리를 방해할 수 있다.

　　다섯 살 난 허쉴이 수갑을 집어 보이면서 "이게 뭐예요?"라고 물을 때 치료자가 "수갑!" 하고 대답한다면, 이 수갑은 더 이상 허쉴이 생각하고 있던 어떤 특별한 종류의 우주선이 될 수 없다. 치료자는 "그건 네가 바라는 무엇이든 될 수 있어."라고 반응해 줌으로써 허쉴의 창의력과 상상력을 더욱 촉진시켜 줄 수 있다. 그렇게 되면 허쉴은 말하지는 않았지만 이미 마음속으로만 가지고 있던 것에 대해 계속해서 자유롭게 상상의 나래를 펼 수 있을 것이다.

　　주디가 "누가 이 인형을 망가뜨렸어요?" 하고 물을 때, 그 아동은 놀이치료실에서 놀잇감을 망가뜨린 아동은 어떻게 되는지가 매우 궁금했을지도 모른다. 민감한 치료자는 "이곳에서는 가끔씩 그런 일이 생긴단다." 하고 대답할 것이다. 이때 주디는 이곳은 벌을 받는 장소가 아니라거나 또는 조심스럽게 행동해야 할 곳임을 알게 된다. 치료자는 바로 그러한 일이 생기는 것을 이해하는 어른이다. 이때 주디는 더욱 자연스럽고 완전하게 자신을 표현하는 데 있어서 자유로움을 느낀다.

> **기본 규칙**
> 물어보지 않는 질문에 대해서는 대답하지 마라.

　의도가 빤히 들여다보이는 노골적인 질문에 대답하는 것은 장황한 질문과 해답이 계속 돌고 돌아 결국은 아동의 의존성을 높이게 된다. 아동이 놀이치료실에서 질문을 하면, 치료자는 질문의 목적이 됨직한 것에 반응하기 이전에 그 질문에 내포되어 있는 의미가 무엇인지를 충분히 고려하는 것이 좋다. 질문에 대답하려고 노력하기보다는 오히려 아동의 질문에서 무엇을 말하고 있는지를 짐작해 보려고 노력한다면, 아동의 표현력과 탐구력을 더욱 증진시켜 주게 된다.

　치료자가 바로 그때 무엇을 감지하느냐에 따라 아동에게 어떠한 대답을 해 줄지를 결정하게 된다. 다음의 명확한 질문 속에 숨어 있음 직한 의미는 아동이 의사소통하려는 것을 보다 잘 알도록 고려하여 마련되었다.

① 다른 아동도 이곳에 오나요?

데이비드는

- 자신이 특별하다는 것을 재확인하고 싶어 할 것이다.
- 놀이치료실에서 '나의 장소'라고 하는 소속감과 고유감을 확립하고자 할 것이다.
- 놀이치료실이 독특하다는 것 때문에 호기심을 가질 것이다.
- 이 놀이치료실이 이 시간 동안에는 자기의 방인지 알게 되어 안전감을 느끼고 싶어 할 것이다.
- 다른 아동도 그 놀잇감을 가지고 노는지 알고 싶어 할 것이다.
- 놀이치료실에서 자신과 다른 아동이 함께 있게 되는지 알고 싶어 할 것이다.
- 친구를 데려올 수 있는지 알고 싶어 할 것이다.
- 이번 주에 놀이치료실의 어떤 것이 달라졌다는 것을 말하고 싶어 할 것이다.

② 내가 다음에 무엇을 하려 하는지 아세요?

로라는

- 자기가 무엇을 하려는지 마음속의 생각을 알리고 싶어 할 것이다.

- 자신의 계획 속에 놀이치료자를 포함시키려고 할 것이다.
- 하나의 놀이를 끝내거나 다른 놀이로 바꾸려고 할지도 모른다—하나의 놀이 상황에 대한 끝맺음의 방법

③ 나는 내일도 올 수 있을까요? 또는 언제 내가 다시 올 수 있을까요?
드와이트는

- 자신에게 중요한 계획을 시작하여 그것을 끝내고 싶어 할 것이다.
- 자기가 하고 있던 놀이를 즐기고, 그것을 다시 할 기회를 가지기를 원할 것이다.
- "여기는 내게 중요한 곳이에요."라고 말할 것이다.
- 자신의 시간—놀이치료실에서 자기에게 할애된 시간임을 재확인하려 할 것이다.
- 자기의 세계가 지속되리라는 믿음에 대한 불확실함과 다른 상황에서처럼 이 세계가 그를 실망시키지 않을까 하는 불확실성을 가지고 있을지도 모른다.
- "난 여기에 오는 것이 정말 좋아요." "내가 다시 여기에 온다는 것은 내게 참으로 중요해요."라고 말하는 것일 수도 있다.

④ 누구나 이것을 가지고 노나요?
레이첼은

- "내가 이걸 가지고 놀아도 되나요?"라고 말하고 있을 수도 있다.
- 놀이치료실에서 허용되는 것에 대한 확신이 없어서 그것에 대해 다시 허락을 구하거나 재확인하려고 할 것이다.
- 그 놀잇감은 무엇이고, 치료자가 그것을 가지고 놀기를 원하는지에 대해 확신이 없을지도 모른다.
- 자기가 하고 싶은 것을 결정해 보고자 시도하려고 할 수도 있다.
- 놀이치료자와 접촉하고 싶어 할 것이다.

⑤ 이게 무엇인지 아세요?

마이크는

- 자기가 만든 것을 자랑하고 싶어 할 것이다.
- 놀이치료자와 접촉하고 싶어 할 것이다.
- 특수 목적으로 놀잇감을 가지고 놀 준비―놀잇감을 사용할 계획을 세웠을 것이다.
- 놀잇감에 대한 정보를 물어 올 수도 있다.

⑥ 이것이 무엇이에요?

발레리는

- 놀잇감 또는 놀이 재료가 친숙하지 않거나 그것을 어떻게 가지고 노는지에 대해 확신이 서지 않을 수도 있다.
- 자신이 놀잇감을 가지고 놀 것인지를 결정하려는 것일 수도 있다.
- 놀이치료실의 허용성에 대한 확신이 없어서 "내가 이것을 가지고 놀아도 되나요?"라고 물어봄으로써 놀이치료실의 허용 정도에 대해 알아보려고 하는 것이다.
- 놀이치료자와 접촉하고 싶어 할 수도 있을 것이다.
- 놀이치료자에게 지시나 승인을 구하고자 할 수도 있다.
- 분명한 사용법 이외의 다른 용도로 사용하고 싶어 할 것이다.
- 놀이치료실과 놀이치료자를 살피면서 놀이치료자와 표면적인 관계를 맺고자 하는지도 모른다.
- 물건을 '안전한' 곳에 가져다 놓으려고 할 수도 있다. 놀이치료자는 종종 민감한 문세나 감성에 식년하게 될 것이다.

⑦ 선생님은 아이들을 좋아하세요? 또는 선생님은 아이가 있으세요?

케빈은

• 놀이치료자와 라포를 형성하려고 할 것이다.

• 놀이치료자에 대해 더 많이 알아내려고 할 것이다.

• 놀이치료자가 자기를 정말로 좋아하고 수용하는지를 확인하려고 할 것이다 (이 질문은 보통 "나는 여기에 오는 게 좋아요."라는 말 뒤에 따라 나오는 것 같다.).

• 놀이치료자를 향해 소유욕을 나타내고자 할 것이다.

• 초점의 대상에서 벗어나려고 할 것이다.

• '예의'에 벗어나지 않는 대화를 하려고 할 것이다.

• "선생님은 누구 편이에요?"라는 위협의 질문으로 이끌어 가려고 할 수도 있다.

⑧ 지금 몇 시예요? 또는 시간이 어느 정도 남았어요?

테레사는

• 자신을 즐기면서 떠나려 하지 않을 수도 있다.

• 시간이 아직 남았다는 확실한 느낌을 가지고 싶어 할 것이다.

• 자신이 알고 조절하기를 원할 것이다.

• 가는 것을 걱정해야 할 것이다.

• 목표를 계획하고 그것을 끝낼 수 있다는 것을 확신하기를 원할 것이다.

⑨ 선생님은 왜 그렇게 말씀하세요?

로버트는

• 성인과 이야기하는 것에 익숙해 있지 않을 수도 있다.

• 언어적 관심에 대해 놀란 반응을 보일 수도 있다.

• 지나치게 말로 반영해 주는 것을 귀찮아할 수도 있다.

• 놀이치료자의 반영적인 반응 유형에서 차이점을 알아챘음을 말하려는 것일 수도 있다.

⑩ 이걸 좀 끼워 주시겠어요? 또는 나를 위해 이것 좀 해 주실래요?

체릴은

• 자신의 능력에 대해 의존적이고 자신감이 부족할 수도 있다.
• 놀이치료자와 접촉하고 싶어 할 수도 있다.
• 그것을 함께할 수 있는지 시험할 수도 있다.

⑪ 내가 이걸 한다면 어떻게 될까요?

켄트는

• 자기 주변 환경의 한계를 시험해 볼 것이다.
• 호기심을 표현하고 있을 것이다.
• 관심을 끌고자 할 수도 있다.

⑫ 이곳을 깨끗하게 치워야 하나요?

웬디는

• 놀이치료실에 익숙해져서 그곳이 안전하다는 것을 배울 것이다.
• 어질러 놓고 싶어 할 수도 있을 것이다.
• 놀이치료실에서의 한계가 어디인지 궁금해할 것이다.
• 이곳이 다른 곳과 다른지 알아내려는 것일 수도 있다.

⑬ 이 곳에서는 아이들이 함께 놀기도 하나요?

커크는

• 외롭다고 느끼는지도 모른다.
• 안전하지 못하다고 느낄 수도 있다.
• 놀이치료자와 관계 맺는 것을 피하려고 할 수도 있다.
• 친구를 데려오고 싶어 할 것이다.

⑭ 우리 엄마한테 말할 거예요?

세레나는

- 어떤 일에 대해 벌을 받을까 봐 두려워할 수도 있다.
- 제한사항을 어기려고 할지도 모른다.
- 관계에 대한 신뢰성을 확고하게 하기를 원할 수도 있다.

⑮ 선생님은 어떤 새로운 놀잇감을 가지고 있나요?

제프는

- 무엇을 할지 결정하는 데 어려움이 있을 것이다.
- 싫증이 나서 새로운 놀잇감을 좋아한다는 것을 말하고 있는지도 모른다.
- 놀이를 끝낼 준비가 되어 있음을 알리려는지도 모른다.

⑯ 이건 어떻게 하는 거예요?

사라는

- 정말로 알고 싶어 할지도 모른다.
- 놀이치료자를 조종하려는 것일지도 모른다.
- 의존성을 표현할 수도 있다. 자기가 그것을 스스로 해결하지 못하기 때문에 놀이치료자가 가르쳐 주기를 바랄 수도 있다.
- 놀이치료자와 어떤 접촉을 하고 싶어 할 수도 있다.

⑰ 언제 다시 오나요?

제이슨은

- 자기가 다시 오리라는 것에 대해 확신을 가지고 싶어 할 것이다.
- 자기가 언제 다시 올지 알고 싶어 할 것이다.
- 다시 오는 것에 대해 두려움을 가지고 있으면서 자기가 다시 와야 하는지 알고 싶어 할 것이다.

- 자신의 행동이 너무 나빠 치료자가 다시는 못 오게 할 것이라고 느낄 수도 있다.

⑱ 나는 무엇을 해야 하나요?

니콜은

- 놀이치료자에게 책임을 돌리고 싶어 하는지도 모른다.
- 무엇을 해도 되는지 알고 싶어 할 것이다.
- 노는 것에 대한 허락을 구하려는 것일 수도 있다.
- 놀이치료자를 기쁘게 해 주려는 건지도 모른다.

⑲ 누가 이걸 망가뜨렸어요?

그레그는

- 누가 망가뜨렸는지 알고 싶어 할 것이다.
- 누군가가 놀잇감을 망가뜨렸을 때 어떻게 되는지 궁금해할 것이다.
- 놀잇감이 망가진 데 대해 당황하고 있을 것이다.

⑳ 이것은 어디서 났어요?

모니카는

- 어디서 가져왔는지 알고 싶어 할 것이다.
- 놀이치료자와 접촉하고 싶어 할 것이다.
- 놀이치료실과 놀이치료자를 살필 시간을 가지고 싶어 할 것이다.

㉑ 이걸 집에 가져갈 수 있어요?

척은

- 놀잇감을 가져가도록 허락을 얻고 싶을 것이다.
- 놀잇감을 집에 가져가면 어떻게 되는지 알고 싶을 것이다.

- 경험이나 관계를 확장시키고 싶을 것이다.
- 놀이치료실에 대한 소유욕을 느낄 수도 있다.
- 자신을 초점의 대상에서 벗어나게 하려는 시도일 수도 있다.
- '예의' 바른 대화를 하고자 할 것이다.
- "선생님은 누구 편이에요?"라는 질문으로 이끌어 갈 것이다.

㉒ 선생님은 이걸로 어떻게 놀아요?

아니타는

- 놀이치료자가 자기와 상호 작용하기를 바랄 수도 있다.
- 자기가 무언가를 잘못할지도 모른다고 두려워할 수도 있다.
- 안전감이 없거나 의존적인 느낌을 가지고 있을 수 있다.

일방경과 기록에 대해 설명하기

어린 아동에게 일방경(observation mirror)을 통해 비디오 녹화를 설명하려고 하는 것은 혼란을 주는 일일 수 있고, 대부분 필요하지 않다. 어린 아동은 자신의 모든 경험이 집에서는 일방경으로 보일 수 없기 때문에 그것이 일방경을 통해 보일 수 있다는 것을 이해하기 어렵다. 어떤 아동은 그 거울 안에 어떤 방과 사람이 있다고 생각하는데, 이것은 매우 낯선 경험이 될 수 있다.

일방경을 통해 놀이치료실 안을 보도록 어린 아동을 관찰실로 데려가는 것이 이해하기 어려울지 몰라도, 아동이 '또 다른 방과 그 안에 있는 사람'을 보는 데 관심을 나타낸다면 관찰실을 보여 주어야만 한다. 그렇지만 좀 더 큰 아동에게는 이런 과정을 설명해 줄 수 있는데, 부모, 교사, 그 밖의 사람이 보지 않는다는 것을 아동에게 재확인시켜야 한다.

음성 녹음이 이루어진다면 아마도 아동은 놀이치료실에서 기록하는 사람을 주시할 것이고, 테이프를 주의 깊게 듣고 싶어 할지도 모른다. 상담의 마지막 몇 분은 이것에 대해 설명해 줄 수 있는 좋은 시간이 될 수 있다. 만일 아동이 자신이 나오는 비디오테이프를 보고 싶어 하고 관심을 보인다면, 그들의 요청은 존중되어야 한다. 원래 아동은 기록한 것을 주의 깊게 듣거나 보기를 원하지는 않는데, 요구하는 아동은 자신이 저지른 어떤 부정적인 행위에 대해 깨닫고 당혹스러워할 것이다. 그 아동은 또한 순수하게 놀이치료실에 있는 자신과 그들의 익살맞은 동작을 즐길 수 있다. 자신의 행동을 관찰하는 것은 그 결과로 감정이 첨가된 것을 표현하도록 촉진시켜 줄 뿐만 아니라 새로운 통찰력을 가지게 해 준다. 제레미는 이젤에 그림을 그리는 동안 물감을 마룻바닥에 뚝뚝 떨어뜨리는 자기 자신을 보고는 "나는 당신이 나를 야단칠 줄 알았어요."라고 말하였다(비디오에 나온 자신을 바라보는 것은 연구할 필요가 있는 영역 중 하나다.).

놀이치료 동안에 기록하기

초기 놀이치료 경험에서 나는 아동의 행동을 기록했었는데, 그것이 나와 아동이 서로에게 집중하지 못하게 방해하고 있음을 알게 되었다. 머리를 숙이고 기록을 하다가 고개를 들어 보면 아동이 다른 곳에 가 있는 것을 발견하게 된다. 그래서 나는 아동의 놀이 행동의 일부분을 놓치게 되었다. 아동의 놀이는 자신의 언어이기 때문에 나는 아동의 의사소통의 일부분을 놓치게 된 것이다. 나는 또한 그 아동이 하는 행동의 전부가 아닌 어떤 사건을 기록하였는데, 그러한 일은 단지 내가 중요하다고 느낀 것이었다. 그 아동도 또한 그것을 알아차렸으며, 결국 아동은 내가 기록하는 일 이상으로 많은 활동을 한다는 것을 깨닫게 되었다. 그런 의도가 아니었음에도 불구하고 나는 아동의 놀이에 영향을 주고, 그것을 구조화하고 있었다. 놀이의 일부 내용이 기록된다는 것을 아동이 알게 된다면, 이는 아동에게 위협이 될 수도 있으며, 결국은 아동의 놀이를 방해할 수도 있다.

　　한 번은 여섯 살 난 매튜와 놀이치료를 하는 동안 기록하고 있었다. 그때 아동이 와서는 내가 기록한 것을 보고 싶어 해서 건네주었다(놀이치료실에서는 비밀이 없어야 한다.). 매튜는 그것을 이젤이 있는 곳으로 가져가더니 곧바로 노트 전체를 까만색으로 칠하고는 나에게 건네주었다. 아동이 하는 행동을 기록한 것에 대한 반응에서 나는 아주 강력한 메시지를 경험하였다. 때때로 이런 경험을 통해서 빨리 배우게 된다. 나는 아동이 하는 행동을 기록하는 것에 관심을 가지지 않을 때, 좀 더 충실히 아동에게 관심을 기울일 수 있었다. 다른 치료자들은 최소한 집중해서 그 시간 동안 노트하는 방법을 알고 있을지 모른다. 회기가 끝난 직후에 기록이 이루어질 수 있으며, 기록은 놀이 주제 전개에 대한 이해와 진전을 평가하기 위해 중요한 것이다. 나는 사설기관의 한 혁신적인 놀이치료자를 알고 있는데, 그는 녹음기를 벨트에 끼워 녹음하면서 놀이치료에 집중한 다음, 매 회기가 끝난 후에 자신의 평을 녹음하였다.

각 회기의 마지막을 준비하기

　　아동은 대체로 놀이치료실에서 정서적 · 신체적으로 몰두를 경험하기 때문에 시간이 흐른 것을 인식하지 못하기도 한다. 민감한 놀이치료자는 시간이 다 되었다는 것을 알리기 위해 5분 후 놀이가 끝날 것이라고 말해 줌으로써 놀이가 끝나는 것에 대해 아동이 놀라지 않도록 도울 수 있다. "킴, 우리는 놀이치료실에서 5분 더 있을 수 있고, 시간이 다 되면 엄마가 계신 대기실로 갈 거야." 시간은 항상 일정하다. 치료자는 "우리는 약 5분 더 남았어."라고 말하지 말아야 한다. '약'이란 모호한 용어이며, 얼마나 오래의 '약'인지 아무도 모른다. 어떤 개인에게 있어서 '약'은 아마도 10분 혹은 15분을 의미하고, 다른 사람에게 있어서는 그들이 원하는 만큼의 긴 시간을 의미하기도 한다. 시간은 놀이치료 경험을 구조화하는 부분이고, 치료자는 경험을 구조화하는 데 있어 명확해야 한다. 이 5분에 대한 명시는 아동에게 대단히 만족했던 것 혹은 즐거운 경험과 자신의 통제 아래서 스스로 떠날 준비를 하도록 하는 기회를 제공한다. 간혹 아동이 열심히 참여하고 있을 때는 추가적으로 1분이라는 주의가 필요할지도 모른다. 갑작스러운 종료로 아동이 놀라게 되는 것을 피하라. 5분에 대한 주의를 주는 것은 아동을 위한 존중의 표시다.

놀이치료 경험은 설정된 경계 안에서 허용적인 관계 경험이고, 아동은 흔히 창조적이고 표현적인 방식으로 자신을 표현한다. 흔히 일어나는 일로 아동은 이젤 위의 종이를 넘어서 이젤 위에 색을 칠하기도 한다. 놀이치료실에서 아동은 손 혹은 팔에 색칠을 하게 되고, 이것에 대한 허용을 경험한다. 제한적이지만 놀이치료실 안에 있는 옷, 벽, 의자 정도까지는 색칠에 사용된다.

때로는 고의적으로 색칠하는 것을 아동의 얼굴에서 발견하기도 한다. 일곱 살의 제이슨은 두 번의 초기 놀이치료 회기가 끝나는 과정에서 자신이 수두에 걸렸다고 말하며 선홍 열로 인한 수두 점을 그린 것처럼 보이는 얼굴을 내게 보여 주었다. 나는 이것을 매우 창의적이라고 생각하였다. 그는 다른 놀이로 옮겨 갔고, 내가 놀이 시간이 5분 남았음을 알렸을 때 물감은 여전히 그의 얼굴에 묻어 있었다. 치료자와 관련된 추가적인 주제는 이것이다. 즉, 엄마가 놀이치료실에서와 같이 자신의 아들이 얼굴에 색칠하는 것을 어떻게 허용할 수 있겠는가? 비록 아동이 손과 팔에 색을 칠하는 것과 관련해서 부모와의 인터뷰를 통해 기본적인 정보를 제공했다 하더라도, 실제로 부모가 그런 장면과 마주칠 때는 강한 거부감을 느낄지도 모른다. 나의 걱정은 나의 의도와는 달리 부모가 빠르게 감정적인 분노를 폭발할 수 있다는 점이다.

나는 제이슨의 얼굴에 물감이 묻어 있고, 그가 그것을 씻지 않았다는 것을 인식하도록 그에게 2분을 주고 기다렸다. 그가 아무것도 하지 않자 나는 말하였다. "제이슨, 너의 얼굴에 묻은 물감을 엄마가 있는 대기실에 가기 전에 씻어야 한단다." 만약 놀이치료실에 물이 없다면, 대기실로 가는 도중에 치료자는 욕실에 멈추어 아동이 씻는 동안 밖에서 기다릴 수 있다. 만약 제이슨이 물감을 씻지 않는다면, 나는 제이슨보다 먼저 대기실에 가서 엄마에게 "제이슨 얼굴에 물감이 묻었어요(엄마가 준비하도록). 욕실로 데려가서 씻길 수 있어요?"라고 말한다. 손과 팔에 물감이 묻은 채 차에 아동을 태우는 것을 허용하면 아이가 차 내부에 물감을 묻히게 될 경우 대재앙이 될 수 있다. 현재 여기서 주의할 점은 놀이치료 과정을 위해 부모의 지지를 유지하는 것이 가장 중요하다는 것이다.

첫 놀이치료 시간에 대한 놀이치료자의 반응

캐시: 그것은 내가 미처 깨닫기도 전에 이미 시작되었어요. 나는 놀이치료실의 상담자를 위해 마련된 의자에 앉아 있었어요. 그 놀이치료실은 내가 듣기도 하고, 책으로 읽기도 했던 곳이며, 바로 이 순간을 위해 준비된 곳이었지요. 세어 보지는 않았지만 여러 생각이 마음속을 떠다녔고, 나는 두근두근거리고 조마조마했어요. 경험과 치료가 가져올 수도 있는 것이 무엇이든지 간에 초조한 상태보다는 기대가 더 컸다고 생각합니다. 낯설었어요. 하지만 특별한 감정이었어요. 나는 약간 걱정했었어요. 그러나 30분이 몇 초처럼 지나간 것으로 봐서 모든 것은 내 생각과는 거리가 먼 것이었어요.

빌: 나는 준비가 되었다고 생각했어요. 모든 것이 자연스럽게 진행되리라고 생각했는데, 솔직히 나는 진행 과정에서 고민해야 했어요. 나는 아동의 행동을 지도하여 무엇을 가지고 놀라고 말해 주고 싶었어요. 문자 그대로 '그 아동을 움직이게' 하고 싶었어요. 그 재료가 무엇이고, 어떻게 하는 것인지 설명해 주며, 아동을 위해서 끼워 주고, 결합하며, 열고 닫는 것과 같은 일을 해 주고 싶었어요. 나는 좌절을 경험해야만 했고, 그 아동은 아동대로 좌절감을 안은 채 떠나야 했어요. 우리 둘 다 성장할 수 있었을 텐데……. 사실상 이 상담 과정은 브라이언보다 나에게 더욱 치료적인 기간이었어요. 나는 나 자신과 내가 가지고 있는 욕구, 특히 남을 돕고, 이끌며,

지시하고 아동에게 보다 쉬운 놀잇감을 만들게 하려는 욕구에 대해 많은 것을 배우게 되었어요. 가장 중요한 것은 아동을 성장시키기 위해서는 나를 자제하고 억눌러야 한다는 것임을 배웠습니다.

메리린: 나는 첫 번째 놀이치료 과정이 시작되기 전에 나 자신이 초조하고 긴장하고 있다는 것을 느꼈어요. 아동에게 말해 줄 '옳은' 것을 기억해 내려고 할 때, 내 마음은 텅 빈 것 같았어요. 너무 멋진 일이었어요. 카렌과 손을 잡고 놀이치료실로 걸어갈 때, 나 자신이 나른해지고 아동을 내 편에서 즐기고 있음을 느꼈어요. 우리가 놀이치료실로 들어갔을 때, 더 이상 나는 마음이 공허하다거나 그러한 감정을 느끼지 못했어요. 나는 개방적이고, 수용적임을 느꼈으며, 그 아동과 놀라운 관계가 시작되고 있는 경험을 할 준비가 되었음을 느꼈어요.

스테판: 놀이치료실에서의 첫 경험은 유쾌하였어요. 나는 권위적이고 독재적인 역할을 포기할 수 있었고, 아동이 나를 이끌어 가는 것을 받아들일 수 있었어요. 또한 내가 아동을 설득하거나 가르쳐야 한다고 느끼지 않았어요. 나는 아동을 주의해서 볼 수 있었고, 아동의 세계를 이해하려고 노력할 수 있었습니다. 나의 기술로써가 아니라 아동에게 집중할 수 있었습니다. 나는 지금 아동만큼이나 자유를 느끼고 있어요.

관계의 기본적인 차원

우리가 놀이치료에서 언급하는 아동과의 관계 발달은 놀이 과정에서 아동이 혼자 중얼거리는 대화에 반응해 줄 때, 놀이치료자가 아동의 자아에 민감해하고 아동과의 촉진적인 관계에서 교류되는 아동의 정서적인 표현만큼이나 아동의 세계가 가지는 역동성에 대한 치료자의 민감성, 이해에 의해 좌우된다. 오직 치료자와의 관계에서 안전감을 느끼기 시작할 때, 아동은 정서적으로 의미 있고,

때로는 두려운 경험을 겉으로 표현하기 시작한다. 치료자는 이러한 진전 과정을 기다려야만 한다. 재촉하거나 일부러 꾸며서는 이루어질 수 없다. 이것이 아동의 시간이며, 놀고, 말하며, 탐색하기 위한 아동의 준비 행동이다. 그러나 아직 준비되지 못한 행동도 존중해 주어야 한다.

아동은 자유롭고 허용적인 상황에서 단독놀이를 주도하며, 치료자와의 관계 형성 경험을 할 때, 자기 훈련과 인내를 증진시키게 되는데, 이것은 자기가 선택한 활동이나 과제를 끝까지 수행하는 것이 요구되는 끈질긴 노력의 결과다. 독자적으로 하나의 활동을 선택하고, 그 행위를 지시하며, 자기 자신에 의존하는 과정은 결과적으로 자아를 발달시키고, 자기 신뢰가 개발된다.

관계에서 아동중심 놀이치료자의 책임은 1명의 온전한 성인으로서 아동과 의사소통하기 위하여 노력하는 것으로, 다음과 같은 네 가지 메시지로 요약할 수 있다.

치료자의 관계를 위한 네 가지 치료적 메시지

나는 여기에 있어

어떤 것도 나를 방해하지 않는다. 나에게 관심을 돌릴 만한 어떤 것도 없다. 나는 육체적으로, 정신적으로, 정서적으로 충분히 함께한다. 나와 아동과의 사이에 어떤 거리도 두지 않고 충실하게 참여하기를 원한다. 나는 아동의 세계로 들어가 그곳에서 자유롭게 움직이며, 아동이 인식하는 것을 인식하고, 아동이 느끼는 것을 느끼길 원한다. 이러한 인식에 도달했을 때, 내가 아동과 접촉하고 있지 않다는 것을 알기 쉬워진다. 아동을 평가할 필요가 없이 아동의 세계로 들어가 그렇게 충실할 수 있을까?

나는 너의 말을 듣는단다

나는 나의 귀와 눈으로 표현되는 것과 표현되지 않는 아동에 대한 모든 것을 충실하게 듣는다. 아동에 대해 완벽하게 듣기 원한다. 아동을 있는 그대로 경험하며 들을 수 있을까? 이것이 가능해지면서 나와 분리된 아동을 스스로 허용하는 것에 대해 확신이 있어야 한다.

나는 이해한단다

아동이 대화하고, 느끼며, 경험하고, 노는 것을 내가 이해한다는 것과 아동을 이해하기 위해 열심히 의사소통하고 있다는 것을 알기 원한다. 나는 내적인 깊이와 이러한 아동의 경험과 느낌에 대한 의미, 아무도 돌보지 않는 고독감, 실패로 인한 공허, 슬픔을 동반하는 절망을 이해하기 원한다. 치료의 결정적인 차원은 아동을 이해하고 받아들이는 이런 종류의 의사소통이다.

내가 돌봐 줄 거야

나는 실제로 아동을 돌보는 일을 하며, 그들이 이것을 알기 원한다. 만약 내가 3개의 메시지와 충실하게 소통하는 데 성공한다면, 아동은 위협으로 받아들이지 않을 것이고, 내가 그의 세계에 들어가도록 허용할 것이다. 그러면 아동은 단지 그때만 내가 자신을 돌본다는 것을 알게 될 것이다. 나는 이런 종류의 돌봄은 아동 안에 이미 존재하고 있던 역동적인 잠재력을 풀어 놓을 수 있다는 것을 경험하였다. 나는 어떤 것도 창조하지 못한다. 아동 속에 이미 존재한 것이 아동을 변화시키거나 혹은 성장하게 한다.

참고문헌

Moustakas, C. (1981). *Rhythms, rituals and relationships*. Detroit, MI: Harlow Press.
Segal, J., & Yahraes, H. (1979). *A child's journey: Forces that shape the lives of our young*. New York: McGraw-Hill.

제10장

촉진적 반응의 특징

아동을 대하는 어른의 자연스러운 반응은 질문하거나 명령하거나 대답을 가르쳐 주는 것인데, 이것은 아동이 올바르게 행동하기 위해서는 어른의 말을 따라야 한다는 태도에서 비롯된 것이다. 아동을 대함에 있어 민감성, 이해, 수용을 바탕으로 의사소통을 하고, 자유와 책임을 전달하는 것은 많은 어른에게는 외국어를 배우는 것과 같이 엄청난 변화다. 이러한 변화에는 급격한 태도의 전환과 아동과 소통하기 위한 언어의 재구성이 요구된다.

초보 놀이치료자는 이러한 변화에 대해 "나는 어떻게 반응해야 하는지 알고 있다. 그러나 그것을 말로 어떻게 표현해야 하는지를 모른다."라는 말을 자주 한다. 이러한 새 관점에서 보면 아동은 능력이 있고, 창조적이며, 탄력적이고, 책임성 있는 존재로 보인다. 즉, 성인-아동 관계의 목표는 아동이 가지고 있는 능력을 발산하게 하거나 발달시키도록 아동을 대하는 것이다. 따라서 치료자는 아동이 스스로 문제를 해결할 수 있다고 진실로 믿으며, 아동의 결정이 발달 역량의 범위 안에서 적절함을 신뢰해야 한다. 치료자는 이러한 자세로 아동과 소통한다.

민감한 이해: 함께하기

레이첼은 몸집이 작은 1학년 여자아이로, 집에서 학교까지 가까운 거리를 다른 아이들과 함께 걸어서 다닌다. 엄마는 레이첼에게 항상 학교가 끝나면 곧장 집으로 와야 한다는 사실을 반복적으로 주입시켰으며, 이러한 엄마의 걱정은 어느 날 레이첼이 학교에서 몇 분 늦게 돌아온 날 비로소 이해되었다. 레이첼의 엄마는 길을 살피며 걸었으나 레이첼의 흔적은 보이지 않았다. 도로까지 10분 정도 걸어갔으나 여전히 레이첼의 흔적은 보이지 않았다. 15분이 지나자 엄마는 거의 미칠 지경이 되었다. 20분이 지나자 드디어 레이첼이 돌아오는 것이 보였다. 그녀는 레이첼을 큰 소리로 꾸짖으며 팔을 잡아 끌어 집으로 갔다. 그 일이 있고 몇 분이 지난 후, 비로소 엄마는 레이첼에게 늦은 이유를 설명하라고 하였다. 레이첼은 돌아오는 길에 셸리가 인형을 잃어버려 바깥에서 우는 것을 보았다고 말하였다. "오, 저런!" 하고 레이첼의 엄마가 말하였다. "그래서 셸리의 인형을 찾아 주려고 멈춰 섰니?" "아뇨, 엄마. 셸리가 우는 걸 달래 주려고 멈춰 섰어요."

이 이야기는 아동중심 놀이치료의 철학에서 아동에 대해 서술하고, 아동중심 경향에서 아동을 이해하기 쉽도록 생생하게 나타낸 것이다. 엄마의 초점은 잃어버린 인형에 대한 문제를 해결하기 위해 도와주었는지였다. 레이첼의 첫 반응은 셸리의 정서적 세계 안에서 셸리의 고통과 곤경에 공감적으로 반응해 주기 위해 셸리와 함께 있어 주기였다. 셸리의 문제를 해결하기 위해 셸리의 인형을 찾는 일은 일어나지 않았다. 레이첼은 직관적으로 '당신이 문제에 초점을 두면 당신은 아이를 볼 수 있는 눈을 잃어버린다.'는 것을 알고 있었다. 놀이치료자와 아마 모든 성인은 아이와 함께 있어 주는 것의 중요성을 레이첼에게서 배워야 할 것이다. 레이첼의 공감적 함께 있기는 놀이치료자가 얻으려고 노력하는 관계를 묘사한 것이다. 우는 것에 초점을 두지 않고 함께 있는 것에서 이해하는 것이다.

아동에 관해 알고 있는 것과 이전의 상황에 근거하여 아동을 평가하는 태도는 성인-아동의 전형적인 상호 작용 방식이다. 아동의 즉각적인 내적 참조 틀, 즉 순수하게 아동과 함께할 수 있도록 아동의 주관적 세계를 이해하려고 노력하는 성인은 거의 없다. 치료자가 개인적 경험과 기대를 얼마나 버릴 수 있는가에 따라, 그리고 아동의 행동, 경험, 감정, 사고뿐만 아니라 아동의 개별성을 얼마나 이해할 수 있는가에 따라 아동에 대한 세심한 이해가 가능해진다. 아동은 자신의 주관적인 경험 세계를 이해하고 수용받는 관계를 경험하지 못하면, 세상을 탐색할 수 없고, 경계를 시험해 볼 수 없으며, 그들 생활의 두려운 부분을 나눌 수도 없다.

그 밖의 치료적 차원과 마찬가지로 치료자의 태도는 아동이 이해와 수용을 느끼는 데 매우 중요하다. 이러한 깊은 이해의 차원은 습관적인 역할에서 벗어나 아동을 이해하는 일에 깊이 있고, 의미 있게 참여하는 것을 의미한다. 이것은 아동을 평가하고 판단하려는 성향을 버리고 아동의 관점에서 보는 것을 의미한다. 이해와 수용이 부족하면 관계를 통한 효과적인 치료는 이루어지지 않는다.

돌봄적 수용

수용은 아동에 대한 순수하고도 성실한 관심, 아동의 권리에 대한 민감성, 아동 스스로가 책임질 능력이 있다는 신념에서 나온다. 놀이치료실에서 이러한 수용적 분위기를 경험한 아동은 적절감과 독립을 성취하면서 타인에게 지지를 얻을 수 있음을 배운다. 수용은 치료자의 인내와 과정을 신뢰하는 자발성을 통해 전달된다. 치료자는 항상 아동에게 관심을 기울여야 한다. 인내는 치료자로 하여금 아동의 관점에서 사물을 보게 한다. 치료자의 수용은 조언, 제안 또는 설명하는 것을 억제하고, 아동에게 질문하거나 방해하지 않는 것을 통해 나타난다. 치료자의 공감적 이해는 아동에게 이해와 수용을 전하는 것이며, 따라서 아동이 더욱 창조적이고 표현적이도록 만든다([그림 10-1]).

단순히 아동의 행위, 행동, 또는 감정이 좋은지 나쁜지는 치료자에게 중요하지 않다. 치료자는 이를 어떠한 판단적 태도로 감시하지 않고 일어난 그대로 수용해야 한다. 치료자는 그러한 것과 더불어 아동에게 나타난 일과 기분에 공감을 나타내며, 아동에 대한 존중을 표현하고, 아동이 자신의 감정을 가질 수 있으며, 아동에게 행위를 통해 자신을 표현할 권리가 있음을 분명히 한다. 수용은 허용할 때 이루어지지만, 반드시 아동이 하는 모든 것을 승인한다는 의미는 아니다. 부적절함, 결핍, 행동에 상관없이 아동이 가치 있는 개인으로서 수용받는 것은 치료 과정의 중요한 차원이다. 이런 유형의 관계 창조는 아동으로 하여금 치료자의

[그림 10-1] 아동이 이해와 수용을 받는다고 느낄 때, 아동은 그들의 속도로 그들 자신을 표현하기에 충분히 안전하다고 느끼게 된다.

재촉이나 압력 없이 아동 자신의 속도에 따라 자기를 표현하게 한다. 비평, 평가, 판단, 거부, 불인정, 비난, 체벌, 처벌, 또는 칭찬, 보상 등의 대가 없이 한 사람으로서 수용받는 것, 그것이 존중의 핵심이다.

치료자의 수용적 반응은 아동에게 사고, 더 나아가 감정을 탐색하도록 격려한다. 아동이 자신의 감정을 표현하고 치료자가 아동의 감정을 수용할 때, 아동은 덜 강렬해지고, 아동의 감정 수용은 촉진된다. 이제 아동은 보다 구체적인 방식으로 긍정적 정서와 부정적 정서를 표현함으로써 감정을 충분히 통합하고 다룰 수 있게 된다. 이것이 아동중심 놀이치료의 근본 원리다. 아동의 감정에 초점을 맞추는 것은 문제보다 아동 개인이 중요하기 때문이다. 아동의 감정에 초점을 두는 것은 문제의 중요성이 아닌 아동 개인을 입증하는 것이다.

구체적인 치료적 반응

다음에 제시된 치료적 반응의 특성은 아동중심 놀이치료 과정에서 중요하게 간주되는 치료기술이다. 촉진적인 기술을 사용하는 정도는 그 순간에 아동에게 신속하게 반응하는 치료자의 직관적인 민감성의 기능과 관련이 있다.

간결한 상호 작용

대부분의 치료자는 아동에게 반응할 때 너무 많은 단어를 사용하는 경향이 있다. 장황한 반응은 아동에게 혼란을 주고, 치료자를 이해하는 것을 어렵게 만든다. 치료자는 아동이 이해하지 못했다고 가정하고 즉각적으로 아동의 이해를 돕기 위한 노력으로 종종 아동에게 반응하거나 말을 하고, 약간 다른 방법으로 고쳐 말하거나 추가하여 이야기할 것이다. 치료자의 장황한 반응은 아동이 치료자가 말하고 있는 것이 무엇인지 이해하는 데 에너지를 쏟게 만들어서 아동의 초점을 방해하고, 놀이의 과정을 방해하는 결과를 초래한다. 전형적으로 이러한 중재는 아동의 놀이 표현의 방향을 변화시키는 경향이 있고, 아동의 탐색과 표현의 완성을 방해한다. 아동은 장황한 반응을 기억하지 못할 뿐만 아니라 반응의 의도된 의미를 내면화할 수 없다.

장황한 반응은 아동이 자신의 인식에 들어오는 모든 단어를 이해하기 위해 에너지를 우회시키게 하기 때문에 아동의 초점을 방해한다. 치료적 반응은 짧고 간단명료해야 하며, 아동과 상호 작용적이어야 한다. 치료적 반응은 고정된 문장이나 단순한 단어의 반영이 아니라, 아동의 정서적 강렬함과 몰입을 연결 짓고, 대화와 같은 흐름을 느끼게 하는 것이어야 한다.

> **기본 규칙**
> 반응을 짧게 하라. 10개의 단어 이내로 하라.

장황한 반응은 치료자가 아동의 무언가를 지적하거나, 아동을 가르치거나, 아동의 행동을 설명하기 위해 시도한 결과물이다. 짧은 반응은 치료자의 공감과 이해를 아동에게 전달할 수 있고, 가능한 한 아동과 함께하려는 치료자의 욕구에 의한 것이다.

아동의 놀이의 지속을 돕기

나는 아동이 하고 있는 놀이나 대화의 흐름을 방해하지 않고 아동의 표현 속으로 자연스럽게 스며드는 반응을 할 때를 가장 좋아한다. 이때 반응은 바로 적절한 순간에 주어지며, 표면적인 동요 없이 아동의 의사소통 속으로 들어간다. 그러한 합치는 아동이 거의 알아차릴 수 없을 정도로 조화로운 것이다. 나는 세계적 수준의 다이버처럼 반응하고 싶다. 세계적 수준의 다이버는 겉으로 보기에는 많은 노력을 기울이지 않는 것처럼 보이지만, 다이빙보드를 찬 후 가장 적절한 순간에 뛰어내려 물거품도 거의 없이 부드럽게 물을 가른다. 아동에 대한 나의 반응은 아동의 표현의 흐름에 아무런 방해가 되지 않을 때 가장 촉진적이다. 이 순간에 나는 아동과의 일체감과 순수한 이해를 느끼며, 우리 두 사람의 상황을 뛰어넘어 '함께 있음'을 느낀다. 우리는 여기 함께 있으며, 상호 수용이 존재한다.

치료자는 반응을 하기 위해 아동의 행동을 민감하게 인식한다. 아동이 치료자의 반응에 따라 빈번하게 자신의 놀이를 중단하거나, 놀이의 방향을 바꾸거나, 또는 어떠한 방법으로 놀이의 과정을 바꾸는 반응을 보인다면, 아동은 치료자의 반응이 자신을 표현하는 데 방해가 된다는 명백한 메시지를 보내는 것이다. 상담을 통해 치료자가 다르게 반응하도록 돕는 것을 찾아야만 한다.

비언어적 행동 반영하기: 추적 반응

치료자는 아동에게 언어로 반응하는 참여자여야 한다. 아동이 관찰되고 있다고 느끼면 관계는 나빠진다. "왜 나를 보세요?"라는 아동의 질문은 치료자가 언어적으로 충분히 반응하지 않고 있음을 의미한다. 가끔 아동이 놀이에 몰두하여 별로 말을 하지 않거나, 감정이 분명히 표현되지 않거나, 치료자가 감지할 수 없는 경우도 있다. 그러한 때에 치료자는 자신이 관찰하고 있는 것에 반응할 수 있다. "여러 가지 색깔로 그리는구나." "네가 지금 그것을 거기에 놓는구나." "그것이 오른쪽의 다른 것과 충돌하고 있네(아동을 위해 놀잇감에 이름을 붙이지 않아야 한다)." "너는 거기(터널)에서 그것(자동차)을 밀고 있구나." 이러한 반응의 초점은 아동이며, 아동이 통제와 힘을 느끼게 하는 데 도움을 준다. 일반적으로 추적 반응의 시작은 '너는' 또는 '네가'로 시작하는 것이 유용하다. 예를 들어, 매건이 의료도구에서 청진기를 꺼내 그녀의 심장 소리를 듣는 경우, "너는 너의 심장 소리를 듣고 있구나."라고 반응한다.

어떠한 경우에는 일어나고 있는 일을 묘사하는 것도 적절하다. 아동이 이젤에 그림을 그리다 바닥에 물감을 떨어뜨리고, 떨어진 물감을 보고 있는 경우 "흠……그것이 떨어졌구나." 혹은 "그것이 바로 바닥에 떨어졌네." 하고 반응한다. 추적 반응은 아동의 놀이 표현을 인식하게 하고, 아동에게 치료자가 자신과 자신의 놀이에 관심을 가지고 있다고 느끼는 데 도움을 주며, 치료자가 아동의 세계를 이해하고 치료자의 몰입을 전달하기 위해 노력하는 것을 보여 주고, 치료자가 아동 자신과 함께하고 있음을 느끼게 하는 데 도움을 준다.

만약 아동이 놀이를 하는 동안에 치료자가 조용할 경우, 아동은 치료자가 자신을 감시하거나 혹은 자신에게 관심이 없다고 느끼기 시작할 것이다. 아동에게 반응하지 않고 앉아서 바라만 본다면, 아동의 불안은 증대될 수 있다. 안전감과 따뜻함은 아동의 활동에 대한 묘사와 치료자의 목소리를 들음으로써 촉진된다. 추적 반응은 아동과 아동이 하는 행동에 대한 관심을 전달한다.

주의할 점은 다음의 예와 같이 10초 안에 일어난 추적하기는 아동이 자기 자각을 느낄 수 있도록 만드는 것에 초점을 두어 과장될 수 있다. "너는 거기로 가고 있구나. 너는 몸을 굽히고 있구나." "너는 그것을 들어 올리고 있네. 너는 그것의 안을 보고 있구나. 너는 그것을 바닥에 내려놓고 있네. 지금 무언가를 찾고 있구나." 이러한 속사포 같은 반응은 진실하고 일상적으로 들리지 않으며, 아마도 아동은 거슬리는 표현으로 경험할 것이다. 추적 반응은 아동의 행동이나 놀이의 표현에 너무 가깝게 따라가면 안 되고, 진실하며, 따뜻하고, 돌봄적이며, 일상적인 방법으로 진술되어야 한다. 놀이치료관계는 성인의 상담 회기와 유사하다. 성인은 치료자가 자신의 이야기를 듣고 언어적 반응을 할 때, 그가 자신을 보살피고 자신의 이야기를 듣고 있음을 안다. 이와 같이 놀이치료자는 눈과 귀를 사용하여 듣고, 그것을 언어화해야 한다.

내용 반영하기

성인과 마찬가지로 아동 역시 그들이 듣고 이해하는 것을 알 필요가 있다. 아동이 듣는 것은 아동의 존재와 가치를 확인하게 한다. 놀이치료에서 아동이 말로 표현하는 내용을 반영하는 것은 성인상담에서 일어나는 것과 같은 기법 과정이다. 놀이치료자는 놀이 회기 동안에 아동의 언어적 상호 작용을 요약하거나 이해를 위해 다른 말로 표현하고, 그것을 다시 반영한다. 그러면 아동은 자신이 듣고 이해한 것을 알게 된다. 내용 반영은 아동의 경험에 대한 지각을 분명히 하고, 그들의 이해를 명확하게 하는 데 도움을 준다. 아동이 말로 표현하는 내용을 반영하는 것은 아동과 의사소통하는 데 있어서 놀이치료자가 의도적으로 사용하는 네 가지의 기본적인 듣기 방법 중 하나다. 다음 놀이치료 회기에서의 상호 작용은 내용 반영을 보여 준다.

스코트: (점토를 들고) 이것을 가지고 무엇을 할 수 있죠?

치료자: 여기에선 네가 결정할 수 있단다.

스코트: 이것은 폭탄이에요! (모래상자 안의 작은 차 위에 점토를 떨어뜨린다.)
　　　뻥! 저 차를 봐요!

치료자: 자동차가 폭파되었구나!

스코트: 네. (모래를 한 줌 집더니 재빨리 구멍을 파서 거기에 자동차를 묻는다.)
　　　폭발로 생긴 큰 구멍이 자동차를 덮었어요.

치료자: 그래, 그것이 큰 구멍이구나. 자동차는 더 이상 보이지 않는구나.

스코트: 사람들은 다치지 않았어요. 그들은 차 안에 숨었고, 폭탄을 던진 사람
　　　이 누군지 몰라요.

치료자: 사람들은 안전하지만, 폭탄을 던진 사람이 누군지 아무도 알지 못하는
　　　구나.

앞의 상호 작용에서 치료자의 반응은 짧고 간단명료하며, 아동의 행동과 언어
적 묘사에 대해 상호 작용적이고, 내용을 반영하며, 치료자의 수용과 이해를 전
달한다. 또한 아동이 그의 이야기를 계속해서 펼쳐 나가도록 한다. 이것은 아동
이 자기 탐색을 계속할 수 있는 자유와 이해받고 있음을 느낀다는 것이다.

감정 반영하기

아동은 강렬한 감정까지도 이해하고 수용하는 놀이치료자의 존재 안에서 그
들의 감정을 놀이로 표현함으로써 그들의 모든 감정이 수용됨을 배운다. 그리고
아동이 자신의 감정이 수용되는 경험을 하기 시작할 때, 그들은 자신의 표현 안
에서 좀 더 개방된다. 놀이치료자는 아동의 감정을 언어적으로 나타냄으로써 그
들의 감정에 대한 이해와 수용을 전달한다(너는 그것에 실망했구나.). 치료자에게
감정이 받아들여지고 그것이 아동에게 반영될 때, 아동은 그들의 감정을 신뢰하
는 것을 배우게 된다. 아동의 감정을 반영하는 것은 아동과 그의 감정을 인정하

는 것이고, 아동이 자신을 신뢰할 수 있도록 촉진시킨다. 아동의 감정을 반영하는 데 중요한 것은 경험 안에서 함께하는 느낌과 공감을 전달하는 것이다.

> 채드: (수갑을 들어 올리며) 이것을 어떻게 채우죠?
> 치료자: 너는 그것을 어떻게 채우는지 궁금해하는구나. (이것은 정확한 반영이지만, 함께하고 있다는 느낌을 전달하지는 못한다.)

좀 더 공감적인 반응은 다음과 같다.

> 치료자: 흠…… 그것을 어떻게 채울까? (만약 아동이 어떤 것에 대해 궁금해한다면, 공감해야 하는 치료자 또한 궁금해해야 한다. 이 반응은 치료자가 아동과 함께하고 있음을 전달한다.)

치료자가 수용한다는 것은 각각의 감정을 가치 있게 인식하고, 받아들이는 것이다. 이는 아동이 어떤 감정을 느끼는 것에 대해 옳지 않은 이유가 있음을 설득하기 위한 시도가 아니다. 아동이 필요로 하는 것이 무엇인지 알지 못하는 어떤 치료자는 아동을 불필요하게 안심시키려 하거나 혹은 아동의 기분이 더 좋아지도록 노력하는 과정에서 아동의 감정을 거부한다. 앤디는 인형 집의 한 방에서 아기 인형이 혼자 놀고 있고, 엄마 인형이 방으로 들어와서 아기 인형을 찌르는 정교한 장면을 반복적으로 연출하였다. 아기 인형이 도망치려고 애쓰는 모습에서 상당한 공포가 나타났다. 이어지는 장면에서는 엄마 인형이 아기 인형의 침실로 들어와서 자고 있는 아기 인형을 밖으로 옮겨 호수(모래상자)에 버렸다.

이 장면에서 앤디는 그의 두려움을 말로 표현하였다. "엄마가 나를 데려갈 거예요. 엄마는 나에게 무언가 나쁜 일을 할 거예요." 치료자는 초기 면담과 이후 회기를 통해 엄마와 함께 이야기를 하고서 "앤디야, 너는 엄마가 너를 사랑하는 것을 알고 있어. 엄마는 결코 너에게 상처를 주지 않을 거야."라고 반응하였다.

비록 치료자가 자신이 내린 결론의 바탕에 상당한 증거를 가지고 있다 하더라도, 치료자는 결코 다른 사람의 행동을 완전하게 확신할 수 없다. 우리는 다른 사람에 대해 말할 수 없다. 우리는 다른 사람의 집에서 일어나는 것에 대해 알 수 없다.

앤디를 안심시키기 위한 그녀의 욕구에서 치료자는 앤디의 감정을 무시하였고, 그래서 앤디는 자신이 이해받고 있음을 느낄 수 없었다. 치료자의 기분은 좀 나아졌지만, 아동에게는 무엇이 유익하겠는가? 앤디의 감정을 반영하기 위한 보다 적절한 반응은 "너는 너의 엄마가 너에게 나쁜 무언가를 할 것이고, 너를 다치게 할지도 모른다는 것이 정말로 무섭구나. 그것은 두려운 것이지."라고 하는 것이다.

여섯 살의 크리스티나는 부모님이나 선생님을 조종하려고 한다는 이유로 치료자에게 의뢰되었다. 그녀의 부모님은 크리스티나를 '다른 사람을 쥐고 흔든다.'고 묘사하였고, 그녀가 다른 아이들과 어울리는 것이 어렵다고 하였다. 다음은 크리스티나의 놀이치료 회기에서 발췌한 것으로, 치료자를 조종하려는 크리스티나의 시도와 그녀의 감정에 대한 치료자의 수용과 반영을 보여 주는 예다.

크리스티나: (그림 그리는 테이블에 앉으며) 저기 물감을 여기로 가져오세요. 나는 그것을 사용하고 싶어요. (사실 크리스티나가 물감에 더 가까이 있었다.)

치료자: 너는 내가 너에게 물감을 가져다주기를 원하는구나. 하지만 여기에서는 네가 그것을 원한다면 가져다 쓸 수 있단다.

크리스티나: 하지만 난 바빠요. 선생님이 가져다주실 수 없나요?

치료자: 너는 너무 바빠서 내가 그것을 너에게 가져다주기를 원하는구나.

크리스티나: 네! 지금 당장 물감을 가져다주세요.

지료사: 너는 내가 너에게 물감을 가져다주지 않아서 화가 났구나. 하지만 네가 물감이 필요하다면, 네가 가져올 수 있단다. (크리스티나가 일어나서 물감을 가져왔고, 그림을 그리기 시작하였다.)

크리스티나: (물감이 더 필요해서 붓을 종이에서 물감통으로 옮긴다. 그 붓의 움

직임을 따라가기 위해 치료자는 머리를 살짝 움직인다.) 머리를 움직이지

말고 내가 그림 그리는 것을 보세요.

치료자: 내가 하는 몇몇 행동이 때로는 너를 신경 쓰이게 하는구나.

크리스티나: 네.

치료자와의 관계의 즉시성에서 놀잇감과 놀이도구의 존재는 크리스티나가 의뢰된 중요한 행동을 드러내는 것을 허락하였다. 치료자는 크리스티나의 화를 수용한다는 것을 보여 줄 수 있었고, 그녀가 하는 것에 대한 깊은 문제를 스스로 현실 문제와 관련지을 수 있게 하였다. 감정의 반영과 수용은 또한 다음의 발췌에서도 나타난다.

리카르도: (총을 들고, 화가 난 것처럼 하더니 치료자에게 총을 쏘는 척한다.)

치료자: 너는 나에게 화가 났구나. (치료자는 아동의 감정을 반영해 주었고, 이

해하고 있음을 보여 준다.)

리카르도: 나는 당신에게 화가 난 게 아니에요. (리카르도는 자신이 화가 났음

을 받아들이지 않았고, 치료자가 옳다고도 하지 않았다.)

치료자: 오, 너는 나에게 화가 난 것이 아니구나.

리카르도: 나는 너무 아파요.

치료자: 그래, 너는 나에게 화가 난 것이 아니야. 너는 단지 아픈 거구나.

치료적 관계는 치료자의 수용과 이해를 전달하면서 나타난다. 이러한 관계에서 아동은 자신의 언어적 혹은 비언어적인 표현을 통해 놀이치료자가 아동의 감정을 수용하고 반영함으로써 그들 내면의 정서적 부분에 민감하게 반응할 때, 자신의 내면의 가치를 인식하기 시작한다.

아동의 감정을 반영하는 공감적 반응은 얼굴 표정, 단어, 목소리의 톤을 통해 나타나는 아동의 감정과 조화를 이룬다. 가능하면 다음과 같은 반영으로 시작하

고 반응한다.

> 너는 ……을 좋아하는구나.
> 너는 ……을 좋아하지 않는구나.
> 너는 ……에 대해 알고 싶어 하는구나.
> 너는 ……에 대해 궁금해하는구나.
> 너는 ……때 두려움을 느끼는구나.
> 너는 ……에 대해 정말 화가 나는구나.
> 그것이 너에게 정말로 재미있구나.

자아 존중감 형성하기

아동의 행동은 대체로 자신을 어떻게 느끼는지에 대한 기능이다. 그래서 놀이치료자는 아동이 그들의 자아 존중감을 형성하는 방법을 통해 아동에게 의도적으로 반응한다. 자아 존중감을 키우는 반응은 아동에게 아는 것과 하는 것에 대한 신뢰를 주는 것이다. 네 살인 크리스티나가 가족 피겨를 세고 있다. 이때 치료자는 "너는 어떻게 수를 세는지 알고 있구나."라고 말한다. 아동의 노력과 활기를 인식하고 반응하는 것은 아동의 자기에 대한 인식을 강화시킨다. 자아 존중감을 형성하는 진술은 치료자가 결과보다 과정에 반응했을 때, 아동이 그들 자신의 능력에 대해 경험하는 것을 돕는다. "너는 네가 원하는 방법으로 만들 수 있어." "너는 그것을 열심히 하고 있구나." 아동이 놀이 회기에서 두 물체를 고정시키려 애를 쓰며 결국 그 일을 해냈을 경우에는 "거기, 너는 그것을 해냈구나."

사아 손숭삼을 형성하는 다른 가능한 반응은,

> 너는 그것을 어떻게 만드는지 알고 있구나.
> 너는 너의 마음속에 무언가를 가지고 있구나.

너는 ……를 어떻게 하는지 아는 것처럼 보이는구나.

너는 그것이 어디에 있는지 기억하고 있구나.

너는 ……하기로 결정했구나.

너는 네가 원하는 것을 어떻게 하는지 알고 있구나.

거기, 너는 그것을 열었구나.

거기, 너는 그들이 함께 있도록 만들었구나.

자아 존중감을 높이는 반응은 아동이 유능하다는 감정을 느끼고, 자기에 대한 본질적 감각의 발달을 촉진시키며, 그리하여 본질적인 동기를 형성하는 것을 돕는다.

아동의 감정 수준 맞추기

아동에게 반응할 때, 치료자의 얼굴 표정과 목소리 톤은 단어를 사용하는 것보다 더 의미 있는 전달을 할 수 있다. 공감한다는 것은 아동의 경험과 감정을 느끼며 온전히 아동과 함께 있다는 의미다. 상호 작용 안에서 아동과 함께 있다는 것은 치료자의 목소리 톤과 감정이 아동이 표현하는 감정과 정도의 수준과 맞아야 한다는 것이다.

치료자의 반응 속도 또한 아동과 상호 작용하는 정도와 맞춤으로써 치료자가 아동과 함께 있고 이해하고 있다는 것을 전하게 된다. 만약 아동이 어떤 것을 발견하기를 시도하거나 생각에 잠겨 이야기한다면 치료자는 자신의 반응 속도를 아이의 속도에 맞추어야 한다.

치료자는 작은 일에서 아동이 느끼는 감정 수준 이상으로 흥분하는 것을 피해야 한다. 에리카가 모래상자에 있는 모래를 손에 떨어뜨리더니 초록색의 작은 돌을 집어 들었다. 그리고 있는 사실 그대로 "나는 돌을 찾았어요."라고 말하였다. 치료자는 "와, 대단하다!" "너는 모래상자에서 색깔이 있는 돌을 찾았구나."라고 반응한다. 이러한 흥분은 아동이 그와 동일하게 흥분된 감정을 느끼지 못했기 때문에 무엇이 잘못되었다고 느끼게 되거나 자신의 반응을 신뢰하지 못하게 될 수도 있다. 아동이 드러낸 감정 수준 이상을 표현하는 것이 구조화되면 아동은 실제로 느낀 것 이상의 감정과 행동을 표현하게 될 것이다. 예를 들어, 데이비드가 보보를 살짝 쳤을 때, 치료자가 다음과 같이 반응하는 것이다. "와! 너는 정말 보보를 세게 치는구나!" 그 반응을 들은 후 데이비드는 치료자가 반응한 대로 그가 할 수 있는 모든 힘을 다해 보보를 쳤다.

치료자는 종종 어린 아동에게 맞출 때, 마치 야단치거나 아기에게 말하는 것처럼 그들의 목소리 톤을 올리는 경향이 있다. 그러한 행동은 치료적 관계에 놓이지 못하게 하고, 아동이 무능력하다는 것에 대한 기본적 태도를 투사하는 것이다. 치료자는 단조로운 톤으로 빠져드는 것을 피해야 한다. 이는 지루하게 할 수 있다. 의미와 감정을 전달하기 위한 목소리를 사용해야 한다.

질문 피하기

일반적으로 아동에게 그 행동에 대한 이유를 질문하는 것은 탐색을 촉진하지 못한다. 왜냐하면 이는 아동이 통찰력을 가지고 언어적으로 충분히 의사소통할 수 있다는 전제로, 놀이치료를 받는 아동의 이유와 모순되는 것이기 때문이다. 만약 아동이 언어적 수단을 통해 자신을 완벽하게 표현할 수 있다면 처음부터 그 아동은 놀이치료를 받아야 할 이유가 없는 것이다. 질문은 치료자에게 통제적 위치에서의 주도권을 부여하고 촉진을 줄인다. 명확하게 하기 위해 질문을 사용하는 것은 도움이 되지 않거나 불필요하다.

> **기본 규칙**
> 당신이 질문에 근거가 되는 충분한 정보를 가지고 있다면, 당신은 그것을 진술로 표현할 수 있는 정보가 충분한 것이다.

질문은 아동을 이해하지 못했다는 것을 암시한다. 질문을 통해 이해를 전달하는 것은 불가능하다.

"그게 너를 화나게 했니?"라는 말은 치료자가 아동이 화났음을 인지했지만 아직 치료자의 이해가 부족함을 전달하기 때문에 그러한 질문은 하지 않아야 한다. 치료자는 아동의 얼굴 표정과 신체적 활동, 그리고 화가 드러나는 아동의 목소리 톤에서도 어떤 것을 들을 수 있다. 치료자는 자신의 직관적인 세계에서 느껴지는 것을 믿고, "너는 화가 났구나."와 같이 말해야 한다. 공감적 진술은 아동의 마음과 정신에 그대로 녹아든다. 질문은 평가하고 처리하려는 의도를 가지고 있다. 마찬가지로 아동의 놀이에 대한 질문은 놀이 과정 또한 방해한다. 치료자의 의문을 만족시키기 위한 질문으로 "너는 몇 번이나 교장실에 불려 갔었니?" "집에서 네가 그렇게 할 때 엄마가 화를 내시니?"와 같은 것은 적절하지 않다. 치료자가 정보를 얻기 위해 다른 질문을 할 수 있을까? 마찬가지로 "네가 어두운 색을 많이 사용한다는 것을 너는 알고 있니?"와 같은 통찰을 이끌어 내기 위한 질문은 아동이 인식하는 수준을 넘어서기 때문에 비효과적이다.

한 치료자가 다섯 살 된 에런에게 이야기를 꾸미게 하고 이야기 끝에서 질문을 하였다. "네 이야기의 교훈은 무엇이니?" 에런은 "그게 무슨 뜻이에요?"라고 물었다. 아동의 발달 수준에 민감한 치료자는 다섯 살 된 아동은 '교훈'의 의미가 무엇인지 알지 못한다는 것을 알고 있어야 한다. 또한 그러한 질문은 아동의 발달 수준을 넘는 추상적 이유를 요구한다. 후에 에런은 공룡과 뱀이 싸우는 큰 싸움을 표현하였고, 치료자는 "모든 공룡과 뱀이 싸우지 않고 친구가 된다면 어떻게 될지 궁금하구나."라고 질문하였다. 에런은 반응하지도 않고 궁금해하지도 않았다. 심지어 성인이라도 이와 같은 추상적인 질문을 받았을 때에 적절한 반응을 할 수 있는지 의문스럽다.

치료자는 에런과 접촉할 기회를 완전히 상실하였고, 에런은 치료자에게 공룡을 던져 좌절을 표현하였다. 치료자의 다음 반응도 비효과적이다. "에런, 너는 나한테 무척 화가 난 것처럼 보이는구나. 나는 네가 여기에 오고 싶어 하지 않을 수도 있겠다는 생각이 드는구나. 그리고 너를 여기에 오게 만든 엄마한테도 약간 화가 났겠구나. 엄마는 너를 여기에 오게 만들었고, 너는 엄마가 그렇게 하는 것을 싫어하고 있어." 치료자는 아동과 치료자의 개인적 문제를 완전히 회피하고, 다섯 살 된 아동에게 너무 많은 해석적 반응을 하며, 부모를 비난하였다. 또한 치료자는 아동에게는 당황스러운 추상적 반응을 끄집어내었다. 치료자는 아마 상당히 만족했겠지만 우리는 에런이 어떻게 느꼈을지를 생각해 보아야 한다. 치료자는 자신이 에런을 이해했다는 어떠한 표현도 하지 않았다.

질문은 아동(혹은 모든 연령의 내담자)이 감정 세계에서 인지적 세계로 이동하게 하는 경향이 있다. 이는 놀이치료를 하는 발전적 이유를 무산시키는 것이다. 또한 질문은 치료자의 의도에 따라 관계를 구조화하기 때문에 아동보다 치료자에게 초점을 두게 된다.

의사 결정 촉진시키기와 책임감 돌려주기

아동에게 의사 결정에 참여하도록 자유를 주는 것은 아동이 놀잇감 또는 놀이도구에 개인적 의미를 투사할 수 있는 기회를 준다. 이러한 의사 결정의 내적 경험은 아동의 자기 개념을 강하게 하고, 아동이 변화된 지각으로 통합될 수 있는 경험을 할 수 있게 한다. 이것은 아동이 보다 효과적인 방식을 통해 장래의 문제와 상황에 정서적으로 대처할 수 있게 한다. 따라서 치료자는 아동의 결정이 중요하게 보이지 않더라도 아동을 대신해서 의사 결정의 책임을 맡지 않아야 한다.

"달은 무슨 색이에요?"라는 아동의 질문에 치료자는 "달은 네가 원하는 어떤 색이든 될 수 있어."라고 대답한다. 이는 아동이 스스로에 대한 책임을 수용하도록 격려함으로써 그 과정 속에서 개인의 힘을 발견하게 하는 것이다. 선택 과정은 아동이 자신의 삶을 스스로 조절할 수 있다고 느끼게 한다. 이 과정에서 아동에게 기회가 주어지지 않는 한 그들의 잠재 능력을 경험하고, 내적 자원을 발견하며, 발전시킬 수 없다. 책임감은 스스로 배울 수가 없다. 책임감은 오직 경험을 통해서만 배울 수 있다. 아동이 스스로 창조적인 잠재력을 사용하는 기회를 치료자가 빼앗아 간다면, 그것은 아동의 책임감 발달을 방해하는 것이다. 아동 놀이치료자 대부분은 치료에서 중요한 목적 중의 하나로 아동의 자기 책임감 발달을 들 것이다. 하지만 실제로 아동을 의존적으로 만드는 의사 결정을 마치 책임감을 주는 것처럼 하는 것은 아동의 기회를 매우 제한한다. 이것은 일부에서만 나타나는 것이 아니다. 조금씩 거의 감지할 수 없는 치명적인 방법으로 아동에게 응답하면서 아동을 위해 선택하고, 도움이 필요 없을 때 도움을 주는 상호 작용 중에 일어난다. 아동이 이끌도록 허용할 때가 아동이 이끄는 것이다.

> **기본 규칙**
>
> 당신이 아동 스스로 할 수 있는 일을 대신해 주는 것은 당신이 아동에게 그들 자신이 무능하다고 가르치는 것이다.

　　다음은 아동에게 책임감을 돌려주고, 아동의 결정을 촉진시키며, 아동이 창의적으로 행동할 수 있도록 돕는 상호 작용이다.

　　데이비드: 나는 모래 안에서 놀고 싶어요. 신발 좀 벗겨 주시겠어요?
　　치료자: 너는 모래 안에서 놀기로 결정했고, 먼저 너의 신발을 벗기를 원하는구
　　　　나. 만약 네가 신발을 벗기 원하면, 네가 신발을 벗을 수 있단다.

＊＊＊

　　샐리: (풀 뚜껑을 열려는 노력 없이) 이 뚜껑 좀 열어 줄 수 있나요?
　　치료자: 여기에서는 네가 할 수 있단다. (치료자는 아동이 행동을 취할 능력이
　　　　된다면 책임감을 돌려주어야 한다.)

***

자넷: 나는 물고기 그림을 그릴 거예요. 물고기를 무슨 색으로 칠할까요?

치료자: 너는 네가 원하는 색으로 물고기를 칠할 수 있어.

***

티모시: 나는 그림 그리는 것을 좋아해요. 다른 아이들은 어떤 그림을 그리나요?

치료자: 오, 너는 그림 그리는 것을 좋아하는구나. 글쎄, 여기서 중요한 것은 네가 그리기를 좋아하는 것이란다.

***

메리: 나는 내가 무엇을 해야 할지 모르겠어요. 선생님은 내가 첫 번째로 무엇을 하고 놀았으면 좋겠어요?

치료자: 때때로 결정하는 것은 어렵지. 네가 첫 번째로 무엇을 할지는 네가 정할 수 있단다.

치료자가 아동을 의존적으로 만드는 것을 한 치료자가 쓴 글을 통해 알아보자.

아동을 의존적으로 만드는 예전 방식으로 반응을 했던 적이 몇 번 있었다. 에이프릴이 아기 인형이랑 놀아도 되는지 물었을 때, 나는 내가 미처 파악하기도 전에 "물론."이라고 대답하였다. 나는 이 단어를 사용하지 말았어야 했다. 이 회기는 아동과의 끊임없는 유대감에 대한 요구를 강화하였다. 눈 깜짝할 사이에 치료적 반응과 의존성을 높이는 것 간의 차이를 만들 수 있었다.

치료적인 촉진적 반응은 아동에게 책임감을 돌려주기 때문에 아동이 무엇이든 할 수 있다고 느끼게 하고, 본질적으로 아동이 동기화되도록 돕는다. 아동중심 놀이치료자는 아동을 믿는다. 아동이 스스로 결정할 수 있고, 과정을 방해하는 것을 피하기 위해 자기 방향의 기회를 얻는 데 협력할 수 있을 것이라고 믿는다. 여기서는 치료자의 깊은 자기 이해와 아동과 함께하는 한 가지 방법인 지속적인 태도를 묘사하고 있다. 한 놀이치료자는 이 과정을 다음과 같이 기술하였다.

> 책임감은 언어를 통해 촉진되어질 수도 있지만, 나는 책임감을 주는 것을 언어로 하는 어떤 것이 아닌 아주 작은 방법으로 이해하기 시작하였다. 나는 아동에게 책임감을 준다는 것은 나 자신을 책임감에서 자유롭게 하는 것과 관련이 있다고 생각한다. 내가 니나를 편하게 하고, 올바르게 하는 것에 그렇게 걱정하지 않았더라면 그 회기는 확실히 달랐을 것이다. 다시 말해 나는 누구인가? 내가 그녀를 고칠 수 있을 만큼 특별한 사람인가? 무슨 목적이었나? 누구의 요구가 만족된 것인가? 누구의 기분을 만족시킨 것인가?

첫 번째 놀이치료 회기를 시작할 때 아동은 뚜껑을 여는 것과 같은 간단한 수행을 도와 달라거나 놀잇감을 사용하는 방법 등 아동이 처음 해야 할 것을 치료자에게 확인받기 위해 질문을 할 수 있다. 그 아동은 놀잇감의 이름이 무엇인지 정확히 알기 위해 "이것은 뭐예요?"라고 질문할지도 모른다. 이 순간 치료자는 그 질문 뒤에 숨겨진 동기를 확실히 알 수 없다. 그 놀잇감에 이름을 붙이는 것은 아동의 창의성을 억제하거나, 표현을 구조화시키거나, 또는 치료자의 손에 책임감을 유지시키는 것일지 모른다. 책임감은 아동에게 반응함으로써 돌려줄 수 있다. "네가 원하는 것은 무엇이든지 할 수 있어." 비슷한 반응으로 아동이 의존할 때 "네가 결정할 수 있어." 혹은 "네가 할 수 있어."와 같은 반응은 아동에게 결정권을 주고 책임감을 가지도록 하는 것이다.

일반적으로 치료자의 책임감 돌려주기의 결과는 아동이 첫 번째 회기 끝에 치료자의 결정을 묻지 않고 스스로 하는 상태가 되는 것이다.

만약 세 살 된 아동이 점토를 들어 뚜껑을 본 후, "나를 위해 이 뚜껑을 열어 줄 수 있나요?"라고 요청한다면, 치료자는 "네가 원하는 것을 나에게 보여 주렴."이라고 반응할 수 있다. 이러한 반응과 "네가 원하는 것을 나에게 말하렴."과 같이 요구에 반응해 주는 것에는 큰 차이점이 있다. 이러한 문장의 반응은 치료자에게 초점을 두고 있고, 만약 아동이 치료자가 하기를 원하는 것을 치료자에게 말하면, 치료자가 그것을 할 것이라는 의미가 함축되어 있다. "네가 원하는 것을 나에게 보여 주렴."과 같은 반응은 아동에게 초점을 두며, 아동이 책임감을 가질 수 있도록 허용하여 아동이 이끌 수 있게 한다. 아동은 종종 치료자에게 자신이 원하는 것을 하는 방법을 보여 주는 과정에서 임무를 끝낸다. 그러면 치료자는 아동의 자아 존중감을 높일 수 있는 반응으로 "자, 너는 그것을 해결했어." 혹은 "자, 너는 그것을 했어."라고 반응한다. 만약 아동이 뚜껑을 열기 위해 노력하다가 어려움을 느껴 다시 도움을 요청한다면, 놀이치료자는 "나에게 보여 주렴."이라고 반응을 한 후, "너의 손가락을 여기에 끼워야 한다는 것을 너는 알고 있는 것처럼 보여."라고 하면서 아동의 손가락을 뚜껑 아래에 놓아 주고, 조용히 들어 올려 주면서 아동이 임무를 끝낼 수 있도록 도와줄 수 있다. 그리고 이는 아동의 자아 존중감을 키워 주는 반응이 된다. 책임감을 돌려주는 반응은 아동에게 권한을 주고, 이끌 수 있도록 유지하는 것이다. 그리고 이는 다음에 제시된 세 번째 놀이치료 회기의 상호 작용에서 볼 수 있다.

> 엑토르: (다트 총과 다트를 집은 후) 총 안에 다트를 넣어 주세요.
>
> 치료자: 여기서는 네가 해 볼 수 있어.
>
> 엑토르: (웃으며) 나는 당신이 그 말을 할 줄 알았어요. (세 번의 시도 끝에 총 안에 다트를 넣는 것을 성공한 후) 와, 나는 해냈어요!

다음은 놀이치료 회기에서 치료자의 자기비판으로 책임감 돌려주기 과정을 묘사한 것이다.

> 안젤리나는 회기 내내 놀이치료실에 있는 모든 것에 이름을 붙여 주기를 원
> 하였다. 안젤리나는 바비 인형의 머리를 들어 올리며 물었다. "이것은 뭐예
> 요?" 그리고 나서 그녀는 바비 인형의 드레스, 콤팩트, 비어 있는 상자에 대해
> 이와 같은 질문을 반복하였다. 그녀는 각각에 이름을 붙여 주기를 원하였다.
> 나는 반응하였다. "네가 원하는 무엇이든지 할 수 있어." "네가 원하는 무엇이
> 든 결정할 수 있어." 그녀는 매번 기꺼이 스스로 결정하였다. 헤어핀은 왕관이
> 되었고, 콤팩트는 물감을 담는 통이 되었으며, 드레스는 댄스용 드레스가 되었
> 고, 작은 상자는 바비 인형의 머리 롤러 꽂이가 되었다. 만약 내가 그녀를 위해
> 대답했다면, 나는 그녀의 의존성을 발전시켰을 것이다. 그리고 그녀는 그녀 스
> 스로 그 대답을 발견하지 못했을 것이다. 책임감 돌려주기 접근은 실제 자아
> 존중감을 촉진시키는 것으로 생각된다. 첫 번째 회기 끝에서 안젤리나는 거의
> 질문이 없었고 결정적인 진술과 행동이 많았다. 그녀는 독립성과 자신감이 있
> 어 보였다. 나는 이러한 결과의 원인이 답을 찾기 위해 나에게 집중하는 대신
> 에 그녀가 다시 책임감을 가질 수 있도록 한 것이라고 생각한다.

> **기본 규칙**
> 책임감을 주는 만큼 책임감에 반응하는 아동의 능력이 발달한다.

아동에게 책임감을 돌려줄 때, 그들은 치료자가 전혀 생각하지 못한 창조적인
해결책을 생각해 낼 수도 있다. 다섯 살 된 브렛이 치료자에게 "당신은 내가 점
심으로 무엇을 섞어 보길 바라나요?"라고 물었을 때, 치료자는 "여기서는 네가
섞고 싶은 것을 결정할 수 있어."라고 대답하였다. 브렛은 '거미와 파이'를 골랐
고, 이후에 둥근 플라스틱 팔찌를 집어 들며 물었다. "이게 뭐예요?" 치료자는
"그것은 네가 원하는 무엇이든 될 수 있어."라고 대답하였다. 브렛은 그것을 수

갑이라고 결정하였다.

만약 치료자가 재빠른 반응을 해 주지 못하면 아동이 자신의 질문에 많은 답을 하게 될 때가 종종 있다. 치료자의 사려 깊은 "음……."은 필요한 모든 것일 수 있다.

네 살 된 잭은 비행기를 집어 들며 물었다. "왜 이건 창문이 2개예요?" 치료자는 "음……."이라고 대답하였고, 잭은 재빨리 말하였다. "창문이 2개인 것은 더 많은 사람이 내릴 수 있기 때문이에요." 마리아는 그림 옆에 앉으며 그림에 대해 이야기하였다. 그림 통에 뚜껑이 있었다(그 회기 전에 뚜껑이 열어져 있어야만 했다.). 치료자는 뚜껑을 열기 시작했지만 그 후에는 아동이 스스로 살피도록 기다렸다. 마리아는 쉽게 뚜껑을 떼어 냈다. 이것은 치료자가 아동에게서 쉽게 책임감을 빼앗을 수 있다는 것을 보여 준다.

다음의 놀이치료자의 기술과 같이 책임감은 또한 언어로 표현되지 않는 요구로 확장될 수도 있다.

사만다가 매우 작은 소리로 이야기했기 때문에 나는 그녀가 도움을 원하는지 그녀가 따라야 할 방향을 내가 알려 주기를 원하는지 확신할 수가 없었다. 그녀는 인형 집 바로 옆에 앉더니 집 주변에 있는 곰돌이를 걷는 것처럼 움직이면서 박스에서 가구 한 점을 가지고 와 집 안에 그 가구와 곰돌이를 넣었다. 그리고 나서 그녀는 가구와 곰돌이를 가지고 와서 나에게 언뜻 보여 주었다. 나는 "너는 인형 집에 넣을 것을 결정했구나."라고 이야기하였다. 그 후 사만다는 그 집에 모든 가구를 집어넣었다.

개인화된 반응하기

반응은 항상 개인적이어야 하며, 아동의 존재를 설명하는 것이어야 한다. 보보 인형 때리기에 바쁜 데이비드에게 "데이비드는 정말로 보보 인형 때리기를 좋아하는구나."라고 반응하는 것은 아동의 존재를 부인하고, 사람이 아니라고 말하는 것처럼 느끼게 한다. "넌 정말로 보보 인형 때리기를 좋아하는구나."라고 하는 것은 아동을 개인적으로 언급하는 것이다. 마이클은 그림은 그리고 있고, 치료자가 "마이클이 그림을 그리고 있네."라고 한다면 마치 놀이치료실에 다른 누군가가 있는 것처럼 반응하는 것이다. '너'를 사용하는 것이 아동을 인정하는 것이고, 아동이 자신에 대해서 인식하게 한다.

어떤 치료자는 아동과의 상호 작용에서 자신을 부적절하게 끌어들이는 경향이 있다. 베스는 축구에 대해 이야기하면서 자신의 팀이 이기기를 무척 바랐으나 졌다고 말하였다. 치료자는 "우리가 이기고 싶은 게임에서 지는 것은 때때로 기분이 나쁜 일이야."라고 반응하였다. 치료자는 이 사건의 참여자가 아니었고, 또 '우리'라는 단어의 사용은 초점을 아동에게서 멀리 옮기는 것이었다. 낸시는 "작년에 이 사람들이 우리 집에 왔어요. 음, 그들의 이름을 잊어버렸어요."라고 말하였고, 치료자는 "어려운 이름은 곧 잊어버리게 돼."라고 반응하였다. 다시 강조하면, 치료자는 아동이 한 개인임을 인식하기 위해 '너'라는 단어를 사용해야 한다.

놀잇감에 이름 붙이는 것을 피하기

놀이치료실의 놀잇감은 아동이 직접 그 물건에 대해 언어적으로 구체화하기 전에 먼저 표시하거나 확인시켜서는 안 된다. 치료자에게는 분명하게 트럭으로 보일지라도, 아동은 마음속으로 전혀 다른 응급차를 생각할 수 있다. 만일 놀잇감에 부정확하게 이름을 붙인다면 아동은 치료자에게 이해받고 있다고 느끼지 않을 것이다. 장난감을 명명하는 것은 아동이 치료자의 현실에 기반을 두게 하고, 아동의 창의성과 환상을 깨뜨리는 것이다.

상담자가 먼저 트럭이라고 부르면 그것은 절대로 스쿨버스나 집 차, 탱크 또는 응급차가 될 수 없는 것이다. 치료자가 장난감을 '이것' '저것' '그것' 또는 '저

것'이라고 부를 때, 아동은 직접 자신이 원하는 방향으로 놀잇감을 결정할 수 있다. 자동차는 아동이 자동차라고 명명하기 전까지는 자동차가 아니다. 아동이 자동차를 집어서 모래상자에 놓았을 때, 치료자는 "너는 그것을 바로 거기에 놓았구나."라고 반응할 수 있다. 그러면 아동은 자신의 원래 의도대로 자동차를 커다란 벌레로 여기고 놀이할 수 있는 것이다. 또한 이러한 반응은 치료자가 자신과 함께하고 있다고 느끼게 해 준다. 놀잇감에 이름을 붙이지 않는 것은 아동이 통상적이지 않은 방식으로 놀잇감을 사용하여 충분히 탐색하는 것을 가능하게 만들어 더 수용적인 관계를 만들 수 있도록 돕는다.

평가나 칭찬하지 않기

집, 학교, 게임, 운동장, 운동 등의 활동에서 대부분의 관계는 아동에게 평가의 장이다. 놀이치료관계는 아동이 안전하게 느끼고, 안전하게 탐색할 수 있으며, 위험에서 안전하고, 그 자신이 되며, 창조적이 되고, 새로운 행동을 시도하기에 충분히 안전한 수용적인 장이 되어야만 한다. 그러므로 놀이치료관계에서는 어떠한 평가도 이루어져서는 안 된다. 왜냐하면 아동은 그들이 평가당하고 있다고 생각하면 안전하게 느끼지 않기 때문이다. 평가는 무엇이 옳고 그른지, 맞고 틀리는지, 예쁜지 못생겼는지, 충분한지 부족한지에 대한 판단을 기반으로 한다. 평가적이 되면서 수용을 전달하는 것은 불가능하다. 놀이치료자는 가장 단순한 평가도 철저히 피해야 한다. 평가적인 문장은 아동의 내적인 동기를 빼앗는 것이다.

일곱 살인 헤일리는 그림을 완성한 후 놀이치료자에게 큰 미소를 지으며 묻는다. "제가 그린 그림 예뻐요?" 놀이치료자는 "오, 아름답구나!"라고 반응한다. 칭찬하는 말은 외적인 평가에 기반을 두게 하고, 외적인 강화를 찾도록 하며, 아동에게서 내적인 동기보다 외적인 동기가 발달하도록 한다.

평가는 양날의 칼이다. 치료자가 그림이 아름다운지 평가할 수 있는 힘을 가지고 있다면, 반대로 그림이 엉망이라는 평가를 할 수 있는 힘 역시 가지고 있다는 뜻이다. 헤일리는 다음번에 치료자가 자신의 그림을 보고 엉망이라고 생각할까 봐 불안해할 수 있다. 그래서 그녀는 창의적이거나 자유롭게 느끼지 못하고 억압한다. 헤일리 자신의 그림에 대한 판단은 헤일리에게 남겨 두어야 한다.

"오, 아름답구나!"라고 반응하는 것은 아동을 무시하는 것이고, 그림에 대해 칭찬하는 것이다. 칭찬은 아동의 의존성을 증가시키고, 외적 동기의 발달을 조성하며, 창조성을 저해하고, 낮은 자아 존중감을 가지게 한다. "오, 아름답구나!"라고 반응하는 것은 헤일리가 그녀의 얼굴 표정에서 전달하고자 하는 내용을 무시한 것이다. 치료자는 "너는 네 그림이 자랑스럽구나." 또는 "너는 너의 그림이 마음에 드는구나."라고 치료자의 눈으로 들어온 것에 반응해 주면서 아동에게 계속 초점을 맞출 수 있어야 한다. 이러한 반응은 헤일리의 감정을 반영해 주는 것이고, 헤일리가 자신의 내적인 반응을 신뢰할 수 있게 도우며, 그녀의 내적인 동기의 발달을 촉진시킨다.

만일 아동의 얼굴에서 아무런 감정을 읽을 수 없다면, 치료자는 자신이 본 것을 묘사함으로써 반응해 줄 수 있다. "너는 너의 그림에 여러 가지 색깔을 사용했구나. 그리고 그 색이 거기에 한가득 칠해졌네." 치료자는 요점을 짚은 후 그림을 따라갈 수 있다. 아동의 감정에 초점을 맞추는 것, 만들어진 것에 대해서 소중히 여기는 것, 그리고 나타난 것에 대해서 묘사하는 것은 아동의 자아 존중감을 강화한다.

촉진적 반응

촉진적 반응은 매우 중요하다. 치료자가 아동에게 도움을 주기 위해 노력한다고 해서 꼭 도움을 줄 수 있는 것은 아니다. 그러한 사실은 경험이 부족한 치료자의 다음과 같은 반응에서 확인할 수 있다. 경험이 없는 치료자에게 똑같은 놀이 치료 장면을 주고 반응하게 한 예를 제시하면 다음과 같다.

🔱 **지침**   일곱 살의 로버트는 2학년 맞춤법 경시대회에서 우승을 하였으나 사회적으로 부
적응적인 행동을 보였다. 첫 번째 놀이치료 시간에 로버트는 'skool'이라고 칠판
에 쓰고 나서 "이게 맞는 철자예요?"라고 질문하였다. 당신이라면 로버트에게 어
떻게 반응하겠는지를 쓰시오.

👤 **반응**

① "그것이 맞는 철자인지 아닌지를 나에게 말하는구나." (이 반응은 아동을 자
유롭게 하지 못하고, 맞고 틀린 것을 강조한다.)

② "너는 이게 맞는 철자인지 궁금하구나." (지연 전략이다. 대답은 맞다. 정확히
말 그대로이지만, 그것은 아동이 궁금해하는 것이 아니다.)

③ "너는 철자를 맞게 썼는지 확실하지 않구나. 그래서 너는 그것이 맞는지 내
가 말해 주기를 원하고 있어." (이해를 전하려는 반응이지만 아동이 질문하는
이유를 오해하고 있다. 또한 아동의 자유를 인정하지 않고 있다.)

④ "어떻게 철자를 쓰는지 내가 말해 주기를 원하는구나. 그러나 나는 네가
'school'이라고 쓸 수 있다는 것을 알고 있단다." (아동의 분명한 요구를 반영
하고, 치료자를 강조하며, 아동에게 압력을 주는 반응이다.)

⑤ "나는 네가 'school'을 쓰는 방법을 결정할 수 있다고 생각한단다." (치료자
와 치료자가 생각하는 것에 초점을 맞추고 있다.)

⑥ "너는 그게 맞는 철자인지, 틀린 철자인지 내가 말해 주기를 바라는 것 같
구나. 여기서는 네가 바라는 대로 쓸 수 있단다." (첫 번째 문장은 아동의 요구
가 무엇인지를 치료자가 확실히 모르고 있음을 나타내고, 분명한 것을 다시 언급하
고 있으며, 반응을 너무 길게 하였다.)

⑦ "너는 그것이 맞는지를 내가 말해 주기 원하지만, 여기서는 네가 결정할 수
있단다." ('결정'이라는 단어를 사용하였기 때문에 훨씬 촉진적인 반응이며, 이곳
은 아동이 의사를 결정할 수 있는 곳임을 아동에게 전달하고 있다. 첫 번째 부분은

별로 필요하지 않은 반응이다.)

⑧ "이 방에서는 네 마음대로 철자를 쓸 수 있단다." (매우 구체적인 반응이며, 아동에게 자유를 인정하는 반응이다.)

처음의 몇 가지 반응은 로버트가 맞춤법 경시대회에서 우승하였으므로 아마도 'skool'을 어떻게 쓰는지 알고 있다는 것을 무시한 것으로 보인다. Play Skool이라는 회사 이름이 있는데 그것을 보고 'skool'이라고 썼다면, 그가 쓴 철자는 맞는다고 할 수 있다. 놀이치료의 목표는 아동이 자신의 방향을 설정할 수 있는 기회를 인정하는 것이다. 아동은 국어나 수학 교사인 치료자를 필요로 하지 않는다. 모든 것이 항상 치료자의 생각대로 되어야 하는가?

🙇 **지침**   여덟 살 소년인 짐은 두 번째 회기에서 커다란 다트를 들고서 "이것으로 무엇을 하죠?"라고 물었다. 당신이라면 짐에게 어떻게 반응하겠는지를 쓰시오.

👤 **반응**

① "너는 이 다트를 어떻게 사용하는지 내가 가르쳐 주기를 바라는구나." (부적절한 지연 반영이다. 이 시점에서는 아동이 그 말 다음에 하려고 한 말을 치료자가 해 주면 된다. 또한 다트라는 명칭을 사용하여 아동의 창의성을 방해하였다. 아동은 그것이 그 밖의 다른 것으로 쓰일 수 있는지 궁금해할 수도 있다.)

② "그것은 다트 보드나 벽에 던지는 것이지 거울이나 나에게 던지는 게 아니란다." (이 반응은 아동의 활동을 구조화하고, 한계를 설정하는 것으로 아동의 창의성을 억제하였다. 치료자의 불안이 미숙한 한계 설정을 하게 만든다. 아동이 치료자나 거울에 던지겠다는 생각을 하고 있는지 알 수 없다.)

③ "너는 그게 무엇을 하는 건지 내가 말해 주기를 바라는구나. 여기서는 네가 결정할 수 있단다." (첫 번째 문장은 촉진적이지 못하다. 두 번째 문장은 아동의 창의성을 허용하는 반응이다.)

④ "여기서는 그것으로 무엇이든 네가 원하는 대로 할 수 있단다." (치료자는 아동을 자유롭게 해 주는 반응을 하려고 노력하고 있으나 필요한 진술이 아니다. 여러 제한이 있다. 다트를 치료자 얼굴에 던져서는 안 된다.)

⑤ "여기서는 그것이 네가 원하는 무엇이든 될 수 있단다." (아동으로 하여금 창의적이고, 의사 결정 경험을 할 수 있도록 허용하는 반응이다. "그게 무엇인지는 네가 결정할 수 있다."라고 말해도 된다.)

치료자의 반응이 아동을 치료자의 실제 세계에 묶어 두는 것이어서는 안 된다. 아동은 다트를 우주선, 사람 또는 폭탄으로 가정하고 싶어 할 수도 있다. 그 순간에 아동 자신을 표현하기 위해 다트는 아동이 원하는 무엇이든 될 수 있다.

지침　일곱 살의 코니는 두 번째 놀이치료 시간에 놀이치료실로 걸어 들어와 방을 둘러보고는 "이 방이 정말 나를 위한 거예요?"라고 물었다. 당신이라면 어떻게 대답하겠는지를 쓰시오.

반응

① "우리가 만나는 매주 화요일마다 너는 30분 동안 이 방을 쓸 수 있어." (아동은 자기를 강조하였는데, 그것에 적절히 반응하지 못하였다.)

② "다른 아동도 너처럼 여기에 온단다. 그러나 지금은 너를 위한 방이란다. 네가 원하는 여러 가지 방법으로 여기 있는 놀잇감을 가지고 놀 수 있단다." (너무 많은 정보를 주려고 하며, 아동의 감정에 반응하지 못하였다.)

③ "우리가 함께하는 동안은 네가 이 방을 사용할 수 있단다." (반응은 활동에 초점을 맞추고, 아동의 감정을 무시하고 있다.)

④ "이 방이 정말 너를 위한 방이라는 사실을 믿기 어려워하는구나." (이 반응은 아동의 감정에 대한 이해를 보여 준다.)

촉진적 반응은 가능하다면 언제나 감정에 영향을 준다. 이런 식으로 치료자는 아동의 내부에 대한 이해를 보여 주고, 질문받지 않은 것에 대한 대답은 피하도록 한다. 아동이 질문하는 것보다는 아동이 말하려고 하는 것에 초점을 맞추어야 한다.

지침   여덟 살의 케시는 두 번째 회기에서 "오늘이 내 생일이에요……. 그렇지만 엄마는…… 내가 남동생을 괴롭혀서…… 그래서 생일 케이크를 만들어 주지 않겠다고 했어요."(케시는 매우 슬퍼 보였고, 눈에서 눈물이 흐르기 시작했으며, 고개를 숙이고 바닥을 노려보았다.) 케시에 대한 당신의 반응을 쓰시오.

반응

① "아, 네가 너무 나빠서 생일 케이크를 받을 수 없구나. 나는 정말 네가 슬퍼하는 걸 확실히 알겠다." (이 반응은 정말 근거가 없는 것이다. 첫 문장은 '내가 너무 나빴다고 엄마가 말했어요.'라는 엄마의 말을 통해 아동이 나쁘다는 것을 말하고 있다. 그건 엄마의 생각이지 사실이 아니다. 이것은 전적으로 민감하지 못한 반응이다. 아동의 감정에 호소하려는 의도는 '나는……'이라는 문장을 통해 치료자에게 강조점을 두고 있으며, 또한 치료자가 확실히 알 수 없다는 것을 전하고 있고, 아동은 여전히 울며 서 있다.)

② "넌 지금 슬프고, 엄마가 너에게 생일 케이크를 만들어 주길 바라고 있구나. 네가 남동생에게 나쁘게 굴었기 때문에 엄마가 더 이상 너를 사랑하지 않을까 봐 매우 걱정하고 있구나." (첫 문장은 적절하다. 그러나 두 번째 문장은 너무 해석적이다. 이 반응은 그 사실이 정말인지 아닌지 모르면서 아동이 나쁘다는 것을 확실히 하고 있고, 게다가 그것은 중요한 게 아니다. 아동이 이 순간에 무엇을 느끼는가가 중요하다.)

③ "우리가 원하는 것을 사람들이 해 주지 않으면 때때로 마음이 상하지." (아동이 상처받은 것을 확인해 주고 있지만 '사람들'이라는 용어를 사용하여 일반화

시킴으로써 충격을 약화시키고 있다. 치료자는 이 일에 포함된 사람이 아니며, 따라서 '우리'를 사용한 것은 부적절하다. 아동에게 초점을 맞추지 못하였다.)

④ "엄마가 너에게 케이크를 만들어 주지 않겠다고 했기 때문에 실망한 것 같구나." (아동의 감정을 완전히 과소평가하고 있고, 아동이 흘리고 있는 눈물과 슬픔을 무시하고 있다.)

⑤ "엄마가 케이크를 만들어 주지 않겠다고 해서 꽤 슬픈 것 같구나. 그래서 엄마에게 화난 것 같고." ('……같구나.'라는 일반적인 상담 용어를 부적절하게 사용하고 있다. 아동이 슬프고 상처받은 것 같은 게 아니다. 바로 그 순간에 슬픔과 상처를 경험하였고, 그것을 보여 주고 있다. 아동이 화났다는 표시는 없다. 그것은 치료자의 투사다.)

⑥ "네가 남동생에게 나쁘게 굴었다고 생각한 엄마가 너에게 케이크를 만들어 주지 않겠다고 해서 매우 슬퍼하는구나." (훨씬 좋다. 그러나 여전히 아동의 감정을 읽지 못하고 있다. 나빴다는 것에 집착할 필요가 없다. 왜냐하면 아동의 주 감정을 보지 못하도록 만들기 때문이다.)

⑦ "생일인데 정말 슬픈 일이구나. 생일 케이크도 없고, 그래서 너는 울고 있구나." (짧다. 아동의 감정에 호소하여 치료자가 아동을 이해하고 있음을 보여 주었다.)

아동은 자신의 경험에 관해 긴 설명이나 장황한 대화를 필요로 하지 않는다. 관계의 가장 중요한 부분은 아동이 느끼고 경험하는 것이다. 주목할 만한 흥미로운 것은 가장 마지막 반응만이 아동의 감정 중에 가장 분명한 부분인 눈물을 인식하고 있다는 것이다. 분명히 드러난 감정을 치료자가 언어로 표현하지 않으면, 아동으로 하여금 그러한 감정이나 표현은 수용될 수 없는 것이라고 느끼게 만든다.

대표적인 비촉진적 반응

놀이치료 회기에서 인용한 다음의 발췌문은 촉진적이지 못한 대표적인 반응의 예다. 이는 치료자가 반응하는 방법, 사용된 언어가 아동에게 이해되었다고 느끼는지, 수용되었다고 느끼는지, 또는 제한되었다고 느끼는지에 중요한 차이를 가져온다. 제안된 반응은 단지 제안 그 자체이며, 이 제안이 유일하게 옳은 반응이라는 뜻은 아니다. 여기서의 목적은 독자가 아동에 대한 자신의 반응 유형을 인식하도록 돕는 것에 있다.

감정을 놓침

아동: 여기에 사람들이 많이 오나요?(흥분된 목소리, 매우 궁금해하는 얼굴 표정)

치료자: 때때로. (아동은 대답을 요구한 것이 아니다.)

제안: 너는 정말 여기 오는 걸 좋아하는구나. (드러난 감정에 반응해야 한다.)

아동: 내 강아지가 죽었어요. 그래서 울었어요.

치료자: 강아지가 죽었다니 안됐구나. (치료자는 자신의 반응에 신경을 쓸 뿐, 아동의 감정은 무시하고 있으며, 아동이 자신의 감정을 계속 탐색하도록 허용하지 않고 있다.)

제안: 너는 강아지가 죽어서 매우 슬펐구나. 그래서 울었구나. (감정에 호소하고, 이해를 보여 준다.)

아동: (녹음기로 녹음한 내용은 치료자와 아동만 들을 수 있고, 다른 누구도 들을 수 없다고 치료자가 막 설명하였다.) 당신이 뭘 하려는지 알아요. 우리 엄마한테 그걸 줄 거죠!

치료자: 엄마한테 녹음된 테이프를 주지 않을 거다. 그것은 내가 듣는 것이고, 네가 원한다면 너도 듣게 해 주겠다. 그 후에 녹음된 걸 지워 버릴 거야. (치료자가 약간 방어적이다. 아동은 자신이 이해받았음을 알 필요가 있다.)

제안: 네가 정말로 염려하는 걸 안단다. 너는 엄마가 녹음 내용을 듣지 않기를 바라지. 이건 너와 내가 듣기 위한 것이지 다른 누구도 들을 수 없어. (감정을 인식하고 비밀을 보장해 준다.)

아동: (자신이 하고 있던 것이 두 조각으로 부서졌다.) 안 돼. 잘되지 않아. (화난 것 같다.)

치료자: 그게 너를 화나게 하니? (이미 답을 알고 있는 질문을 하였고, 따라서 치료자가 아동의 감정을 이해하지 못한 것처럼 들린다.)

아동: 네! 어떻다고 생각하시는 거죠! (아동은 이해받지 못했으며, 당연히 치료자에게 화를 냈다.)

제안: 고정시키려고 하는 게 잘 안 되니까 네가 화가 났구나. (감정을 인식)

아동: 내 강아지가 죽었어요. 그래서 우리 집 뒷마당에 묻었어요. 놀랐어요! 그 개는 자기의 낡은 집 바로 옆에서 죽었어요. (개의 죽음에 대한 관찰 가능한 정서가 보이지 않는다.)

치료자: 개가 자기 낡은 집 바로 옆에서 죽었구나. 그래서 네가 뒷마당에 묻었다고? (단순한 단어의 반영과 끝의 목소리 톤이 아동이 방금 말한 것을 다시 질문하게 만들었다.)

제안: 개가 자기의 낡은 집 바로 옆에서 죽었다니 정말 놀랐겠구나. (감정의 이해를 보여 준다.)

아동보다 먼저 물건에 이름 붙이기

아동: 붕붕~ 붕붕~ (바닥에서 블록을 밀고 있다.)

치료자: 자동차를 가지고 재미있게 놀고 있네. (아동은 블록을 자동차라고 말하지 않았다. 치료자가 자기의 가정을 투사한 것이다.)

아동: 그건 차가 아니에요. 배예요.

제안: 그것은 큰 소리를 내는구나. (블록에 이름 붙이는 걸 피하고 "나는 너와 한편이다."라고 말한 것이다.)

아동: (악어 손 인형을 손에 끼웠다.)

치료자: 이제 너는 악어를 끼웠네. (아동은 손 인형을 악어라고 하지 않았다. 악어라고 지칭함으로써 아동의 창의력을 제한하고, 놀이 활동을 구조화시켜 버렸다.)

제안: 너는 그걸 손에 끼웠구나. (아동이 계속 주도하고 인형에 이름을 붙일 수 있게 허용한다.)

아동: (우주선을 살펴보고 있으나 그게 무엇인지는 말하지 않았다. 그런 다음 테이블 위에 있는 가족 인형 중에서 2개의 남성 인물을 집었다.)

치료자: 우주선에 넣으려고 2개를 가져왔구나. (치료자가 주도하고 있으며, 우주선이라고 지칭하였다. 아동이 2개의 남성 인물을 가지고 무엇을 할 것인지에 대한 표시가 없는데, 아동의 놀이를 지시하고 있다.)

제안: 너는 그것에 대해 마음속으로 무엇인가 생각하고 있는 것 같구나. (아동이 하고 있는 일에 치료자가 참여하고 있음을 전달하고, 아동으로 하여금 자신의 놀이를 계속 주도하도록 허용한다.)

아동: (크레파스로 고양이 그림을 그린다.) 이건 내 고양이예요. (다리를 그리더

니 각 다리 끝에 여러 개의 점을 찍는다.)

치료자: 너는 고양이 발톱을 그리고 있구나. (아동이 그걸 그리고 있는 것인지 아닌지 알 수 없다. 따라서 치료자가 주도하고 있는 것이다.)

아동: 아뇨. (고양이한테 색을 칠한다. 고양이의 발가락을 그렸으나 발톱은 그리지 않았다. 아동은 무엇인가 잘못했다고 느꼈다.)

제안: 너는 고양이에게 무언가 그려 넣고 있구나. (이 반응은 치료자가 아동이 무언가를 하고 있다는 것을 인식하고 있음과 관심을 전달하며, 아동으로 하여금 자신이 그리고 있는 것이 무엇인지 확인하게 한다.)

평가와 칭찬

아동: (아동이 빗을 찾아 두 인형의 머리를 빗긴다.)

치료자: 너는 그것을 아주 예쁘게 해 주고 있구나. (아동은 호감을 사려 하기 때문에 칭찬을 더 듣기 위해 이 활동을 계속할 수도 있다.)

제안: 너는 그것의 머리를 어떻게 빗기는지 알고 있구나. (결과에 따라 판단하기보다는 아동의 능력을 반영한다.)

아동: 나는 이걸 끝내고 나서 그림을 그릴 거예요.

치료자: 그거 좋은 생각인 것 같다. (아동이 그림 그리는 것을 치료자가 원한다고 생각할 수도 있다. 아동은 더 이상 자신의 마음을 자유롭게 바꿀 수가 없다.)

제안: 너는 다음에는 그림을 그려야겠다고 생각하고 있나 보구나. (이해를 나타내므로 아동은 자유롭게 결정한다.)

아동: 내가 비행기를 만들었어요. (그리고 나서 방 안에서 비행기를 날린다.)

치료자: 오, 네가 비행기를 만들었구나! 매우 멋져 보이는 비행기네. (치료자의

흥분은 아동의 감정 수준 이상이다. 이는 가치 판단이다.)

제안: 너는 그 비행기를 날릴 수 있구나! (단순한 언어 반응을 피하고 아동을 믿는다.)

아동: (달걀 요리를 하는 척하더니 그것을 접시에 담아 치료자에게 모두 준다.) 맛이 어때요?

치료자: 이 계란은 정말 맛이 좋구나! (평가, 외적 동기를 격려한다.)

제안: 나를 주려고 너는 이 달걀 요리를 열심히 만들었구나. (노력을 인식하고, 내적 동기를 격려한다.)

부적절한 질문

아동: 나와 코트니는 집놀이를 했어요. 그리고…….(활동에 관하여 길게 이야기하였고 코트니에 대해 계속 이야기하였다.)

치료자: 코트니가 네 친구니? (질문은 치료자의 욕구를 만족시킨다. 코트니가 친구인지 아닌지는 부적절한 질문이다.)

제안: 너하고 코트니는 많은 것을 함께 한 것 같구나. (내용에 대한 이해를 전달하고 아동에게 초점을 둔다.)

아동: (힘 있게 보보를 치고, 관찰 가능한 감정을 나타내지 않는다.)

치료자: 왜 보보 인형을 치고 싶니? (부적절한 질문이다. 왜냐하면 감정을 읽을 수 없기 때문이다. 아동이 무엇인가 감정을 느껴야 함을 시사한다.)

제안: (아동이 놀이치료실에서 하는 모든 행동에 반응할 필요는 없다.)

아동: (야구팀에 관해 이야기하면서 흥분한 목소리로 말한다.) 오늘 오후 우리 팀이 이길 거예요!

치료자: 이기는 걸 좋아하니? (대답이 분명한 것을 질문하였다. 이해의 부족을
　　　전달한다.)

제안: 너는 정말 이기는 게 즐겁구나. (이해를 전달한다.)

아동: (아동이 작은 상자를 발견하였다.) 여기 넣을 것은 어디에 있지? (그러고
　　　나서 바비 인형의 신발을 그 안에 넣는다.)

치료자: 거기에 그것을 넣어야 한다고 생각하니? (아동의 결정을 질문한다. 아
　　　동이 자신을 의심하게 만들기 때문에 이해를 전달하지 못하였다.)

제안: 너는 그것을 거기에 넣기로 했구나. (아동이 의사 결정을 할 수 있음을 믿
　　　는다.)

질문이 되어 버린 설명

아동: 번개는 무서워요.

치료자: 번개가 조금 무섭다고? ('조금'이라는 단어를 사용하여 아동의 감정을
　　　과소평가하고, 질문 형식으로 끝난 것은 치료자가 아동의 감정을 이해하
　　　지 못해 확인해야 함을 전달한다.)

제안: 너는 번개가 칠 때 무섭구나. (감정의 이해를 전달한다.)

아동: 이제 저녁을 만들 거예요.

치료자: 지금이 저녁 시간이라고 결정했니? (이해의 부족을 시사하는 질문이다.)

제안: 너는 지금이 저녁 시간이라고 결정했구나. (문장 끝의 목소리 톤을 올려
　　　질문 형태로 끝내는 것을 피하여 이해를 전달하고, 아동의 의사 결정을 믿
　　　어 준다.)

아동: 난 인형극을 좋아해요! 당신도 좋아하세요?

치료자: 너는 모든 인형놀이를 좋아한다고? (끝의 목소리 톤을 올려 질문이 되어 버렸으며, '예.'나 '아니요.'의 답을 요구한다.)

제안: 너는 인형극을 재미있어 하는구나.

아동: (여러 가지 놀잇감을 가지고 놀고 있다.)

치료자: 웨슬리, 우리가 놀이치료실에 있을 시간이 5분 남았다. 알겠니? (아동이 선택할 수 없는 순간인데도 마지막 말은 선택을 의미하는 질문이다.)

제안: (같은 반응을 한다. 그러나 마지막 말은 하지 않는다.)

아동을 이끌어 주기

아동: (플라스틱 칼로 병뚜껑의 페인트를 열심히 벗기고 있다.)

치료자: 그렇게 하는 게 힘들텐데도 너는 포기하지 않는구나. (이제 아동은 아무리 힘들어도 그만두기를 망설일 것이다. 왜냐하면 치료자가 자신이 포기한다고 생각하고 실망할까 봐 두려워하기 때문이다.)

제안: 너는 그것을 벗기려고 노력하고 있구나. (아동의 노력에 대한 인지)

아동: 이 집은 선생님을 위한 거예요. 무슨 색이었으면 좋겠어요?

치료자: 나는 빨간 벽돌로 만든 집이 좋단다. (이제 아동은 치료자를 만족시키는 데 초점을 두게 된다. 따라서 아동은 집 전체를 작은 벽돌로 채워야 한다고 생각할 것이고, 수백 개의 벽돌을 일일이 그리느라 엄청난 시간을 허비할 것이다. 아동이 벽돌을 그리기 힘들어하면 어떻게 할 것인가?)

제안: 나에게 특별한 집. 너는 네가 좋아하는 색깔을 고를 수 있어. (이것은 아동에게 결정권을 줌으로써 계속 아동에게 초점이 맞추어지도록 해 준다. 집의 모습은 아동에게 달려 있는 것이다.

아동: (주방 코너에서 아기, 주전자, 냄비를 가지고 놀고 있다. 커피포트를 집는다.)

치료자: 커피를 끓일 거니? (치료자는 자신의 세계를 놀이에 끼워 넣음으로써 아동의 방향과 창의성을 방해하였다. 아동이 다른 것을 만들 계획이라면 어떡할 것인가? 아기에게 오렌지 주스나 우유를 주려고 했다면?)

제안: 이제 너는 그것을 사용할 거구나. (명명하지 않으면서 치료자의 관심을 보여 주어 아동으로 하여금 계속 주도할 수 있게 한다.)

아동: 무엇을 드시겠어요?

치료자: 오, 넌 여러 가지를 만들 수 있을 거야. (아동이 무엇을 만들 수 있을 것인가를 치료자가 알고 있음을 시사하기 때문에 치료자가 그것을 말할 때까지 아동은 기다릴 것이다.)

제안: 네가 결정할 수 있단다. (아동에게 자유를 인정하고 아동이 결정할 수 있는 책임을 허용한다.)

'공감적 반응하기'라는 새로운 언어의 사용은 치료자의 노력과 헌신, 아동을 이해하고 그 순간에 완전히 한 개인일 수 있는 자유를 아동에게 충분히 허용함과 동시에 아동과 충분히 함께하고자 하는 성실한 바람을 요한다. 아동과의 상호 작용에 초점을 맞추는 아동중심 놀이치료자의 촉진적 차원의 접근은 다음에 나오는 나의 놀이치료 회기 기록에서 확인할 수 있다.

폴-두려움을 행동화하는 아동

폴은 그의 할아버지와 매우 가까웠다. 그들은 낡은 트럭을 타고 늘 어디든지 함께 다녔다. 폴이 네 살 때 할아버지가 돌아가셨지만 할아버지의 죽음이 폴에게 심리적 상처를 준 것 같지는 않았다. 그러나 폴은 할아버지를 그리워하였다. 할아버지가 돌아가신 후 2개월쯤 지나자 폴은 엄마에게 할아버지를 만나기 위해 할아버지 산소에 자신을 데리고 가 달라고 졸랐다. 폴은 묘소로 달려가 무릎을 꿇더니 비석 구멍에 대고 속삭이기 시작하였다. 사실 구멍은 화병으로 사용하는 것이었다. 속삭이기 시작한 얼마 후, 폴은 집으로 갈 준비를 하였다. 2주가 지나고 폴은 엄마에게 다시 할아버지에게 이야기할 것이 있다면서 할아버지 산소에 가자고 하였다. 이후로 2년간 이 일이 계속되었고, 1시간가량 걸리는 할아버지 산소에 격주로 찾아가게 되었다. 그 후 2년 동안, 폴에게는 죽음에 대한 공포가 생기게 되었다. 폴은 아직 글자 읽는 법을 배우지 않았고, 놀이터에서 다른 아이들과 놀 때 매우 공격적이어서 엄마는 걱정을 많이 하였다. 그리하여 엄마가 폴을 데리고 놀이치료센터에 오게 되었다. 다음은 폴과의 두 번째 놀이치료 상황이다.

폴: (폴은 놀이치료실의 문을 열고 안으로 들어갔다. 들어간 즉시 펀치백을 치기 시작하였다.) 이게 뭐야? (펀치백을 치면서) "퍽!"

치료자: 넌 정말 강타를 날리는구나.

폴: 난 경찰이에요. 난 이제 경찰이라고요.

치료자: 넌 잠시 동안 경찰이 되는 거구나.

폴: 아, 어. (펀치백을 친다.) 와! 이거 봤어요?

치료자: 넌 여러 가지 방법으로 펀치백을 돌릴 수 있네.

폴: 선생님은 내가 정말 누군지 아세요? 경찰, 아니, 잠시 동안만 집(인형 집)을 가지고 놀 거예요. 난 이런 것을 좋아하는 편이에요.

치료자: 너는 저번 시간에도 그것을 좋아하는 편이었단다.

폴: 예. (가구를 정리하면서 인형 집과 놀고 있다.) 배트맨(펀치백)에게 무슨 일이 일어난 거예요? 뭔가 새겨져 있어요.

치료자: 누가 그에게 뭔가를 새겨 놓은 것 같구나.

폴: 누가 했는지 생각해 보세요. (다시 인형 집으로 관심을 돌린다.) 오, 텔레비

전이 있네. 이게 뭐야? (누군가 인형상자 안에 둔 장난감 군인을 발견한
다.) 이전에 누군가 여기 왔었네.

치료자: 너는 오늘 네가 여기 오기 전에 누군가 여기 왔었다는 사실을 알아냈
구나.

폴: 누가요?

치료자: 다른 소년, 소녀들이 여기 오기도 한단다.

폴: 아아. (만족하면서 다시 인형 집으로 간다.) 이것, 여긴 잠시 동안 그 아이들
의 방이 되어야 하는군요, 그렇지요? 차는 어디 있지? 난 차가 필요해요.
오. (방 주위를 맴돌면서 차를 찾는다. 차를 발견하고는 인형 집으로 가져
온다.) 여기 있어요.

치료자: 지난 시간에 네가 찾던 바로 그것이구나.

폴: 예. 아! 아! 오, 이런! 아빠는 새 텔레비전을 사야만 해요. 하나 샀다고요. 이
것은 아빠 침대에 필요한 거예요. 지금 막 이사하려고 해요. (가족 인형을
가져온다.)

치료자: 그래서 그들이 지금 이 인형 집으로 이사를 하고 있네.

폴: 다시, 그렇지 않아요? 텔레비전이…… 그들은 여기에서 살았지요, 그렇지
않아요?

치료자: 자, 이제 그들이 다시 여기에 살려고 하는구나.

폴: 예. 오, 그들이 무엇을 하려는지 아세요? 그들은 여행을 가려고 해요. 차에 타고
있어요. (커다란 비행기를 가져와 가족 인형을 비행기 안으로 들여보낸다.)

치료자: 그들이 비행기를 타고 어딘가로 가려고 하네.

폴: 선생님, 그들이 어디를 가려고 하는지 아세요? 그들이 가려고 하는 곳은…….
(만화 영화를 끄는 척하면서) 자, 이제 뉴욕으로 갈 시간이에요.

치료자: 아주 멀리 가는 거구나.

폴: 이거 아주 빨리 가요. 나는 것을 아이들은 어떻게 생각할지 궁금해요. 그들
은 이제 행복해질 거예요. 그렇지 않아요? 그렇지 않으냐고요?

치료자: 그들은 정말 그럴 수 있겠구나.

폴: 난 그들이 비행기 여행을 가려는 것을 알고 있지요. 난 그들을 앉히려고 해요, 알았죠?

치료자: 넌 바로 거기에 그들을 놓으려고 하는구나.

폴: 그들이 앉지도 않고 안전벨트도 하지 않으면 무슨 일이 일어날지 선생님은 알아요? 그들은 집에 있어야만 해요. 그들은 비행기 여행을 가지 않을 거예요, 맞죠?

치료자: 그들이 해야 하는 것을 하지 않으면 여행을 갈 수가 없구나.

폴: 맞아요. 아이는 행복해질 거니까 울지 않아요. 당연하지. 엄마는……(웃으면서). 엄마와 가족이 비행기보다 훨씬 커요. 그렇죠?(모든 가족 인형을 비행기 안에 넣었음에도 불구하고 이렇게 말하였다.) 그들이 돌아와요(비행기는 본래 위치에서 떠난 적이 없다). 그들의 집에 주차시켰어요. 그렇죠?

치료자: 그들은 그들의 집에서 정말 가까이 있구나.

폴: (비행기에서 인형을 꺼내 인형 집으로 옮긴다.) 하느님, 맙소사! 정말 빨리 지나갔어요. 선생님은 아빠가 무엇을 할지 알아요? 트럭을 살 거예요.

치료자: 아빠는 새 트럭을 살 거구나.

폴: 네, 그들은 두 대를 샀어요. 그들은 이 트럭을 옮길 거예요. 그들은 곧 옮기기 시작할 거예요(인형 집에서 인형을 가지고 놀면서).

치료자: 이제 그들은 트럭을 옮길 수 있구나.

폴: 그들은 이사를 갈지도 몰라요. 아이는 만화를 보고 있어요. 그 아이는, 그 아이는 놀고 있어요. 알죠? 만화를 보고 난 후에 그들은 밖으로 나갈 거예요.

치료자: 그들은 텔레비전을 보고 나서 밖으로 나갈 거구나.

폴: 아빠는 새 트럭을 살 거예요. 그녀(엄마)는 여기서 저녁 준비를 하면서 기다리고 있어요. 아빠는 새 트럭을 찾을 수 없어요. (또 다른 트럭을 가지고 와서 인형 집에 돌려 둔다.) 여기 있어요. 아빠는 이 트럭을 사려고 해요. (트럭을 옮기며) 저런, 이것은 커다란 트럭이에요, 그렇지요? 아빠는 그 트

럭을 사지 않을 거예요. 오, 아, 이제 보세요. 이제 이것 보세요. 아빠는 직
장에 있고, 트럭을 살 수 없어요. 아빠는 트럭을 찾지 못했어요.

치료자: 아빠는 좋아하는 트럭을 찾지 못했구나.

폴: (모래상자로 가면서) 아빠는 언젠가 그가 좋아하는 무언가를 찾을 거예요,
그렇지요? 선생님은 또 다른 트럭을 가지고 있나요? 이제 배트맨에게. (펀
치백 쪽으로 달려가서 펀치백을 힘 있게 아홉 번 치고는 펀치백과 레슬링
을 하더니 밀어 떨어뜨린다.) 그는 잠시 동안 누워 있어요. 이 의자에 앉
힐 거예요. (배트맨 펀치백이 의자 위에 놓여 있다.) 그는, 나는 그를 쏠
거예요. 난 많은 총을 가지고 있어요. 나는 그에게 총을 겨누어 쏠 거예
요. (총과 작은 플라스틱 텔레비전을 집어 든다.) 오오, 오오! 이것은 다른
텔레비전이 될 수 있어요.

치료자: 오오.

폴: (인형 집 안에 텔레비전을 놓는다.) 나는 이것이 아빠의 텔레비전이라고 생
각해요.

치료자: 그는 특별한 것을 가지게 되겠네.

폴: 에. (총을 집어 들더니 탁구공을 향해 쏜다.) 이것이 공 주위 어디에 있나요?
(탁구공을 줍는다.) 나는 그에게(배트맨) 선(善)을 위해서 총을 쏠 거예요.
맞지요? 맞지요?

치료자: 너는 네가 무엇을 할지를 아는구나. 너는 계획을 세우고 있었네.

폴: 보세요! 배트맨을 위해 준비가 되었나요? 배트맨은 곤경에 처하게 될 거예
요, 맞지요? (총으로 쏘아 대면서) 나는 그를 쓰러뜨렸어요, 맞지요?

치료자: 너는 첫 발에 그를 쓰러뜨렸구나.

폴: 나는 그를 계속 쏠 거예요. (겨냥하고 쏘지만 빗나간다.) 으흠, 다른 총으
로 해야겠군. (다른 총을 구하려고 한다.) 저기 다른 것이 있네. 찾았어요.
(펀치백을 쏜다.) 빗나갔지요?

치료자: 그의 오른쪽을 지나갔어.

폴: (펀치백 한편을 겨냥해 또다시 쏜다.) 제대로 쏘기가 어렵지요?

치료자: 멀리 있는 것을 쏘기가 어렵구나.

폴: (다시 쏘지만 빗나간다.) 그에게 한 방 먹이질 못했어요, 그렇지요? (다트를 집어 올리며) 나는 그를 쓰러뜨리려고 하는데 내가 어떻게 할지 맞추어 보세요. 나는 그를 꽁꽁 묶어서 죽여 버릴 거예요. 그를 잘라 버릴 거예요.

치료자: 너는 정말 그를 죽이려고 하고 있구나.

폴: (총을 쏘았는데 다시 빗나갔다. 펀치백에 다시 총을 쏜다.) 그를 쓰러뜨렸어요! (뛰어가 펀치백을 바닥에 쓰러뜨리고는 의자 밑에 머리를 집어넣어 펀치백이 수평이 되게 한다.) 잠시 동안 죽은 거로 생각하세요. 배트맨에게 어떻게 하려는지 아세요? 아. (고무 칼로 펀치백 가운데를 자른다. 부엌으로 가서 그릇을 본다.) 내가 무얼 하려는지 아세요?

치료자: 넌 지금 어떤 계획을 가지고 있구나.

폴: 난 그를 독살하려는 것이 아니에요. (그는 지난 시간에 독이 든 음식을 만들었고, 그것을 배트맨에게 먹였다.) 선생님은 이 시간에 내가 무엇을 하려는지 알고 있지요. 난 그렇게 안 할 거예요. 난 지금 그를 다시 죽일 거예요. 난 그를 독살할 거예요. 내가 하려고 했던 것이 바로 이거예요. 보세요. (총을 들고 배트맨에게로 걸어가 배트맨 얼굴을 향해 쏜다.) 하, 하. (모래상자로 가서는 중앙에 서서 바구니에 모래를 가득 담는다.) 내가 뭐할려고 하는지 맞추어 보세요.

치료자: 넌 네가 무엇을 하려는지 내게 말해 줄 수 있지?

폴: 글쎄요, 난 이 속에 배트맨을 넣으려고 해요. (바구니를 떨어뜨리고는 모래를 모래상자 속으로, 또 밖으로 쓸어 담기 시작한다.) 피를 쓸어요. 하, 하. 피를 쓸어요. 배트맨은 이제 정말 죽으려고 해요. 내가 그를 정말 죽일 거예요.

치료자: 이제 넌 그를 정말 죽일 것이라고 확신하는구나.

폴: 맞아요. 지금 난 선생님을 죽일 거라는 것을 확신해요.

치료자: 오, 나 역시 그걸 알 수 있구나.

폴: 알아요. 선생님은 로빈이에요.

치료자: 너는 우리 둘을 다 죽이려고 하는구나.

폴: 맞아요. 꼭 맞힐 거예요(약간 슬픈 어투지만 씩 웃으면서).

치료자: 나는 총을 쏘기 위한 것이 아니야. (폴은 치료자의 머리를 향해 겨냥하였다가 벽을 쏜다.) 네가 나에게 총을 쏘고 싶어 하는 것을 안단다. (배트맨을 가리키며) 넌 배트맨을 나라고 생각할 수 있어. (폴은 다시 치료자의 머리를 향해 겨냥한다. 하지만 명백히 치료자에게 총을 쏘려고 하는 의도가 아님을 알 수 있다.)

폴: 오, 난 선생님을 못 맞췄어요. (총을 다시 쏜다.) 아…… 이런……. (전화기와 놀기 시작한다.) 선생님은 내가 누구에게 전화 거는지 아세요? 음…… 음……. (다른 전화기를 들고 다이얼을 돌린다.) 예, 배트맨은 죽었어요. 흠흠, 좋아. (전화기를 내려놓고 방을 가로질러 간다.) 난 배트맨을 깨우는 노래를 만들려고 해요. (실로폰을 연주하더니 기대에 찬 눈초리로 배트맨을 바라본다.) 거의 다 깼어요. (배트맨에게로 걸어가서) 그의 목을 잘라 내요. (배트맨을 치고) 자, 이제 죽었어요. 이제 난 다시 아빠랑 놀 거예요, 늙은 아빠. (인형 집에서 트럭을 가지고 논다.) 여기 그의 새 트럭이 있어요. 일하기에 편하지요. 그가 새 텔레비전을 샀어요, 그렇지요?

치료자: 이제 그들은 2개의 텔레비전을 가지고 있구나.

폴: 좋아, 저기요, 작동이 잘 되나요? 선생님이 거기에 놓았나요? (텔레비전을 시험해 보고 조각이 어디 있는지 알아낸다.)

치료자: 저기, 네가 알아냈구나.

폴: 움직여요?(스크린을 움직이게 하려고 한다.)

치료자: 너는 정말 그것이 진짜처럼 작동하는지를 궁금해하는 것 같은데.

폴: 그건 작동 안 했어요. 아빠는 새 텔레비전을 샀어요. 아빠는 그들을 위해서…….

치료자: 아빠는 그들을 위해서 그것을 집에 가져왔구나.

폴: 보려고…… 보려고. 애들이 아빠가 가져온 새 트럭을 봤어요. 애들은 아직 알지 못해요. 그들이 뛰기 시작해요.

치료자: 오, 그가 아이들을 놀라게 해 주려고 하네.

폴: 애들은 아무것도 보지 못했어요, 그렇지 않나요?

치료자: 그래서 그건 정말 특별한 것이 되겠구나.

폴: 아빠는, 그는 언젠가 그것을 다시 가지고 올 거예요.

치료자: 아빠가 그것을 보관할 수는 없겠네.

폴: (트럭에 인형을 넣으면서) 그들이 타려고 해요. 아기는 어디 있지? 오, 거기에 타고. (트럭에 가족 인형을 넣고) 그들은 즐거운 시간을 가질 거예요, 그렇지 않나요?

치료자: 그들은 새 트럭에 함께 타고 가는구나. 그리고 재미있는 시간도 가지고.

폴: (폴이 트럭을 가지고 인형 집 주위를 맴돌다가 천천히 밀어 붙인다. 모터 소리가 요란해지고, 인형 집 바로 앞에 멈춘다.) 그들은 거의 집에 다 왔어요. 그렇지요?

치료자: 그들은 다시 돌아왔구나.

폴: 그들이 나올 시간이에요. (인형을 꺼내 집에 넣는다.) 오, 애들이 "아우! 아우!"라고 말해요.

치료자: 그들은 나가고 싶지 않구나.

폴: 그들은 집으로 가고 싶지 않아 해요. 그들은 타는 것을 좋아해요, 그렇지 않나요?

치료자: 그들은 정말 재미있는 시간을 가졌었구나.

폴: 왜 그런지 아세요? 그는 트럭을 샀어요. 그는 일자리도 구했어요.

치료자: 그래서 그는 텔레비전을 샀고, 트럭도 샀지. 아마 그는 트랙터도 샀겠지?

폴: 그들이 움직여요.

치료자: 으음, 그들이 움직이는구나.

폴: 예, 그들은 곧 만화를 못 보게 돼요, 그렇죠? 아빠는 가야 하고, 엄마는 아기를 침대에 눕혀야 하고, 그렇지요? (아기를 들고) 나는 이 아기를 대머리로 만들 거예요.

치료자: 머리카락이 하나도 없게.

폴: 알아요. 그건 언젠가 그가 대머리가 된다는 거지요.

치료자: 으흠.

폴: 이 아기는 정말 그래요, 그렇지요? 우리는 아기가 대머리가 되는 것을 원해요. 이건 작은 남자아이가 대머리가 되는 것과 같지요. 그들은 무언가 할 거예요. 아빠는 일하러 가야 해요. 그는 움직일 거예요. 그는 새 트랙터 하나를 얻을 거예요. 정말 그래요. 그는 한 대가 필요하거든요. 그런데 그가 움직이려고 해요. 아아, 여기로 그들이 오고 있어요! 여기로 새 트랙터가 와요. (트랙터를 가지고 논다.) 내 생각엔 애들이 새 트랙터를 보고 좋아하는 것 같아요. 오, 이런! 운전하기엔 바퀴가 너무 크네요. (차 안으로 트랙터를 밀어 넣으려고 한다.)

치료자: 그 안으로 집어넣기에는 잘 맞지 않구나.

폴: 난 그가 다른 트랙터를 사야 한다고 생각해요. 난 이걸 가지겠어요. 이걸 넘어뜨려요. 아니지. (트럭 안으로 들어갈 수 없다.) 뒤로 할까요? 아니야, 그는 오늘 트럭을 살 수 없겠네요. 여기 그를 위한 트랙터가 있어요. (고정시킬 수 있는 다른 차를 찾는다.) 자, 여기 트랙터가 있어요. 이제 가자. 만화는 끝났어요. 그들이 보고 있어요, 그렇지요? (기뻐하며 말한다.)

치료자: 만화를 지켜보는 것이 그들을 행복하게 하는 것이구나.

폴: (차 안에 가구를 실으면서) 예, 하지만 불쌍한 엄마는 더 이상 요리를 만들 누가 없어요. (스토브를 실으면서) 그녀는 배가 고파요. 아빠도 배가 고팠어요. 선생님도 뭔가 알지요. 그들은 욕실을 옮길 수 있어요.

치료자: 어어, 그들은 그 집 안의 뭐든지 옮길 수 있네.

폴: 트럭 안에. 오, 이런! 그들이 옮겨 갔죠, 그렇지요?

치료자: 집 밖으로 모든 것을 옮겼구나.

폴: 예, 그들은 다시 여기에서 살기로 했어요. (가구를 다시 인형 집 안에 넣는다.)

치료자: 그들은 이사 갔다가 다시 집으로 돌아오기로 했구나.

폴: 왠지 알아요? 그들은 만화 영화의 일부를 못 보았어요.

치료자: 그래서 다시 돌아가 만화를 보기를 원하는구나.

폴: 아빠는 무엇을 해야 하는지 알아요. (아빠 인형을 모래상자로 옮긴다.)

치료자: 너는 그가 무엇을 하려는지 내게 이야기해 줄 수 있지?

폴: 좋아요. 그는…… 죽었어요.

치료자: 오, 아빠가 죽었구나.

폴: 예, 그래서 그들은 그를 모래에 묻으려고 해요. (모래 안에 구멍을 파고 아빠 인형을 묻기 시작한다.)

치료자: 그는 죽었고, 이제 거기에 묻히려고 하는구나.

폴: 난 알아요. 난 그들이 새아빠를 가져야만 한다고 생각해요. 맞죠? (계속해서 인형에 모래를 덮는다.)

치료자: 아빠가 죽는다면 그들에게는 새로운 사람이 필요한 거구나.

폴: 오…… 이제 온몸이 다 묻혔어요.

치료자: 이제 그를 볼 수가 없네.

폴: 그곳이 그가 있는 곳이에요. (묘지 꼭대기에 깔때기를 거꾸로 꽂아 주둥이가 위로 향하게 한 채) 애들이 그를 보려고 와요. 아기는 여전히 잠자고 있고요. (인형 집으로 가서 남자아이, 여자아이 인형을 가져온다.)

치료자: 홈, 그들은 그가 묻혀 있는 곳을 보려고 가는구나.

폴: (남자아이 인형의 머리를 깔때기 끝에 놓는다.) 그들은 무언가를 들어요. 으흐흐흐. (묘지에서 소리가 들린다.)

치료자: 그들은 아빠가 묻혀 있는 곳에서 무슨 소리를 듣는구나.

폴: 예, 그리고 무슨 생각을 해요. 그들은 그를 묻히게 하지 않으려고 해요. (모래 밖으로 인형을 꺼낸다.) 오, 이런! 그가 살았어요!

치료자: 그는 정말 죽은 것이 아니었구나. 이제 그는 살았구나.

폴: 그들은 그를 보고 놀랐어요(흥분되어 기쁜 소리를 내며).

치료자: 그들은 놀랐지만 행복하구나.

폴: 오, 이런, 봐요! 이곳에 회오리바람이 몰아치고 있어요. 그들은 빨리 집으로 돌아가야 해요, 맞죠?

치료자: 회오리바람은 위험하지.

폴: 알아요. 그건 집을 날려 보낼 수 있지요. 그들 중 한 사람, 그들 중 한 사람이 묘지에 있어요. 그건 여자아이예요. (인형을 모래에 묻어서 치료자는 묻힌 인형을 볼 수가 없다.)

치료자: 여자아이가 묘지에 남았구나.

폴: 어, 그녀가 묻혔어요.

치료자: 오, 그녀가 묘지에 묻혔구나.

폴: 그녀는…… 그녀는 회오리바람이 그녀를 삼켜 버리길 원치 않아요.

치료자: 회오리바람 때문에 그녀를 데리고 갈 수가 없구나!

폴: 회오리바람이 지나갔어요. 오, 보세요. 무슨 일이 일어났는지! (놀잇감을 인형 집 가까이에 뒤집어엎는다.) 이럴 수가!

치료자: 회오리바람이 무언가를 부서뜨렸구나.

폴: 예, 무언가…… 하지만 이건 부서뜨리지 못했어요. (트럭을 가리키며) 애들 모두가 재빨리 집으로 들어가서 숨었어요. 그리곤 쉬었지요.

치료자: 그들은 집 안에서는 안전할 거라고 여겼구나.

폴: 그리고 그녀 역시 안으로 들어가서 쉬었어요. 아빠가 트럭을 제대로 세울 때까지요. (트럭을 뒤집어 놓는다.) 오, 오, 회오리바람이 불어요. 생각해 봐요. 아빠는 몰랄 거예요. 무엇인지 생각해 봐요. 배트맨에게로 가고 있어요!

치료자: 이제 다시 배트맨의 시간이구나.

폴: (배트맨에게로 가서 자신에게 수갑을 채운다.) 오, 오, 그들은 나를 잡았어요. 그렇지요?

치료자: 누군가가 너를 잡았구나.

폴: 경찰이요. (손을 뒤로 하고 계속해서 자신에게 수갑을 채우려고 한다.)

치료자: 오, 경찰이 너를 잡았구나. 흠!

폴: 배트맨을 죽여서요.

치료자: 네가 배트맨을 죽였고, 그래서 경찰이 너를 잡았구나.

폴: 예, 배트맨은 이제 살았어요. 아, 내 손이 내 뒤로 가 있어서 이걸 놓을 수가 없네요, 여기. (치료자에게 수갑을 가져와 도움을 요청, 치료자는 그의 등 뒤로 손을 묶어 준다.) 됐어요, 난 감옥에 갔어요.

치료자: 경찰이 너에게 수갑을 채우고, 너를 감옥에 넣었구나.

폴: 알아요, 먼저 그는 무언가를 해야만 해요. 그는 아무도 죽일 수가 없어요. 경찰이 그를 포위하고 있어요. 그는 이것(칼)을 등 뒤에 놓아야 해요.

치료자: 그들이 그를 묶어 놓아서 그가 아무도 죽일 수가 없구나.

폴: 예, 그들은 칼을 등 뒤에 놓았어요. 배트맨이 살았어요. 그를 일으켜 세워야 겠어요. (배트맨을 세운다.)

치료자: 이제 그가 괜찮구나.

폴: 하지만 기다려요. (배트맨을 옮긴다.) 거기, 어어, 난 이제 감옥 밖으로 나왔어요. 나를 도와줘요. (수갑을 풀으려고 한다.) 아, 아. (수갑이 그의 손목을 빡빡하게 조인다.)

치료자: 때때로 이런 것은 조이지.

폴: 예. (수갑을 푼다.)

치료자: 너는 그것을 풀었구나.

폴: 무엇인지 생각해 봐요. 난 이제 경찰이에요. 난 경찰이 될 거예요. 그렇지요?

치료자: 그래서 넌 수갑을 가지고 있는 사람이 되는 거구나.

폴: 난 이제 경찰이에요. 난 배트맨이고, 난 선생님을 감옥에 넣을 거예요, 알았어요?

치료자: 넌 누군가가 무엇을 하는 걸 흉내 낼 수 있지. 난 지켜볼게.

폴: 좋아요, 경찰관이 어려움에 빠졌어요, 그렇지요? (수갑을 채우려고 한다.)

치료자: 그가 바로 거기에서 그런 것으로 어려움을 겪게 된 것처럼 보이는구나.

폴: 오, 아니야, 고쳤어요. 이제 그는 어려움에 빠져 있지 않아요.

치료자: 넌 그것을 알아차렸구나.

폴: 어어, 난 그 방법을 찾았어요. (수갑을 호주머니에 건다.)

치료자: 흠, 넌 그것을 하는 방법을 찾았구나. 폴, 이제 우리가 놀이치료실에서 놀 수 있는 시간이 5분 남았단다.

폴: 오오. (끝내기를 원치 않는다. 시끄럽게 총을 쏘아 대며 뛰어다니고, 누군가와 씨름을 하는 척한다.) 잡았다, 그렇지요?

치료자: 넌 바로 거기에서 그를 잡았구나.

폴: (상상의 사람과 몇 분 동안 씨름한다.)

치료자: 넌 정말 힘든 일을 하고 있구나.

폴: 예, 난 알아요. 그는 난폭한 사람이에요.

치료자: 그는 정말 난폭하지만 넌 그와 싸우고 있네.

폴: 난 그를 쓰러뜨렸어요.

치료자: 네가 이겼구나. 폴, 이제 시간이 다 되었다. 엄마가 기다리는 대기실로 갈 시간이야.

폴: 아아아! 됐다. (걸어가서 문을 연다.)

놀이치료에서 흔한 사실이지만, 몇몇 주제는 이처럼 두 번째 회기에 나타난다. 텔레비전은 폴에게 있어서 매우 중요하였다. 폴은 수많은 주제를 텔레비전에서 따왔다. 안전한 집을 떠나 이사한다는 주제는 멀리 가 본 적 없는 사람들의 비행기 여행, 인형 집 옆에서 머무른 자동차 여행, 가족이 이사 가게 되는 것과 이어 가구를 차에 실었다가 곧 "그들은 다시 여기서 살기로 했어요."라고 알리는 장면에서 분명하게 나타났다.

다른 주제는 그가 놀이와 이야기에서 보여 준 죽음인데, 그것은 영원한 것이 아니었다. "잠시 동안 죽은 거로 생각하세요." 최고로 절정에 달한 주제는 아빠 인형을 모래상자에 묻은 것과 묻혀 있는 아빠 인형에게 남자아이 인형이 말을 하는 것이었다. 이 장면은 폴이 무덤으로 여행한 것, 그리고 할아버지에게 '말을 한 것'과 극적으로 유사하다. 폴이 놀이치료를 시작한 후에 그는 단지 딱 한 번만 무덤에 갔다 왔는데, 그것은 폴에게 있어서 중요한 변화를 나타내 주는 것이다. 다섯 번째 회기에서 폴은 "선생님도 알다시피 나의 할아버지는 죽었어요."라고 말하였다. 이것은 그가 할아버지의 죽음을 받아들인다는 명백한 첫 신호였다.

치료적 제한 설정

제한 설정은 놀이치료에서 가장 중요한 측면의 하나이면서 대부분의 치료자에게 가장 문제가 되는 부분이다. 경험이 적은 치료자는 불안을 느끼고 제한 설정을 늦춘다. 때때로 치료자는 아동이 자신을 좋아해 주기를 바라기 때문에 아동에게 제한 설정을 하는 것을 꺼린다. 제한은 치료관계를 발전시키는 토대를 제공하며, 실생활에서의 관계를 경험하게 만든다. 제한 없는 관계는 거의 가치가 없다. 치료자가 제한을 설정하려고 애쓴다는 사실은 자기 자신, 아동, 그리고 관계의 가치를 강하게 주장하는 것이다. 정서적·사회적 성숙은 무질서하고 혼란스러운 관계에서는 일어나지 않는다. 무스타카스(Moustakas, 1959)에 따르면, 제한 없이는 어떠한 치료도 이루어질 수 없다.

제한 설정의 기본 지침

아동중심 놀이치료에서 말하는 수용은 모든 행동의 허용을 의미하는 것이 아니다. 치료는 배움의 과정으로, 제한은 아동에게 자기 통제감을 배우고, 자신이 선택권을 가진다는 것이 어떤 것인지, 선택이 어떤 느낌인지, 책임은 어떠한 것인지를 학습하는 기회를 제공한다. 따라서 제한이 필요할 때 제한을 하지 않으면 아동은 자신에 관해 중요한 것을 학습할 기회를 잃게 된다. 치료적 제한 설정을 할 때 아동은 선택할 기회를 얻는다. 따라서 아동은 제한 설정을 통해 자기 자신과 스스로의 안녕에 책임을 지는 인생의 교훈을 경험하게 된다.

아동이 긍정적으로 협조할 것이라는 치료자의 믿음은 치료 과정에서 중요하고도 영향력 있는 변인이다. 아동은 스스로에 대한 존중을 경험하고 자신의 감정 및 행동(긍정적인 것과 부정적인 것 둘 다)을 수용 받았을 때 순응하는 경향이 있다. 예를 들어, 기본적인 이해와 지지, 아동을 가치 있게 여기기, 거기에 더해 아동에 대한 순수한 믿음을 계속 표현하면서 아동이 표현하지 않은 반항 욕구에 초점을 맞출 때 아동에게 가장 큰 도움을 줄 수 있다.

놀이치료실에서의 제한 설정은 최소화되고 실행 가능한 것이어야 한다. 제한을 너무 많이 설정하면, 아동은 자신에 관하여 학습할 수 없게 되고 자신을 적절히 표현할 수 없게 된다. 실행 불가능한 제한은 치료자와의 신뢰의 발전을 심각하게 방해하여 치료관계에 큰 해를 끼친다.

조건적인 제한 설정보다 전체적인 제한 설정이 더 바람직하다. 전체적인 제한 설정은 아동에게 혼동을 덜 주고 보다 안전함을 느끼게 한다. "너는 나를 꼬집을 수는 있지만 아프게 할 수는 없어."라고 하는 말은 얼마나 꼬집어야 아픈 것인지에 대한 의문을 남긴다. "모래 속에 물을 조금만 넣을 수 있어."라는 말도 적절하지 않다. 치료자가 "너는 보보 인형에게 풀칠을 많이 해서는 안 돼."라고 말한다면 아동이 무엇을 해야 할지 어떻게 알 것인가? 조건적인 제한 설정은 논쟁의 이유가 된다. 전체 제한을 하려면 "나를 꼬집어서는 안 돼."라고 말해야 한다. 그래야 아동은 정확히 무엇이 허용되지 않는지를 알게 된다. "문을 세게 차서는 안 돼."라고 말하는 것과 같은 조건적인 제한은 언쟁의 여지를 남긴다. 치료자가 세다고 생각하는 것을 아동은 세다고 지각하지 않을 수도 있고, 그래서 아동은 치료자를 설득하려고 할 수도 있다. 치료자는 절대로 아동과 언쟁을 벌여서는 안 된다. 원래의 제한이나 문제를 다시 말해 주고 아동의 감정이나 바람을 반영하는 것이 최선의 절차다. "너는 네가 거울을 차지 않았다고 나를 확신시키고 싶어 하는구나. 그렇지만 거울은 차는 물건이 아니란다."

제한을 설정할 때는 침착하고, 인내심 있게, 있는 그대로, 확고하게 해야 한다. 서둘러서 급하게 설정한 제한은 치료자의 불안과 아동에 대한 신뢰의 부족을 드러내는 것이다. 치료자의 반응이 정말로 아동이 책임 있게 반응할 것이라는 신뢰와 믿음에서 나온 것이라면 치료자는 침착하게 반응할 것이다. 아동이 다트 총을 들고 치료자를 쏘겠다고 위협하면서 치료자에게서 3미터쯤 떨어져 있다고 하자. 아동이 방아쇠를 당기기 전에 치료자가 방을 가로질러 피할 충분한 시간이 없다. 따라서 치료자가 아동이 적절하게 반응할 것이라는 신뢰를 가지고 침착하게 앉아 있다면, 아동은 적절하게 행동할 것이다. 치료자가 아동에게 달려들어 총을 잡으려고 한다면, 치료자의 행동은 '나는 너를 신뢰하지 않는다.'라는 메시지를 전달하는 것이다. 그리고 '그녀(치료자)가 내가 정말 그렇게 할 것이라고 생각하기 때문에' 아동은 자신의 원래 의도를 수행할 것이다. 이러한 강력한 상호 작용의 순간은 치료자에게 불안을 일으키고, 더 깊은 태도, 신념, 동기를 드러낸다. 경험이 적은 놀이치료자는 어떤 불안을 경험하거나, 제한을 확장하려 하거나, 실제로 제한을 그만둘 지경까지 가더라도 용기를 잃어서는 안 된다. 그러한 상황에서도 아동을 진정으로 신뢰하고, 어려움을 극복할 수 있는 한 가지 방법이 있으며, 그 과정에서 치료자가 적절하게 반응한다면 아동이 자신의 행동을 통제할 것이라는 것을 알게 된다. 이 때문에 슈퍼비전 경험은 치료자로 하여금 더 깊은 수준의 감정과 태도를 경험하도록 돕는다.

치료적 제한 설정을 할 때, 책임이 어디에 있는가를 분명히 전달하기 위해 항상 아동에게 초점을 둔다. '여기서 우리는 바지를 벗어서는 안 된다.'와 같은 제한은 치료자는 옷을 벗을 의도가 없기 때문에 부적절하다. '우리'의 사용은 치료자가 과정의 일부임을 암시한다. 아동은 분리되어야 한다. '여기서 우리는 바닥에 그림을 그려서는 안 돼.'라는 반응은 아동에게 초점을 맞추지 않아 제한의 영향을 감소시켰다. 이렇게 치료자 자신을 포함시킨 것은 아마도 문화적 반응 습관 때문일 수도 있고, 치료자가 인식하지 못한 욕구와 태도를 드러낸 것일 수도 있다.

언제 제한을 제시할 것인가

　놀이치료자 사이에서 공통된 의문점은 언제 제한을 설정할 것인가 하는 것이다. 첫 회기에서 놀이치료실에 대한 일반적인 소개를 할 때 제한 설정을 해야 하는가? 아니면 제한 설정이 필요할 때까지 기다려야 하는가? 첫 회기에서 긴 제한 목록을 알려 주는 것은 필요하지 않다. 이것은 안 좋은 분위기를 나타내고, 자유스럽고 허용적인 분위기를 만드는 데 방해가 될 수 있다. 놀이치료에서 치료자는 항상 아동과 관계에 투사되는 태도에 조심해야 한다.

　어떤 아동에게 제한 목록은 단지 어떤 아이디어를 줄 뿐이다. 수줍어하고 두려움이 있는 아동에게 초기에 제한을 알려 주면 이들은 더욱 위축된다. 또 어떤 아동의 행동은 치료자의 제한이 필요 없을 수 있다. 아동에게는 놀이치료가 학습 경험인데, 학습의 최적 시기는 제한해야 할 문제가 발생하였을 때다. 제한 설정이 필요한 그 시점에서만 감정적인 학습이 가능해지는 것이다.

> **기본 규칙**
> 제한이 필요하기 전에는 제한할 필요가 없다.

　자기 통제는 그것을 연습할 기회가 주어지기 전에는 배울 수 없다. 따라서 놀이치료실을 나가는 아동에게 하는 제한 설정은 아동이 이미 방을 나가기 시작하였기 때문에 필요하지 않다. 그 순간에 "나는 네가 이 방을 나가고 싶어 하는 걸 알지만 (아동이 치료자를 쳐다보면서 눈을 깜빡인다) 우리는 이 놀이치료실에서 20분을 더 있어야 하고, 그런 다음에 나갈 수 있단다."라고 반응하는 것은 아동으로 하여금 제한을 따를 것인가 따르지 않을 것인가에 대해 고민하게 만든다. 이 경우에 치료자는 관계를 강조하는 '우리'라는 말을 사용한다.

치료적 제한의 이론적 근거

흔히 놀이치료자는 그들이 제한 설정에 대한 원칙을 가지고 있지 않기 때문에 제한 적용에 어려움을 겪는다. 그 결과 치료자는 비일관적으로 동일한 행동에 대해 때로는 허용하고, 때로는 제한 설정을 하게 된다. 제한 설정의 목적과 언제 제한이 설정되어야 하는지를 아는 것은 제한을 적용하는 데 일관성을 준다. 놀이치료실에서 제한이 필요한 순간은 제한이 특정 행동에 필요한지 아닌지를 생각하기 시작하는 시간이 아니다.

치료적 제한 설정은 바람직한 원칙과 제한 설정을 통한 치료자의 개입이 필요한 부분으로 이루어진 구조화에 기초한다. 제한 설정이 치료자의 일관성 없고 불안정한 변덕으로 일어나서는 안 된다. 제한은 치료자의 마음속에 치료관계를 조성하겠다는 잘 짜인 이론적 근거를 가진 분명하고 명확한 기준에 근거해야 한다. 제한은 단지 행동을 제한하기 위해 설정하는 것이 아니다. 제한은 아동으로 하여금 제한을 수용하는 심리적 성장 원리를 터득하게 하기 때문에 설정하는 것이다.

비록 그렇게 제한하는 것이 특별하고, 공격적이며, 성난 아동을 직면할 때는 더욱 감지하기 어렵긴 하지만 제한을 깨려는 아동의 욕구는 드러난 행동보다 더 큰 치료적 중요성을 가진다. 여기서 우리는 동기, 자각, 독립, 수용에 대한 욕구, 중요한 사람과 관계 맺는 일과 관련된 본질적인 변수를 다루고 있다. 아동이 표현한 행동은 단지 부차적인 것이지만 미숙한 치료자는 그것을 중단시키는 것에 관심과 열정을 쏟아붓는다. 아동의 모든 감정과 욕구, 바람은 수용되지만, 모든 행동이 허용되지는 않는다. 파괴적 행동을 수용해서는 안 되지만, 아동이 비난이나 거부의 두려움 없이 자신을 스스로 표현하도록 허용하여야 한다. 치료적 제한의 이론적 근거는 다음의 일곱 가지 설명과 그에 따른 논의 속에 포함되어 있다.

제한은 아동의 신체적 · 정서적 안전을 보장한다

놀이치료실의 분위기는 놀이치료실 밖에서의 아동과의 관계보다 허용적인 감정관계를 가지지만, 건강과 안전을 위한 기본적인 제한은 놀이치료실에서도 지켜져야 한다. 아동 행동에 대한 제한 설정은 아동에 대한 치료자의 존중과 돌봄, 아동의 신체적 · 심리적 안전을 제공하려는 의도를 나타내 준다. 그 결과, 아동이 안전한 느낌을 받는 환경과 관계를 만들 수 있다. 다트 총 속에 뾰족한 연필을 넣어 쏘거나, 더러운 캔 속에 있는 물을 마시거나, 아동의 얼굴을 치기 쉬운 스프링 구실을 하는 망치의 뾰족한 쪽으로 망치질을 하게 해서는 안 된다. 아동이 위험한 행동을 하고 있기 때문에 치료자가 위험을 피해 한쪽 끝에 앉아 있는 것은 치료적 가치가 전혀 없다. 전기 콘센트에 무엇인가를 찔러 넣는 것도 절대 안 되므로 미리 커버로 덮어 두어야 한다.

아동이 치료자를 여러 차례 때리도록 내버려 두거나 놀잇감을 치료자에게 던지게 해서 아동이 죄책감을 느끼게 해서는 안 된다. 만약 이런 일이 생긴다면, 아동은 자신이 치료자에게 행한 일에 대해 걱정하면서 치료자가 다쳤거나 더 이상 자신을 좋아하지 않을 것이라는 불안과 두려움을 느낄 수도 있다. 아동이 치료자의 얼굴에 그림을 그리거나, 치료자의 옷에 물감을 쏟거나, 또는 치료자 얼굴에 다트 총을 쏘았을 경우에도 이와 비슷한 감정과 반응이 나타날 수 있다.

아동이 치료자를 발로 차거나, 때리거나, 할퀴거나, 물게 해서는 안 된다. 아동이 치료자를 때리려고 하거나, 벽에 그림을 그리려고 하거나, 또는 시설을 부수려고 해도 그와 같은 행동은 그에 따르는 죄의식이나 불안감을 예방하기 위해 제한되어야 한다. 여기서 기술한 상황에 부딪히면 치료자는 항상 아동의 감정과 바람에 대해 수용적인 태도를 유지해야 한다.

아동의 성장 가능성은 아동이 안전을 느끼지 못하는 환경에서는 결코 최대화될 수 없다. 그러한 상황에서 아동은 안전을 느끼지 못하며, 불안을 경험한다. 제한은 아동이 안전을 느낄 수 있는 환경과 관계 속의 구조를 제공한다. 어떤 아동은 자신의 충동을 조절하는 데 어려움이 있으며, 그래서 이들은 자신의 행동을 통제할 기회를 제공하는 안전한 제한 설정 경험을 필요로 한다. 제한은 아동에게 정서적으로 안전함을 보장한다. 아동이 놀이치료관계에서 경계를 발견하고, 그 경계를 일관성 있게 고정된 것으로 경험할 때, 아동은 관계와 환경에서의 예측 가능성 때문에 안전감을 느낀다. 제한은 치료적 관계의 경계를 의미한다.

제한은 치료자의 정서적 안녕감을 보호하고 아동에 대한 수용을 촉진한다

치료자의 정서적·신체적 편안함뿐만 아니라 신체적 안전도 치료 과정에서 중요한 차원이다. 방을 가로질러 아동이 던진 나무 블록에 공격을 당한 치료자는 아동의 공격 행동 뒤에 숨어 있는 동기와 그 순간에 아동의 감정을 이해하는 데 큰 어려움을 겪게 된다. 아동이 뿌린 모래를 머리에 맞고 있거나 새로 산 신발의 장식을 잘라 내는 것을 인내심 있게 바라보면서 여전히 아동의 욕구에 집중하는 치료자는 드물다. 신체적 편안함과 안전은 모든 사람의 기본 욕구이며, 의식적으로나 무의식적으로 각 개인의 관심사다. 치료자는 이러한 문제를 적절히 다루고 해결해야 함을 반드시 알아야 한다.

아동의 타고난 성장 가능성은 치료자의 수용과 따뜻한 돌봄에 의해 촉진되며, 치료 과정 내내 치료자가 아동을 공감하고 수용할 수 있는 것은 제한 설정을 통해 이루어진다. 제한은 치료자의 수용을 저해하는 아동의 행동에 의해 설정된다. 망치로 무릎을 때리는 아동을 향해 치료자가 따뜻하고, 돌봄적이며, 수용적인 태도를 유지하는 것은 실제적으로 불가능하다. 이러한 상황에서 치료자는 화가 나서 어떤 수준으로 아동에 대한 거부를 나타내게 된다. 아동이 치료자의 머리카락을 잡아당기거나, 치료자에게 모래를 던지거나, 치료자의 신발에 그림을 그리거나, 어떤 식으로든 치료자를 때리게 해서도 안 된다. 치료자에 대한 어떤 형태의 직접적인 공격이나 표출도 금지되어야 한다. 그러한 행동은 어떠한 상황에서도 용납되어서는 안 되는데, 그 이유는 그러한 행동이 치료자의 공감적 수용, 아동에 대한 존

　제11장　치료적 제한 설정

중, 아동과의 관계 목표를 방해하기 때문이다. 제한은 치료자가 아동에 대한 높은 수준의 수용을 유지하도록 돕기 위해 요구될 수 있다.

　놀이치료자는 초인이 아니다. 치료자는 보통의 사람이며, 때로는 통제 불가능하므로 치료자에게 정서적인 반응과 분노, 거부 반응이 나타나면 아동은 그것을 느끼게 된다. 따라서 적절한 시기의 제한 설정은 아동에 대한 긍정적인 관심과 수용을 유지하기 위해 중요하다. 치료자에게 분노와 불안을 일으키는 경향이 있는 활동은 일반적으로 제한되어야 한다. 그러나 어떤 치료자는 아동이 사소하게 어지럽힌 것에 대해서도 불안과 분노를 느끼는데, 이러한 치료자에게는 자신의 동기에 대해 주의 깊게 검토해 보라고 권하고 싶다. 제한이 치료적 관계를 발전시키기 위해 설정되었는가? 아니면 치료자 자신의 엄격한 청결 원칙을 지키기 위해 설정되었는가?

제한은 아동의 의사 결정, 자기 통제, 자기 책임감을 촉진한다

　놀이치료에서 아동이 얻는 것 가운데 하나는 그것이 긍정적이든, 부정적이든 간에 자기감정이 수용된다는 것이다. 따라서 거부나 부인 감정은 필요하지 않다. 놀이치료실에서는 모든 감정을 수용할 수 있어야 한다. 아동은 자기 행동에 대한 인식, 즉 책임감을 가지고 자기 통제를 연습한 후에야 충동이 일어나도 그 충동을 거부할 수 있다. 그렇지 않으면 아동은 강한 정서적 표출이 일어날 때, 자신의 행동을 인식하지 못한 채로 책임감을 잃어버리게 된다.

　제한 설정은 즉각적으로 이루어져야 하는데, '벽은 그림을 그리는 곳이 아니다.'와 같은 설명을 통해 아동이 간접적으로 행동에 주의를 기울이게 만든다. 아동이 자신이 하고 있는 것을 인식하지 못한다면 어떻게 책임감을 발달시킬 수 있겠는가? 그리고 아동이 너무 방어적이어서 행동을 바꿀 수 없다면 어떻게 자기 통제감을 경험할 수 있겠는가? 치료적 제한 설정은 아동의 행동 그 자체에 초점을 두지 않기 때문에 행동을 멈추도록 하는 방어 감정을 일으키지 않는다. 초점의 대상은 아동의 감정이나 욕구이지, 행동을 받는 사람이나 대상이 아니다. 이것은 "그 벽에 그림 그리지 마."라고 말하는 대신에 "너는 벽에 그림을 그리려고 하지만 벽은 그림을 그리는 곳이 아니란다."라는 설명 속에서 분명히 볼 수 있다.

아동의 벽에 그림을 그리려는 욕구, 지저분하게 만들고자 하는 욕구, 제한을 거부하는 욕구는 수용되어야 하는데, 이는 수용 가능한 대안, 즉 "이젤 위에 놓인 종이는 그림을 그리기 위한 것이다."라고 밝히는 것을 통해 매우 특별하고 구체적인 방식으로 아동에게 전달된다. 감정이나 욕구의 표현을 중지시키기 위해 어떠한 시도도 하지 않아야 한다. 이러한 설명은 자기를 표현할 때 어떤 방법이 허용되는지를 아동에게 분명히 제시한다. 이제 아동은 본래의 충동을 표현하거나 대안 행동을 통해 자기를 표현해야 하는 선택에 직면하게 된다. 선택은 아동의 몫이며, 치료자는 아동이 선택하도록 허락한다. 결정은 아동의 것이며, 의사 결정에는 책임이 따른다. 아동이 이젤의 종이에 그림을 그리기로 선택하였다면 그것은 아동이 그렇게 하기로 결정하고 자기 통제를 연습하였기 때문이지 치료자가 아동을 그렇게 만든 것이 아니다.

제한은 놀이치료가 현실 세계에 기초를 두고 여기 그리고 현재를 강조하게 한다

어떤 아동은 놀이치료실에서 환상놀이에 몰두하여 전체 시간을 판타지 장면을 연출하는 데 보내면서 사회적으로 수용할 수 없거나 파괴적인 행동·행위에 대해서 개인적 책임을 져야 하는 일을 회피하기도 한다. 치료자가 말로 제한을 설정할 때, 아동의 경험은 공상에서 현실의 어른과의 관계로 빠르게 전환된다. 난시 놀이치료실에서는 실질적으로 행동에 대한 제한이 별로 없다는 것일 뿐 놀이치료실 밖의 실제 관계에서는 외부 세계와 마찬가지로 어떤 행동은 수용되지 않는다.

치료자가 "너는 바닥에 물감을 버리길 좋아하는구나. 하지만 바닥은 물감을 버리는 곳이 아니란다."라고 말하면 아동은 수용될 수 없는 경계가 있는 실제 세계에 직면하여 다음에는 어떤 행동을 할 것인지 선택할 기회를 가지며, 그에 따르는 책임을 경험한다. 아동은 더 이상 판타지의 연출 속에서 살 수 없다. 왜냐하면 치료자가 일단 제한을 그렇게 진행하였기 때문이다. 아동은 이제 놀이치료실 및 치료자와의 관계에서 의사 결정의 실제 세계에 초점을 맞추게 된다.

그런 다음 제한은 놀이치료 경험이 실제 생활이 되게 한다. 치료적 경험은 경험과 학습의 전이가 일어나는 놀이치료실의 외부 생활과 같아야 한다. 제한은 나름대로의 중요한 모든 관계에 존재한다. 어떠한 제한도 없는 관계는 분명 거의 가치를 가지지 못할 것이다. 치료자가 해로움에서 자신을 보호하기 위해 제한을 설정한다면, 그것은 치료자가 자신이 인간임과 자기 존중을 선언한 것이다. 그 순간에 아동과의 경험은 정말로 순간적인 실제 과정의 역동에 확고히 뿌리를 둔 살아 있는 관계가 된다.

제한은 놀이치료실 환경을 일관되게 만든다

아동은 보통 가정이나 학교에서 놀이치료실로 오는데, 이 가정과 학교는 어른이 스스로 일관성 없이 아동을 대하는 곳이다. 오늘 금지한 것을 내일도 금지할지 알 수 없다. 오늘 허용한 것을 내일도 허용할지 알 수 없다. 오늘 아침 성인의 허용적 태도가 오늘 오후에 어떻게 될지 알 수 없다. 결과적으로 그러한 환경에 있는 아동은 무엇을 해야 할지 애매해 하며, 매우 조심하거나 자신이 행동할 수 있는 경계를 찾아내려는 시도에서 부정적인 행동을 표출하여 그 상황을 극복하려고 한다. 아동이 어느 정도의 정서적 균형을 성취해야 한다면 자신의 삶에서 일관성을 경험해야 한다. 치료자의 태도와 행동의 일관성은 아동이 안전함을 느끼게 하며, 이 내적 안전감은 아동으로 하여금 자립적인 인간으로 발달하게 한다.

치료자가 일관성 있는 환경을 만들 수 있는 방법 중 하나는 제한을 알려 주고 그것을 일관성 있게 유지하는 것이다. 제한은 일관성이 있으면서 위협적이지 않은 방법으로 제시해야 하며, 치료자는 제한을 지속해야 한다—엄격하지 않지만 일관성 있게—는 사실을 항상 인식해야 한다. 엄격함은 체벌이나 이해와 수용적 태도가 없음을 암시할 수 있다. 반면에 이해와 수용은 어쩔 수 없이 허용을 한다거나 따라가는 '우유부단한' 태도가 아니다. 치료자는 아동의 행동을 수용할 수는 없어도 아동의 소망과 바람을 인내심 있게 이해하고 수용할 수 있다. 따라서 제한은 구조를 제공하여 일관성 있는 환경을 만드는 데 도움이 된다. 치료자는 비슷한 놀잇감이 서랍장에 얼마나 많이 있든지 간에 아동이 놀잇감을 망가뜨리는 것을 허용해서는 안 되고, 다음 회기에서도 같은 종류의 놀잇감을 망가뜨리는 것에 대해 제한 설정을 해야 한다. 지난번 놀이치료 시간에 금하였던 것은 이번 시간에도 금해야 하며, 지난 시간에 허용하였던 것은 이번 시간에도 허용해야 한다. 그래야 아동은 매 시간마다 일어날 일을 예측할 수 있게 된다. 이것이 치료적 요소다.

일관성이 없으면 예측할 수 없고, 예측할 수 없으면 안전도 없다. 일관성 있는 제한은 놀이치료관계를 확실히 예측 가능한 관계로 만들며, 따라서 아동의 안전감을 높인다. 제한 설정의 일관성은 치료자의 태도에 달려 있으며, 아동의 복지와 수용에 대한 치료자의 약속을 실제로 보여 주는 것이다. 일관성 있는 제한 설정은 아동과의 관계에 기꺼이 에너지를 쏟겠다는 것을 구체적으로 명시하는 것이다. 이러한 실제적인 방법으로 일관성을 유지함으로써 치료자는 수용과 같은 덜 실제적인 부분에서 치료자의 감정과 태도의 진실성을 아동에게 전할 수 있다.

제한은 전문적이고, 윤리적이며, 사회적으로 수용 가능한 관계를 유지시킨다

놀이치료 장면의 본질과 내담자의 연령은 다른 어떤 치료 장면보다 행동을 금지하지 않고 표출할 수 있게 하는 데 있다. 성인이나 청소년이 치료자의 사무실에서 옷을 벗으려고 하거나, 치료자를 껴안거나, 바닥에 소변을 본다는 이야기는 들어 보지 못했지만 놀이치료실에서는 그러한 행동이 흔하다. 놀이치료실의 자유로움, 허용, 구조의 자연스러움은 이러한 행동이 발생하게 한다. 이따금 이러한 행동에 대한 필연적 결과가 일어나기도 한다.

아동이 처음에 신발과 양말을 벗고 모래상자 안으로 들어가더니 나중에는 나머지 옷도 벗어 버리고 모래상자에서 놀이를 하거나 아기인 척한다. 아동이 신발과 양말을 벗고 모래상자 안에서 놀이하게 허용한 것은 적절하다. 이것은 학교운동장, 공원, 해변 등에서 흔한 행동이다. 그러나 그러한 장소에서 바지와 속옷을 벗는 것은 흔하지도 않고 사회적으로 용납되는 행동이 아니므로 놀이치료실에서도 허용되지 않는다. 바닥에 소변을 보는 행동도 사회적으로 수용되지 않으므로 확고하고 일관성 있는 제한 설정을 해야 한다.

성적으로 학대당한 아동은 성인을 통해 배운 성적 또는 에로틱한 행동을 치료자에게 표출하기도 하는데, 그 이유는 놀이치료실에서 또는 삶에서 경험한 것을 치료자에게 무의식적으로 보여 주면서 편안함을 느끼기 때문인 것 같다. 그러므로 아동이 치료자를 껴안거나 기타 유혹적인 행동을 하게 해서는 안 된다. 치료자와 아동 사이에는 어떠한 성적 행동도 적절하지 않으며, 이는 비전문적이고, 비윤리적이며, 법을 위반하는 것이다.

기타 많은 표출 행동과 마찬가지로 치료적 제한 설정은 아동으로 하여금 행동과 수반되는 감정을 상징적으로 표현하게 하고, 치료자가 객관적인 참여자로 개입하게 하며, 전문적이고 윤리적인 치료관계를 유지하게 한다. 동일한 제한이 집단놀이치료 경험에도 적용된다. 아동끼리 이러한 행동을 하도록 허용해서는 안 된다.

제한은 놀잇감과 놀이치료실을 보호한다

대부분의 놀이치료 프로그램은 놀잇감과 놀이도구를 구입하는 데 예산의 구애를 받지 않을 만큼 넉넉한 형편이 아니다. 부서진 놀잇감은 많은 비용을 발생할 수 있고, 아동의 정서적 성장에도 도움이 되지 않는다. 대부분의 놀이치료자는 세 겹의 두꺼운 비닐 캔버스로 되어 있는 때릴 수 있는 장난감인 보보 인형을 자주 교체할 여유가 없다. 이는 150달러 이상의 비용이 들기 때문이다. 따라서 "보보 인형은 치기 위한 것이지 가위로 찌르는 게 아니야."라고 이야기해야 한다. 또한 목재 인형 집에 뛰어올라가 그것을 조각내 버리는 일은 아동에게 재미있는 것이긴 하지만 수리하기 어려우므로 하지 못하게 해야 한다. 인형 집은 사람이 뛰어오르는 곳이 아니다. 비교적 비싸지 않은 도구도 부수거나 던져서는 안 된다. 마찬가지로 놀이치료실은 파괴하는 곳이 아니다. 망치로 벽이나 바닥에 구멍을 내도록 허용해서도 안 된다. 벽을 망치로 살짝 치게 해서도 안 된다. 왜냐하면 아동은 더 세게 칠 수도 있으며, 또 얼만큼이 센 것이고 약한 것인지를 누가 제한할 것인가. 이러할 때가 이후에 제한 설정을 할 시기다. 이를 통해 아동은 자신을 통제하는 소중한 가치를 배우게 된다. 놀이치료실은 제한 없이 자유로운 공간이 아니라, 아동이 단지 어떤 것을 해 볼 수 있는 곳이다. 즉, 놀이치료실에서의 제한은 치료 과정의 일부가 된다.

그러나 아동에게 허락된 물건에 대해서는 감정을 표현할 수 있는 기회가 있다는 것을 반드시 알려 주어야 한다. 단순히 아동의 행동을 제한하는 것으로는 충분하지 않다. 따라서 모든 놀이치료실에는 던지거나, 부수거나, 조각내도 좋을 만큼 비싸지 않은 것도 있다. 달걀상자는 이러한 목적에 부합하는 것이다. 아동은 달걀상자를 쌓을 수 있고, 뛰어올라 차 버릴 수도 있다. 점토나 플레이도우도 바닥에 내던질 수 있는 것이다. 또한 플레이도우는 조각조각으로 찢어 아동의 분노나 좌절을 표현할 수 있다. 놀이치료에서의 제한의 수는 최소한으로 하며, 다음과 같은 행동이 포함되어야 한다.

• 아동이나 치료자에게 해가 되거나 위험한 행동
• 놀이치료를 방해하는 행동(계속 놀이치료실을 나가는 행동, 시간이 다 된 후에도 놀고 싶어 하는 행동)

- 놀이치료실이나 물건의 파괴
- 놀이치료실에 있는 물건을 가져가는 것
- 사회적으로 허용될 수 없는 행동
- 호감의 부적절한 표현

치료적 제한 설정의 절차

제한 설정의 과정은 아동에게 이해, 수용, 책임을 전하기 위해 사려 깊게 고안되었다. 치료자의 목적은 행동을 중지시키는 것이라기보다는 아동이 자신의 감정, 원망(願望), 또는 욕구를 수용할 수 있는 방식으로 표현하도록 촉진하는 것이다. 놀이치료자는 행위의 금지자라기보다는 표현의 촉진자다. 따라서 목표는 보다 사회적으로 수용 가능한 행위와 행동을 통해 아동의 표현을 촉진하는 것이다. 아동은 적절한 방식으로 감정을 표현하도록 촉진하는 과정 안에서 우선적 행동을 통제하고 자신에게 '안 돼.'라고 말하는 것을 배우게 된다.

그러나 누구나 알 수 있듯이, 놀이치료실에서의 어떤 행위는 제한되어야 한다. 치료자의 태도와 목표는 대개 치료자의 제한 설정 접근 방식에 영향을 받아 결정된다. 치료자가 어떤 행동을 중지시키기로 결정하였다면, 제한 설정 방법은 '그것을 하면 안 돼.'와 같은 강력한 것이 되기 쉽다. 그러면 아동은 자신이 거부되었다고 느끼거나 치료자가 자신을 이해하지 못한다고 느낄 것이다. 치료자가 확신이 부족하고 절차에 대해 확실하게 알지 못한다면, 그것도 역시 '네가 그것을 해서는 안 된다고 생각한다.'와 같은 내용이 되기 쉽다. 아동은 불안전함을 느끼거나 그 행동을 계속할 수도 있는데, 왜냐하면 그렇게 하지 않을 이유가 없기 때문이다.

실습 중에 있는 많은 놀이치료자는 제한을 가해도 아동이 그 행동을 계속 고집한다는 것을 금방 알게 되는데, 이는 치료자의 불확실함과 불안정이 아동에게 전달되었기 때문이다. 아동은 '그걸 할 수 없다고 내가 전에 말했지.'와 같은 강력하거나 권위적인 태도와 방법에 직면하게 되면 원래의 행동을 고집하여 자기 자신을 보호해야 한다고 느낀다. 이러한 환경에서 아동에게 변화는 자기를 상실하는 것이다. 따라서 결과적으로 힘겨루기가 되어 버리는 경향이 있다.

아동의 행동을 중지시키려고 하기보다는 행동을 변화시킬 책임이 아동에게 있음을 전달하는 것이 치료자의 목적이다. 치료자가 아동에게 해야 할 것을 말해준다면 이는 치료자의 책임이다. 아동이 책임감 있게 행동할 수 있는 능력을 신뢰하면서 "거울은 물건을 던지는 데가 아니야. 모래상자는 던지기 위한 곳이야."라고 의사소통할 때 아동은 다음에 할 일을 자유롭게 결정하고 이에 책임을 지게된다.

놀이치료자는 제한 설정의 필요에 직면하였을 때, 실제적인 제한을 가장 잘 전할 수 있는 방법을 고민할 때, 자신의 태도와 의도를 주의 깊게 검토해야 한다. 벽에 막 그림을 그리려고 하는 아동에게 건넨 다음의 말은 그 의미가 각기 다르게 전달된다.

- "벽에다 그림을 그리는 것은 좋은 생각이 아닌 것 같은데."
- "이곳에서 우리는 벽에 그림을 그릴 수 없어."
- "너는 벽에 그림을 그려서는 안 돼."
- "너는 벽에 그림을 그릴 수 없어."
- "나는 네가 벽에 그림을 그리도록 허락할 수 없어."
- "아마 너는 벽 외에 다른 곳에 그림을 그릴 수 있을 거야."
- "벽에는 그림을 그릴 수 없는 게 규칙이란다."
- "벽은 그림을 그리는 곳이 아니란다."

치료적 제한 설정 과정의 단계

치료적 제한 설정 과정에는 여러 가지 구체적 단계가 있다. 이 단계는 아동의 욕구를 이해하고 수용하는 의사소통을 촉진하고, 제한을 분명히 하며, 수용 가능한 대안 행동과 행위를 제시하기 위해 실시한다.

1단계: 아동의 감정, 소망, 욕망을 인정하라

아동의 감정이나 욕망에 대한 이해를 언어화하는 것은 아동의 동기를 수용하고 있음을 전하는 것이다. 이것은 중요한 단계인데, 왜냐하면 그것은 아동이 놀이 활동으로 표현된 감정을 가지고 있으며, 이 감정은 수용 가능하다는 사실을 인식하는 것이기 때문이다. 단순히 감정에 대한 인정 없이 제한을 설정하는 것은 중요하지 않다. 감정에 대한 공감적 이해를 말로 표현하는 것(언어화하는 것)은 감정의 강도를 약하게 만든다. 이것은 특히 화가 났을 경우에 더 그러하며, 아동의 행동을 수정하기 위해 필요한 모든 것에 해당한다. 동기를 수용하는 것은 아동에게 만족감을 줄 수 있고, 더 이상 그러한 행동을 할 필요가 없게 한다. 감정은 인지된 즉시 반영되어야 한다. "너는 나에게 화가 났구나." 일단 아동이 방을 가로질러 나무 블록을 날려 버리면 감정의 수용은 더 이상 억제가 되지 못한다.

2단계: 제한을 전달하라

제한은 구체적이어야 하며, 정확히 무엇을 제한하는지를 아동에게 분명히 설명해야 한다. 일반적인 제한은 혼란스럽고 헷갈리며 아동의 안정감 발달을 방해한다. 무엇이 적절하고 적절하지 않은지, 또는 무엇이 수용 가능하고 수용 가능하지 않은지에 대해 아동의 마음속에 의심이 없어야 한다. 모호한 또는 불분명한 제한은 아동의 책임을 받아들이고 책임지는 능력을 방해한다. 따라서 "벽에다 물감을 많이 칠해서는 안 돼."와 같은 치료자의 진술은 부적절하다. 그러한 설명은 분명하지 않으며, 특히 어떤 것을 '조금' 하고 있다고 생각하는 아동에게는 더욱 그렇다.

치료자는 이 단계를 항상 순서대로 지킬 수는 없다. 아동이 트럭을 창문에 던지려고 하는 긴박한 상황에서는 우선 "트럭을 창문에 던져서는 안 돼."라고 말하고 나서 "트럭을 창문에 던지고 싶어 하는구나."라고 반영한다. 이 예에서는 감정이 분명하지 않으므로 아동의 바람을 반영하였다.

3단계: 수용 가능한 대안을 목표로 제시하라

아동이 자신이 느끼는 것을 또 다른 방법으로 표현할 수 있다는 것을 항상 알수 있는 것은 아니다. 그 순간에 아동은 단지 자기를 표현할 한 가지 방법만을 생각할 수 있다. 이 단계의 제한 설정 과정에서 치료자는 아동에게 다른 표현 방법을 대안으로 제시할 수 있다. 이것은 아동에게 여러 가지 대안이 존재한다는 것을 알려 주는 것이다.

표현을 위해서는 보다 견고하고 적절한 도구가 필요하다. "인형 집은 올라서는 곳이 아니란다. 의자나 테이블은 올라갈 수 있는 곳이야." 또 그림을 그릴 다른 곳이 필요할 수도 있다. "벽은 그림을 그리는 곳이 아니란다. 이젤 위에 있는 종이나 나무 블록 위에 그릴 수는 있단다." 공격적 행동의 대상으로서 치료자 대신 다른 물건을 선택할 수도 있다. "엘렌, 나를 때릴 수는 없어. 보보 인형은 때릴 수 있어." 다른 대체물을 말로 알려 주면서 그 대체물을 손가락으로 가리키는 비언어적 단서도 원래의 관심 대상에게서 아동의 주의를 분산시키고 선택하는 과정을 촉진시킨다. 아동의 주의를 끌기 위해서 아동의 이름을 부르기도 한다.

제한 설정이 필요해서 치료자가 단계를 밟아 나갈 때 다음의 ACT를 기억해야한다.

- A(Acknowledge)—아동의 감정, 소망, 욕망을 인정하라.
- C(Communicate)—제한을 전달하라.
- T(Target)—수용 가능한 대안을 목표로 제시하라.

아동중심 놀이치료의 관점에서 제한이 필요한 행동에 대해 반응(react)하는 것 보다 행동(act)하는 것이 치료자가 관계를 발전시키는 것을 보다 촉진시켜 주고 치료적이다. 다음의 상호 작용은 여섯 살의 로버트가 치료자에게 있는 대로 화가 나 다트 총을 잡고 치료자를 노려보고 있는 상황에서 치료자가 어떻게 각 단계를 적용하여 나갈 것인가를 보여 준다.

치료자: 로버트, 너 정말 나에게 화가 많이 났구나.
로버트: 네! 나는 정말 당신을 쏠 거예요!

[**그림 11-1**] 제한 설정의 ACT 모델은 자기 조절과 자기 책임을 발달시킨다.

> 치료자: 나한테 화가 많이 나서 나를 쏘고 싶어 하는구나. (로버트는 총을 장전하고 치료자를 겨눈다.) 그렇지만 나한테 쏘아서는 안 된다. (치료자가 제한을 가하기 전에 로버트가 방해한다.)
>
> 로버트: 나를 말릴 수 없어요. 아무도 말릴 수 없어요! (치료자에게 총을 겨눈다.)
>
> 치료자: 아무도 너를 말릴 수 없을 만큼 너는 강하구나. 그렇지만 나를 쏘아서는 안 된다. (보보를 향해) 보보가 나라고 생각하고 보보를 쏠 수는 있어.
>
> 로버트: (총을 내두르면서 보보를 겨누더니 소리친다.) 받아라! (총을 쏜다.)

여기서 중요하게 생각해야 할 것은 아동의 감정이 표현되었고, 아동이 감정과 행동 통제에 책임을 졌다는 것이다([그림 11-1]). 이것은 자기 통제, 자기 안내의 치료적 학습 과정에서 중요한 단계이며, 그 감정은 수용되었다. 제한은 아동이 해를 입히거나 그 후 보복에 대한 두려움 없이 부정적인 감정을 표현하도록 허용해 준다.

여기서 이 책을 읽는 누군가는 "알겠어요, 게리. 하지만 만약에 그 아이가 당신을 쏘면 어떻게 하나요?"라고 생각할 것이다. 나는 그 아동이 나를 쏘지 않을 것이라고 믿는다. 그리고 그가 스스로를 통제할 수 있음을 믿는다. 여기서 중요한 치료적 원리는 아동에 대한 태도와 신뢰다. 다트 총으로 맞아 봤는가? 그렇다. 여러 번 있었다. 하지만 나는 여전히 그 아동이 다시 나를 쏘지 않을 것을 믿는다. 여전히 그가 자신을 통제할 수 있고, 나를 쏘지 않기로 선택할 수 있다고 믿는다. 만약 누구도 그를 믿어 주지 않는다면 어떻게 아동이 스스로를 믿을 수 있겠는가? 아동에 대한 신뢰적인 태도는 확고하고, 이것은 아동중심 놀이치료 이론과 접근의 핵심이다.

제한이 깨졌을 때

깨진 제한은 가벼운 시험 행동에서부터 의지 싸움에 이르기까지 어떤 것이나
될 수 있다. 제한을 어기는 것은 보통 자아 존중감이 낮은 아동이 분명히 존재하
는 안전의 경계를 알고 싶어 외치는 도움의 요청이다. 따라서 이러한 때의 아동
은 어떤 때보다도 수용과 이해를 필요로 한다. 치료자는 아동과 함께하면서 제
한을 확고하게 설명하고 아동의 감정과 바람을 반영해야 한다. 언쟁과 긴 설명
은 피해야 한다. 제한이 깨지면 어떤 일이 일어날 것이라고 아동을 위협하는 일
은 결코 없어야 한다. 아동을 벌주기 위해 제한을 사용해서도 안 된다. 이때는
인내, 침착, 확고함을 연습할 시간이다. 제한이 깨졌어도 치료자는 여전히 아동
을 수용해야 한다.

아동이 제한을 지키지 않고 선을 넘으려고 할 때, 치료자는 아동에게 위협을
가하거나, 에릭의 경우처럼 다음 치료로 그 결과를 연장시켜서는 안 된다. 에릭
의 경우, 치료자가 치료 시간이 다 되었다고 네 번이나 말한 후에도 계속 모래상
자에서 놀고 있었다. 이때 치료자가 "네가 계속 놀기를 선택한다면, 너는 다음
시간에 놀이치료실에서 놀 시간을 줄여야 할 거야."라고 말하는 것은 적절하지
않다. 결정과 그에 따른 결과는 현재 회기로 제한해야 한다. 다음 주에 에릭은 그
의 삶에서 다른 공간에 놓일 것이다. 매 회기는 아동에게 새로운 시작의 기회가 되어
야 한다.

아동이 원래 하려던 행동을 고집하면서 계속 제한을 어기려고 할 때에는 그 다
음 단계의 조치가 필요하다고 말해 준다. 이 단계를 설명하기 전에 주의할 것이
있다. 그것은 치료자가 너무 자주 제한을 강제로 수용하게 하고, 너무 빨리 마지
막 단계로 넘어가는 것이다. 치료자에게는 인내가 중요하다. 대부분의 경우, 마지막
단계로 넘어가겠다고 말하기 전에 최소한 두세 번은 앞의 세 단계를 거쳐야 한
다. 이 마지막 단계는 거의 사용하지 않는 것이 좋다.

4단계: 마지막 선택을 언급하라

이 단계에서는 궁극적인 또는 마지막 선택을 아동에게 제시한다. 치료자는 나머지 시간 동안 특정 놀잇감을 치운다거나 궁극적인 선택으로서 놀이치료실을 떠나야 한다고 말한다(놀이치료실을 떠나는 것은 전적으로 최후의 수단으로서만 사용되어야 함을 언급하고 싶다. 이 선택사항은 적절할 때가 매우 드물어서 아마도 언급하지 않았어야 했을지도 모른다.). 놀이치료실을 떠나는 것은 아동이 벽에 그림을 그리거나, 양면 거울을 치거나, 이와 유사한 파괴적 행동을 하지 않는 한, 놀잇감으로 부적절하게 놀이를 할 때의 선택사항으로 사용되지 않는다. 치료자가 제시한 마지막 선택은 상황, 아동, 치료자의 인내에 달려 있다. 다른 사람을 조종하는 데 능숙하고, 이미 떠나기를 원하는 아동에게는 놀이치료실을 떠나는 것을 선택하게 하면 안 된다.

이 단계에서는 분명히 아동이 선택하였고, 선택의 결과로 어떤 일이 일어나든지 간에 그것은 아동의 선택임을 아동이 이해하도록 주의 깊게 설명해야 한다. "네가 만일 다시 나에게 총을 쏘기로 선택한다면, 너는 오늘 더 이상 총을 가지고 놀지 않기로 선택한 거야." "네가 만일 다시 나에게 총을 쏘지 않기로 선택한다면, 너는 오늘 남은 시간 동안 놀이치료실에서 이 총을 가지고 놀기로 선택한 거야." '선택한다'는 단어가 네 번 사용된 것에 주목해라. 이 문장은 선택/책임과 긍정적 또는 부정적 결과가 아동에게 달려 있음을 매우 명확하게 해 준다. 이러한 방식으로 제시된 제한은 아동에 대한 처벌도 아니고 거부도 아니다. 아동이 다시 치료자를 쏜다면, 아동은 분명히 놀이치료실을 떠나거나 총을 가지고 놀지 않겠다고 행동으로 표시한 것이다. 이 과정에서 놀이치료실을 떠나거나 총을 치워 버리는 것은 치료자의 선택이 아니다. 따라서 아동은 거부되지 않은 것이다.

만일 아동이 치료자를 쏘기로 선택한다면, 치료자는 "나는 네가 놀이치료실에서 우리의 남은 시간 동안 함께 그 총을 가지고 놀지 않기로 선택한 것으로 보인다. 너는 내 옆에 있는 테이블에 그 총을 놓거나 거기(가리키면서) 있는 선반에 놓는 것을 선택할 수 있어."라고 주의 깊게 반응한다. 이때 몇몇 아동은 협상을 시작할 것이다. "다시 당신을 쏘지 않는다고 약속해요. 그 총으로 좀 더 놀게 해 주세요." 이러한 제한 설정에 대한 접근은 학습 경험이고, 아동은 선택 과정과 따라오는 결과가 어떻게 느껴지는지를 배우게 된다. 그러므로 아동이 한 번 선택을 했다면, 치료자는 어떠한 상황에서도 아동의 선택을 번복하지 않는다. 만일 아동이 그 총으로 놀이를 계속한다면, 치료자는 아동의 선택이 이행되는지를 끝까지 지켜봐야 한다. 이는 치료자가 의자에서 벌떡 일어나 아동과 총을 가지고 씨름하라는 의미가 아니다. 이것은 계속해서 "너는 정말 그 총으로 계속해서 놀이를 하고 싶구나. 하지만 네가 다시 나를 쏘기로 선택했을 때, 너는 놀이치료실에서의 남은 시간 동안 그 총으로 놀이하지 않기를 선택한 거야."라고 말하면서 아동의 욕구에 대한 이해를 가지고 지속적인 인내를 해야 할 시간이다. 이 반응은 항상 돌봄과 이해를 가지고 여러 번 반복되어야 한다. 치료자가 자신이 '고장 난 녹음기 같다.'는 생각이 들기 시작하겠지만 결국에는 그 메시지가 아동에게 전달된다.

그 밖에도 해로움이나 놀이치료실 물건이 부서지는 것에서 아동과 치료자를 보호하기 위해 가능한 한 모든 노력을 해야 한다. 아동이 트럭으로 관찰실 유리를 때리려 할 때 치료자는 가만히 앉아 있어서는 안 되며, 두세 차례 제한 설정 단계를 밟아야 한다. 흩어져 있는 유리 조각은 아동에게 심한 부상을 입힐 수 있다. 이 경우에 제한 설정을 이미 한 번 했다면, 아동이 두 번째로 거울을 칠 때 최종 제한 설정을 하게 된다. "만일 네가 또 다시 트럭으로 거울을 치겠다고 선택한다면, 너는 오늘 놀이치료실을 떠나기로 선택하는 거야. 만일 네가 그 트럭으로 거울을 다시 치지 않겠다고 선택한다면, 오늘 우리의 남은 시간 동안 놀이치료실에 머무르기로 선택하는 거야." 다른 한편, 치료자는 아동이 스스로 책임질 기회를 주고 자신의 행동을 제한하도록 하기 위해 두세 차례 더 비닐 총알에 맞는 것을 참을 수도 있다. 스스로 책임을 지는 것은 치료자가 다트 총으로 한 번 더 맞는 것보다 더 중요할 수 있으나, 부상을 입는 것보다는 중요하지 않다.

제한 설정의 유보

제한을 설정할 때, 치료자는 실제적이어야 하고, 이미 어떤 제한이 필요한지에 대한 결단에서 오는 확신을 가지고 말해야 한다. 다음의 예는 유보적이었던 놀이 치료자의 슈퍼비전 경험에서 나온 것이다.

아동: (회기가 30분이나 남았는데 아동이 방을 나가려고 한다.)

치료자: 나가지 말고 남은 시간 동안 여기서 노는 게 어떠니? (치료자는 아동의 동의를 불확실하게 구하고 있다.)

제안: 제이슨, 아직 시간이 끝나지 않았어. 30분 더 남았어. 그 후에 나갈 수 있어. (분명한 제한을 설정하고, 아동이 나가야 할 때가 언제인지를 알려 준다.)

아동: (사무실을 가리키며) 밖에 나가고 싶어요.

치료자: 여기서 좀 더 기다리자. (아동을 달래어 머물게 하려고 하면서 아동이 떠나고 싶다는 생각을 잊기를 바라고 있다.)

제안: 다른 사람들이 있는 밖으로 나가고 싶구나. 하지만 아직 10분이 더 남았기 때문에 그 후에 나갈 수 있단다. (아동이 원하는 것에 대한 이해를 나타내고, 제한을 확실히 설정하며, 나중에 해야 할 일이 무엇인지에 대해 의사소통한다.)

아동: 여기(총)에 물을 넣어도 돼요?

치료사: 거기에 물을 붓고 싶구나. 하지만 우리는 그렇게 하지 않을 것이란다. (분명한 제한을 설정하지 못하였으며, 나중에는 총 속에 물을 넣을 수도 있음을 시사한다. '우리'라는 단어의 사용은 치료자가 총에 물 붓는 것을 도울 수도 있음을 시사한다.)

제안: 너는 거기에 물을 붓고 싶어 하는구나. 하지만 그것은 물을 넣는 것이 아니야. 냄비에는 물을 넣을 수 있어. (아동의 바람을 인정하고, 확고한 한계를 설정하며, 수용할 수 있는 대안을 제시한다.)

아동: 저는 이 트럭을 창문 밖으로 던질 것 같아요.

치료자: 그것으로 다른 것을 하면 안 될까? (다른 것을 생각해 내지 않는다면, 앞과 같은 행동이 수용된다는 것을 언급한다.)

제안: 그 트럭을 던지고 싶겠지만 그것은 던지기 위한 것이 아니란다. 그것은 바닥에서 가지고 놀기 위한 거야. (아동의 욕구를 인지하고, 제한을 설정한 후 트럭에 맞는 사용법을 인지시켜 준다.)

상황적 제한

놀이치료실에서 놀잇감이나 놀이도구를 가져가려는 행동

아동이 "이 차를 집으로 가져가서 놀면 안 될까요? 집에는 가지고 놀 자동차가 하나도 없어요. 그리고 이건 내가 제일 좋아하는 자동차예요."라고 애원할 때, 이것은 정말로 치료자의 정서를 흔드는 경험이다. 치료자의 첫 반응은 "물론이지, 왜 안 되겠니? 여기에는 다른 놀잇감도 많이 있고, 그것과 똑같은 것이 또 있단다."라고 할 수도 있다. 그러나 놀잇감을 집에 가져가지 못하게 하는 데는 다음의 네 가지 기본적인 이유가 있다.

• 놀이치료는 정서적 관계에 기초하며, 아동이 내적으로 가져가는 것이 외적으로 가져가는 것보다 더 중요하다. 많은 가정에서 아동은 부모에게 물건을 나누는

것이 정서를 나누는 것보다 더 중요하다고 배워 왔다. 아동은 선물은 자기를 나누기 위한 대체물이며, 실체적인 것이 관계를 표현한다고 부적절하게 배웠다.

• 마찬가지의 중요한 사항으로서 예산에 관한 문제다. 대부분의 놀이치료실은 매우 제한된 예산을 가지고 운영된다.

• 놀이치료실은 다른 아동도 오는 곳이며, 놀잇감과 놀이도구를 고르는 기본 근거를 우선적으로 고려해야 한다. 놀잇감과 놀이도구는 아동의 자기표현 도구다. 놀잇감을 놀이치료실에서 가져가게 하는 것은 다른 아동의 표현의 자유를 방해한다. 따라서 아기를 돌볼 목적으로 다른 직원이 놀이치료실에 있는 놀잇감을 대기실로 가져가서도 안 된다. 치료자가 "다른 아이들도 그 놀잇감을 사용하기 때문에 놀잇감은 놀이치료실에 있어야 한단다."라고 말을 하는 경우, 다른 아동이 놀이치료실을 사용한다는 사실이 언급되어서는 안 된다. 이때 아동은 다른 아동에 대해 신경 쓰지 않을지도 모른다. 하지만 다른 경우에는 초점이 다른 아동에게 있게 된다. 아동은 마음속으로 '다른 아이들이 나보다 더 중요해.'라고 생각할 수도 있다.

• 아동에게 놀잇감을 가져가도록 허락하였는데 다시 가져오지 않을 때에는 어떻게 할 것인가 하는 것이다. 그렇게 하면 치료자는 놀잇감을 다시 가져오도록 설득하는 다른 역할을 하게 될 것이다.

놀잇감을 집에 가져가겠다는 아동의 요청에 대해 치료자는 "그 자동차를 집에 가지고 가서 놀면 재미있을 거야. 하지만 놀잇감은 놀이치료실에 두고 집에 갔다가 다시 와서 가지고 놀도록 하자."라고 대답해 준다. 이러한 대답은 다른 놀잇감에도 해당된다. 그럼으로써 아동이 집에 가지고 가고 싶어 하는 다른 열 가지 놀잇감에 대해 다시 말할 필요가 없어질 뿐만 아니라, "다음에 와도 이것은 언제나 여기 있을 거야."라고 말해 줌으로써 아동에 대한 존중을 표현할 수 있다.

만약 아동이 놀이치료실에 있는 특정한 놀잇감을 부모에게 보여 주고 싶어 한다면, 놀이치료가 끝난 후에 부모를 놀이치료실로 초대하여 보여 주도록 할 수 있다. 아동이 그린 그림은 집에 가져갈 수 있지만 치료자가 그렇게 하라고 제안할 필요는 없다. 치료자가 아동의 그림을 보관하려 한다면, 다음 회기까지 보관하겠다고 아동의 허락을 받아야 한다. 여러 치료자가 어떤 아동은 부모와 형제에게 선물로 주기 위해 그림을 그리는 것 같다고 보고하였다. 이러한 경우에는 다음 회기까지 그림을 두고 가게 할 만큼 탐색이나 자기표현이 분명하지 않다고 생각한다. 치료자의 가설을 확인할 수 있는 제한이 설정된 후에는 그림을 거의 그리지 않는다. 점토나 플레이도우로 만든 것을 집에 가져가는 것에 대한 제한은 예산 형편에 따라 필요할 수도 있고, 필요하지 않을 수도 있다. 대부분의 놀이치료자는 점토와 플레이도우에 대해 제한 설정을 하며, 그것은 전적으로 받아들여질 수 있다.

놀이치료실을 나가는 것

놀이치료 시간 동안에 놀이치료실을 마음대로 드나들게 허용하는 것은 권할 만하지 않은데, 왜냐하면 그것은 치료관계의 발전을 심각하게 저해하고 상호 작용의 완성과 상호 작용을 위해 끝까지 노력하는 것을 방해한다. 특히 제한이 설정되거나 아동이 분노나 놀란 감정을 표현하였을 때는 더욱 그렇다. 아동은 끝까지 지켜야 할 책임에서 도망칠 수 없으며, 그 관계에 대한 약속은 놀이치료실에 머물면서 끝까지 회기를 완수하는 것을 의미한다. 아동으로 하여금 방을 나가게 하고, 다시 자기 의지대로 돌아오게 허용하면 경험은 게임처럼 되어 버린다. 치료자가 어떤 아동에게는 방을 나갈 수 있다고 말해 주고 싶을 수도 있지만 그렇게 하면 아동은 다시 돌아오지 않을 수도 있다.

대부분의 경우, 아동으로 하여금 계획된 시간이 끝날 때까지 놀이치료실을 나가지 못하게 하는 것이 바람직하며, 물을 마시러 가거나 화장실에 가는 경우는 예외다. 보통 화장실 가는 것 한 번과 물 마시러 가는 것 한 번이면 충분하다. 그러나 이것도 너무 엄격하게 적용하면 안 되는데, 왜냐하면 어떤 아동은 정말로 한 번 이상 화장실에 가야 하는 경우도 있기 때문이다. 이것은 마치 경험이 적은 치료자가 강아지가 갑자기 거실에 나타났을 때, 아동이 놀라 당황하는 것을 깨닫게 되는 것과 같다. 이러한 문제를 피하기 위해 놀이치료 시작 전에 부모로 하여금 아동을 화장실에 데려가게 해야 한다. 경우에 따라서는 놀이치료실에 화장실이 달려 있을 수 있다.

놀이치료실에서 일어난 다음의 상호 작용은 놀이치료실을 나가는 문제에 대해 제한 설정을 하는 과정을 보여 준다.

> 캐슬린: 나는 여기 있는 것이 싫어요. 나갈 거예요. (재빨리 문 쪽으로 간다.)
> 치료자: 캐슬린, 아직 시간이 끝나지 않았단다. 너는 여기 있는 것이 싫어 나가고 싶지만 우리의 시간은 아직 끝나지 않았어. (치료자가 시계를 힐끗 본다.) 우리에겐 아직 15분이 남았고, 15분이 지나면 그때 나갈 거야.

앞에서 지적한 바와 같이 여기서 치료자는 '우리'라는 말을 하였는데, 이는 관계의 일부이고, 두 사람 모두 방을 나갈 것이기 때문이다. 마지막에 '15분이 지나면 그때 나갈 거야.'라는 말은 아동이 결국 놀이치료실을 떠나야 함을 전달하는 것이다. 그렇지 않으면 특히 매우 어린 아동은 방을 나갈 수 없을 것이고, 그래서 '엄마, 아빠가 다시 오지 않을 것'이라고 염려한다.

시간제한

45분간의 놀이치료 시간은 충분하며, 각 회기 사이의 15분은 다음 아동을 위해 방을 정리하는 데 필요한 시간이다. 상담 사례가 너무 많아 상담자가 소진되기 쉬운 초등학교나 여성쉼터 같은 곳에서는 30분이 적당하다. 시간 범위가 어떻든지 간에 정해진 시간을 아동에게 꼭 지켜야 한다. 치료자는 아동에게 떠날 시간이

5분 남았다는 것을 상기시켜야 한다. 시간에 대해 분명한 개념이 없는 어린 아동과 놀이에 완전히 몰두한 아동에게는 1분 전에도 '경고'를 주어야 한다.

이렇게 시간을 일깨워 주는 것은 아동이 경험을 마칠 준비를 하게 하고, 지금 하고 있는 과제를 빨리 완성하게 하거나, 이미 계획한 다른 활동으로 전환할 수 있게 한다. 후자는 많은 아동의 전형적인 행동으로, 그들은 계획한 것을 먼저 말로 하고, 심지어 놀이치료를 시작하기 전부터 계획한다. 폴이라는 아동의 이야기를 예로 들 수 있다. "오늘 여기 오기 전에 트럭을 가지고 놀 거라고 생각했어요." 아동이 다른 활동으로 재빨리 옮겨 가는 것에 대한 다른 설명도 있다. 즉, 아동은 곧 놀이치료실을 떠나야 할 것을 알고 있으며, 그래서 자신의 기본적 어려움에 영향을 주는 놀이 활동에 안전하게 몰입한다는 것이다. 치료 회기 중 중요한 문제를 논의하기 위해 최후의 몇 분까지 기다리는 성인의 경험과 별반 다르지 않다.

시간제한의 목표는 아동을 놀이치료실에서 나가게 하는 게 아니라 아동이 방을 나가는 것에 대해 책임을 지게 하는 것이다. 따라서 치료자의 인내와 이해는 회기의 끝까지 지속되어야 한다. 치료자는 아동으로 하여금 방을 서둘러 나가게 할 필요를 느끼지 않는다. 치료자는 "오늘은 시간이 끝났다. 엄마가 기다리고 있는 대기실로 갈 시간이야."라고 말하면서 자리에서 일어남으로써 시각적 단서를 주고, 몇 초 또는 몇 분간 더 기다려 과제를 완성하고자 하는 아동의 욕구를 존중해 준다. 책임을 아동에게 돌리려는 태도는 아동이 치료자보다 앞서 문 밖으로 나가도록 허용함으로써 지속될 수 있다.

소리 제한

일반적으로 놀이치료실에서 나는 모든 소리는 수용 가능하다. 아동은 자기가 하고 싶은 만큼, 그리고 하고 싶을 때까지 소리를 지르고, 비명을 지르면서 나무 블록을 두들길 수 있다. 그러나 어떤 클리닉이나 학교에서는 소음 정도를 제한하는데, 그런 곳은 방과 사무실이 연이어 붙어 있어 이러한 활동이 방해를 받는다. 그렇게 하는 것이 바람직한 것은 아니지만 실제로 상황에 따라 일어날 수 있는 일이다.

초등학교에서 놀이치료의 소음 크기는 주요한 문제일 수 있는데, 이는 상담자의 사무실이 보통 교장실 가까이에 위치하기 때문이다. 소음의 크기를 제한하는 것은 교장이 놀이치료를 금하게 하는 것보다는 훨씬 낫다.

개인 소지품은 놀이에 사용하지 않는다

아동이 치료자의 시계, 안경, 셔츠 주머니에 있는 수첩, 기타 개인 소지품을 가지고 놀이하는 것을 금하는 것은 치료자의 편안함과 아동에 대한 이해를 높여 준다. 아동에게 치료자의 안경을 써 보게 허락하면, 치료자에게 아동을 향한 분노와 거부의 감정이 일어날 수 있다. "내 안경은 내가 쓰는 거야."라는 단순한 말 한마디면 충분하다. 그래도 아동이 고집을 피우면 "내 안경은 가지고 노는 게 아니야."라고 한마디 더 할 수 있다.

놀이치료 장면을 녹음하기 위해 놀이치료실에 녹음기를 가지고 왔을 경우, 녹음기를 치료자 가까이 눈에 잘 띄지 않는 곳에 놓고 아동이 놀이치료실에 들어오기 전에 미리 켜 둔다. 그렇게 하면 아동이 녹음기를 신경 쓰지 않게 할 수 있다. 아동이 녹음기를 가지고 놀이를 하면 "녹음기는 가지고 노는 놀잇감이 아니야."라고 말해 준다.

모래상자에 물을 넣지 못하게 제한하기

아동은 모래상자에 물 넣는 것을 즐거워하며 모래가 걸쭉해질 때까지 양동이로 물을 퍼 넣는다. 치료자가 걸쭉한 모래에 개의치 않더라도 여러 가지 점을 고려해야 한다. 즉, 다음 아동이 모래상자에서 놀 계획을 하고 왔으나 그렇게 하지 못할 수 있다. 모래가 너무 젖어서 다음 아동의 표현이 제한받기 때문이다. 걸쭉한 모래가 완전히 마르는 데는 여러 주가 걸리며, 모래상자가 나무로 만들어진 것이면 바닥이 빨리 썩는다. 그러므로 물의 양을 제한하는 것보다는 물 용기의 수를 제한하는 것이 최선이다. 아동이 네 번째 물을 뜨러 갈 때 "제임스, 세 그릇이 규칙이야."라고 말해야 한다. 이 규칙은 아동이 선택한 그릇의 크기에 관계없이 유효하다. 그렇게 함으로써 물의 양에 대한 논쟁을 피할 수 있다.

놀이치료실에서 소변 보는 것

아동이 모래상자나 놀이치료실에 소변을 보게 하는 것은 큰 문제가 되며, 치료자가 모래를 다 치우고 새 모래를 채우지 않는 한 모래상자를 사용해 놀이하는 다른 아동을 고려하지 않는 행동이다. 아동은 그러한 행동 표출을 통제하는 것을 배워야 한다. 마찬가지로 우유병에 소변을 보거나 그 소변을 마시는 것도 허용해서는 안 된다.

제한 설정에 대한 놀이치료자의 반응

조안나: 놀이치료실에서 예상하지 못한 상황이 벌어졌을 때 잘 처리할 수 있을지 매우 염려했어요. 내가 너무 긴장해서 적절하고 확고하게 반응하지 못할까 봐 걱정이 됐거든요. 놀이치료 첫 회기에서 마치 아동이 문을 열고 밖으로 나가려는 듯 손으로 손잡이를 잡았어요. 저는 제 반응에 스스로 놀랐죠. "나는 네가 지금 나가고 싶어 하는 걸 알고 있단다. 그렇지만 시간이 아직 안 됐어."라고 반응했거든요. 내가 기대한 것처럼 과잉으로 불안해하지는 않았어요. 두 번째 놀이치료 시간이 끝날 무렵에 아동은 분명히 나가려고 하지 않았어요. 나는 아동이 나갈 때까지 인내심 있고 침착하게 잘

해냈죠. 두 번 다 아동은 직접적인 지시 없이도 내 기대대로 잘 따라 주었어요.

카멘: 로라가 녹음기 쪽으로 뛰어갔을 때 저는 과잉 반응을 했습니다. 제한을 말해 주고 아동이 결정하게 하는 대신, 아동의 손을 치워 버렸죠. 그러나 사라가 마이크로폰을 보았을 때는 아동을 밀어내지 않고, 그건 그냥 마이크로폰이며 놀잇감이 아니라고 말했습니다. 사라는 이것을 쉽게 받아들였어요. 저는 책이나 논문에서보다 로라와 사라에게서 더 많은 것을 배운 것 같습니다.

참고문헌

Moustakas, C. (1959). *Psychotherapy with children: The living relationship.* New York: Harper & Row.

제12장

놀이치료실에서의 문제점

놀이치료실에서 아동과의 관계는 항상 새롭고, 창조적이며, 아동마다 다르고, 흥미롭다. 따라서 각 아동에게 주어진 놀이치료 시간 동안 무엇을 할지 예측하는 것은 불가능하다. 경험이 없는 치료자에게는 치료 시간 전에 아동이 무엇을 할지 예측하고, 그들의 반응에 대해 미리 연습해 보는 것도 도움이 될 수도 있다. 예기치 않은 상황에 부딪혔을 때 어떻게 반응하는지를 알고 있으면 침착하게 아동을 수용하게 된다.

시작하기 전에 무엇을 하고, 어떻게 해야 하는지를 계획하는 것이 치료자의 창의적 반응과 자신의 자발적 노력을 감소시키지 않아야 한다. 어떤 반응을 얼마나 자주 하든지 간에 그것이 기계적이거나 일상적인 반응이 되어서는 안 된다. 치료자는 항상 열정, 이해, 아동에 대한 최대의 관심을 가지고 반응해야 한다. 이 점을 기억하면서 놀이치료실에서 일어날 수 있는 공통적인 문제와 치료자가 이에 대해 고려해야 할 반응을 다음에 제시하였다.

아동이 침묵하면 어떻게 할 것인가

침묵하는 아동은 치료자에 대한 흥미로운 모순점과 당황스러운 문제를 보여 준다. 치료자는 아동이 놀이를 통해 의사소통한다는 신념 때문에 놀이를 사용한다. 그러나 말하지 않는 아동과 마주하였을 때, 치료자는 아동이 말을 해야만 한다는 생각과 감정을 경험하게 된다. 아동의 침묵에 대해 당황해하거나 은연중에 아동이 말하기를 바라는 치료자는 자신의 가치 체계, 아동에 대한 기대, 아동이 아동일 수 있도록 허용해야 하는지를 검토해 보아야 한다.

아동이 의사소통하지 않을 때가 있는가? 아동은 말로 의사소통해야만 하는 가? 아동이 말을 하게 되면 이것은 누구의 욕구를 충족시키는 것인가? 이 마지막 질문에 정직하게 대답하기 위해서는 치료자가 자신의 깊은 내부를 들여다보는 용기가 필요하다. 아동이 자기가 성취하고자 하는 것을 수행하기 위해 말을 해야 하는가? 아동이 말하기를 원하는 치료자는 얼마나 수용적인가? 아동의 침묵에 불편함을 느끼는 치료자는 아동을 잘 수용하고 있지 못하다고 여기는 것이 옳다. 아동은 치료자의 내적 감정과 태도에 대단히 예민하며, 자신의 비언어적인 것이 수용되지 않는다는 것을 느끼면 거부되었다고 생각하여 말하기를 멈춘다. 수용은 아동이 침묵하는 것도 받아들이는 것이다. 아동이 말할 때만 하는 수용은 수용이 아니다. 수용은 조건적인 것이 아니다. '~라면'이라는 것은 없다.

놀이치료에서 아동은 말을 하든 안하든 간에 계속 메시지를 보낸다. 따라서 치

[그림 12-1] 놀이치료실에서 아동은 그들이 경험한 것을 다시 재연할 수 있고, 일어난 것을 전달하기 위한 단어는 필요하지 않다.

료자는 언어적·비언어적으로 아동의 침묵을 수용하고 있다는 것을 전하는 반응적 태도를 유지해야 한다. 치료자는 아동이 말을 하든 안하든 간에 아동에게 주의 깊게 경청해야 한다. 침묵하는 아동과의 관계 형성의 열쇠는 그 순간에 아동이 하고 있는 것이나 그 순간에 아동에게서 느껴지는 것에 언어적으로 반응하는 것이다. 반응적 태도는 아동이 말하는 것에 좌우되지 않는다. 다음에 침묵하는 아동과의 상호 작용을 예시하였는데, 이 예에서 이러한 반응 유형의 질을 볼 수 있다.

> 마이클: (모래상자에 앉아 숟가락으로 신발에 모래를 꼼꼼하게 퍼 담고 있다.)
> 치료자: 신발에 모래를 많이 퍼 담고 있구나.
> 마이클: (반응이 없다. 쳐다보지도 않은 채 계속해서 신발을 완전히 모래로 덮는 데 집중하고 있다.)
> 치료자: 완전히 모래로 덮었구나. 신발이 보이지 않네.
> 마이클: (이번에는 모래상자 옆에 있던 왼쪽 신발에 모래를 담는다. 바닥에 모래를 흘리더니 치료자를 힐끗 쳐다본다.)
> 치료자: 네가 바닥에 모래를 흘리면 내가 어떻게 생각할지 궁금해하는 것 같구나. 가끔 그런 일이 일어난단다.
> 마이클: (다시 신발 위에 모래를 퍼 담는 일로 돌아가 신발이 완전히 안 보일 때까지 모래를 담는다.)
> 치료자: 이제 양쪽 신발을 다 모래로 덮어 신발이 보이지 않는구나.
> 마이클: (속삭이며) 아무도 그들을 좋아하지 않아요. 그래서 숨었어요.

마이클은 운동장에 고립되어 있었고, 2학년 중에 친구가 1명도 없기 때문에 의뢰되었다. 교실에서도 다른 아동이 마이클을 찾지 않았다.

이 사례에서 볼 수 있는 바와 같이, 아동으로 하여금 계속 상호 작용의 방향을 제시하게 하면서 아동의 페이스를 앞질러 갔다. 인내가 중요하다. 아동이 하는 모든 행동에 일일이 반응하는 것에 주의해야 한다. 그것은 아동에게 매우 성가신 일이 될 수 있으며, 아동의 자아의식을 자극할 수도 있다. 치료자는 아동이 말하도록 압력을 줄 수 있는 행동을 피해야 한다. 긴 침묵을 견딘 후 치료자는 아동이 무엇인가를 말해야 한다는 미묘한 압력 없이 "여기 왜 있는지 아니?"라고 물을 수도 있는데, 이 질문도 아동이 문제를 가지고 있으며, 그 문제에 대해 무언가를 해야 할 필요가 있음을 시사하는 것이다. 그러한 노력은 아동을 더욱 고립시킬 뿐이다.

아동이 놀이치료실에 장난감이나 음식을 가지고 들어가려 하면 어떻게 할 것인가

어떤 아동은 자기가 좋아하는 장난감이나 인형을 가지고 놀이치료실에 들어가려고 하는데, 이는 불안을 의미한다. 따라서 놀이치료실에 특별한 인형을 가지고 들어가려는 아동의 바람을 인식하고 수용해야 한다. 아동이 팔에 특별한 트럭을 안고 치료자를 따라 복도를 걸어간다면 이것은 허용할 수 있고, 놀이치료실까지 가는 복도는 아동과의 접촉점으로 이용될 수 있다. "로버트, 놀이치료실에 무언가 가지고 왔구나. 그건 특별한 장난감인가 보지. 커다란 검은 바퀴가 달린 거네." 이러한 반응은 놀이치료실에 트럭을 가지고 들어가고 싶어 하는 아동의 바람을 수용과 허용함을 시사하고, 트럭의 중요성을 인식하며 트럭에 대한 감상을 보여 주는 것이다.

그렇다면 이것은 아동에게 중요한 모든 장난감을 놀이치료실에 들이는 것을 허용한다는 의미인가? 완전히 아니다. 일반적인 규칙은 놀이치료실을 위해 선택된 적합한 놀잇감만을 허용하는 것이다. 원격조정장치가 달린 장난감, 고도로 기계화된 장난감, 태엽을 감는 게임 등은 아동과의 상호 작용이나 자기표현을 촉진하지 못하기 때문에 허용되지 않는다. 또한 아동이 좋아하는 책도 놀이치료실에서 허용되지 않는데, 그 이유는 방어적이고 조심스러운('수줍어하는') 아동, 또는 위축된 아동이 책으로 도피하여 새로운 환경 또는 치료자와 상호 작용하는 것을 피할 수 있기 때문이다. 책은 놀이치료실에서 아동과의 관계 형성을 거의 촉진하지 못한다.

아동은 모든 종류의 과자를 먹으면서 대기실로 오기도 한다. 놀이치료실에서는 일반적으로 음식을 치워 버리는 게 좋은데, 그 이유는 음식이 아동의 주의를 분산시키기 때문이다. 과자를 와삭거리며 먹는 것은 놀이에 집중하는 것을 방해하며, 또한 아동이 치료자에게 음식을 권할 때 문제가 생긴다. 치료자가 아동이 주는 콜라를 마시지 않으면 아동이 거부되었다고 느낄까? 놀이치료실에서 음식을 먹도록 허용하면 나중에 아동이 치료자에게 콜라나 과자를 가져오라고 시키는 일이 발생한다. 아동이 반쯤 먹은 아이스크림을 들고 나타났다면, 치료자는 놀이치료실에 들어가기 전에 그것을 다 먹을 수 있도록 이해와 관심을 보여 줄 수 있다. 만약 대기실에서 아동이 500밀리리터짜리 콜라를 마시고 있다면 앞의 제안은 적용되지 않는다. 네 살 아동이 캔 하나를 다 마시는 걸 본 적이 있는가? 몇 시간이 걸릴 것이다.

금지된 장난감에 대해 반응을 할 때, 치료자는 아동의 감정에 민감해야 한다. "네가 놀이치료실에서 그 게임을 하고 싶어 하는 걸 나도 알아. 하지만 그건 여기 대기실에 놓고 가야 돼. 놀이치료실에서 돌아오면 다시 가지고 놀 수 있어." 그런 다음, 45분 후에 대기실로 온 후 그 장난감이 거기에 있다는 것을 기억시켜야 한다. 마찬가지로 아동은 자신이 놀이치료실에 특별한 것을 가지고 왔다는 사실을 잊어버리는 경향이 있으므로 치료자는 놀이치료가 끝날 때 이 점을 기억하게 해 주어야 한다.

아동이 지나치게 의존적이면 어떻게 할 것인가

놀이치료에 의뢰된 많은 아동은 자신의 욕구를 충족시키기 위해 성인에게 의존하는 것을 배웠다. 부모를 비롯해 아동을 돌보는 사람들은 아동의 의존성을 조장하여 아동의 능력과 책임감에 좋지 않은 영향을 미치는 것으로 알려져 있다. 치료자의 목표는 아동에게 책임을 돌려주고 자기 의존을 촉진하는 것이다. 어떤 아동은 도움을 청하거나 고집을 피워 치료자가 결정하게 함으로써 치료자를 속인다. 아동은 놀이치료실에서 스스로 의사 결정할 능력이 있으며, 의사 결정을 위한 투쟁이 허용되었을 때만 힘을 발휘할 수 있다. 또한 아동이 스스로 어떤 것이든 하려고 애쓰는 것을 허용해야 한다.

치료자는 아동을 위해 장난감을 꺼내 오거나, 아동에게 옷을 입혀 주거나, 아동이 쉽게 열 수 있는 마개를 대신 열어 주거나, 아동이 그려야 할 그림을 결정해 주거나, 아동이 처음 해야 할 놀이를 대신 결정해 주는 하인이 아니다. 그러한 행동은 아동의 의존성을 지속시키고 이미 기존에 형성된 부적절하고 무능력한 자기에 대한 지각을 확고히 할 뿐이다. 치료자의 반응은 아동에 대한 믿음을 전하고 아동에게 책임을 돌려주는 것이어야 한다.

다음의 예는 아동이 한 이야기와 책임을 돌려주는 치료자의 반응이다.

로버트: 가위 좀 가져다주세요.
치료자: 가위가 필요하구나. 가위가 필요하면 네가 가져올 수 있단다.

멜라니: 내가 놀이할 때, 당신은 내가 놀잇감을 다시 제자리에 두기를 원하세요? 아니면 그냥 놔두기를 원하세요?
치료자: 네가 결정하는 대로 할 수 있어.

윌: 이거는 고양이예요? 호랑이예요?
치료자: 네가 원하는 무엇이든 될 수 있어.

주디: 당신은 내가 무엇을 하고 놀았으면 좋겠어요?

치료자: 여기서는 네가 놀이하기를 원하는 대로 결정할 수 있어.

리보트: (시도하지 않으며) 이 블록 좀 쌓아 줄래요?

치료자: 그건 네가 할 수 있어.

이러한 반응은 분명히 관계의 매개 변수를 전달하고, 이제 자기 발견의 과정에서 투쟁해야 할 아동에게 행위와 방향을 돌려주는 것이다. 아동 스스로 투쟁하지 않는다면 어떻게 이들이 자기 가치를 발견할 수 있겠는가? 아동이 자신의 방향을 정하도록 허용하는 것처럼 아동을 믿어 주지 않는다면 어떻게 이들이 자기 자신을 믿을 수 있겠는가?

아동이 계속 칭찬받으려고 하면 어떻게 할 것인가

아동과의 모든 상호 작용에서 치료자의 평가나 판단을 계속 고집하는 아동을 만났을 때, 치료자는 아동의 감정과 아동 자신의 지각에 민감해야 한다. 치료자가 아동이 그린 그림을 좋아하는지를 묻는 끊임없는 요구는 불안정함과 빈약한 자기 존중의 표시인가 아니면 상호 작용을 통제하려는 욕구인가? 화가 나서 특정한 대답을 요구하는 아동을 다루는 일은 아동에 대한 적절성과 수용에 대한 치료자의 감정을 진지하게 시험하는 것일 수 있다.

"말해 주세요. 내 그림이 예쁘다고 생각하시는지 알고 싶어요."라고 말하는 아동을 만나게 되면, 치료자는 적절한 대답을 생각할 시간을 벌기 위해 아동에게 질문하여 순간을 모면하려는 큰 유혹을 받을 수도 있다. 그러한 상황에서 "내가 네 그림을 좋아하는지 궁금해하는구나."라고 얼버무리는 것은 별로 촉진적이지 못하며, 때때로 아동을 좌절시키거나, 치료자가 이해하였는지를 계속 물어봐야 하는지 아닌지에 대해 아동이 더 궁금해하도록 만든다. 또한 아동은 치료자의 유보적이고 주저하는 반응을 알아차리고는 더 열심히 직접적인 대답을 강요한다. "그래, 참 예쁜 그림이구나."와 같은 대답을 하는 것은 단순한 문제로 보이지만 이러한 칭찬은 아동의 행동을 지시하고, 자유를 제한하며, 의존성을 조장하고, 외적 동기를 부추긴다.

아동중심 놀이치료의 목표는 아동이 자신의 행동에 대한 평가에서 자유로워지는 것, 자신의 창의적인 아름다움을 감상하는 것, 아동의 보상과 만족의 내적 체계를 발달시키는 것이다. 칭찬은 치료적 관계에 기여하지 못하며, 아동이 좋게 느끼게 해 주려는 치료자의 욕구 때문에 치료자가 아동의 내적 역동과 접촉하지 못하게 하는 것을 의미한다. 다음의 발췌문에서 볼 수 있듯이, 이러한 상황에서 치료자의 반응은 놀이치료실에서의 관계를 분명히 하는 것이거나 아동이 그림을 소중히 여기도록 촉진하는 것이어야 한다.

> 마틴: (치료자에게 자기가 그린 그림을 보여 주면서) 집 그림이 예쁘지 않아요?
> 치료자: (그림을 가리키면서) 네가 빨간 집을 그렸구나. 음음, (그림을 사려 깊게 살펴보면서) 창문이 3개 있네. (창문을 가리킨다.) 오, 이쪽 지붕은 모두 빨간색으로 칠했구나. 그리고 이쪽은 모두 오렌지색으로 칠했어. (목소리에 그림에 대한 순수한 관심과 그것을 정말로 소중히 여기는 것이 역력하다.)

아동이 만들어 낸 것에 대해 이렇게 비평가적이고, 세부적인 부분에 주의 깊은 관심으로 반응하면 아동은 본래 질문을 잊어버리고 치료자와 함께 그림을 살펴보면서 치료자가 말하는 것에 몰입하여 자신이 만든 것에 대해 좋은 감정을 가지게 된다. 가끔 아동은 치료자의 그런 역할을 맡아서 "그리고 여기는 크고 노란 해를 그렸고요. 여기 있는 새는 그리기 어려웠어요."라는 평을 하기 시작하여 치료자가 "그래, 크고 노란 해가 있고, 저것은 정말 새처럼 보이는구나. 정말 그리기 어려웠겠다."라는 대답을 할 수 있게 해 준다. 아동은 이제 평가에서 자유로워져 자신의 그림을 감상한다. 치료자가 아동이 한 행동이나 작품을 판단하거나 평가하고, 예쁘다와 같은 긍정적인 반응을 하면 그것은 치료자가 어떤 것을 추하거나 나쁜 것이라고 판단할 힘을 가지고 있음을 전하는 것이다. 따라서 평가적 반응은 피해야 한다.

어떤 아동은 자신이 그린 그림이 예쁜지 아닌지를 말해 달라고 치료자를 계속 조른다. 이런 일이 일어나면 치료자는 "여기서 중요한 것은 내가 네 그림이 예쁘다고 생각하는지 아닌지가 아니라, 네 그림에 대해 네가 어떻게 생각하는지란다."라고 말해 주어 놀이치료실에서의 관계를 분명히 할 수 있다. 어떤 아동에게는 이 대답이 너무 길기 때문에 치료자는 "중요한 건 네 그림을 네가 어떻게 생각하느냐는 거야."라고 말해 준다. 이제 아동은 그림에 대해 치료자가 예쁘다고 생각하는지 알고 싶은 마음에서 자유로워진다. 평가는 아동의 몫이다. 따라서 치료자는 아동에게 판단할 수 있는 힘을 돌려준 것이다.

앞의 예가 인지적 판단을 다룬 것이긴 하지만 그림이나 기타 다른 것에 대한 감정이 초점이 되었을 때도 적용할 수 있다.

지미: 제가 하는 것 좀 보세요.

치료자: 점토를 가지고 놀고 있구나.

지미: 무엇을 만들까요?

치료자: 네가 만들고 싶은 것을 네가 선택할 수 있어.

지미: 좋아요. 하마를 만들 거예요.

치료자: 하마를 만들기로 결정했구나.

지미: (점토를 가지고 매우 조심스럽게 모양을 만들더니 다소 동물을 닮은 형태를 만든다.) 이게 뭐죠? 맘에 드세요?

지료자: 매우 열심히 만들었구나. 그건 네가 원하는 무엇이나 될 수 있단다. (실제 이름이나 비슷해 보이는 대상의 이름을 말해 주면 때때로 아동은 자신이 만든 것에 대해 마음을 바꾼다.)

지미: 그렇지만 그걸…… 그게 마음에 드세요?

치료자: 중요한 건 네가 어떻게 느끼는가 하는 것이야.

아동이 치료자가 이상하다고 말하면 어떻게 할 것인가

치료자가 질문하지도 않고, 제안도 하지 않으며, 할 일을 말해 주지 않는 것이 아동에게는 이상하게 보일 수 있다. 어떤 면에서 아동은 누군가가 자신의 생각과 감정을 대신 표현해 주는 것에 익숙하지 않기 때문에 치료자의 말이 마치 외국어처럼 들릴 수 있다. "당신은 우스워요."라고 아동이 말한다면 아동은 치료자의 반응이나 반응 방법이 자연스럽지 않다는 사실을 표현한 것이다. 그렇다면 그것은 구시대이거나 기계적인 대답이 분명하며 상호 작용하는 대화 같지 않다는 것이다.

치료자가 단순히 아동의 말을 따라하거나 기계적으로 아동의 놀이 행동을 말로 추적하면 아동은 곧 알아채고 귀찮아한다. 아동은 단지 자신이 하고 있는 것을 치료자가 말하고 있다고 느낄 수도 있는데, 이는 모욕이 된다. 왜냐하면 아동은 이미 자신이 하고 있는 일을 알고 있기 때문이다. 목표는 아동과 함께하면서 이해를 전하는 것이지 눈으로 보고 들은 것을 단순히 보고하는 것이 아니다. "탁자 위에 자동차를 올려놓았구나."와 "쉽게 잡을 수 있게—가까운 모서리에—자동차를 놓았구나."는 완전히 다른 메시지를 전한다. 하나는 객관적이면서 사실을 포착하고 있고, 다른 하나는 함께 있다는 감정을 전하고 있다.

"선생님은 이상해요."라는 말을 수용해야 하며, "오, 내가 하는 말이 다른 사람들과는 다르게 들리는구나."라고 대답해 줄 수도 있고, "너와 네가 하고 있는 일에 관심이 있다는 것을 알려 주려고 하는 거야. 그래서 너는 내가 다르게 말하고 있다고 느끼는 걸 거야."라는 설명을 해 줄 수도 있다. 이따금 "선생님은 이상해요."라는 말은 치료자에 대한 부정적 '비난'이거나 저항의 표시일 수 있으며, "너는 내가 말하는 방식을 싫어하는구나." 또는 "내가 말하지 않기를 바라는 것 같구나."라고 반응해 줄 수 있다. 반응은 아동이 한 말의 의미에 대해 치료자가 감지한 대로 하면 된다.

치료자에게 알아맞히기 게임을 하자고 하면 어떻게 할 것인가

　아동은 놀이치료실에서 "내가 무엇을 할지 알아맞혀 보세요." 또는 "이게 뭐라고 생각하세요?"라는 질문을 자주 한다. 이러한 요청이나 질문에 직면하는 많은 치료자의 반응은 추측하기 게임에 연루되어 아동의 자유를 제한하고 책임을 떠맡는 과정에 빠진다. '내가 무엇을 할지 알아맞혀 보세요.'는 요청이 아니라 대답을 기대하지 않고 활동에 치료자를 포함시키려는 흥분된 아동의 방식이다. '이게 뭐라고 생각하세요?'는 치료자에게 자신이 그린 그림이나 대상을 알아맞히라는 요청이다. 그렇다면 의존적이거나, 빈약한 자기 개념을 가지고 있거나, 기쁘게 해 주려는 강한 욕구를 지닌 아동과 알아맞히기 게임을 함께해서 얻는 결과는 무엇인가? 아동은 치료자의 추측을 그림이 어떠해야 한다거나 또는 다음에 기대하는 것이라고 받아들일 수 있으며, 결과적으로 원래의 의도는 퇴색된다.

　치료자는 그림이 나무라고 추측하였고, 아동은 그것을 핵폭발이라고 생각하였으면, 아동은 치료자의 말을 핵폭발로 날아가고 있는 사람들의 그림이 아니라는 내용으로 받아들일 수 있다. 치료자가 일단 말로 표현하고 나면 아동은 그림의 내용을 바꾸거나 하던 놀이 활동을 계속할 수가 없다. 왜냐하면 아동은 그렇게 하면 치료자를 거역하는 것이며, 치료자가 자기를 좋아하지 않을 것이라고 느끼기 때문이다.

　놀이치료는 추측하기 게임을 하는 시간이 아니다. 놀이치료 시간은 치료자가 의도, 태도, 수용, 목표, 접근에 있어서 일관적이어야 하는 시간이다. 아동은 책임 있고, 능력 있으며, 그러한 메시지는 전체 상호 작용 시간 동안에 계속 전달되어야 한다. 따라서 아동이 "내가 다음에 무엇을 할지 알아맞혀 보세요."라고 요구하면 수용적이고 자유롭게 해 주는 반응으로서 "마음속에 무언가를 생각하고 있구나." 또는 "무언가를 계획하고 있는 것 같구나."라고 말해 준다. 아동이 '내가 다음에 무엇을 할지 알아맞혀 보세요.'라고 말하면 우리는 아동이 마음속으로 무엇인가를 하려 한다고 가정할 수 있다. 아동이 "이게 뭐라고 생각하세요?"라고 질문하면 치료자는 "네가 말할 수 있어."라고 단순히 반응할 수 있다. 그러면 주도할 책임은 아동에게 돌아간 것이다.

아동이 애정 표현을 요구하면 어떻게 할 것인가

어떤 아동은 직접적인 애정 표현을 거의 경험하지 못하고 정서적으로 굶주려 있다. 이들은 관계에서 확신을 느끼지 못하며 치료자가 자신을 정말 돌본다는 것을 확인하고 싶어 한다. 아동이 "나를 좋아하세요?"라고 질문할 때는 "내가 너를 좋아하는지 궁금해하는구나."라고 반영해 주어서는 안 된다. 그렇다. 그것이 정확히 아동이 궁금해하는 것이며, 바로 그것을 질문한 것이다. 따라서 아동의 이러한 질문에 대해 대답할 필요는 없다. 이때는 개인적인 관계의 발전을 위해 치료자가 공유해야 할 시간이다. 다음의 상호 작용을 보면 치료자는 아동의 감정적 욕구를 놓쳐 버렸고, 아동은 재빨리 상호 작용의 초점을 바꾸어 버렸다. 이 예는 여덟 살 아동인 프랭크의 여섯 번째 놀이치료 시간에서 발췌한 것이다.

프랭크: (모래상자에 앉아 있다.) 당신한테 뭔가 말하고 싶지만……. (잠시 조용히 앉아 있다가 손가락 사이로 모래가 새어 나가게 한다.)
치료자: 나한테 말할 게 있는데 말해야 할지 확실하지 않구나.
프랭크: 네, 선생님 기분을 상하게 할지도 몰라요. 선생님이 울 수도 있어요.
    (손가락을 모래에 파묻고 아래를 본다.)

치료자: 내 기분을 상하게 하고 싶지 않구나.

프랭크: 네, 그리고……. (치료자의 눈길을 피하며 손으로 모래를 더 깊이 판다. 잠시 조용히 앉아 있다가 치료자를 힐끗 본다.) 그건 당신의 아이들에 관한 거예요.

치료자: 내 아이들에 관한 거구나.

프랭크: 네, 그리고…… 저기…… (재빨리 숨을 몰아쉬고는) 저기……. 저를 좋아하세요?

치료자: 내가 너에 대해 어떻게 느끼는지 궁금해하는구나.

프랭크: 네…… 저기, 그래요?

치료자: 내가 너를 좋아하는지 아닌지가 너에게는 중요한 모양이구나.

프랭크: (계속 모래에 앉아 눈을 돌리며, 손은 모래에 파묻은 채 손가락으로 무엇인가를 만진다.) 어, 이게 뭐지? (손톱 속에 낀 모래를 꺼낸다.)

치료자는 프랭크와의 이 정서적 순간을 놓쳐 버렸다. 프랭크의 정서적 욕구에 반응할 기회는 아마 다시 올 것이다. 왜냐하면 그러한 이슈는 아동에게 매우 중요한 것이기 때문이다. 그러나 이 순간은 영원히 다시 오지 않을 것이다.

치료자는 항상 아동에 대한 자신의 순수한 보살핌과 소중히 여김을 아동이 받아들이고 느끼기를 희망한다. 그래도 어떤 아동은 더 구체적인 말로 표현해 줄 것을 요구하며 "저를 좋아하세요?"라고 묻기도 한다. 그러한 순간에 치료자는 매우 따뜻하고 친밀하며 개인적인 반응을 해야 한다. 왜냐하면 아동은 자아 존중감에 쉽게 상처를 받기 때문이다. 치료자가 정말로 아동을 좋아하고 가치 있게 여긴다면 '좋아한다.' 또는 '사랑한다.'는 말은 의미 없이 나부끼는 색종이 조각 같은 것이며, 치료사는 "너는 내게 매우 특별하고, 지금은 우리가 함께 있는 특별한 시간이란다."라고 말해야 한다. '나를 사랑하세요?'라는 질문에도 같은 대답을 해 주는 것이 적절하다.

아동이 치료자를 껴안거나
무릎에 앉으려고 하면 어떻게 할 것인가

치료자의 무릎에 앉아서 안아 달라고 하는 등의 요구에 대해서는 아동의 숨은 동기에 관해 주의하면서 반응해야 한다. 물론 아동이 치료자를 안았다면, 치료자가 나무토막처럼 딱딱하게 앉아 있는 것은 부적절하다. 치료자도 아동을 안아 주고 싶어 할 수 있지만, 이때는 주의를 해야 한다. 성적으로 학대당한 아동인가? 누군가를 좋아하거나 사랑하면 그 사람에게 성적으로 매력적이어야 한다고 배운 아동인가? 아동에게는 좋아한다는 것이 만지고, 쓰다듬으며, 비비는 유혹적 행동을 의미하는가? 치료자는 그러한 행동의 가능성을 분명히 인식하고 아이를 상냥하게 무릎에서 내려놓으면서 "그게 너한테 재미있다는 걸 안다. 그러나 네가 내 무릎에 앉지 않아도 나를 좋아한다는 걸 안다."라고 반응해야 한다.

어떤 아동에게 가장 중립적인 행동은 치료자의 다리에 기대는 것이다. 그런 아동은 무의식적으로 그렇게 하며 편안해한다. 이는 자발적이고 자유로운 행동이다. 치료자가 팔을 뻗어 아동을 껴안는다면 누구의 욕구가 만족된 것인가? 이는 치료자가 두 사람 간의 관계와 치료의 방향을 주도하는 것이다.

어떤 아동은 우유병을 입에 물고 그것을 빨면서 치료자의 무릎으로 기어 올라와 아기처럼 안기려 한다. 여기서 치료자의 민감한 느낌이 적절한 반응을 결정하는 최선의 방법이다. 이것이 순수한 요구이며, 미묘한 숨은 동기가 없고, 단지 아기이고 싶은 감정을 다시 경험해 보고 싶어 하는 아동의 단순한 표출 행동이라고 느끼면, 이때의 중립적인 반응은 몇 분간 아동을 안고 있는 것이다. 그러나 치료자는 노래를 부르고, 안아서 흔들며, 아기의 기저귀를 갈아 주어야 하는 요구에 준비되어 있어야 한다. 어떤 시점에 이르면 치료자는 요구받은 역할에 제한을 설정해야 한다.

이 상황은 정말로 치료 과정에서 가장 난처한 순간 중 하나일 것이다. 무릎 위로 아동을 올라오지 못하게 한다면 아동은 거부감을 느낄 것인가 아니면 아동에게 자기 신뢰를 향해 나아가게 할 것인가? 아동을 무릎 위에 안고 흔들어 주어 자신의 아이를 안고 있는 것 같은 부모의 감정을 자극할 것인가? 그래서 아동이 분리되는 것을 방해할 것인가?

이러한 상황은 신체적·성적 학대를 조심하라는 것 외에는 분명한 지침을 줄 수 없을 만큼 보편적인 정서적 문제를 일으키는 이슈가 되었다. 아동의 욕구나 의도가 의심된다면 "네가 아기가 되어 우유병을 빨고 싶어 하는 걸 안다. 저기 아기 침대에서 그렇게 할 수 있단다."라고 반응해 줄 수 있다. 이 반응은 매우 유보적인 것이다. 왜냐하면 오해하였을 수도 있기 때문이다. 그러나 아동의 성장에 필요하기 때문에 그러한 반응이 필요할 수도 있다. 이 부분에 있어 치료자가 자신의 욕구를 주의 깊게 검토하지 않았다면 치료자에게 자연스럽기 때문에 아동을 껴안는다는 것은 정당화될 수 없다. 대부분의 경우에는 아동을 껴안고 흔드는 것은 매우 자연스럽고 적절한 행동이다. 그러나 이러한 경우에는 놀이치료자의 보호를 위해 비디오 촬영을 하는 것을 권장한다.

아동이 장난감을 훔치려고 하면 어떻게 할 것인가

저스틴은 다섯 살 아동으로, 멋진 놀이치료실에서 두 번째 놀이치료 시간을 가졌다. 놀이치료실에는 완구점에서나 볼 수 있을 만큼 많은 장난감이 갖춰져 있다. 최근에 그의 부모가 그에게 장난감을 사 준 것이 언제인지 기억할 수 없지만, 여기에는 가격표가 붙어 있지 않은 깨끗한 장난감이 있다. 그는 트럭을 가지고 노는 척하면서 나는 손으로는 주머니에 작은 자동차를 집어넣었다. 그때 저스틴이 주머니에 자동차를 쑤셔 넣는 걸 치료자가 보았다. 저스틴은 치료자가 시간이 끝났다고 말할 때까지 계속 트럭을 가지고 놀았다.

이제 치료자는 어떻게 해야 할 것인가? 저스틴이 정직해져서 고백하기를 기다릴 것인가? 다음에 가져오길 바라면서 가져가게 허용할 것인가? 이 기회에 정직에 대해 가르칠 것인가? 자동차는 값싼 장난감이니까 가격에 대해서 걱정하지 않을 것인가? 어느 것도 적절한 대응책이 아니다. 우리는 저스틴이 자동차를 집에 가져간 후에 느끼게 될 죄책감에 대해 염려해야 한다. 자동차의 값은 중요하지 않다. 우리가 염려하는 것은 아동의 행동과 감정이지 비용이 아니다. 놀이치료실은 아동이 그러한 가치를 경험을 통해 배우는 곳이지 치료자가 가르치는 곳이 아니다.

몇몇 경험 없는 치료자는 "저스틴, 뭐 잊어버린 거 없니?"라고 물을 수도 있다. "저스틴, 오늘 집에 가기 전에 네가 해야 할 일이 하나 더 있다고 생각하지 않니?"라고 반응할 수도 있다. 어떤 치료자는 "자동차 가져갔지?"라고 묻기도 한다. 이러한 질문은 저스틴에게 혼란된 메시지를 준다. 왜냐하면 아동은 치료자가 알고 있다는 것을 알게 되지만 질문은 치료자가 모른다는 것을 암시한다. 그러한 경우에 치료자는 정말로 부정직할 수 있는가? 이미 알고 있는 것에 관해 질문하는 것은 별로 도움이 되지 않는다.

> **기본 규칙**
> 이미 알고 있는 것에 관해서는 질문하지 마라. 다음과 같이 말하라.

이때는 간결하고, 분별력이 있으며, 확고하게 하여야 한다.

> 치료자: 자동차를 집에 가져가고 싶어 하는 걸 안다. 하지만 네 주머니 속에 있는(주머니를 가리킨다) 자동차는 여기다 두고서 다음에 와서 가지고 노는 것이란다.
>
> 저스틴: 무슨 차요? 자동차를 가지지 않았어요. (비어 있는 쪽 주머니를 손으로 친다.)
>
> 치료자: 차를 가지지 않은 척하고 싶어 하지만 네 주머니에 자동차가 있어. (주머니를 가리킨다.)

저스틴: (주머니에 손을 넣어 자동차를 꺼낸다.)

자동차를 왜 가져갔는지 질문하거나, '남의 물건을 가져서는 안 된다.'고 도덕적 훈계를 하거나, '학교에서 물건을 가져오면 무슨 일이 생기느냐?' 등의 질문을 함으로써 관련된 일을 아동에게 이야기하는 것은 모두 죄책감과 사건의 강도를 높인다. 이러한 반응은 또한 아동에게서 책임과 방향을 뺏는 것이며, 치료자가 중요한 일을 결정하는 위치에 서게 하는 것이다. 또한 아동에게 통찰적인 비교를 말로 하도록 요구하는 것은 아동이 놀이치료를 받게 만든 발달상의 이유를 무시하는 것이다. 놀이치료에서 아동의 놀이는 단순히 언어적 탐색 활동을 위한 준비가 아니다.

아동이 놀이치료실에서 나가지 않으려고 하면 어떻게 할 것인가

어떤 아동은 시간이 다 끝난 후에도 놀이치료실을 나가지 않겠다고 거부하면서 저항하거나 시간제한을 시험한다. 놀이치료실을 나가지 않으려는 아동은 시간제한과 치료자의 인내가 어디까지 지속될 수 있는지를 시험하는 것이다. 아동이 시험하려 할 때 보통 드러내는 표시는 치료자의 반응을 관찰하는 것이다. 아동의 얼굴 표정은 진지함이 부족하고, 현재 하고 있는 행동은 불완전하며, 피상적인 것으로 보인다. 또 어떤 아동은 너무 재미있어서 나가지 않으려고 한다. 그런 경우, 현재하고 있는 놀이에 대한 강렬함과 성실함이 얼굴 표정으로 나타난다. 어떤 이유에도 불구하고 놀이치료 시간이 연장되어서는 안 된다. 아동치료 과정의 일부는 하던 일을 중지하고 다른 사람의 바람이나 소망에 대해서 아니라고 말할 수 있는 자기 통제력을 기르는 것이다. 따라서 시간이 끝나도 나가지 않으려는 아동에게 다음 절차를 추천한다.

치료자: 오늘 시간은 이제 끝났다. (치료자가 일어선다.) 엄마가 기다리고 계신 대기실로 갈 시간이야.

제시카: 그렇지만 아직 모래놀이를 못했어요. (모래상자 쪽으로 뛰어가 모래놀이를 시작한다.)

치료자: 네가 모래놀이를 더하고 싶어 하지만 제시카, 오늘 시간은 끝났어. (제시카가 계속 놀이하는 동안 문 쪽으로 두 걸음 정도 간다.)

제시카: (큰 미소를 짓는다.) 이건 정말 깨끗해요. 좀 더 있으면 안 될까요? (깔때기 속에 모래를 넣는다.)

치료자: (문 쪽으로 두 걸음 더 간다.) 그건 정말 네가 재미있어 하는 놀이구나? 하지만 나갈 시간이야.

제시카: 저를 좋아하시지 않는군요. 정말 저를 좋아하신다면 여기서 더 놀게 해 줄 텐데. (계속 모래를 쏟는다.)

치료자: 오, 내가 너를 좋아한다면 너를 더 오래 놀게 해 줄 거라고 생각하는구나. 네가 정말 더 놀고 싶어 한다는 걸 안다. 하지만 놀이치료실을 나갈 시간이야. (문 쪽으로 두 걸음 더 가 손잡이를 돌려서 2인치쯤 문을 연다.)

제시카: (치료자가 문을 열어 놓은 것을 본다.) 거의 다 됐어요. 1분이면 돼요.

치료자: (문을 더 크게 연다.) 제시카, 네가 결정한 시간만큼 놀고 싶어 하는 걸 안다. 하지만 시간이 끝났어. (제시카를 쳐다보면서 문 밖으로 걸음을 옮긴다.)

제시카: (천천히 일어나서 깔때기를 놓고는 발을 끌면서 문 쪽으로 간다.)

이 일화는 대략 4분 정도 걸렸는데, 아마 치료자에게 아동을 나가게 하는 데 소비한 시간은 40분처럼 느껴졌을 것이다. 제시카가 방을 나가는 데 5, 6분 걸렸어도 가장 중요하게 생각할 것은 아동이 비록 더 머물고 싶어 해도 한 사람으로서의 아동의 존엄성과 자기 존중이 보존되고 증진되도록 아동 스스로 나가게 하는 것이다.

치료자가 약속을 지킬 수 없게 되면 어떻게 할 것인가

약속을 취소할 때는 어른에게 대하듯이 사려 깊고 예의 바르게 해야 한다. 치료자는 약속을 못 지키게 되었다는 것을 미리 아동에게 알려야 한다. 놀이치료 시간이 끝날 쯤에 그 다음번 시간에 다시 만나게 된다는 것을 상기시킨다. 다음번 만남을 취소한다는 말은 이번 회기가 시작할 때 해 주어서 아동이 놀이치료실에서 한 어떤 행동 때문에 그 벌로 약속을 취소한다는 느낌을 주지 않도록 한다. 약속을 취소할 때 일반적으로 다음과 같이 말을 해 준다. "회의 때문에 다른 곳에 가야 한단다." 등의 말을 해 주면 아동은 약속 취소의 이유가 자기가 한 행동 때문이 아니라는 것을 이해한다.

회기 사이에 예상하지 못한 일이 발생해서 만남을 취소할 경우에는 우편엽서나 전화로 따뜻하게 말하면서 관계의 중요성을 표현한다. 약속을 지킬 수 없는 급한 일이 생겨 미리 아동에게 그 사실을 알릴 수 없을 때는 녹음기에 메시지를 녹음해 두거나 메모를 남겨 두어 아동 또는 성인이 대신 읽어 줄 수 있게 한다. 항상 아동의 감정에 대한 관심이 중요하다.

제13장

놀이치료의 이슈

놀이치료에서 치료적 관계는 어떤 다른 전문 조력관계에서보다도 과정과 절차에 관한 많은 의문을 일으킨다. 치료자가 놀이치료실에서 발생할 수 있는 모든 이슈를 예측할 수는 없지만 아동과 관계를 시작하기 전에 가능한 한 모든 이슈를 생각해 두면 치료자가 결정하지 못하는 문제로 아동에게 혼란을 주지 않고 반응할 수 있다. 여기서 논의할 이슈는 그러한 종류의 자기 탐색을 위한 출발점이 될 것이다. 치료자는 이러한 이슈에 대한 자신의 입장이 어떠하고, 왜 그러한지 생각해 보아야 한다.

비밀보장

매우 어린 아동은 비밀보장의 문제와 상관이 없지만 그래도 이것이 안전하고 비밀이 보장되는 시간임을 알아야 한다. 나이 든 아동은 보다 예민하고 사회적 인식이 있으므로 치료자가 누구에게 이야기하고 무엇을 이야기하는지 궁금해한다. 왜냐하면 부모가 친구나 친척에게 자신의 구체적인 행동을 이야기하는 것을 들어 왔기 때문이다. 이것이 비밀스러운 시간이며, 부모에게 말하지 않음으로써 아동이 죄책감을 느끼지 않도록, 알려 주는 방법에 주의해야 한다. 이것은 정서적으로 유혹받거나 비밀로 하도록 성적으로 학대받은 아동을 대할 때 매우 민감한 부분이다. "이건 특별한 시간이야. 네가 하는 말이나 행동은 비밀이나. 부모님이나 선생님 또는 누구에게도 말하지 않아도 돼. 네가 여기서 하는 것을 그 사람들에게 알려 주고 싶으면 그렇게 해. 네가 결정할 수 있어."라고 말해 주면 좋다.

아동의 미술작품을 놀이치료실 벽이나 복도에 전시해서는 안 되며, 그것은 아동의 사생활을 침해하는 것이다. 성인과의 상담 내용도 벽에 붙여 두거나 복도에 내놓지 않아야 한다. 아동의 미술작품은 이들이 의사소통하는 방식이며, 아동이 그렇게 하기로 결정하기 전에는 부모나 선생님에게 보여서는 안 된다. 미술작품 의 전시는 또한 놀이치료실에 들어오는 다른 아동의 활동에 영향을 주고, 구조화 시키며, 벽에 있는 그림을 보고 자신도 그렇게 해야 할 것이라고 추측하게 만든 다. 또 전시된 미술작품에 대해 경쟁심을 느끼는 아동도 있다.

아동을 놀이치료할 때 전문가윤리강령에 위배되지 않는 한 놀이치료실에서 아동이 말하거나 행한 구체적인 것을 발설해서는 안 된다. 아동이 한 구체적인 말과 행동은 치료자의 눈과 귀, 그리고 조언을 하는 동료 전문가를 위한 것이다. 무엇을 부모와 공유할 수 있는가? 치료자는 부모가 이러한 정보를 어떻게 받아 들이고, 어떻게 이용할 것인가를 평가하여 신중하게 판단해야만 한다. 일반적으 로 비밀보장의 문제가 개입되었을 때, 가장 최선의 절차는 조심하는 것이다. 아 동과 아동의 행동에 대한 치료자의 인상은 비밀보장의 엄격한 규칙을 깨지 않고 부모에게 전달되어야 한다.

부모가 비밀스러운 정보를 알고 싶어 하는 것을 치료자가 직접 알아차리고 이 해해 주는 것은 부모가 '흥미를 잃거나', 불쾌해하거나, 화내는 상황을 피할 수 있다. 불쾌한 기분 없이 부모에게 일반적인 정보만을 알려 주는 것은 치료자의 대단한 기술을 요한다. 부모와의 대화에서 일반적인 규칙은 일반적인 관찰에 대해서 이 야기 나누고, 구체적인 행동의 노출은 피하는 것이다. "크리스가 화난 것처럼 보입니 다. 집에서는 아이의 화가 어떻게 나타나나요?"라고 부모와 이야기할 수 있다. "크리스는 정말로 화가 났습니다. 그는 15분 동안이나 보보 인형을 아주 세게 두 드렸고, 나는 그가 그것을 부숴 버리고 싶어 하는 것으로 생각했어요."라고 말하 는 것은 부적절하다.

아동과 함께 일하면서 비밀보장을 지키는 것은 어려운 일이다. 결국 부모는 아 동에 대해 법적으로 책임이 있고, 자녀가 어떤 도움을 받는지 순수하게 알고 싶 어 할 수도 있다. 또한 부모는 놀이치료의 비용을 내는 사람이고, 자신들이 무엇을 위해 돈을 내고 있는지, 그리고 놀이치료 시간에 무슨 일이 일어나는지 알 권리가 있다고 느낄 수도 있다. 어디쯤에서 부모의 알 권리가 끝나고, 어디쯤에서 아동의 사생활에 대한 권리가 시작되는가? 이것은 매우 대답하기 어려운 문제다. 따라서 의사 결정은 항상 정보를 적절하게 사용하는 부모의 능력, 아동이 정서적으로 상처받기 쉬운 점, 그리고 개입된 당사자의 물리적 안전에 달려 있다.

아동은 항상 스스로와 타인의 자살이나 위협과 같은 물리적 해로움에서 보호받아야 한다. 치료자는 아동이 자살할 가능성이 있을 때 부모에게 알려야 하고, 부모가 아동을 도와 아동의 안전을 주의 깊게 보장하도록 돕는 일에 점차 익숙해야 한다. 또한 부모는 약, 무기, 막힌 하수구를 뚫는 부엌용품, 부식성 클리너 등을 숨겨야 한다.

아동놀이에 참여하는 것

주로 치료자의 성격에 따라 다르지만 아동의 놀이에 참여할 것인가 하지 않을 것인가는 놀이치료를 시작하기 전에 결정해야 할 중요한 부분이며, 치료자의 목표에 부합하는지에 기초해야 한다. 아동중심 놀이치료자는 아동의 자기 안내 능력을 신뢰하고 아동의 놀이에 치료자 자신의 성격을 개입시키지 않아야 한다. 이것은 놀이치료가 아동 자신의 삶을 주도하고, 의사 결정하며, 불필요한 방해 없이 놀이하고, 표현하고 싶은 것은 무엇이나 놀이를 통해 해 볼 수 있는 아동의 특별한 시간이기 때문이다. 놀이 시간은 아동의 것이며, 치료자의 욕구와 지시는 배제되어야 한다. 이것은 사회적 시간이 아니며, 아동은 놀이친구를 필요로 하지 않는다. 치료자는 아동이 자신을 듣고, 보니, 이해하고, 수용적 관계에서 안전을 느끼는 가운데 유일한 자신이 되도록 돕기 위해 있는 사람이다.

아동이 치료자에게 함께 놀자고 해도 그가 특별히 놀이친구를 원하는 것이 아닐 수도 있다. 어떤 아동은 치료자도 같이 놀아야 한다는 의무감을 가진다. 아동

[그림 13-1] 치료자는 아동의 놀이에 참여할 때, 아동의 방향성을 믿고 아동이 이끄는 대로 따라야 한다.

이 치료자의 참여를 요구하는 것은 그렇게 해야 한다고 느끼거나 그렇게 해야 치료자가 자기를 좋아한다고 생각하기 때문이다. 아동이 놀이에 치료자를 초대하는 것은 인정을 바라거나 놀이의 방향을 지시해 줄 누군가를 가졌다는 안전감을 바라기 때문이다([그림 13-1]). 이러한 요구는 아동이 치료자의 허용 수준을 시험해 보는 방법일 수 있다.

치료자는 참여의 목표가 무엇이고, 무엇을 얻을 수 있는가를 곰곰이 생각해야 한다. 아동과 접촉하려는 참된 동기인가, 아니면 치료자의 욕구를 충족시키려는 것인가? 놀이치료실 가운데에 아동이 말없이 서 있으면 치료자가 인형을 집어 들어 옷을 입히고 신발을 신기면서 자신이 이끄는 대로 아동이 따라오면서 놀이를 시작하기를 바랄 수도 있다. 이것은 아동을 자유롭게 해 주려는 동기인가, 아니면 아동이 무언가 하게 하여 치료자가 편해지려는 동기인가?

치료자가 아동놀이에 참여하는 것은 아동이 더욱 놀이에 참여하도록 촉진하는 것이 아니다. 또한 치료자가 아동과의 감정적인 일치감을 느끼도록 보장해 주는 것도 아니다. 치료자의 태도는 매우 중요한 변인이며, 실제 놀이 참여가 아니다. 치료자가 충분히 개입하고 아동을 경험할 때, 그리고 아동에 대한 개입을 성공적으로 전할 때, 아동은 치료자에게 참여를 요구하지 않는다. 치료자에게 참여할 것을 요구할 때, 이따금 숨겨진 메시지가 드러난다. 아동이 보내는 메시지는 '당신은 나에게 관심이 없어요. 나와 함께하는 것 같지 않거나, 아니면 내가 하는 일에 관심이 없어요.'일 수 있다. 중심 이슈는 치료자가 참여하고 있다고 아동이 느끼는지의 여부다.

치료자는 놀이에 함께하지 않으면서도 아동에게 적극적으로 개입할 수 있다. 아동놀이에 적극적으로 개입하지 않는 것은 몇몇 사람이 말하는 것처럼 수동적 관찰자여야 한다는 의미가 아니다. 아동과의 관계에서는 놀이하지 않으면서 간접적으로 아동의 놀이에 참여하는 것이 가능하다. 서로 관계하는 두 사람 사이에 말이 필요 없는 경우가 있는 것처럼 놀이 참여가 반드시 필요한 것은 아니다. 참여와 관심의 부족을 아동이 곧 알아차리는 것과 마찬가지로 치료자의 순수한 참여와 아동에 대한 감정도 아동이 지각하게 된다.

치료자가 아동의 놀이를 침해하거나 아동에게 강요하는 것은 경계해야 하지만, 아동의 놀이에 참여하는 것이 치료적 관계를 자동적으로 방해하는 것은 아니다. 몇몇 숙련된 치료자는 관계를 방해하지 않으면서도 아동놀이에 기술적으로 참여한다.

치료자가 아동놀이에 참여하려고 한다면 다음 사항을 지켜야 한다.

• 아동이 언제나 수도권을 가지도록 할 것
• 아동의 관점을 유지할 것
• 성인-치료자 역할을 유지할 것(치료자는 아동의 놀이 상대가 아니다.)
• 제한 설정을 통해 경계를 유지할 것

치료자가 아동놀이에 참여하기로 결정하였다면, 아동에게서 나오는 단서를 보면서 따르는 참여자가 되어야 한다. 치료자가 해야 할 역할이나 활동을 아동에게 물어보는 것이 아동이 주도하게 하는 방법이다.

아동이 주도권을 가지게 하는 것이 아동이 하라는 대로 하라는 의미는 아니다. 치료자는 단지 아동이 그렇게 하라고 했다는 이유로 빨간 물감을 마시거나, 아동을 때리거나, 욕을 하거나, 치료자의 블라우스에 모래나 물을 묻히도록 허락하지는 않을 것이다. 나는 '놀이치료자'[여기서 나는 이 용어를 유연하게(loosely) 사용할 것이다]와 관련된 법정 케이스에 관해 상담을 맡은 적이 있다. 다섯 살 난 아동은 자신이 아기인 것처럼 행동하고, '치료자'는 이러한 행동이 놀이치료 관련 책에서 권장하였던 아동의 주도권에 기초한다고 정당화하였다. 이 '놀이치료자'는 아동의 주도권의 개념을 이해하지 못했다는 것이 명백하며, 윤리적인 행동과 한계 문제에 대해 편협한 생각을 하고 있었던 것이다. 치료자의 놀이 참여는 치료자의 참여가 아동의 독립을 촉진하고 의존을 조장하지 않을 때에만 치료적 관계를 증진할 수 있다.

아동이 놀이를 주도하고 치료자가 이를 따를 때도 아동의 놀이에 영향을 주거나 제한할 가능성이 있다. 수지라는 아동이 치료자에게 새 그림을 그리라고 말하고는 앉아서 치료자가 그림 그리는 것을 관찰하여 그 그림을 그대로 따라 그리려고 한다면, 치료자가 아동의 긍정적인 성장 기회를 촉진하였다기보다는 치료자의 욕구를 만족시킨 것이다. 이러한 결론을 확실하게 해 주는 단서를 집에 가는 길에 수지가 한 말에서 찾을 수 있었다. "선생님이 나보다 그림을 더 잘 그렸어요."

아동의 놀이에 참여하여 아동에게 영향을 미칠 수 있는 치료자의 역할은 적지만 강력하므로 치료자는 이 점을 기억해야 한다. 다섯 살의 카멘이 세 번째 놀이치료 시간에 의사놀이를 하고 있다.

카멘: 서츠를 벗어. 주사를 놓겠어.

치료자: 내 셔츠는 벗길 수 없어. 인형이 나라고 생각하고 인형의 옷을 벗길 수
있어.

카멘: 알았어요. (여자 인형의 옷을 속옷까지 완전히 벗기더니 명백한 성적 행
동을 인형에게 표출하였다.)

아동은 치료자에게는 결코 표현할 수 없는 행동과 감정을 사물에게 표출하고
표현한다. 따라서 치료자의 존재는 치료자의 의도와는 상관없이 구조적 요인이
거나 금지적 요인이 될 수 있다. 카멘의 행동에 의해 나중에 치료자는 이 아동이
성적으로 학대당한 사실을 알게 되었다. 치료자가 웃옷을 벗고 셔츠를 걷어 올렸
다면 이 사실을 발견할 수 있었을까? 아마도 그렇지 못했을 것이지만 확신할 수
는 없다.

치료자는 놀이의 결과로 생겨날 수 있는 자신의 감정에 대해 민감해야 한다.
20분 동안 쫓아다니면서 다트를 떼어 내는 행동을 하다 보면, 치료자는 귀찮고,
포기하고 싶으며, 또는 아동에게 화가 나는 감정을 느낄 수도 있다. 따라서 숙련
된 치료자는 부정적 감정이 생겨나기 전에 멈추거나 게임에 아예 참여하지 않겠
다고 거절한다. 방을 여기저기 뛰어다니면서 이해적인 반응을 하기는 어려운 일
이다. 아동놀이에의 참여는 치료자가 참여를 통제하여 제한할 때 가장 효과적일
수 있다. 예를 들어, 아동이 치료자의 손에 수갑을 채우게 할 수는 있지만 온 방
을 끝없이 끌고 다니도록 할 수는 없다.

숙련된 치료자는 아동의 놀이에 미치는 위험이나 조작의 위험을 숙지하고 아
동놀이에 제한된 참여를 하여 치료 효과를 떨어뜨리는 행동을 하지 않는다. 그러
나 치료자의 존재가 미칠 수 있는 미묘한 영향에 대해서 항상 고려한다.

아동의 놀이에 치료자가 참여할 것인가 참여하지 않을 것인가의 문제는 아동,
상황, 그리고 치료자에게 달려 있다. 놀이를 하지 않거나 제한된 놀이관계를 가
진다는 것은 비구조화된 놀이 시간을 가능하게 하고, 그 시간을 아동의 것으로
하는 데 가장 효과적인 방법이다. 치료자가 놀이에 참여하지 않기로 했다면, 아

동이 치료자의 역할도 하게 한다.

아동에게 선물을 받는 것

얼마나 당황스러운 상황인가? 많은 가정에서 아동은 부모의 행동을 통해 선물을 줌으로써 사랑, 애정, 감사를 표현한다는 것을 배운다. 여행에서 돌아오는 부모는 자녀에게 줄 선물을 사 온다. 자녀에게 용서를 구하거나 손상된 관계를 만회할 목적으로 특별한 장난감을 사 주기도 한다. 결과적으로 아동은 선물을 통해 감정 표현하기를 배운다. 따라서 아동은 치료자가 자신을 특별한 사람으로 좋아해 주기를 바라거나 놀이치료실에서 특별히 어려운 시간을 보낸 후에 치료자를 이기려고 이따금 치료자에게 선물을 가져오기도 한다. 선물을 주는 시점에서는 그 선물을 받아들일 것인지 아닌지를 결정하는 것이 매우 중요한 고려사항이다. 아동이 이전 회기에서 제한을 깨뜨리고, 힘든 시간을 보낸 치료자에게 보상으로 선물을 이용하는 것인가? 그러한 경우라면 선물을 받는 것은 관계를 적절하게 회복시키는 방법에 대한 잘못된 메시지를 전달하게 된다. 또한 선물의 가격도 요소가 된다. 비싼 선물을 받아들이는 것은 치료자에게 의무를 가지게 하거나 치료자의 객관성을 잃게 할 수 있다. 게다가 전문적인 조직윤리에서는 선물을 받는 것에 대한 금전적인 한계를 두고 있다. 아동의 선물은 보편적인 가치보다 더 높게 여겨지기 때문에 일반적으로 금액은 덜 고려된다.

아동이 손에 선물을 들고 나타나면, 치료자는 선물을 받아야 한다는 감정을 경험하게 될 것이다. 결국 치료자는 아동을 실망시키고 싶어 하지 않는다. 그러나 선물을 받음으로써 생길 수 있는 결과는 무엇인가? '내가 만일 이 선물을 받는다면 아동이 무엇을 배우게 될까? 이것이 우리의 관계를 강하게 하는 데 도움이 될 것인가? 이것이 한 개인으로서 아동의 내적 성장을 촉진할 것인가? 이것이 아동으로 하여금 좀 더 독립적일 수 있도록 도울 것인가?' 이것은 치료자가 항상 자신의 행동과 관련하여 검토해야 할 중요한 질문이다. 선물을 받는 것은 자기와는 분리된, 외적으로 주는 것을 지속시킬 수 있다.

놀이치료관계는 정서적 관계이며, 물질적인 것을 나누는 것보다는 정서적인 것을 나누는 것에 더 의미를 둔다. 놀이치료에서 아동은 정서적으로 자기 자신을 나누는 것을 배운다. 선물을 나누는 것은 정서적 나눔의 중요성을 흐리게 할 수 있다. 정서적 선물은 물질적 유형의 선물보다 더 강력하고 만족스러운 것이다.

선물을 받을 것인가를 결정하는 중요한 요인은 아동이 가져온 선물의 종류다. 아동이 그린 그림이나 만들기 작품은 아동의 확장된 부분이므로 정서적 나눔의 확장으로 볼 수 있다. 왜냐하면 그것은 아동이 만든 아동의 일부이기 때문이다. 아동이 꺾어 온 꽃, 그림 등 돈을 주고 사지 않은 것은 대부분 받을 수 있다. 그러한 선물을 받을 때는 따뜻한 감사와 소중히 여기는 목소리 톤으로 자세한 부분에 대해 언급하면서 받지만, 놀이치료실에서와 마찬가지로 분명한 칭찬은 피한다. "정말 아름다운 그림이구나."와 같은 말은 하지 않는다. 팔을 뻗어 상냥하고 부드럽게 선물을 받고, 선물에 대해 언급하며, 조심스럽게 그 물건을 책상 위나 서랍에 올려놓는 행동을 통해 선물을 소중히 여김과 고마움을 보여 준다.

받은 선물은 보이게 진열해서는 안 된다. 왜냐하면 다른 아동에게 경쟁을 조장하거나 선물을 가져오도록 부추길 수 있기 때문이다. 그러한 특별한 물건은 놀이치료가 종료될 때까지 특별한 장소에 보관해야 한다. 아동이 나중에 그것을 보고 싶어 한다면, 그것은 아동에게 큰 만족의 근원이 될 수 있다. 어떤 아동은 치료자에게 그림을 주면서 "이것을 벽에 걸어 놓으세요."라고 말하기도 하는데, 그때는 "내 사무실에 이 그림을 안전하게 보관할 수 있는 장소가 있단다."라고 반응해 줄 수 있다.

본으로 구입된 선물을 받는 것은 그 물건이 미국 사탕 같은 값싼 것이어도 아동의 정서적 공유의 가능성을 방해하고 무의식적으로 미묘하게 치료자에게 의무감을 줄 수 있다. 또한 결정적 요인은 구입한 선물이 사전에 계획해서 산 것인가, 아니면 종이를 벗긴 껌이나 사탕 반쪽같이 자발적으로 나눈 선물인가 하는 것이다. 나의 소중한 물건 가운데는 세 살 아동이 입에 털어 넣기 바로 전에 나에게 준 손에 꼭 쥐고 있던 분홍색과 노란색 사탕 2개가 있다.

선물을 받는 문제는 비용에 관계없이 그것을 받지 않으면 대부분 해결될 수 있다. 그러나 나는 그것에 대해 매우 난처함을 느낀다. 아동의 의도와 순간의 자발성에 많은 것이 달렸기 때문이다. 선물을 사양하면 치료자에게 매우 난처한 순간이 될 수 있지만, 아동이 자기 자신 그대로도 선물이 될 수 있고, 정서적 의미를 표현하는 데 선물이 필요하지 않음을 배우는 것은 매우 중요하다. 그 순간에 치료자는 이해와 고마움을 전하고 싶을 것이다. 선물을 사양할 때, 치료자는 "나를 위해서 사 왔구나. 그건 네가 나를 생각하고 있었다는 말이지. 정말로 고맙구나. 하지만 여기서는 네가 나를 좋아한다는 걸 말하기 위해 선물을 주지 않아도 된단다. 나는 네가 이 선물을 가졌으면 한다." 또는 그 선물이 치료자를 위해 가게에서 산 것이라면 "가게에 다시 가져가서 네가 가지고 싶은 걸로 바꿨으면 한다."라고 말하면 된다. 크리스마스 때 선생님께 선물을 드리는 것이 매우 흔한 초등학교에서는 크리스마스 선물을 거절하는 것이 아동에게 혼란을 줄 수도 있다.

선물을 받는 것과 관련해서 정해진 규칙이 있는 것은 아니다. 민감하고, 공감적인 치료자는 ① 선물을 주는 시기, ② 선물의 특징, ③ 선물의 가격, ④ 선물을 받는 것과 받지 않는 것의 시사점을 생각하면서 최선의 판단을 하여 아동의 좌절을 최소화하여야 한다.

회기가 끝날 때 아동에게 상을 주거나 마지막에 기념품을 주는 것

놀이치료가 끝날 때쯤 아동에게 사탕 또는 스마일 스티커를 주거나, 손등에 예쁜 도장을 찍어 주는 것은 치료적 성장에도 도움이 되지 않고, 놀이치료를 하는 이유에도 맞지 않는다. 아동은 이미 그런 선물을 주는 이유가 '좋은' 행동에 대한 상이라고 배워 왔다. 따라서 어떻게 해야 상을 받을 수 있는지를 알고 있다. 그러므로 이러한 상은 놀이치료 경험에서 아동의 행동에 내재화된다. 상을 받은 아동은 놀이치료실에서 공격적인 행동을 표출하거나, 다트 총으로 치료자를 쏘려 하거나, 방을 어지럽히거나, 또는 치료자에게 싫다고 말하거나, 개인적인 문제를 드러내지 않으려는 경향을 보인다. 놀이 경험은 본질적으로 가치가 있는 것이다. 아동은 놀이에 대한 보상을 받을 필요가 없는 것이다. 결과적으로 상을 줌으로써 욕구가 충족되는 것은 누구일까?

이와 관련된 문제로, 마지막 놀이치료 날 '치료자와의 경험을 기억하게 할 수 있는' 기념품을 주는 것을 들 수 있다. 놀이치료관계는 정서적인 관계이지, 물질적인 것으로 나타낼 수 있는 관계가 아니다. 아동이 마음속으로 영원히 간직할 수 있는 것이야말로 손으로 만질 수 있는 그 어떤 것보다 훨씬 더 중요하다. 손으로 만질 수 있는 것은 잃어버릴 수도 있다. 마음으로 간직할 수 있는 것은 절대 잃어버릴 수가 없다. 그렇다면 치료자는 기억되어야 할 필요가 있을까? 만약 그렇다면 왜 그럴까? 치료자는 아동이 더 이상 자신을 필요로 하지 않도록 놓아 주기를 원한다. 이 과정은 아동을 만나면서부터 시작된다. 즉, 이것은 아동에게 책임감을 키워 주고 능력을 북돋아 주는 계속적인 과정이다. 치료자가 아동에게 기억되지 않는다면 그것은 좋은 일일 것이다. 치료자가 할 일은 아동으로 하여금 치료자가 필요하지 않을 만큼 강해지도록 돕는 일이기 때문이다.

아동에게 정리하도록 시키는 것

어떤 아동은 자신을 충분히 표현하기 위해 방을 엉망으로 만든다. 이 아동은 놀잇감을 가지고 놀다가 제자리에 가져다 놓지 않은 채 재빨리 다른 놀잇감을 가지고 논다. 집 안 상황이 혼란스러운 제리와 같은 아동의 놀이는 정리되지 않고 엉망인 아동의 삶을 표현한다. 놀이치료 시간이 끝나면 놀잇감이 바닥에 널려 있다. 이럴 경우 아동에게 치우라고 해야 하는가? 그런 요구가 의미하는 것은 무엇인가? 아동에게 치우게 함으로써 누구의 욕구가 충족되는가? 어떤 치료자는 아동이 만약 놀이치료실을 엉망으로 만들고 나간다면, '아동에게 무언가 정리하도록 시켜야 한다.'고 느낀다. 어떤 치료자는 아동에게 치우라고 시킨다. 왜냐하면 엉망으로 만든 것에 대해 귀찮거나 아동에게 화나기 때문이며, 아동의 행동을 치료자를 싫어하는 사적인 것으로 보기 때문이다.

어떤 치료자는 아동이 놀이치료실 밖의 세계에서 잘 기능하도록 도우려면 아동이 놀이치료실에서 자신의 행동이 어떤 결과를 가져오는지 배워야 한다고 합리화한다. 따라서 아동은 방을 치워야 한다. 치료자가 기타 놀이 영역에서 치료적 제한을 적절하게 잘 세웠다면 자기 통제를 학습하는 것은 문제가 되지 않을 것이다. 이러한 문제를 검토할 때, 치료자는 아동이 놀이치료를 받으러 온 이유에 대해 재검토해야 한다. 아동은 자기 자신과 삶을 통한 경험의 전체를 충분히 표현하기 위해 놀잇감과 놀이도구를 필요로 한다. 놀잇감은 아동의 단어이며, 놀이는 이들의 언어다. 그렇다면 아동에게 정리하라는 요구는 자기가 표현한 것을 치우라는 요구다. 성인상담을 하는 치료자는 내담자에게 말한 것을 치우라고 요구하는가? 아마 그렇지 않을 것이다. 치료자가 지나치게 흡연하는 내담자에게 재떨이를 치우라고 한다든가, 일회용 커피잔을 버리라고 한다든가, 카펫에 묻은 흙을 털어 내라고 요구한다든가, 정서적인 내담자가 흘린 눈물을 닦아 낸 티슈를 버리라고 요구하는가? 이런 것을 성인에게 비교한다면, 아동에게 정리하라고 시키는 일이 성인에 비해 아동을 덜 존중함을 말하는 것이 된다. 결국 자기 행동의 결과를 학습하는 것이 정말로 이슈라면, 성인이 자기 행동의 결과를 학습하는 것도 중요하지 않은가?

놀이치료 시간을 관찰한 대학원생이 다음과 같이 기록하였다.

제임스가 엉망인 자기 행동의 결과를 알게 하는 때는 언제가 적절한지 궁금하다. 그는 물건을 부수지 않았지만, 그가 나간 방은 완전히 엉망이 되었다. 치

료에서 이러한 자유와 에너지의 방출을 수정해야 할 시점이 있는가? 아마도 놀
이치료자는 다음과 같이 말해야 할 것이다. "제임스, 여기서 네가 하고 싶은 것
을 결정할 수 있지만, 우리의 시간이 다 끝난 후에는 우리가 가지고 논 모든 것
을 제자리에 가져다 놓아야 한단다."

　만약 놀이가 아동의 언어라면 어째서 놀이를 언어로 받아들일 수 없는 것인
가? 또 다른 대학원생은 다음과 같이 썼다. "나는 몇 차례 아동이 정리하는 시간
을 가지도록 유도하려고 하였다. 나는 이런 일을 지저분한 아동과 두 번 겪었다.
나의 동기가 치료보다는 처벌이라는 생각이 들었다." 이 학생의 솔직함은 아동
에게 정리하게 하는 일을 통해 누구의 욕구가 충족되었는가를 생각하게 하는 좋
은 예가 될 것이다.

　놀이치료관계에서 놀이를 통해 표현하고 경험한 것은 치료 과정에서 방을 정
리하는 법을 배우는 것보다 훨씬 더 중요한 것이다. 아동에게 방을 치우게 하거
나 아동에게 시범을 보일 목적으로 하는 청소는 엉망으로 만드는 것이 정말로 허
용되지 않는다는 메시지를 아동에게 내재화시키기 때문에 다음 놀이치료 시간
에 아동의 표현을 억제시킨다. 또한 아동도 방을 지저분하게 만든 것에 대해 처
벌받는다고 느낄 수도 있다.

　치료자는 아동이 치우기를 거부하는 상황에 놓이게 된다. 이때 치료자가 해야
할 일은 정리하도록 아동과 몸싸움을 하거나 그냥 내버려 두는 일인가? 어떠한
선택도 받아들일 수 없다. 다음 주에 놀이치료를 하지 않거나 다음 시간에는 바
닥에 있는 놀잇감을 모두 치워 버릴 테니 선택하라는 메시지를 제시할 수 있을
것인가? 방 안에 있는 모든 놀잇감이 바닥 한가운데에 있다면 어떻게 할 것인가?
이 선택을 모두 받아들일 수는 없다. 아동이 방을 치우게 하는 일은 치료자가 놀
이치료 시간을 통해 열심히 전달하려고 한 수용과 이해의 역할을 그만두는 것이
다. 치료자는 또한 "그게 어디에 있었는지 잘 기억하는구나." 또는 "청소도 잘하
는구나."와 같은 말로 아동이 정리하도록 격려해서는 안 된다.

놀잇감을 정리하는 일은 아동의 책임이 아니며, 이는 치료자 또는 다른 성인이 할 일이다. 몇몇 사람은 중립적인 제삼자 또는 청소원을 두라고 권하지만 재정적인 면에서 현실적이지 못하다. 내가 알기로 매 치료 회기마다 방을 청소하는 보조자나 청소원을 두고 있는 놀이치료실은 미국에 한 곳도 없다. 따라서 이상적이지는 못하지만 치료자가 청소를 해야 한다. 지저분하게 만드는 아동은 치료자가 온 방에 흐트러진 팅커토이 조각, 엉망이 된 인형 집, 모래상자 주변에 널려 있는 장난감 군인을 지켜보는 것을 보며 치료자의 수용 한계를 강하게 시험하기도 한다.

치료자에게는 다음 아동을 위해 방을 정리할 시간이 필요하므로 45분의 회기 다음에 15분 정도가 주어지면 충분하다. 방이 특별히 지저분해서 시간이 더 많이 필요하다면, 아동에게 시간 단축을 알리지 않고 몇 분 더 빨리 끝낸다. 시간을 단축한다는 것을 알리면, 아동에게 지저분하게 만든 것에 대해 처벌받는다는 느낌을 줄 수 있다.

놀이치료를 받는 이유를 아동에게 알리는 것

어떤 치료자는 아동의 행동 변화를 위해 아동에게 놀이치료를 받는 이유를 알리는 것이 필요하다고 생각하여 그 구체적인 이유를 아동에게 알려 준다. 그러고 난 후 아동은 확인된 문제에 대해 함께 작업해야 하며, 치료자는 문제에 초점을 맞추고 놀이치료 시간을 유지하기 위해 문제를 구조화한다. 이것은 치료자가 주도하도록 하고 아동보다는 문제에 집중하는 시간으로 만든다. 또한 이러한 접근은 확인된 문제가 치료받아야 할 역동으로 다루어지도록 가정하므로 다른 가능성이나 아동과 관련된 더 깊은 이슈를 간과하게 된다.

아동중심 접근은 비처방적이며, 진단적 정보에 기초하지 않기 때문에 치료자는 각 아동의 구체적인 의뢰 이유, 특히 구체적인 진단 내용에 대해 잘 모를 수도 있다. 따라서 아동에게 구체적인 이유를 알려 줄 이유가 없다.

놀이치료를 받게 된 구체적인 이유를 아동에게 알리는 것은 필요하지 않다고 보는 것이 아동중심 접근의 입장이다. 그러한 정보는 변화와 성장을 위해 필요하지 않다. 아동의 행동은 자신이 노력하고 있다는 사실을 모르고서도, 또는 변화를 위해 노력하지 않아도 변화될 수 있고 변화된다. 변화가 일어나기 전에 의뢰 이유를 알려야 한다면, 우울증이 있는 세 살 아동이나 마음대로 하려는 다섯살 아동, 또는 동생을 때리려 하는 두 살 아동에게 어떻게 알릴 것인가? 시한부암에 걸린 일곱 살의 라이언에게 암에 대해 무엇을 하라고 말해 줄 것인가? "너는 이제 죽을 것이기 때문에 놀이치료실에 오는 거야. 그러니까 너는 죽음을 받아들여야 해."라고 말해야 하는 것인가? 물론 아니다. 라이언은 우리와 같이 단지 삶의 문제에 초점을 맞추었다. 임박한 죽음은 단지 삶의 일부일 뿐이다. 어떤 치료자가 죽어 가는 아동이 놀이치료 시간에 무엇을 해야 할지 알 만큼 전지전능한가? 이것은 극단적인 경우이지만, 아마 극단적인 예가 가끔은 우리로 하여금 문제의 핵심을 생각하도록 한다. 변화를 위한 전제가 정말로 변화를 위해 필요하다면, 그 전제는 연령이나 나타난 문제와 상관없이 모든 경우에 필요할 것이다.

비전문가에게 있어 아동이 놀이치료실에 오는 이유는 아동에 관해 수용할 수 없는 어떤 것이 있음을 암시한다. 아동중심 치료자는 아동에게 아동의 어떤 것이 잘못되었다거나, 아동의 행동이나 아동 자신을 교정 또는 변화시키기 위해 어떠한 것이 필요하다는 어떠한 암시도 주지 않는다. 치료자의 수용은 아동에 의한 자기 수용을 촉진하는데, 이는 변화와 성장을 위한 필수조건이다.

어떤 이유의 구체적 언급은 아동에게는 아주 힘든 일이 될 수도 있다. 아동이 궁금해한다면, 매우 일반적인 이유를 이야기해 주는 것이 가장 좋다. 만약 아동이 "내가 왜 놀이치료실에 오는 거죠?"라고 묻는다면, 치료자는 "너의 부모님은 네가 가끔 집에서 매우 좋아 보이지 않아 걱정을 많이 하신단다. 그래서 매주 화요일에 네가 이곳에서 특별한 시간을 가지기를 바라신단다."라고 대답해 줄 수 있다.

놀이치료실에 친구를 데려오는 것

어떤 이론적 접근에서나 모두 보편적으로 금하는 것은 아니지만 놀이치료자는 놀이치료실에 친구를 데려오지 못하게 하라고 훈련을 받는다(Ginott & Lebo, 1961). 아동중심 접근에서는 이 문제에 대해 기노트(Ginott, 1994)와는 다른 입장이다. "치료가 정말 아동중심이라면 아동이 선택한 집단은 치료자가 선택한 집단보다 더 효과적이다."(p. 41)라는 액슬린(Axline, 1969)의 결론은 놀이치료를 위한 집단 구성원을 아동이 선택하는 것에 대해 기노트와는 다른 의견을 가지고 있다.

도프만(Dorfman, 1951)은 다음과 같이 언급하였다.

집단치료에서와 같이 두 사람만의 관계가 아닐 때도 놀이치료가 효과적일 수 있다면, 아동이 개별치료에 친구를 데려오도록 허용하는 것이 과정을 방해하지는 않는다. 확실히 아동이 놀이친구 하나를 더 추가하는 것이라기보다 한 사람을 데리고 오는 것은 항상 우연히 발생하는 일일 수는 없다. 때때로 아동은 자신의 어려운 부분을 보여 주는 사람으로 한 사람씩 데려오기도 한다. 그러고 나서 아동의 욕구가 사라지는 것과 같이 이들도 하나씩 사라진다(p. 263).

치료자의 완전한 수용을 필요로 하고, 다른 아동과의 비교에 민감하며, 수줍어하는 아동에게는 놀이치료실에 친구를 데려오도록 허용해서는 안 된다. 성폭력을 당한 아동이나 지나치게 공격적인 아동은 놀이치료 초기에 다른 아동에게 성적이거나 공격적인 행동을 범할 수도 있다. 마음의 상처를 받은 아동은 많은 욕구를 가지고 있고, 치료자의 관심을 필요로 한다.

다른 아동이 있을 때, 그 아동이 무엇인가를 더 잘한다는 암시를 주지 않도록 특별히 더 조심해야 한다. 수줍어하는 아동이 자신보다 활동적인 친구를 데려왔을 경우, 눈에 보이는 활동을 더 많이 하기 때문에 의도하지 않고도 활동적인 아동에게 더 많은 언어적 반응을 할 수도 있다. 또한 한 아동에게 더 많은 반응을 하는 것은 비교하거나 비판적인 것으로 지각될 수 있다. "제니퍼, 네가 원하는 대로 블록을 쌓았구나."라는 말은 자연스러운 반응이다. 그러나 손가락 사이로 모래를 흘려보내면서 모래상자에 앉아 있는 아동이나 인형을 가지고 앉아 있는 아동에게는 어떤 반응을 할 수 있을까? 그런 아동에게 활동적인 아동과 비슷한 반응을 해 주지 않는다면, 활동적인 아동이 하고 있는 일이 더 나은 것임을 암시하는가? 아마 이런 유형의 아동은 나중에 치료자와의 관계가 잘 형성되고 어려움을 견딜 수 있게 된 다음에 친구를 데려오는 것이 가장 좋을 것이다.

또한 아동이 친구를 데려오겠다고 요구하는 시기도 고려해야 한다. 많은 제한을 설정하였던 힘든 회기 직후에 친구를 데려오겠다고 하는가? 아동이 치료자가 더 이상 자신을 좋아하지 않을 거라고 두려워하는가? 다른 아동의 존재가 관계 형성을 방해할 것인가? 아동이 난처해하거나, 당황스러워하거나, 말하기 두려워하는 어떤 것을 숨겼는가?

다른 아동의 존재는 상당히 극적으로 관계의 역동을 바꾼다. 어떤 아동은 집단 놀이치료에서처럼 관계를 함께 발전시키지 않은 초대받은 친구와 자기나 가족에 관한 매우 개인적인 부분을 나누기 꺼려 할 수도 있다. 아동이 치료자의 관심에 대해 서로 경쟁하거나, 한 아동이 치료자에게 가져온 장난감을 보여 주거나, 관심을 끌기 위해 치료자의 무릎 위에 어떤 것을 쌓거나, 대화를 통해 관심을 끌려고 하면서 치료자 가까이에 서서 대부분의 시간을 보낼 수도 있다.

치료자의 기술은 아동으로 하여금 친구를 데려오게 허용할 것인가, 허용하지 않을 것인가를 결정할 때 주로 고려해야 할 부분이다. 왜냐하면 상호 작용의 역동성은 다른 아동의 출현으로 말미암아 거리적으로 증가하기 때문이다.

이것은 단지 1명의 아동이 많아지는 것만을 의미하는 것이 아니다. 아동은 서로를 자극하고, 서로 도전하며, 제한 설정을 필요로 하는 활동이 늘어난다. 이처럼 집단놀이치료를 효과적으로 수행하려면 독특한 기술과 훈련이 필요하다.

친구 초대는 흔한 요구가 아니며, 아동과 치료자의 욕구를 고려한 후에 허락하는 것이 아동에게 이롭다. 집단놀이치료가 아동의 욕구를 충족시키는 데 가장 효과적인 방법이라고 결정되면, 상처받는 모든 아동을 염려하는 마음을 가지고 집단을 만들 때 치료가 필요한 아동을 우선적으로 포함시켜야 한다. 성폭력을 당하지 않은 아동이나 그다지 공격적이지 않은 아동이 친구를 데려오고 싶다고 말했다면, 치료자는 그러한 요구에 분명 이유가 있음을 고려해야 한다. 이럴 때는 아동의 주도를 인정할 수도 있다.

놀이치료실에 부모나 형제를 초대하는 것

놀이치료실은 보통 아동이 부모나 형제에게 보여 주고 싶어 하는 매우 흥미로운 장소다. 그러나 놀이치료 시간 중에 그러한 요구를 하는 경우도 있다. 그러므로 부모나 형제를 놀이치료 시간 중에 들어오게 하기 전에 아동이 생각하고 있는 것이 무엇인지 알아야 한다. 일반적으로 놀이치료 시간 중에는 부모나 형제가 들어오지 못하게 해야 한다. 놀이치료 시간이 끝난 후에 부모와 형제가 들어오게 하는 것으로 충분하다. 아동이 나중에 다시 요구한다면 그 요구는 어떤 것을 보여 주기 원하거나, 엄마를 놀이치료실로 들어오게 하려는 것과 연관된 것이 아니라, 아동이 부모에게 어떤 중요한 메시지를 전하려 하는 것일 수 있다. 또한 친구를 초대하는 문제는 부모를 초대하는 경우와 마찬가지다. 놀이치료실에서 부모의 존재는 치료자와 아동 사이의 관계 발전을 심각하게 제한할 수 있다. 놀이치료 시간에 부모의 참여는 드문 경우다. 일단 놀이치료실에 들어온 불안한 아동이 부모를 데리러 나가겠다고 하면 감정에 반응하면서 주의 깊게 거절해야 한다. 그러나 엄마를 부르겠다는 요구가 지나치게 강하며, 불안 수준이 감소되지 않을 때는 요구를 허락하여야 한다.

놀이치료실을 보여 주기 위해 회기가 끝난 후에 형제를 초대하면 이 시간을 놀이 시간으로 이용하지 않도록 주의해야 한다. 놀이치료실은 관계 형성을 위한 특별한 장소이며, 놀이치료실에서 이루어지는 일은 항상 일정하다. 나중에 형제가 놀이치료를 필요로 하면 새로운 종류의 관계가 형성될 것이다.

참고문헌

Axline, V. (1969). *Play therapy*. New York: Ballantine.

Dorfman, E. (1951). Play therapy. In C. R. Rogers (Ed.), *Client-centered therapy* (pp. 235-277). Boston: Houghton Mifflin.

Ginott, H. (1994). *Group psychotherapy with children: The theory and practice of play therapy*. New York: McGraw-Hill.

Ginott, H., & Lebo, D. (1961). Play therapy limits and theoretical orientation. *Journal of Consulting Psychology, 25*, 337-340.

제14장

놀이치료를 받는 아동

이 장에 기술된 사례는 아동중심 놀이치료 접근의 일면을 보여 주기 위해 선별된 것이다. 여기에 소개된 문장 구조와 언어는 아동들이 놀이치료 시간에 말한 그대로를 옮겨 놓은 것이다. 세 가지 사례를 기술하기 전에 놀이치료에 대한 아동중심 접근의 개관을 요약하여 제시한 것은 수용적인 정서 분위기를 촉진하고자 하는 치료자의 의도를 분명히 해 줄 것이다.

아동중심 치료자의 목표는 아동의 자기 치유적인 힘, 창조적이고 발전적이며 건설적인 내적 안내를 펼치게 하는 것이다. 아동중심 접근에서 놀이치료자는 아동이 놀이치료실에서 적절한 의사 결정을 할 수 있다는 깊고 변함없는 믿음을 전달하고, 아동이 그렇게 하도록 한다. 아동이 의사 결정을 하도록 책임감을 돌려주며, 따뜻함과 관심을 가지고 적극적으로 경청한다. 또한 아동의 자기 안내 능력을 존중한다. 아동의 활동을 지시하거나 어떤 기대나 행동 기준을 맞추도록 변화시키려고도 하지 않는다. 아동에게 믿음과 신뢰의 수용적 분위기 속에서 자기를 표현하고 탐색할 자유를 준다.

치료 시간에 적극적으로 아동과 함께 정서적인 아동의 세계를 경험하지만, 치료자는 놀이친구가 아니다. 이것은 아동의 표현의 자유를 방해한다. 아동이 주도하고, 방향을 결정하며, 수용 가능한 제한 내에서 감정, 흥미, 경험을 충분히 표현하도록 허용해야 한다. 허용적인 분위기를 만든다고 해서 모든 행동이 허용되는 것은 아니다. 예를 들어, 바닥 한가운데에 모래를 부으면 "모래는 모래상자에 있어야 란단다."라고 반응해 주어야 한다.

정서적으로 수용적인 분위기의 안전함 속에서 아동은 혼란, 불안전, 적대감, 또는 죄의식 없이 공격성을 자유롭게 표현한다. 아동은 안전함을 느낄수록 자신의 태도와 감정을 더 적절하게 다루게 된다. 긍정적인 감정과 태도가 점차로 표현되고, 자신을 완전히 좋거나 나쁘게 보지 않으며, 균형 잡히고, 수용할 수 있는 전체로 받아들인다. 이것은 아동이 스스로를 독특하고 긍정적인 잠재력과 능력을 가진 사람으로 적절하게 느끼고 표현할 수 있게 한다. 다음은 이 장에 기술된 아동들의 치료 과정을 기술한 것이다.

낸시-대머리에서 곱슬머리로

낸시는 노스텍사스 대학교(University of North Texas)에 있는 놀이치료센터의 새롭고 낯선 환경인 대기실 중앙에 서 있었다. 그녀는 마치 머리카락을 꼬듯이 왼쪽 손가락으로 머리 위에 작은 원을 계속 그리고 있었으며, 오른손의 두 손가락은 입에 들어가 있었다. 낸시는 여느 네 살짜리 아동과 다를 것이 없었다. 한 가지 다른 특징이 있다면, 그것은 그냥 지나쳐 볼 수 없는 특징이었다. 그녀는 완전히 대머리였다! 왼쪽 손가락의 꼬는 듯한 움직임이 한때 그녀의 머리카락이 있었음을 알게 해 주었다.

낸시의 부모는 낸시가 금발의 곱슬머리였지만, 지난해부터 엄지손가락을 빨고, 머리를 잡아당겨 그것을 먹기 시작했다고 이야기하였다. 낸시의 부모는 낸시에게 상담이 필요하다고 결정하였다. 엄마와의 진단 면담 후에 상담 팀은 놀이치료와 주기적인 부모상담이 가장 효율적인 치료 절차라는 결론을 내렸다.

가족 배경

놀이치료를 시작할 때, 가족 배경이 놀이치료자에게 반드시 필요한 정보는 아니지만, 무스타카스(Moustakas, 1982)는 가족에서의 초기 정서 발달과 놀이치료에서의 정서적 성장이 병행적임을 지적하였다. "아동기의 정서는 가족관계 내에서 가족관계를 통해 발달·성장하며, 이는 가족 내 대인관계의 다양성과 응집력

을 반영하는 것이다. 생후 첫 5년 동안에 가장 극적이고 형식적인 정서적 학습이 일어난다."(p. 217)

낸시, 낸시의 놀이, 놀이치료에서 낸시가 보여 준 변화를 더 잘 이해하기 위해 가족과 가족 상호 작용을 설명하는 것이 중요하다.

낸시는 네 살로, 엄마, 아빠, 4개월 된 여동생과 살고 있다. 낸시는 태어난 지 며칠 만에 지금의 부모에게 입양되었다. 여동생에게는 현재의 부모가 친부모다. 낸시의 부모는 모두 대학 졸업자다. 아빠는 대기업의 기술자이며, 엄마는 주부다. 낸시의 놀이 주제와 직접 연관되는 낸시의 가족 배경에는 여러 가지 복잡한 요인이 있다.

낸시와 그녀의 부모는 외할머니와 함께 2년을 살았다. 그 후에 이사하여 낸시 가족끼리 살게 되었다. 새 아기와 엄마의 관계는 과잉보호적이었으며, 아기와 분리가 거의 되지 않았다. 그로 인해 낸시는 엄마와 함께 보내는 시간을 거의 가지지 못하였다. 낸시는 자신을 관심의 중심에서 '밀려난' 존재로 보았다.

낸시의 아빠가 전 부인과의 사이에서 낳은 아들이 아빠를 만나러 오곤 한다. 이러한 상황은 낸시의 삶에서 어느 것 하나 영구적인 것이 없다는 두려움을 느끼게 하였다. 이러한 두려움 외에도 낸시의 엄마가 여러 날 동안 자주 입원해야 하는 질병에 시달리는 문제가 있다. 엄마는 또한 집에서 매일 주사를 맞아야 했다.

낸시의 엄마와 할머니는 낸시에게 매우 지시적이어서 그녀의 거의 모든 행동에 제한을 가하였다. 단정하고, 예의 바르며, 다른 사람을 위해 공부하고, 배운 것을 실천해야 한다고 항상 스트레스를 주었다. 그의 가정에는 사랑이 있다. 낸시의 엄마는 낸시에게 많은 제한을 가하지만 좋은 엄마가 되려고 노력한다. 이러한 상황은 낸시가 엄마에 대한 분리불안을 가지게 하고, 어린 여동생과 경쟁하게 하며, 지나치게 많은 제한과 요구에 반항하게 만들었다.

놀이치료에서의 낸시

신중한 시작에서 엉망진창으로

첫 회기를 시작하기 전 대기실에서 낸시는 엄지손가락을 빨면서 엄마에게 안아 달라고 하였다. 그녀의 엄마는 이미 아기를 안고 있었기 때문에 낸시는 한쪽에 서서 손가락을 빨면서 놀이치료자를 싸울 듯한 눈으로 쳐다보았다. 치료자는 가족을 모두 놀이치료실까지 걸어가게 하였다. 문 앞에서 엄마와 할머니에게는 대기실로 돌아가도록 하였고, 낸시는 혼자 놀이치료실에 들어와서는 백화점의 진열장 안에서 돌아가고 있는 도자기 인형처럼 천천히 모든 놀잇감을 쳐다보았다. 주의 깊게 눈으로 방을 탐색한 후에 그녀는 망설이더니 놀잇감을 건드려 보고 탐색하였다. 대부분의 놀잇감과 접촉하는 것이 그녀에게는 중요해 보였다.

두 번째 회기 중간에는 신발을 벗고 발가락 사이에 섬세하게 모래를 채워 넣었다. 바닥에 물과 모래를 뿌리면서 모래와 물 여행이 그날의 순서가 되었다. "낸시, 모래상자에는 물을 2컵 더 부을 수 있고, 싱크대에는 20컵을 부을 수 있어."라고 치료자가 말하였다. 낸시는 웃으면서 더 이상 물을 붓지 않고 계속 놀기를 선택하였다. 놀이치료자는 이날 낸시가 신뢰감을 경험했다고 느꼈다.

자유로움과 수용받는 것

세 번째 시간에 낸시는 난로 안에 2개의 아기 인형을 쑤셔 넣더니 물을 끼얹었다. 그런 다음 아기 침대에서 아기 노릇을 하면서 물이 든 젖병을 빨았다.

아기놀이는 다음 세 번의 회기 동안에도 기본적인 놀이로 계속되었다. 처음으로 낸시는 엄마와 할머니가 세운 제한의 경계를 어겼다. 낸시는 다른 인형과 놀이하면서 은밀히 젖병을 빨며 항상 최소한 1개, 때때로 2개의 인형을 치료자가 무릎에 안고 있게 하였다. 그녀는 인형 집과 냉장고 안으로 들어가 젖병을 빠는 데 많은 시간을 보냈다.

점토를 주무르고, 그 위를 걸으며, 물감을 흘리면서 감정을 발산하였다. 물감이 흐르면 그녀는 경계를 의식하면서 "엄마한테 말할 거예요? 그러면 엄마가 화낼 거예요."라고 말하였다. 처음에 낸시의 그림은 직선적이고 구조화되어 있었으나 지금은 자유롭고, 흐름이 있으며, 표현적이다. 더 자유로워진 이 움직임은 점토에서도 나타났다. 처음에 낸시는 점토를 건드리기만 했으나 이제는 기꺼이 손가락을 찔러 넣는다.

낸시가 무엇을 만들고 느끼든지 간에 치료자에 의해 수용되었다. 아무런 가치 판단도 하지 않았다. 낸시의 행동에 대한 낸시 자신의 반응도 지지받았다. 놀이 치료자는 놀이치료실에서 낸시의 생각과 의사 결정을 수용하고 이를 전달하였다. 이런 종류의 무조건적인 수용이 낸시를 자유롭게 하였고, 낸시가 그녀 자신을 신뢰하게 만든 것 같았다.

다섯 번째 시간에 낸시는 점토를 던지고, 달리는 차를 그린 다음, 할머니가 사준 새 신발을 물이 가득 찬 싱크대에 조심스럽게 넣었다. 이러한 분노 표출 후에 그녀는 침대 위의 아기를 집어던져 버리더니 자기가 침대에 누워 이불을 덮고 젖병을 빨면서 "내가 울면 오세요."라고 말하였다. 치료자는 "안아 주고 사랑해 주길 원하는구나."라고 대답하였다. 낸시는 아기 침대에서 일어나 젖병을 들고 치료자에게 다가와 무릎에 앉았다. 두 사람은 안고서 3분 정도 노래를 불렀다. 낸시는 마치 아기 침대로 돌아간 것처럼 눈빛을 반짝이며 아기 역할을 하였다.

낸시는 그날 차 타기를 다소 주저하였다. 아기로서 자신의 역할을 벗어 버릴 수 없었다. 그녀는 화가 나서 엄마의 지시에 "싫어."라고 말하였다.

낸시가 놀이치료 시간 동안에는 머리를 잡아당기지 않았지만 엄마가 있는 대기실에서 머리카락을 잡아당기지 않은 것은 이번이 처음이었다. 놀이치료자는 낸시 머리에 부드러운 아기 머리카락이 자라고 있는 것을 보았다.

그 후의 놀이치료 시간에는 잠시 젖병을 빨긴 했어도 이날 보여 준 것과 같은 감정적인 강도를 가지고 아기 역할을 하지는 않았다. 아기들의 엄마가 되는 것은 낸시에게 새롭고 보상적인 역할을 하였다. 기본적인 활동으로서 많은 풀과 종이를 이용한 놀이를 하였다. 아기는 과거의 존재였다.

곱슬머리 낸시

낸시가 일곱 번째 놀이치료 시간에 왔을 때 낸시의 머리는 금빛의 짧은 곱슬머리로 덮여 있었다. 그녀는 계속 여러 가지 놀잇감을 가지고 놀았다. 특히 표현적인 것은 미술과 목공놀이였다. 엄마가 된 낸시는 "안 돼, 안 돼, 안 돼, 이건 내 거야. 네가 가지면 안 돼. 네 놀잇감을 가지고 놀아라."라고 말하였다. 낸시의 역을 한 놀이치료자는 "엄마가 '안 돼, 안 돼, 안 돼.'라고 하면 낸시가 어떻게 해야 하는지 말해 줘."라고 속삭였다. "네 손가락을 빨고 머리카락을 잡아당겨 먹어."라고 그녀는 말하였다. 치료자는 "이젠 어떻게 하지?"라고 말하면서 자기가 하고 있는 것이 맞는지 질문하였다. 낸시는 엄마 목소리를 내면서 "그렇게 하면 안 돼." 하고는 웃었다. 그녀는 자신의 습관을 인식하였다.

대기실에서 할머니가 낸시에게 코트를 입히려 하고 있었다. 낸시는 손가락을 빨고 머리카락을 잡아당기는 이전의 행동으로 돌아가지 않고 "싫어."라고 말하였다. 이 저항하는 능력은 오래가지 못하였다. 할머니가 낸시를 통제하기 위해 시를 들려주겠다고 하였다. "양배추와 왕에 관한 이야기를 해 줄게."라고 말하자 낸시는 손가락을 빨고 머리카락을 잡아당기면서 꼼짝 않고 서서 허공을 노려보았다. 문을 열고 나가면서 할머니는 낸시의 입에서 손가락을 꺼내며 "날씨가 추워서 젖은 손가락이 트겠다."라고 말하였다. 낸시는 가끔 이 압력에 굴복했지만 그녀의 머리는 계속 자랐다.

여덟 번째 놀이치료 시간에 이것이 마지막 시간임을 낸시에게 알려 주었다. 낸시는 말로 반응하지는 않았으나 놀이를 하기 시작하였고, 구멍으로 기어 들어가지도 않았으며, 젖병을 빨지도 않았고, 아기 노릇을 하거나 치료자에게 안아 달라고 하지도 않았다. 지난 세 번의 놀이치료 시간 동안에 낸시의 아기놀이는 그녀가 '엄마' 역을 한 것이 특징이었다. 물감, 점토, 모래를 가지고 놀면서 그녀는 자유로웠지만 지저분하게는 놀지 않았다. 이것을 아는 것이 그녀의 마지막 시간이었다. 놀잇감에 대한 낸시의 작별 인사는 또 한 차원을 추가하였다. 그녀는 물이 든 젖병을 꺼내 자기가 좋아하는 놀잇감에 물을 조금씩 부었다. 그녀는 다시 미소를 짓고는 어슬렁거리며 놀이치료실을 나갔다.

대기실에서 언제든지 놀이치료실에 다시 오라는 말과 함께 이번 회기에 관해 이야기를 나누자 낸시는 침묵하면서 대화의 내용을 기본적으로 거부하였다. 그러나 분노나 손가락 빨기, 머리카락 잡아당기기는 하지 않았다.

부모상담

아동의 놀이치료 경험과 연결하여 부모를 상담하면 가정에서의 의사소통을 촉진하여 치료 과정을 향상시킬 수 있다. 부모와 면담할 때 놀이치료자는 부모에게 아동의 놀이치료 내용이 비밀임을 설명해야 한다. 따라서 부모상담 시간에는 아동놀이의 구체적인 내용에 대해 이야기하지 않는다. 낸시의 경우, 놀이치료자가 2주마다 대략 30분 정도, 두 번은 1시간 동안 부모를 만났다. 부모를 상담하면서 치료자의 목표는 부모가 낸시의 세계를 이해하고, 감정에 대한 통찰을 가지게 하며, 의사소통기술을 개발하는 것으로, 이는 부모와 낸시의 관계, 양육기술을 증진할 것이다.

논 의

낸시의 놀이는 거니(Guerney, 1983)가 요약한 다음 단계로 기술할 수 있다.

• 아동은 자신을 놀이치료실과 놀이치료자에게 적응시킨다.

- 아동은 한계를 시험하고, 분노를 표현하며, 자유를 경험한다.
- 아동은 독립/의존 관계를 다룬다.
- 아동은 자신과 세계에 관해 긍정적인 감정을 표현하기 시작한다. 또한 아동은 자신의 세계를 다루는 방법에 대해 의사 결정을 하기 시작한다.

놀이치료 경험은 낸시에게 자신의 경험을 체계화하고, 감정을 표현하며, 관계를 탐색할 수 있는 길이 되었다. 낸시와 놀이치료자 사이의 관계 발전은 주의하는 것에서 신뢰하고, 수용하는 것으로 변하였다. 낸시가 속한 환경과 그것의 결과로, 그녀는 놀이를 마치 새로운 경험을 하듯이 시작하였다. 낸시는 해야 할 것과 하지 말아야 할 것에서 자신을 지키도록 보호받았다. 낸시는 공포나 불안 없이 자기가 하고 싶은 것을 결정할 수 있는 분위기를 경험해 본 적이 없었다. 치료자가 만든 그러한 분위기는 가장 중요한 변인으로서, 낸시로 하여금 전에는 결코 느끼지 못했던 표현의 자유를 느끼게 하였다.

액슬린(Axline, 1982)은 "아동이 매우 어린 나이에 가지는 감정의 강도는 놀라운 것인데, 이는 놀이치료를 통해 드러난다."(p. 49)고 하였다. 놀이를 통해 낸시는 좌절과 분노의 감정을 표출하였다. 이는 가족 내에서 자신의 위치에 대한 혼란과 동생 매리에 대한 엄마의 애착에서 분명히 나타났다. 낸시는 아기, 젖병, 그리고 아기 침대를 가지고 놀이를 하였으며, 이는 그녀가 내적 갈등을 실험하고 해결하기 시작한 독특한 경험이 되었다. 낸시의 불안은 엄마에게서의 분리와 관계있었으며, 엄마를 여동생과 나누는 것에 대한 분노도 놀이치료가 진전됨에 따라 해결된 것으로 보였다. 그녀는 아기가 아니라 언니의 역할을 받아들였다. 이 변화는 놀이치료실과 집에서 분명하게 나타났다.

낸시가 투쟁해 온 분명한 두 번째 좌절은 엄마와 할머니가 가한 수많은 제한에 대한 분노였다. 낸시는 좋은 엄마와 좋은 할머니의 역할에 충실하려는 노력 때문에 낸시 자신이 세운 제한에서 배우는 것을 방해받았다. 이러한 불안의 한 가지 증상은 낸시의 머리카락이 하나도 없다는 것이었다. 낸시는 물놀이, 그림 그리기, 신발이나 옷을 적시거나 더럽히기를 통해 제한을 실험하였다. 가끔 그녀는 스스로 멋지게 균형을 이루었다. 물놀이와 그림 그리기를 즐겼지만 더 이상 극단적인 경우까지는 가지 않았다.

더욱 강렬한 정서적 행동은 제한 시험을 잘 계획해서 할 때 나타났다. 있는 그대로의 방법으로 가한 제한 설정에 의해 감정을 반영한 결과, 이는 낸시로 하여금 자신의 감정 강도를 다루어 나가게 하였다.

때때로 아동의 삶에서 중요한 실제 사건이 놀이에서는 나타나지 않으며, 사소한 일이 강조된다. 그러나 이런 사소한 일은 아동에게 매우 중요한 것이다. 왜냐하면 그것이 아동의 감정과 판타지를 휘젓기 때문이다. 낸시는 놀이치료실에서 손가락을 빨거나 머리카락을 잡아당기지 않았다. 오직 한 번 놀이치료실에 있는 놀잇감 가운데 하나인 가발에 관심을 나타내었다. 그녀가 놀이치료실 밖의 대기실에 있을 때는 가끔 손가락을 빨았고, 부모의 지시에 압도당하면 한두 번 머리카락을 잡아당겼다.

마지막으로, 놀이치료실 분위기는 낸시가 어머니나 할머니와 있을 때 경험하는 가르치고, 지시하는 관계와는 다른 관계를 경험하게 하였다. 놀이치료자는 낸시에게 어떤 기대를 미리 하지도 않았고 놀이의 방향을 지시하지도 않았다. 낸시는 곧 치료자가 자신에게 의사 결정 능력이 있다는 사실을 믿는다는 것을 알게 되었다. 낸시가 새롭게 발견한 용기, 즉 의사 결정할 수 있는 용기는 놀이치료에서 분명해졌으며, 또한 놀이치료실 밖의 낸시의 세계에서도 분명해졌다.

낸시는 놀이치료 시간의 경험을 통해 스스로 자신만의 세계로 향하였다. 이러한 과정은 아동이 무조건적으로 수용받고, 선택을 격려받으며, 정서적으로 안전한 분위기일 때 일어날 수 있다. 머리카락이 자라는 것은 이러한 조건이 충족되고 있음을 증명해 주는 극적인 증거였다.

신디-조종하는 아이

M 씨는 다섯 살 난 여자아이 신디에 대해 이렇게 기술하고 있다. "그 애는 장난 감과 물건을 아주 조심스럽게 다루지요. 항상 물건을 제자리에 놓고 내가 말하면 방도 깨끗이 치우곤 한답니다. 그 애는 착한 아이예요. 하지만 난 모르겠어요……. (오랫동안 멈춘다.) 나는 항상 그 애한테 화가 나요. 왜 그런지 모르겠어요. 그 애한 테 그렇게 화를 낸다는 것이 나쁘다는 것을 알아요. 하지만 난 그러고 있어요. (멈 춘다.) 인정하긴 어렵지만 사실인 걸요. 무엇이 잘못되었는지 모르겠어요. 난 정말 그 애한테 화가 많이 나요. 그 애가 문제가 있거나 잘못하는 것도 없거든요. 내가 그 애를 혼내야 할 때 우린 갈등이 생겨요. 그 애는 내가 멍청하다고 말하지요. 그 애는 그런 말을 자주 해요. 그 앤 모든 시간을 자기 멋대로 하길 원해요."

신디와의 놀이치료 탐색 과정에서 신디는 그림을 스스로의 관점에서 구체화 시키는 것과 놀이치료가 필요한지 그렇지 않은지를 결정하는 것에 당당해 보였 다. 그래서 다음 주에 약속을 잡기로 하였다. 놀이치료 과정 동안에 신디는 치료 자를 조종하고 통제하려고 하였다. 그녀는 이미 그녀의 힘이 미치는 범위에 있는 것조차도 그것을 치료자가 가져다주기를 요청하였다. 신디는 치료자에게 질문 을 하고, 그런 다음 치료자를 위해 결정하였다. 그녀는 그림을 그릴 때 조금이라 도 실수하는 것을 못 참았고, "난 더 잘할 수 있어요."라는 말을 잊지 않았다. 그 러고는 그림 그린 것을 구겨서 휴지통에 던져 버렸다.

치료자가 놀이치료실에서 놀 시간이 5분 남았다고 알려 주면, 신디는 "상관없 어요. 난 가지 않을 거예요. 할 일이 있어요. 오, 그림!"이라고 말하였다. 그리고 미술도구를 가져와 다시 그림을 그리기 시작하였다. 치료자는 "너는 네가 얼마 만큼 여기 있어야 하는지를 결정하는 사람이 되고 싶구나. 하지만 우리의 시간은 끝났어. 이제 엄마가 기다리시는 대기실로 갈 시간이야."라고 반응하였다. 치료 자가 문 쪽으로 몇 발자국 향하지만, 신디는 계속해서 그림을 그리며 저항을 언어화하였다. 치료자는 그녀가 원하는 것을 계속 반영해 주고, 끝나는 것에 대한 제한을 주었다. 5분 뒤 신디가 자발적으로 걸어 나감으로써 치료자의 인내의 성과가 나타났다.

　신디는 집에서 그녀의 전형적인 행동을 짐작할 수 있을 정도로 조종하려는 행동을 수차례 보였다. 엄마와의 면담을 통해 신디가 엄마가 알아차리지 못하게 미묘한 여러 가지 일을 조종하였다는 확신을 가지게 되었고, 그것은 엄마가 신디에게 화를 내는 근본 이유라는 것을 알게 되었다. 추가된 놀이치료 과정은 신디와 함께 계획을 짰다. 두 번째 놀이치료 과정에서는 그녀가 조종하려는 행동이 적나라하게 드러났고, 치료자와의 관계를 형성하기 위해 노력하는 것이 보였다.

두 번째 놀이치료 과정

　　신디: (신디는 놀이치료실에 들어오자마자 모래상자 쪽으로 향했고, 놀이를 하기 시작하였다. 모래상자 한편에 앉아 모래를 세밀히 살펴보았다. 신디는 가족이 이사한 새로운 집에 대해 이야기하였다.) 난 알아요…… 얼마나…… 어, 긴 시간을…… 더 많은 주를…… 어, 난 얼마나 많은 날이 있었는지 모르겠어요.

　　치료자: 얼마나 많은 시간을 거기에 있었는지 너는 기억할 수 있을 거야. 너는 단지 그 많은 날을 계산하는 법을 모를 뿐이야.

　　신디: (계속해서 모래를 가지고 논다.) 난 오늘 선생님이 좀 더 좋아졌어요.

　　치료자: 넌 지난 시간보다 내가 더 좋아지는구나.

　　신디: 예. (모래상자에서 그림이 있는 탁자로 옮긴다.) 자, 이제 그림을 그려 봐요. 선생님은 선생님이 원한다면 나를 도와줄 수 있어요. 또 선생님이 좋다면 내가 하는 것을 지켜볼 수도 있어요. 어떻게 하길 원해요, 지켜볼 거예요?

　　치료자: 보고 있을게.

신디: (욕실로 가서 붓을 씻은 후 싱크대 안에 물감통을 넣는다.) 검은 싱크대.

치료자: 너는 싱크대를 검정색으로 만드는구나.

신디: 예, 검은 물로요.

치료자: 오.

신디: (계속해서 물감에 물을 섞는다.) 선생님은 물소리가 들려요?

치료자: 으음, 난 여기서 다 들을 수 있지.

신디: 자, 다시 해요. 조심하는 게 좋을 거예요. (있는 힘을 다해 물을 튼다. 몇 분 동안 욕실 안에 물이 쏟아졌다. 욕실에서 나와 커다란 종이를 가져온다.) 이 위에 내가 무엇을 놓으려고 하는지 잘 보세요.

치료자: 넌 정말 그 위에서 작업을 하려고 하는구나.

신디: 처음에 내가 하려고 한 것은 칠하기예요. 난 했지요, 맞죠?

치료자: 넌 네가 오기 전에 이미 결정했구나.

신디: 예, 난 했어요. 그건 어제였지요. 내 생일이 그저께였거든요, 등등. (찰흙을 선택한다.) 여기에 넣는 것이 괜찮을까요. ……난 이 안에 물을 넣을 거예요. 난 이것을 꺼내 씻을 수 있지요. (욕실로 가서 바닥에 있는 모래에 슬리퍼를 벗어 찍찍 소리를 낸다.) 이것은 미끄러운 샌들이에요.

치료자: 그것이 미끄럽게 보이는구나.

신디: 그것은 미끄러워요. (다시 색칠하기 시작하고, 치료자는 신디의 건너편에 앉는다.) 선생님, 그림에 관심 있어요?

치료자: 나는 그림이 좋아. 그리고 너도 그림을 좋아하는 것 같은데.

신디: 난 그림 그리기가 좋아요. 어제 난 그릴까 생각했어요. ……어, 예, 난 꽃이 달린 나무를 그렸어요. 그 안에는 고양이도 있고요. 그리고 어, 분수도 있어요.

치료자: 너는 그림에 여러 가지를 그려 넣었구나.

신디: 그리고 새도 있고…… 어떤 새는 하얗고, 파란 하늘과 낙엽…… 그리고 잔디, 그런 다음 내 생일을 위해 준비한 게시판에 이걸 걸었어요. 7월 4일

이에요.

치료자: 정말 특별한 생일을 위해서 만든 것이구나.

신디: 사람들이 축하해 주고, 나는 폭죽을 터뜨렸어요.

치료자: 네 생일날 여러 가지 일이 일어났구나.

신디: 으음……. 그런데 경찰이 밖에서 폭죽을 터뜨리는 사람을 찾고 있었지요.

치료자: 으음.

신디: 그런 일을 하리라고는 생각하지 않았기 때문에 경찰은 다른 사람을 쫓고 있었어요. 사람들은 다치게 될 거예요.

치료자: 그래서 경찰은 사람들이 다치지 않게 하려고 하였구나.

신디: 으음……. (계속해서 색칠을 한다. 그녀가 붓을 물감통에 집어넣었을 때, 치료자는 붓을 따라 그의 머리를 돌렸다.) 선생님, 머리를 움직이지 않고 그림을 그리는 나를 볼 수 있어요?

치료자: 때때로 내가 너를 귀찮게 하는구나.

신디: 네. (치료자의 얼굴 정면에 붓을 대고 앞뒤로 흔든다. 그녀의 얼굴엔 비웃음이 가득했다.) 킥킥.

치료자: 내 생각엔 내가 너를 속이면 너는 어리둥절할 것 같은데.

신디: 으음…….

치료자: 나는 너를 지켜보기로 했을 뿐이야.

신디: (붓으로 치료자의 얼굴을 향해 찌르더니 킥킥거린다.) 내가 선생님을 속였지요. 선생님은 제가 선생님 얼굴에 그림을 그리려는 줄 알았죠?

치료자: 때때로 너는 나를 속이려고 하는구나.

신디: 그래요, 난 선생님을 속이려고 할 뿐이에요.

치료자: 그래, 넌 나를 속이려고 할 뿐이야.

신디: 맞아요, 하지만 난 데비를 속일 수가 없어요. 그 애는 내 사촌인데, 그 애는 그 장난을 좋아하지 않아요.

치료자: 그 앤 네가 자기를 속이는 것을 좋아하지 않는구나.

신디: 예, 어, 그 애는 자기를 속이는 것을 좋아하지 않아요.

치료자: 으음.

신디: 하지만 로빈은 개의치 않아요.

치료자: 어떤 사람은 괜찮고, 어떤 사람은 싫어하는구나.

신디: 으음. 로빈은 내가 제일 좋아하는 아이예요. 제니는 내가 그렇게 하도록 내버려 두질 않아서 싫어요.

치료자: 넌 네가 속이는 장난을 하도록 내버려 두는 사람을 좋아하는구나.

신디: 으음. 로빈은 나의 가장 좋은 친구예요. 어쨌든 그 앤 그랬어요. (색칠을 계속한다.) 파랑과 빨강. (그녀는 파랑과 빨강 창문이 있는 집을 그린다.)

치료자: 파랑 창문과 빨강 창문.

신디: 그리고 검정 문이 달린 주홍 집.

치료자: 너는 여러 가지 색을 사용하는구나.

신디: 시간이 거의 다 되었어요?

치료자: 우린 오늘 30분 더 놀 수 있단다. (그녀는 문을 검은색으로 칠하였는데, 검은색이 다른 색으로 번진다.)

신디: 좋네, 뭐! 나도 그림을 망칠 수 있어요. 다음엔 물감을 다른 데에 튀기고 싶지 않아요. 난 좀 더 잘 만들 수 있어요. 난 조금 더 잘 만들 수 있다고요.

치료자: 너는 그것보다 더 잘 만들 수 있을 거라 생각하는구나.

신디: 난 할 수 있어요! 난 잘할 수 있다고요. (젖은 그림을 공 모양으로 뭉쳐서 휴지통에 던진다.)

치료자: 너는 네가 할 수 있다는 것을 알고 있구나.

신디: (그녀는 핑거 페인트를 발견하고는 그것을 하기로 결심한다.) 핑거 페인트 같은 냄새가 나는데, 맞죠?

치료자: 너는 이전에 핑거 페인팅 놀이를 해 본 적이 있구나.

신디: 그럼요, 주일학교에서요. 핑거 페인트에 물을 써도 되나요?

치료자: 여기에서는 네가 하고 싶은 대로 하렴.

신디: (욕실로 가서 핑거 페인트에 물을 넣더니 돌아와서는 붓을 가지고 조심스
　　　럽게 색칠을 하기 시작한다. 여기서 분명한 것은 그녀는 손에 물감을 묻히
　　　기를 원하지 않는다는 것이다. 잠시 동안 핑거 페인트를 붓으로 칠하더니
　　　핑거 페인트를 묻힌 붓을 다른 손으로 옮기려고 한다. 그러나 붓에 물감이
　　　묻어 있는 것을 알아차리고는 가던 손을 재빨리 빼 버린다.)

치료자: 손가락을 물감에 담글 것인지 아닌지를 아직 결정하지 못했구나.

신디: 예, 나도 할 수 있어요. 이건 핑거 페인트잖아요. (욕실로 가서 붓을 씻고
　　　나와서는 다시 여전히 붓으로 핑거 페인트를 칠한다. 모든 색을 사용해 원
　　　을 칠하더니 다시 욕실로 가서는 붓을 씻고 물을 잠그지 않고 나온다. 그
　　　림에 핑거 페인트의 모든 색을 섞는다.)

치료자: 이제 모든 색깔을 섞었구나.

신디: 내가 이것을 하게 좀 조용히 해 주실래요?

치료자: 내가 말하는 것이 너를 귀찮게 하는구나.

신디: 예.

치료자: 너는 네가 무엇을 하고 있을 때 사람들이 너를 귀찮게 하는 것을 싫어
　　　하는구나.

신디: 얘기하는 것 빼고는 다 괜찮아요. 내가 그림을 그릴 때는 방해가 돼요. 론
　　　다는 괜찮아요. 그 앤 아기니깐요. 그리고 선생님은 그 애가 선생님이 하
　　　는 것보다 더 낫다는 것을 몰라요! 선생님은 조용히 하는 게 좋겠어요!

치료자: 내가 더 나은 방법을 알아야겠구나.

신디: 그래요.

치료자: 그리고 난 네가 나에게 하라고 하는 것을 꼭 해야 하는구나.

신디: 맞아요. (계속 색칠하더니 욕실로 가서는 손을 씻고 나와서 손가락 끝으
　　　로 나무를 그리기 시작한다.) 저기, 나무, 난 그것보다 더 멋진 나무를 그릴
　　　수 있어요.

치료자: 너는 여러 번 네가 잘할 수 있다고 말하고 싶어 하는 것처럼 보이는데.

신디: 어쨌든, 난 할 수 있어요.

치료자: 넌 네 자신에게 계속 "난 더 잘할 수 있어."라고 말하는데.

신디: 어쨌든, 난 할 수 있어요.

치료자: 음…… 넌 네가 잘할 수 있다는 것을 아는구나.

신디: 맞아요, 난 알아요. 이제 좀 조용히 해 주실래요? 내가 말한 것 기억 안 나요?

치료자: 너는 네가 내게 말한 대로 따라 주기를 원하는구나.

신디: 물론이지요. (계속해서 두 손을 사용해 열심히 그림을 그리는 동안 콧노래를 부른다―종이에 두 손을 사용하여 마구 저어 대는 동작에 집중한다.) 나는 거기에 풀을 조금 넣을 거예요. 괜찮겠죠? 괜찮아요?

치료자: 내 생각에는 네가 풀을 사용해도 될까라고 망설이는 것 같은데.

신디: 어, 어, 제가요?

치료자: 너는 네가 해야 하는 것인지 아닌지 확신이 안 서는 것 같구나.

신디: 내가 써도 될까요? (펀치백을 치면서 이야기하더니 욕실로 가서 손을 씻는다. 돌아와서는 자신의 손으로 핑거 페인팅을 하려고 반죽을 혼합하기 시작한다. 통 속에서 반죽을 손에 가득 푼다.)

치료자: 너는 네가 원하는 만큼 가졌구나.

신디: (반죽을 듬뿍 푼다.) 아이스크림 같아요.

치료자: 아이스크림 생각이 났구나.

신디: 예, 주홍색 아이스크림이 될 거예요.

치료자: 그래서 너는 네가 원하는 대로 만드는 법을 알고 있구나.

신디: 주홍은 예쁜 색이에요.

치료자: 그 색은 네가 정말 좋아하는 색이구나.

신디: 어, 어, 그건 내가 제일 좋아하는 색이에요. (커다란 주걱으로 반죽을 더 퍼서 종이에 핑거 페인트와 섞는다.)

신디: 선생님이 로저스 씨예요? (킥킥거린다.)

치료자: 내가 너에게 누군가를 생각나게 하는 것 같은데.

신디: 예, 선생님은…… 그는 미술을 좋아해요. 나 역시 그를 좋아하죠.

치료자: 그래서 너는 우리 둘을 좋아하는구나.

신디: 예, 그럼요. 이제 난 주홍색 손을 가지게 되었어요.

치료자: 어, 음…….

신디: (욕실로 가서 오랫동안 손을 씻더니 밖으로 나와 말한다.) 이걸 할 시간을 한 번만 주세요. 그런 다음 끝낼게요. 먼저 난 약간의 모래를 쓸 거예요.

치료자: 그래서 너는 그것이 어떻게 보일지를 알고 있고, 네가 하기 원하는 것도 알고 있구나.

신디: (약간의 모래를 그림에 첨가하더니 말한다.) 부족하네. (다시 모래상자로 가서 두 손 가득 모래를 가져와 그림에 붓는다. 치료자를 힐끗 보면서 반응을 체크한다.)

치료자: 너는 네가 원하는 만큼 가졌구나.

신디: (모래를 평평하게 펴더니 모래에 반죽을 더 첨가하여 섞고는 말한다.) 이건 달라붙을 거예요.

치료자: 너는 어떻게 될지 알고 있었구나.

신디: 예! (반죽을 더 섞더니 반죽과 모래를 그녀의 손과 팔 전체에 덮이게 한다.) 이건 일종의 예술이죠. ……난 만들었어요. ……선생님을 위해서요. (모래를 더 첨가한다.)

치료자: 그래서 너는 나를 위해 이걸 만들었구나.

신디: 그리고 선생님이 이걸 원한다면 가질 수 있어요. 가질래요?

치료자: 네가 나를 위해 이걸 남기고 가길 원한다면 좋아. 이건 네가 나를 위해 만든 거니까.

신디: 선생님은 이걸 집에 가져갈 수도 있어요.

치료자: 너는 내가 이걸 가지는 것이 좋구나.

신디: 어, 음. (욕실로 가서 손을 씻는다.)

치료자: 신디, 이제 우리의 놀이치료실에서의 시간이 5분 남았구나. 그다음에
는 엄마가 기다리시는 대기실로 갈 시간이야.

신디: (모래상자에서 모래를 가득 가져와 예술작품에 첨가하여 가볍게 두들기
더니 모래에 핑거 페인트를 첨가하기 시작한다.) 난 모두 파란색을 사용할
거예요. 좋아요?

치료자: 너는 조금씩 모두를 사용하려고 작정하였구나.

신디: 필요한 거예요. (다 쓴 파란색 핑거 페인트와 혼합한 모래. 휴지통에 다 쓴
페인트 통을 버리고 욕실로 가서 다시 손을 씻는다. 물을 틀어 놓은 채 밖
으로 나와서 말을 한다.) 하루 종일 칠하기만 했지요, 그렇죠?

치료자: 넌 오랫동안 색칠하기에 시간을 보낸 것 같구나.

신디: (모래가 섞인 작품에 모든 색의 핑거 페인트를 혼합하고는 젓는 것을 계
속하면서 말을 한다.) 이제 마칠 거예요.

치료자: 끝났네.

신디: 그날을 위해서……. (욕실로 가서 손을 씻고 물을 잠근다.) 이제 이것은
타코(멕시코 과자 종류)가 될 거예요. (신문을 접어 종이 가장자리에 반죽
을 바르고 양 옆 가장자리를 서로 붙게 한다.)

치료자: 커다란 타코 같구나.

신디: (종이 가장자리를 잡고는 타코를 들어 올리려고 한다. 모래, 반죽, 페인트
가 혼합이 되어 너무 무겁다. 종이가 찢어진다.) 어! 난 많이 필요하다고 생
각했는데……. 우린 이것처럼 만들 것 같아요. (종이 끝을 말아 올린다.)

치료자: 다른 방법으로 이걸 해야 한다고?

신디: 그래요, 샌드위치처럼요. (샌드위치처럼 보이게 한다.)

치료자: 어, 으음. 커다란 샌드위치.

신디: 어, 어. 오늘은 끝났어요. 우리 나가요. 저기…… 선생님에게 주는 작품이
있어요. (치료자에게 작품을 넘기면서) 선생님은 이걸 가질 거예요?

치료자: 너는 나를 위해 이걸 만들었네. (목소리에 감사와 기쁨이 담겨 있다. 부

드럽게 작품을 받고 조심스럽게 탁자 위에 올려놓는다.) 신디, 오늘은 우리의 시간이 다 되었구나.

이 두 번째 상담에서 신디는 "난 오늘 선생님이 좀 더 좋아졌어요."라고 말함으로써 치료자와 어려웠던 첫 시간을 즉각적으로 변화시켰다. 신디는 치료자의 인내를 시험하였고, 치료자에게 머리를 움직이지 말라고 하거나 이야기를 그만하라는 등의 요구를 함으로써 자신을 수용하는지 시험하였다. 올바르게 해야 한다는 그녀의 걱정과 요구는 그녀의 첫 그림을 파괴하는 것으로 표현되었다. 신디는 핑거 페인팅을 통해 그녀의 내적 자유에 더욱 참여하였고, 그것을 자유롭게 표현하였다.

또한 자신의 타코가 찢어졌을 때 잘 대처하는 모습에서도 자유로워짐을 볼 수 있었다. 치료자를 위해서 예술작품을 만드는 것은 신디의 관계 형성 방법임을 알 수 있었고, 두 번째 과정 끝 부분에서는 신디가 좀 더 자기 확신적이고, 더러운 것에 참을성이 생겼으며, 그녀 자신을 좀 더 창의적으로 표현하고, 더 이상 치료자를 조종할 필요를 느끼지 않음을 알 수 있었다.

에이미-선택적 함묵증 아동

브라운과 로이드(Brown & Lloyd: Kolvin & Fundudis, 1981에서 재인용)는 학교에서 말을 하지 않는 다섯 살 아동이 1,000명의 아동 중 7.2명 이상임을 보고하였다. 콜빈과 펀두디스(Kolvin & Fundudis, 1981)는 이러한 현상을 '친밀한 소집단과 친숙한 상황에서는 이야기를 하고, 그렇지 않은 낯선 환경에서는 말을 안 하는', 즉 선택적 함묵증이라고 정의하였다. 그들은 또한 선택적 함묵증 아이의 부모는 아이가 말을 시작할 때는 정상적인 발달을 보였다고 하였지만, 그들이 좀 더 사회적 상황에 처하면 수줍음을 타는 것이 우세한 것으로 나타났다고 보고하였다.

선택적 함묵증과 야뇨증

이 부분에서는 다섯 살 난 소녀로, 선택적 함묵증을 보이고 있는 에이미의 사례 연구를 보자. 에이미를 센터에 의뢰한 사람은 그녀의 엄마였는데, 에이미가 학교에서는 말하기를 싫어하고 또 집에서 벗어난 다른 상황에서도 말하기를 거절한다고 하였다. 에이미는 수줍음을 많이 탔고, 야뇨증으로 힘들어하였는데, 매일 밤 이불을 적시는 행동을 보였다. 에이미의 출생 순위는 중간이었다. 1명의 오빠와 1명의 남동생이 있고, 엄마와 특히 가깝고 의존적이었다. 이러한 특징은 선택적 함묵증 아동에게 흔히 보이는 현상이다(Kolvin & Fundudis, 1981).

선택적 함묵증 아동은 부모(특히, 엄마)에게 매우 의존적인 경향이 있다. 이러한 것은 에이미의 경우도 마찬가지였다. 에이미의 엄마는 놀이치료 초기부터 전체 과정에 참여하였으나 에이미의 아빠는 참여하지 않았다. 하지만 집에서 아빠는 이 과정에 협조적이었다. 아동을 상담할 때, 부모 모두를 상담에 참여시키는 것은 상담자에게는 이상적인 일이다. 하지만 이 경우에는 비록 부모상담이 포함되지 않았지만 놀이치료는 좋은 결과를 보였다.

게다가 선택적 함묵증과 연관 지어 에이미의 엄마는 또한 에이미가 밤에 이불을 적시는 행동을 염려하였다. 에이미의 형제 역시 이러한 상황 때문에 어려움을 겪고 있었다. 24명의 선택적 함묵증 아동에 관한 연구에서, 콜빈과 펀두디스(1981)는 참여자 가운데 많은 아동이 야뇨증을 보인다고 보고하였다. 또한 그들은 이러한 아동의 높은 비율을 차지하고 있는 행동 문제, 극도의 수줍음, 미성숙(특히, 언어 발달에서)을 보인다고 하였다. 선택적 함묵증은 소년보다 소녀에게서 더 많고, 이 특성은 참으로 다루기 힘든 경향으로 나타났다. 미국 정신의학협회(American Psychiatric Association, 2000)의 정신장애 진단 및 통계 편람(DSM)에서는 선택적 함묵증 아동은 극도의 수줍음, 사회적 고립, 행동 문제, 야뇨증의 가능성 등으로 어려움을 겪고 있다고 하였다.

나타나는 행동

에이미의 행동과 발달은 콜빈과 펀두디스(1981)의 연구 대상 아이들과 대비를 이룬다. 에이미의 선생님에 의하면, 그녀는 발달적으로 뒤쳐졌고, 아직도 야뇨증을 보였다. 그녀는 극도로 수줍음을 탔는데, 그녀의 엄마와 교사에 의하면 그녀 나이 수준에 비해 정상적이지 않은 행동을 나타내기도 하였다. 에이미가 선택적 함묵증이 된 특별한 사건은 없었다. 콜빈과 펀두디스(1981)의 저서에 의하면, 선택적 함묵증은 특별하게 결론지을 만한 원인이 없다고 한다.

에이미는 첫 5개월 동안은 한마디도 하지 않았다. 이 아동은 학교에서 실시한 아동기 초기 프로그램에 참여하였다. 아동기 초기를 탐색하는 검사에서 언어가 필요하지 않은 내용은 자기 연령 수준에 맞게 통과하였지만, 에이미는 중증아동을 위한 특수교육반에 들어가게 되었다. 에이미의 선생님은 수동적인 이 아이를 적극적으로 관찰하였다. 그녀의 사회적 기술은 사실상 존재하지 않았다. 이 아동은 집단의 다른 아동들과는 어울리지 못했지만, 혼자서 놀거나 어른과 노는 것은 좋아하였다. 새로운 조용한 소녀가 그녀에게 관심을 보였을 때, 에이미는 그녀를 받아들이지 못하였다. 처음엔 새로운 소녀가 에이미에게 말을 건넸지만 후에 그녀는 그저 에이미의 몸짓만 따라 할 뿐이었다. 학년이 바뀌었을 때, 에이미는 좀 더 활동적이 되었고, 얼굴 표정이 좀 더 활기를 띠게 되었다. 종종 미소도 지었고, 웃기도 하였다.

교실 밖 놀이터에서 에이미는 어슬렁어슬렁거리며 친구 뒤를 쫓아다니는 정도였다. 그녀는 다른 친구들에게는 별 관심이 없었고, 선생님이 그녀의 손을 잡고 모래상자나 그네로 데리고 가려고 하면 손을 뿌리쳤다.

에이미는 그 외에 좀 특이한 행동도 보였는데, 보조 교사의 목을 아주 강하게 쥐면서 미소를 지었다. 포크로 인형 집을 반복적으로 찔러 대기도 하고, 화장실에 가고 싶은데 선생님이 그녀의 요구를 잊어버리면 바지에 실수를 하곤 하였다. 그녀는 언제든지 선생님에게 화장실에 가고 싶다고 말할 수 있음에도 불구하고 실수를 하곤 하였다.

엄마는 에이미가 고통을 호소하지 않는다고 하였다. 에이미가 아주 뜨거운 물이 담긴 욕조에 앉은 적이 있었는데, 할머니가 왜 물 속에 있느냐고 물어도 할머니를 멍하게 쳐다볼 뿐이었다. 에이미는 노는 동안에 자신의 한쪽 귀걸이를 잡아당겨 피가 났는데도 선생님에게 아프다고 말하지 않았다. 학교에서 체조를 하다가 떨어졌을 때, 입에서 피가 났다. 아프면 말하라는 선생님의 요청에도 에이미는 고개를 저었다. 그녀는 파티가 열리거나 견학을 할 때도 전혀 흥분하지도, 기뻐하지도 않았다.

선생님의 노력

에이미의 선생님은 언어적 반응이 나오도록 몇 가지 기술을 사용하였다. 선생님은 그녀를 비언어적 참여자로서 받아들였다. 다른 경우에는 그녀가 언어적으로 반응하지 않으면 무시하였다. 이러한 방법도 실패하여 말을 하지 않으면 '타임아웃'으로 의자에 앉도록 하였으나, 에이미는 의자에 앉아 있는 동안 즐거워하는 것처럼 보였다. 선생님에 의하면, 그녀는 한마디도 하지 않는 건방진 아동이였다. 그녀는 만져도 별 반응이 없었고, 몇 번 선생님 무릎에 앉거나 다른 아동을 따라 해 보곤 하였다. 선생님은 에이미가 타인을 수용하지 않으며, 감정적으로 대응하고, 다른 아동의 행동을 따라하거나, 수동적이고, 저항적이며, 말을 안 하고, 종종 적개심에 차 있으며, 강박적이고, 통제적이며, 감정 표현을 하지 못한다고 하였다.

놀이치료

선택적 함묵증을 보이는 아동에게는 아동이 편안하게 느끼는 것을 표현하는 데 기초를 둔 치료적 의사소통이 절대적으로 필요하다. 치료자가 이러한 아동과

오로지 언어를 사용한 의사소통에만 의존한다면 효과적인 관계를 형성하는 데 실패할 것이다. 선택적 함묵증 아동은 침묵으로 쉽게 상호 작용을 통제하는 경우가 많아서 상담자와의 관계 발달 또한 통제한다. 이러한 아동을 언어가 나오도록 부추기거나 격려, 유인, 속이는 것은 결국 아동이 계속 침묵하도록 하는 결과를 낳고, 치료자 역시 좌절하게 된다.

이전 경험을 통해 성인이 원하는 것—언어화—과 그들의 노력을 쉽게 방해하는 방법을 알게 된 선택적 함묵증 아동은 침묵을 통해 저항한다. 놀이가 아동에게는 자기표현의 자연적인 매개체이기 때문에 에이미에게 놀이치료는 최선의 치료적 접근 방법으로 선택되었다. 치료자는 에이미가 편안하게 느낄 수 있게끔 보호받을 수 있는 곳, 성인과 관계를 형성할 수 있는 곳, 언어를 사용하지 않고도 자신만의 용어로 의사소통할 수 있는 곳으로 치료적 세팅을 할 필요가 있다고 생각하였다.

놀이치료의 가치에 관해서 콘(Conn, 1951)은 "모든 치료적 놀이 방법은 아동이 구조적으로 개별 책임감의 정도와 효과적인 자기표현과 사회생활을 위해 필요한 자기 훈련을 수용하고 실현하도록 배우는 동안에 일어나는 학습 과정의 한 형태다."(p. 753)라고 하였다.

침묵의 시작

놀이치료의 첫 회기 동안에 에이미는 말을 하지 않았다. 그녀는 이젤 밑에 숨어서 45분 동안 몸짓으로만 표현하였다. 치료자는 비슷한 몸짓과 감정을 이해하는 의사소통을 하면서 언어적 설명으로 반응하였다. 조금도 움직이지 않고 침묵하던 에이미는 치료자의 분산되지 않은 관심을 여전히 받고 있는지 확인하기 위해 이젤 밑에서 경계하는 눈빛으로 쳐다보곤 하였다. 이 과정이 끝날 쯤에 에이미는 이젤 밑에서 나오려고 하였다.

에이미의 사촌인 수잔을 두 번째 상담의 중심이 되게끔 데리고 왔다. 에이미가 놀이치료실로 들어가지 않으려고 할 때, 치료자는 수잔을 놀이치료실에 들어오도록 초대하였다. 수잔은 놀이치료실 문을 열자마자 말을 하기 시작하였고, 에이미는 다시 이젤 밑에 숨어 있었다. 수잔은 많은 놀잇감과 놀았고, 10분이 지난 후에 에이미에게 같이 놀자고 제안하였다. 그들은 1시간 동안 잡담하면서 만족스럽게 놀았다. 이 시간만 보면 에이미에게 어떠한 특이한 점이 있다는 것을 아무도 믿지 못할 것이다.

치료자가 에이미의 대인관계 상호 작용의 역동성을 좀 더 잘 이해하기 위해 에이미의 오빠인 아홉 살 난 벤을 세 번째 놀이치료 상담 과정에 개입시켰는데, 이는 예기치 못한 사건의 전환을 가져왔다. 이 과정에서 수잔과 벤은 함께 놀았지만 에이미는 무시당했고, 결국 에이미는 다시 이젤 밑에 숨게 되었다. 세 번째 상담 후, 수잔은 다른 도시에 있는 그녀의 집으로 되돌아갔다. 치료자는 놀이치료 과정에서 에이미 혼자 볼 것인지 오빠를 개입시킬 것인지 결정해야 했다. 또한 에이미에게는 놀이치료실에 오기를 간절히 원하는 네드라는 남동생이 있었다.

형제 집단놀이치료

형제가 함께 집단놀이치료에 참여하는 것에 대한 질문은 놀이치료 관련 서적에는 별로 언급되어 있지 않다. 기노트(Ginott, 1994)는 형제에 관한 논의를 언급한 학자 중 한 사람이다. 하지만 그는 집단놀이치료에서는 형제간에 심한 경쟁을 경험한 아동은 제외할 것만을 권장하였고, 형제를 함께 치료하는 것은 언급하지 않았다.

집단놀이치료에 형제를 함께 참여시키는 것은 종종 동일 연령 아동을 표집하는 집단놀이치료에는 위배된다. 가즈다(Gazda, 1989)와 기노트(1994)에 의하면, 집단놀이치료에 있어서 아동들의 나이 차이는 1년 이상이 되어서는 안 된다. 기노트(1994)는 연령보다 더 고려해야 할 점을 제안하였는데, 그것은 공격적인 아동이 자신보다 더 나이 든 집단이나 혹은 미성숙한 아동이 그들 자신보다 더 어린 아동들과의 집단에 배치될 때와 같은 경우다. 기노트는 학령기 아동에게 성별의 분리를 권장함으로써 놀이치료에서 형제가 함께 치료받는 것에 대한 가능성을 제한하였다. 우리는 여덟 살에서 아홉 살 정도에서는 성별 분리의 필요성을 크게 발견하지 못하였다.

집단놀이치료에서의 아동의 구성과 형제간의 집단놀이치료에 대한 중요성은 동등하다고 보는 것이 합리적이다. 놀이치료실에서의 몇몇 아동의 경험이 그들을 현실 세계에 정착시키는 데 도움을 준다면(Ginott, 1994), 집단놀이치료에서 형제를 함께 치료하는 것은 좀 더 진실될 수 있을 것이다([그림 14-1]). 기노트(1994)가 제안한 것처럼, 아동이 대인관계의 상호 작용에 있어서 각자 책임감을 가지는 데 도움을 줄 수 있다면, 형제간에 대한 영향은 좀 더 중요한 것이 될 것이다. 왜냐하면 집단놀이치료 밖에서도 이러한 형제간의 상호 작용을 확장시키는 자연적

[그림 14-1] 형제 집단놀이치료는 이슈를 탐색하여 성장하게 하고, 개별놀이치료에서는 불가능한 상호 작용을 가능하게 한다.

이고 즉각적인 기회를 제공할 수 있기 때문이다.

올바른 조화를 위한 탐색

에이미의 경우, 형제 놀이치료의 결합, 개별놀이치료, 단기가족상담의 구성은 가장 적절한 접근 방법이었다. 놀이치료실에서 에이미가 벤과 함께 놀았을 때, 벤은 에이미에게나 자기 자신에게나 책임감 있는 사람이 되었다. 그녀는 아무것도 하지 않았다. 벤은 그들을 위해 놀이하고 이야기하였다. 에이미가 네드와 놀이치료실에서 놀 때는 네드가 의존적이지 않아도 그녀는 선생님이었고, 도움을 주는 사람이었다. 두 남자아이가 놀이치료실로 들어올 때 그들은 함께 놀이를 하였고, 에이미를 무시하였다. 아동들이 엄마와 놀이치료실에 들어올 때 그들 모두가 다소 행동을 과하게 하는 경향이 있었지만, 공평하고 동등하게 주고받는 행동을 보였다.

에이미는 놀이치료실에서 혼자 놀 때는 여전히 수줍어하였다. 그녀는 충분히 안전하다고 느낄 때까지 10~15분 정도 이젤 밑에서 숨어 있곤 하였다. 그녀의 놀이는 종종 부적절하였고, 간헐적으로 적개심에 대한 분노의 감정을 보이거나, 웃어대거나, 파괴적인 행동을 보였다. 그녀는 형제들과 경험한 놀이 행동에서 모방한 행동을 개별놀이를 통해 일반화하였다.

에이미의 통제 욕구

놀이치료 과정에서 한 가지 주제가 계속되었다. 에이미는 전체를 통제하기를 원하였고, 그래서 침묵을 사용하였으며, 그렇게 실천에 옮겼다. 치료자가 에이미의 감정을 언어로 반영해 주는 것을 계속하였을 때, 에이미는 통제감을 상실한 것에 대해 분개하였다. 그녀는 반복해서 "나를 쳐다보지 말아요. 내게 말하지 말아요."라고 말하였다. 치료자는 이러한 논쟁에 대해 타협안을 이용하였다. 에이미는 '보는 것'에 대한 통제권을 부여받았고, 치료자는 '말하는 것'에 대한 통제권을 부여받았다. 에이미는 통제할 수 있는 한 영역을 가지게 된 것에 만족해하는 것 같았고, 치료자 역시 한 가지를 가지게 된 데에 대해 기꺼이 받아들였다. 점차적으로 에이미는 다른 영역에서 부분적으로 통제된 것을 수용하기 시작하였다.

벤과 에이미는 방을 두 영역으로 나누었다. 그들은 각자의 통제 영역에서 놀이하는 것에 대해 다른 사람의 언어로 허락을 얻어야 했다. '주고받기'의 연습은 구조화된 방법으로도 많은 아동에게 자연적으로 일어나는 것 같다. 이러한 연습은 에이미가 그녀의 사회적 기술을 내부로 되돌리기보다는 발달시킬 필요를 느끼도록 자신감을 부여해 준다.

에이미가 좀 더 독립적이 될 때, 벤의 역할은 보호자와 책임감 있는 가족의 일원이 되었다. 엄마가 공공연히 그를 훈계하였던 정도에 대해 행동화하였다―이 가족에게서 처음으로. 벤은 점점 에이미가 그녀 자신만의 사람이 되도록 하였고, 책임감 있는 가족의 한 사람으로서 그의 중요한 위치를 유지하였다. 엄마는 가정에서 의사소통을 통하여 이러한 변화를 격려하였고, 에이미가 좀 더 책임감 있도록 하였으며, 벤이 비록 더 빠르고 더 잘할 수 있더라도 엄마의 역할을 대신하도록 허락하지 않았다. 네드는 또한 오히려 무력함을 보이고, 모든 것을 통제하려는 에이미의 역할에 적응하는 대신에 벤이 보이는 책임감과 모든 것을 통제하려는 역할보다는 적절하게 균형을 유지하면서 독립적인 면을 유지하려고 하였다. 에이미는 좀 더 자주 감정 표현을 하기 시작하였다. 주먹 쥔 손을 들어 올리면서 "내게 가까이 오지 마세요." 혹은 "내가 선생님에게 다가가야 할 때는 내 주먹이 나를 안전하게 지켜 줄 거예요."라고 말하였다.

달라진 에이미

에이미의 새로운 자신감은 교실로 이어졌다. 교실 활동에 참여하는 것이나 말하기, 노래하기를 점점 재미있어 하기 시작하였다. 놀이치료 과정에서 학교 장면을 표현하였는데, 그녀는 선생님이 되기를 원하였다. 에이미는 그녀가 배운 새로운 단어의 글자나 셈하는 것을 잊어버리면 이 단어를 스페인 말이라고 하였다. 치료자는 때때로 그 단어가 정말로 에이미만 말할 수 있을 것이라는 생각을 반영해 주었다. 에이미의 학습에 대한 열정은 놀이치료실이라는 안전한 환경에서 점차 나타나게 되었다. 그녀는 알게 된 정보에 대해서는 집중하였으나, 표현은 하지 않았다.

그 후 상담에서 에이미는 새로운 학습 상황을 표현하는 데 적극적으로 참여하였다. 에이미의 진전 속도는 문을 부수어 여는 것처럼 급격히 발전해 갔다. 학교에서 그녀는 크리스마스 이야기를 커다란 소리로 읽었다. 9개월, 36회기 동안 에이미는 형제와 함께하거나 개별적인 치료를 하였는데, 그 후 그해 봄에 1학년 학급으로 배정되었다. 에이미는 언어를 좀 더 많이 사용하였고, 적극적으로 자신의 세계에 참여하면서 야뇨증의 빈도도 줄어들었다.

형제 놀이치료의 중요성

놀이치료에서 에이미와 함께 참여한 에이미의 형제들은 무엇을 얻었을까? 이들은 가족치료에서처럼 이상적으로 초점이 의사소통의 대인관계 패턴에서 내적 관계로 옮겨 가게 되었다. 이러한 특별한 경우에서 언어적인 의사소통기술의 부족과 사회적 기술의 미성숙으로 에이미는 가족 이외의 사회적 관계에서 기능하는 데 어려움을 겪었다.

에이미와 동생, 네드와의 상담 과정에서 에이미는 기본적인 사회성과 의사소통의 기술을 어느 정도 가지고 있다는 사실이 명백해졌다. 벤과 에이미와의 놀이치료실 관찰에서 벤은 그 자신과 에이미에 대한 책임감을 가지고 있다고 추측할 수 있었다. 도와주는 벤과 에이미 간의 의사소통 방법이 변해 가면서 치료자는 에이미가 누군가가 그녀를 책임져 주는 대신에 사람들의 세계로 들어가는 새로운 길을 찾으려는 자신감을 얻게끔 도와주려고 하였다. 개별놀이치료는 결국 비슷한 결과를 낳게 되긴 하지만, 이 경우의 형제 놀이치료 접근 방법은 논의될 만한 일이 즉각적으로 밝혀지고, 집에서도 의사소통 패턴의 변화가 시작되어 더 빠른 변화를 가져왔다.

　　우리는 형제 놀이치료가 모든 상황에서 포괄적으로 사용될 수 있다고 제안하지는 않는다. 혹은 아동이 정서적인 상처를 경험해 온 경우도 마찬가지다. 하지만 이전의 경험을 심각하게 고려하지 않아도 된다면 한 차원을 놀이치료에 첨가할 수도 있다. 사실상 에이미는 그녀 스스로 형제가 참여한 그 상황 내에서 새로운 행동을 배우려고 하였지만, 형제라는 상황은 치료자에게는 진단적인 도구가 되었고, 에이미가 안전하게 상호 작용할 수 있는 친숙한 환경을 제공할 수 있게 되었다.

요 약

　　콜빈과 펀두디스(1981)는 선택적 함묵증은 다루기 힘든 증상이라고 말하였다. 그러나 에이미의 경우를 보면, 놀이치료로 선택적 함묵증 아동을 치료할 수 있다는 것을 알 수 있다.

　　선택적 함묵증 아동은 자신의 행동에 대해 목적을 가지고 있기 때문에 성인의 언어적 재촉은 별 수확을 얻지 못한다. 이것은 단지 그 자신과 아동 간의 거리를 더 멀게 할 뿐이다. 선택적 함묵증 아동은 타인과의 언어적 상호 작용을 하도록 기대되는 사회적 상황에 대하여 공포감을 느끼게 되어 가족 이외의 사람과는 언어도 의사소통을 하지 않으려고 한다. 결과적으로 놀이치료는 아동에 내안을 제공하는 가치 있는 일이 된다. 따라서 집단과 형제 놀이치료에서 치료자는 아동에게 안전감을 느끼고, 말하도록 강요하지 않는 분위기를 제공해 주어야 한다.

참고문헌

American Psychiatric Association. (2000). *Diagnostic and statistical manual of mental disorders* (4th ed.). Washington, DC: Author.

Axline, V. (1982). Entering the child's world via play experience. In G. L. Landreth (Ed.), *Play Therapy: Dynamics of the process of counseling with children* (pp. 47-57), Springfield, IL: Thomas.

Barlow, K., Strother, J., & Landreth, G. (1985). Child-centered play therapy: Nancy from baldness to curls. *The School Counselor, 32*(5), 347-356.

Barlow, K., Strother, J., & Landreth, G. (1986). Sibling group play therapy: An effective alternative with an elective mute child. *The School Counselor, 34,* 44-50.

Conn, J. (1951). Play interview therapy of castration fears. *American Journal of Orthopsychiatry, 25,* 747-754.

Gazda, G. (1989). *Group counseling: A developmental approach.* Boston: Allyn & Bacon.

Ginott, H. (1994). *Group psychotherapy with children: The theory and practice of play therapy.* Northvale, NJ: Arnson.

Guerney, L. (1983, April). Play therapy conference. Conference held at North Texas State University, Denton.

Kolvin, I., & Fundudis, T. (1981). Elective mute children: Psychological development and background factors. *Journal of child Psychology and Psychiatry and Allied Disciplines, 22,* 219-232.

Moustakas, C. (1982). Emotional adjustment and the play therapy process. In G. L. Landreth (Ed.), *Play therapy: Dynamics of the process of counseling with children* (pp. 217-230). Springfield, IL: Thomas.

제15장

치료 과정의 종결과 종료

놀이치료 회기 내에서 치료의 진전이나 종료를 위해 아동의 준비 상태를 평가하는 것은 지금까지 학문적 관심 영역에서 다루지 않았다. 아마도 이 주제는 결론 내리기가 쉽지 않기 때문일 것이다. 결론이 없다는 것은 종결을 다루는 데 있어서 치료자가 경험하는 어려움에 기인할 수도 있다. 치료자는 관계를 종료시키고자 하는 의식적인 목표를 가지고 관계를 시작하지는 않는다. 결국 우리는 관계를 형성하고, 용이하게 하도록 하는 일에 몰두하고 있다. 치료관계의 끝은 시작과 마찬가지로 중요하고, 개방적으로 다루어져야 한다.

　이러한 계속적인 변화나 진전에 대한 토론은 사실상 아동보다는 치료자에게 더욱 중요하다. 이는 아동 성장의 필수조건이 된다기보다는 치료자가 알고자 하는 욕구의 결과다. 아동은 삶의 놀라운 부분을 전개하는 과정에서 단순하고 완전하게 임하고 있다. 그러므로 아동의 성장 여부를 의심하지는 않는다. 치료자는 아동과 함께하는 것을 감사해야만 한다.

　변화가 정말로 일어나고 있는지를 알아야 할 필요에 관한 치료자 자신의 감정, 그리고 아동을 계속 치료받게 할 수 없는 현실 같은 실제적인 문제를 다루어야 한다. 이 시점에서 결정을 해야만 한다. 아동도 그러한 의사 결정에 참여할 것이다.

상담 과정 내에서 일어나는 치료적 움직임의 결정

　놀이치료 과정 동안, 아동의 변화는 놀이치료실에서 아동이 표현하는 내용을 통해 항상 쉽게 결정되거나 관찰할 수 있는 것은 아니다. 아동은 매 회기마다 놀이의 내용이나 양식의 변화로는 즉각적으로 관찰할 수 없는 비슷한 놀이 과정을 계속적으로 보여 줄 수도 있다. 동시에 놀이치료실 밖에서는 눈에 보이는 행동 변화가 일어날 수도 있다. 이러한 것은 아동이 자기 자신을 부정적 방식으로 표현하고 싶어 하는 욕구가 놀이치료실에서 충족되어서 놀이치료실 밖에서는 부적절한 방식으로 그들의 욕구를 표현하고 싶어 하는 욕구가 덜하다는 것으로 설명할 수 있다. 이러한 부정적인 행동이 없어지면서 창의적인 에너지가 발산되고, 그로 인해 좀 더 긍정적인 행동에 초점을 맞추게 된다. 동시에 아동은 놀이치료실에서 행한 유사한 행동을 지속적으로 표현할 것이다. 왜냐하면 이곳은 그렇게 할 수 있는 안전한 장소이고, 또한 이러한 감정을 음미하며, 표현하고자 하는 욕구가 충족되는 곳이 아니기 때문이다.

아동이 계속적으로 놀이 과정에서 똑같은 행동을 보여 줄 때, 치료자는 어떤 일이 좀 더 빨리 일어나는지에 대해 눈에 보이는 변화를 보고자 하기 때문에 불안을 경험할 것이다. 치료자는 자신의 접근 방법에 대한 적절성과 치료자로서 자신이 적절한지에 대한 의문을 가지게 될 것이다. 우리 모두는 우리가 잘하고 있는지, 우리가 아동에게 도움이 되도록 잘 대처하고 있는지를 알고 싶어 한다. 아동의 놀이치료실에서 보이는 행동이 구체적으로 뚜렷한 변화가 부족할 때, 치료자는 치료자로서 자신을 의심하고, 치료 과정에 대한 믿음을 잃으며, 좀 더 직접적인 접근 방법이 필요하다고 결심한다. 이때 치료자가 깨달아야 하는 것은 그러한 생각이 치료자로서 적절감을 느끼고 싶어 하는 치료자 자신의 욕구를 충족시키려는 것이지, 아동의 욕구를 진정으로 만족시키려는 것이 아니라는 것이다. 놀이치료에서 아동의 책임은 행동의 변화에 대한 치료자의 계획을 만족하게 하려는 것이 아니다. 아동은 자신의 내부에 자신을 발달시키고자 하는 계획표를 가지고 있고, 치료자는 아동의 자아가 출현하도록 인내를 가지고 기다려야 한다.

놀이치료에서 아동은 대단한 통찰력을 일으키지 못한다. 성장은 서서히 진행되지만, 행동은 변화한다. 그러므로 치료자에게는 인내가 필요하다. 아동에게서 중대하고 극적인 변화를 기대하는 치료자는 아마도 실망하게 되고, 이러한 욕구를 깨닫지 못한다면, 치료자는 처음의 한 가지 기법을 가지고 아동에게 접근하는 모순을 보이거나, 또 다른 기법으로 좀 더 빠른 변화를 가져오려는 일관성 없는 모습을 보이게 된다. 치료자가 뭔가 다르게 하기 위해 큰 변화를 일으키려면, 치료자 자신의 욕구를 가장 일관성 있게 참고 이해할 수 있어야 한다. 그렇지 않으면 아동의 감정은 방해를 받고 치료자를 기쁘게 하려는 결과를 낳게 된다.

　아동의 비언어적 행동은 그들이 행동하는 방법이나 기능의 전체성을 이해하는 데 중요한 단서를 제공할 수 있고, 놀이치료에서 치료적 과정을 이해하는 데 유용한 정보를 제공한다. 즉, 작은 방법이 수백 번 발생하여 작은 변화가 일어난다. 따라서 치료자는 변화 과정의 이러한 지표를 탐색하여야 한다.

변화의 차원

처음 나타나는 행동

　치료 과정에서 발생하는 이러한 변화는 치료자와 아동과의 관계에서 처음에 발생한 것을 상기시키는 행동을 각 상담 회기에서 주의 깊게 기록함으로써 얻을 수 있다. 이러한 것은 첫 5회기에서 나타나는데, 예를 들어, 처음으로 제이슨이 치료자 가까이에서 놀거나 치료자 바로 옆에서 논 것이다. 또 제이슨이 치료자와 떨어진 놀이치료실의 다른 곳에서 놀이하는 것도 처음이었다. 캐시는 매 회기마다 이젤에 그림을 그렸지만, 이번 회기에는 그림을 그리지 않았다. 치료자는 캐시가 왜 그림을 그리지 않았는지에 대한 이유를 알고자 한다. 무언가 다르다. 변화가 일어났다. 이것은 치료자가 캐시의 행동에 제한점을 설정한 첫 회기가 되거나 제한점이 설정되지 않은 첫 회기가 될 것이다. 이러한 변화에 대한 신호는 아동 내부에서 일어난 변화를 나타낸다.

> **기본 규칙**
> 처음으로 일어나는 일에 주목하라.

　나는 다섯 살의 스콧과 극적인 첫 경험을 하였다. 그는 매우 위축되고 조심스러운 아이였는데, 4회기 때 변화를 일으켰다('수줍음(shy)'이란 단어는 부정적인 의미를 함축하고 있기 때문에 아동을 표현하는 단어로 사용하지 않았다.). 그는 나에게 악어 인형을 주고는 무언가 다른 것을 찾으러 갔다. 몇몇 관찰자는 이러한 행동의 중요성을 놓칠 수 있다. 스콧은 이러한 방법으로 나에게 접근해 왔고, 그것은 우리의 관계를 그가 어떻게 느끼는가에 대한 변화를 나타내는 것이다. 이러한 일은 그가 관계에서 좀 더 안전감을 느낀다는 것을 나타내 주고, 직접적으로 나에게 접근할 만큼 충분히 안전하다는 것을 보여 준다. 악어 인형을 건네준 것이 처음으로 그가 나를 그의 놀이에 끼워 준 방법이었다. 이러한 방법으로 내게 접근하는 것은 아동에게 스스로 자신의 놀이를 직접적으로 할 수 있다는 느낌과 용기가 요구된다. 이것이 자기 안내, 자기 자신을 돌볼 수 있는 시발점이 되는 것일까? 아동의 변화는 이렇게 작은 방법에서 시작되는 것이지, 독립적이고 자기 지시적인 결정을 통찰력 있는 언어로 표현해서 시작되는 것이 아니다.

　아마도 이러한 의미 있는 변화는 캐롤이 5회기 동안에 하였던 것과 마찬가지로, 치료자가 그녀를 위해 의사 결정하거나 치료자에게 도움을 요청하지 않고 6회기 내내 스스로 해냈던 것에서 알 수 있다. 로버트가 음식을 정성 들여 만들어 매 회기마다 같은 인형에게 먹였는데, 지금은 음식을 만들지 않고 어떤 인형에게도 먹이지 않는다. 그것에는 무슨 중요한 의미가 있을까? 나는 그렇다고 생각한다. 그것은 마치 태미가 6회기 때 처음으로 모래놀이를 한 것과 마찬가지로 중요한 사실이다. 이러한 주의 깊은 검토는 치료적 과정에서 중요한 움직임이 일어나고 있음을 자각하도록 도울 것이다.

놀이 행동의 주제

아동 내부의 정서적 역동성을 통찰할 수 있는 두 번째 차원은 아동놀이에서 일어나는 주제의 발전이다. 정서적 경험과 사건은 아동에게 중요하며, 또한 아동의 놀이에서 중요하게 영향을 미치고 있는 것은 종종 반복 행동으로 나타나기 때문에 의미가 있다. 주제는 한 회기에서나 몇 회기 간격으로 아동의 놀이에서 어떠한 사건이나 주제로 재현된다. 여기서 주목할 만한 점은 주제가 나오지 않다가 어느 정도 시간이 경과한 후나 놀이 기간의 간격을 두고 놀이의 재현으로 나타난다는 것이다.

할리는 몇 분 동안 모래상자에 공룡을 묻었다가 다시 파내고를 반복하였다. 그 후 화판이 있는 곳으로 가서 그림을 그리더니 다시 모래상자로 돌아와서 공룡을 파묻는 행동을 반복하였다. 그러더니 다음에는 구급상자를 가지고 몇 분 동안 놀다가 다시 모래상자로 와서 계속해서 공룡을 파묻었다. 이처럼 놀이치료 회기 동안에 계속 반복되는 놀이 행동은 주제의 발달을 나타내는 것이다.

첫 번째 놀이치료 회기에서 20분 동안 고무 뱀을 가지고 놀이한 숀의 경우, 네 살치고는 오랫동안 그러한 놀이에 열중하였으나 거기에서 주제를 생각하기는 곤란하다. 놀이가 의미 있고 관계를 발전시키는 데 중요했더라도 주제와 관련된 표현은 한두 번 이상 반복적으로 나타난다.

숀이 두 번째 회기에 놀이치료실에 왔을 때도 그는 고무 뱀을 가지고 인형 집을 기어 올라가는 똑같은 장면을 연출하였다. 뱀의 머리를 창문과 문에 달라 붙인 채 천천히, 그리고 유유히 인형 집 꼭대기에 기어 올라갔고, 치료자는 주제를 의심하였다. 숀이 세 번째 회기에서도 똑같은 놀이를 반복하였을 때, 치료자는 확실하게 알 수 있었다. 숀이 놀이치료를 시작하기 바로 몇 주 전에 숀의 집에 두 번이나 강도가 들었었다.

3~8회기의 놀이치료 회기에서 여덟 살의 제이콥은 말, 울타리, 헛간을 가지고 놀이하였다. 그는 말에 고삐를 채우는 시늉을 하고는 "이건 말의 입을 다치게 하

지 않아요."라고 말하였다. 그다음에 헛간으로 말을 데리고 가서는 "말이 이 가판을 차면 말 주인이 사는 집으로 빛이 들어가서 말에게 도움이 필요하다는 걸 알게 될 거예요."라고 말하였다. 치료자가 제이콥이 언어치료 프로그램에서 턱 근력 강화를 위해 주 2회에 걸쳐 전기 자극을 받았다는 것을 알았을 때, 이 놀이의 중요성이 분명해졌다. 치료를 위해 그의 입 안에 작은 전극을 넣었다. 치료는 대부분 고통 없이 진행되었다. 그러나 가끔 자극 때문에 근육이 긴장되면 제이콥은 버튼을 눌러 빛이 나오게 함으로써 자신의 불편함을 언어치료사에게 알려 주었다.

주제는 놀이의 내용, 활동이나 놀잇감이 매번 달라질 수 있기 때문에 쉽게 알아차릴 수 있는 것은 아니지만 놀이의 주제나 놀이의 주요한 의미는 똑같다. 제10장에서 언급한 폴의 사례를 보면, 주제는 안전한 집을 떠나는 것에 대한 저항이라는 것이 분명하게 드러난다. 그는 비행기 여행 놀이를 하면서 "뉴욕으로 여행을 갈 거예요."라고 말하고, 가족 인형을 비행기에 태웠다. 그리고 나서 바로 "그들이 돌아와요!"라고 말하였다. 하지만 가족 인형을 태운 비행기는 인형의 집에서 움직이지도 않았다. 두 번째 장면에서 가족 여행을 위해 폴은 가족을 트럭에 태웠다. 인형의 집에서 3센티미터 정도 움직이더니 재빠르게 "그들이 돌아와요!"라고 말하였다. 세 번째 장면에서는 "그들이 이사 가요."라고 말하고는 인형 집 가구를 모두 트럭에 싣더니 재빠르게 "그들은 다시 여기에서 살기로 했어요."라고 말하며 가구를 다시 꺼내 인형 집에 정리하였다. 폴은 유기되어 보호받지 못하는 것에 큰 두려움을 경험하였다. 이러한 반복되는 놀이 행동은 정서적인 주제를 나타낸다.

놀이 행동의 반복 빈도는 아동놀이의 정서적 주제를 나타낸다. 주제를 확인하는 또 다른 요인으로 강도와 정서적 에너지가 있다. 아동은 육체적 에너지가 아닌 정서적 에너지를 놀이 행동을 반복할 때 쏟아 낸다. 놀이치료자는 아동과 함께하는 경험을 할 때, 그 강도를 감각적으로 느낀다. 뭔가 중요한 것이 진행되고 있다는 것이 느껴진다. 그 주제가 더 이상 보이지 않는다면 아동이 정서적으로 해결하고 조정해 나가고 있다는 것을 나타낸다.

주제를 명확히 하는 목적은 놀이치료 과정에서 아동이 탐색하고, 경험하며, 겪

고 있는 것을 치료자가 이해하도록 돕기 위해서다. 인식과 이해가 증가하면 치료
자는 더 민감해지고, 아동의 내적 투쟁을 더 온전히 함께할 수 있게 자신을 조율
할 수 있다. 주제를 찾는 목적은 아동에 관한 정보를 제공하거나 아동의 변화를
촉진할 수 있는 통찰을 가능하게 하려는 것이 아니다. 아동의 상징적인 놀이 행
동의 의미를 확정하는 것은 도전이고, 기껏해야 치료자의 경험에서 나오는 추측
의 한 부분일 경우가 많으며, 이것조차 틀릴 수 있다. 치료자가 아동의 놀이에서
기대하고 있는 무엇인가를 아동의 놀이에서 본 것일 수도 있다(제7장의 배경 정보
와 관련된 내용을 참조하라.). 이러한 주의사항을 잘 알고 있는 놀이치료자는 강도
든 집과 언어치료를 받는 아동의 사례처럼 아동의 놀이 행동이나 사건이 아동 삶
의 중대한 사건과 매우 비슷할 때 그 정확성을 장담할 수 있다.

　주제를 이해하는 것은 아동의 내적 과정을 이해하는 데 도움을 줄 수 있다. 아동의
놀이 주제가 변할 때 치료자는 아동이 정서적으로 성장하고, 특정 문제를 해결해
나가고 있음을 알게 된다. 또 놀이 주제의 빈도가 변하거나 아동의 놀이에서 사건
의 장면이 바뀔 때 변화를 알아차릴 수도 있다. 치료자는 아동의 놀이에서 강도가
감소되는 것을 기록해 볼 수 있다. 이제 놀이의 강도는 사라졌을 수도 있다. 주제
놀이를 하는 동안에 불안이 감소하거나 덜 서두르는 등 아동의 신체적 활동에 변
화가 보일 것이다. 주제 놀이나 언어가 더 이상 아동의 내면 깊은 곳에서 올라오
지 않는 것으로 보이기도 할 것이다. 주제를 다루는 놀이 회기가 여러 번 지난 후
에 아동은 주제에 관한 놀이를 완전히 멈출 것이다. 이것은 문제를 해결하였고,
속마음을 놀이로 표현하였으며, 문제를 한쪽에 치워 두고 적응으로 옮겨 갔다는
것을 의미한다.

　아동의 놀이에 대해 주의를 환기시키고 주제를 확인하는 것은 해석적이고, 구
조화하는 것이며, 아동을 혼란스럽게 하고, 아동의 놀이에 간섭하며, 관계에 있
어 치료자가 주도하는 것이기도 하다. 아동을 교육하고 정보를 주려 하거나 통찰
을 자극하려는 치료자의 욕구는 치료자에게 초점이 맞춰져 있는 것이다. 이때 치
료자는 더 이상 아동과 함께 있는 것이 아니다. 놀이 주제를 언급하는 것은 인지

적인 과정이다. 아동에게 주제에 대해 알려 줌과 동시에 아동과 정서적으로 교감하는 것은 불가능하다. 아동과의 관계는 아동의 놀이에 대해 치료자가 아는 것보다 더 중요하다.

종료의 의미

종료는 마지막을 나타내는 것으로, 모질게 들릴 수도 있다. 그러나 이는 아동과의 정기적인 접촉이 단절되는 것에 관해 이야기하고자 하는 것이 아니다. '종결'과 '끝'이라는 단어가 사용되기도 하지만, 비록 철저하게 봉사하는 관계라고 해도 종료를 피할 수는 없다. 진실이다. 아동과 치료자는 함께 나누고, 때로는 시험적으로 고통스러우며, 때로는 열심히, 때로는 냉혹하게 의미 있고 세심한 관계를 형성하고 발전시키기도 한다. 다정다감한 순간도 일어나고, 흥분의 시간, 즐거움, 세상에 대한 분노와 좌절도 보이며, 대단한 발견도 하고, 단어나 소리가 필요 없을 때는 함께 침묵의 시간도 가지면서 이해와 수용을 함께 나눈다. 이러한 관계는 이 속에서 함께 나누어 온 사람들이 한 부분으로서 지속되는 한 결코 종료되지 않는다. 이러한 중요한 경험은 경험한 사람에게는 살아 있으며, 다시 주기적으로 만나지 않는다는 것을 결정하는 것이지 종료되는 것은 아니다.

옛것의 떠남과 새로운 것의 시작은 인간 발달에서 끊임없이 순환·이동하는 장면을 만들어 낸다. 옛것은 충분히 가치 있고, 만족할 만한 것으로 종결짓게 된다. 이러한 가치가 최초에 경험한 환경 내에서 측정되고 느껴지는 것이라면, 가치가 지닌 긍정적인 의미를 잃게 되고, 성장 촉진을 멈추게 된다. 어떠한 인생 경험에서 나온 가치든지 그것은 긍정적인 의미를 보유하게 된다. 즉, 끊임없이 순환되는 삶의 새로움 안에서 개인은 가치를 자유롭게 사용한다. 이것은 옛것을 잊어버리거나 억제하지 않고, 새로운 구성을 제공하기 위하여 사용하는 것이다(Allen, 1942, p. 293).

치료자가 아동과 최초로 접촉한 이래로 치료자가 전개해 온 과정의 일부분을 정확하게 한 단어로 기술하려는 시도는 부적절하다. 관계를 형성함에 있어서 치료자의 목적은 아동의 자기 책임 발달, 자기 향상, 자기 지시적 변화를 일으키는 것이다. 이러한 관계를 아동이 더 이상 필요로 하지 않는다는 것은 자연스러운 성장 과정이다. 그것은 끝이 아니라 오히려 확장된 것이다. 치료자가 아동과 치료자의 내적 자아를 공유하도록 하는 중요한 정서적 수준에서 아동과 진실로 접촉하여 성공적이었다면, 중요한 관계가 형성된 것이고, 이에 따라 개인적 관계의 종결은 어려울 것이다.

종료 결정 시 참고할 점

아동중심 놀이치료자는 놀이치료에서 아동에게 특별한 목표를 개별적으로 맞추어 미리 결정짓지 않기 때문에 종료 시기에 대한 질문은 특별한 문제 행동이 좋아졌다는 치료자의 판단처럼 항상 쉽게 답변할 수 있는 것이 아니다. 성취할 만한 특별한 목표가 없으면 종료 준비를 한다. 치료적 관계는 특별한 문제보다는 오히려 아동에게 초점을 맞추어 왔다. 그러므로 성공의 판단으로 활용할 객관적인 기준은 없다. 하워스(Haworth, 1994)는 종료를 결정하는 지침으로 다음과 같은 질문을 제안하였다.

- 치료자에게 덜 의존적인가?
- 다른 아이가 놀이치료실을 사용하거나 자기 치료자를 만나고 있는 것에 대해 관심을 덜 가지는가?
- 아동이 한 사람 안에 선과 악이 모두 존재한다는 것을 수용하고, 이해하는가?

- 시간, 자각, 관심, 수용이라는 용어에 대하여 아동의 태도에 변화가 있는가?
- 놀이치료실을 정리한다는 것에 대한 아동의 반응에 변화가 있는가? 초기의 어지럽힘과는 대조적으로 이전에는 아동이 정리에 대해서 관심이 지나쳤다면 현재는 신경을 덜 쓰는가?
- 아동이 이제 자신과 자신의 성(sex)을 수용하는가?
- 통찰과 자기 평가의 증거가 있는가? 아동이 현재의 행동이나 감정을 자신의 이전 행동이나 감정과 비교하는가?
- 언어화의 능력이나 양에 변화가 있는가?
- 놀잇감에 대한 공격성이 줄어들었는가?
- 아동이 제한을 좀 더 즉시 받아들이는가?
- 아동의 예술적 표현 형태에 변화가 있는가?
- 유아적(예: 우유병)이거나 퇴행적(예: 물)인 놀이가 줄어들었는가?
- 환상과 상징적인 놀이가 줄고 좀 더 창의적 · 건설적인 놀이가 증가되었는가?
- 공포의 강도 횟수가 감소되었는가(p. 416)?

변화는 총체적인 본질의 의미로 보이며, 이러한 질문은 이미 결정한 특별한 목표의 달성이라기보다는 치료자가 변화의 과정에 초점을 두는 데 도움을 줄 것이다. 충분한 변화인지 아닌지를 결정하려는 시도는 아동 내부의 변화를 알아보기 위해 중요하게 다루어야 하는 놀이치료의 종결을 고려할 때 이루어져야 한다.

다음은 아동 내부에서 자기 지시적인 변화를 고려할 때 기본적으로 사용되는 영역이다.

- 아동의 의존성이 감소된다.
- 아동의 혼돈이 감소된다.
- 아동이 개방적인 욕구 표현을 한다.
- 아동이 자신에게 집중할 수 있다.

- 아동이 자신의 행동과 감정에 대한 책임을 수용한다.
- 아동이 자신의 행동에 대한 적절한 제한을 한다.
- 아동이 좀 더 내부 지향적이다.
- 아동이 좀 더 융통성이 있다.
- 아동이 우연적인 사건에 대해 너그러워진다.
- 아동이 확신을 가지고 활동을 시작한다.
- 아동이 순응하는 것이 아니라 협력한다.
- 아동이 적절하게 화를 표출한다.
- 아동이 부정적에서―슬픔에서 행복한―기쁨으로 옮겨 간다.
- 아동이 좀 더 자신을 받아들인다.
- 아동이 연속적인 이야기를 놀이로 표현하고, 방향성을 가진다.

아동은 관계 종료 준비에 관하여 일반적인 방식으로 단서를 준다. 놀이치료실에서 서성거리기 시작하는 어떠한 아동은 더 이상 놀잇감에 관심이 없다. 또한 어떠한 아동은 놀이할 때도 작은 움직임으로 거의 참여하지 않는다. 종종 아무것도 할 것이 없다고 불평하기도 하는 아동은 방을 배회하거나 지루해한다. 그럴 때, 어떠한 아동은 "난 더 이상 여기에 올 필요가 없다고 생각해요."라고 말할 것이다. 이러한 말은 아동의 전체성과 치료자에게서 분리될 수 있는 능력과 아동이 모든 것을 이제 자신에게 의존하고 있다는 것에 대한 선언이라고 볼 수 있다.

이것은 매우 긍정적인 자기주장이다. 때때로 아동은 현재의 행동과 반응을 과거의 반응과 비교할 것이며, 따라서 자기 안의 변화에 주목할 것이다. 이때 치료자는 아동과 놀이치료실에서 함께 감정을 느껴 보는 시간을 가짐으로써 일반적인 변화를 기록한다. 시간을 함께한다는 것이 단지 똑같이 '느끼는' 것은 아니다. 부모와 교사가 기술하는 변화는 놀이치료관계의 종결을 결정하는 전체의 일부분으로 고려되어야 한다.

관계 종결에 대한 절차

치료자는 놀이치료 경험을 종결하는 과정을 시작하는 데 있어서, 아동의 연령과 미래에 대한 발달적 개념뿐 아니라 단어를 사용한 추상적인 언어의 추구를 효과적으로 사용하고 이해할 수 있는 아동의 능력을 상당한 정도로 고려한다. 아동 중심 철학에서는 치료자가 놀이치료를 종결하는 과정에서 이러한 중요한 관계를 끝맺음할 때 필요한 계획을 아동과 함께 정해야 한다고 이야기한다. 치료자가 놀이치료를 종결해도 된다고 생각하거나, 치료자가 아동이 더 이상 놀이치료를 받을 필요가 없다고 결정하거나, 아동이 관계를 지속하지 않을 준비가 되었음을 알게 되었을 때, 이것은 아동의 어떤 다른 감정이나 결정과 같이 똑같은 수준의 민감성으로 회기에 반영되어야 한다.

관계의 종결을 결정할 때 아동을 함께 참여시켜서 아동에게 몇 번 더 와야 할지를 물어보아 관계 종결과 마지막 회기 날짜를 결정할 수 있다. 학교와 다른 기관에서는 아동이 종결할 준비가 되어 있지 않아도 학년말에는 최소한 3개월간 관계의 종결을 해야 한다. 몇 회기의 상담이 더 필요한가를 결정하는 것을 제외하고는, 다른 종료 절차는 동일하게 활용된다.

관계의 끝맺음은 서서히 진행되어야 하고, 갑작스러운 일이 아니어야 하며, 아동의 감정에 대해 세심한 배려가 필요하다. 놀이치료의 종결이 적절하게 다루어지지 않으면, 아동은 거부감이나 벌을 받는다거나 상실감을 느낄 수 있다. 사실상 아무리 종결을 잘 처리한다 해도 아동이 이러한 감정을 경험하지 않는다고 보장할 수는 없다. 아동은 의미 있는 관계와 그 자신의 삶에서 중요한 사람과의 분리에 대하여 불안감을 느낄 것이다. 이러한 감정은 받아들여야 하며, 아이가 떠나는 것을 기분 좋게 받아들이도록 노력할 필요는 없다.

아동은 관계를 종료하는 것에 대한 경험이 무엇이든지 간에 불안감, 상처, 분노를 줄이려고 할 것이다. 아동이 떠날 때는 필요하다면 다시 돌아올 수 있도록 언젠가 다시 도움이 필요할 때를 대비하여 아동을 위해 문을 열어 둔다.

아동은 자신의 삶의 중요한 일을 무사히 해결해 온 것처럼 놀이치료실에서 중요한 관계의 끝맺음을 할 시간이 필요하다. 그러므로 이러한 실제 종료 과정은 마지막 회기보다 2~3회기 전에 미리 시작할 필요가 있다. 이러한 관계의 시작에서 아동에게는 관계의 발전과 발견의 시간이 필요하다. 이제 아동에게는 삶의 중요한 부분의 종결에 대한 감정을 학습할 시간이 필요하고, 도움을 받는 것이 더 이상 필요 없다는 감정의 탐색이 필요하다. 관계의 끝맺음을 계획하면서 아동은 의미 있는 관계의 종결이 어떤 느낌인지를 알 수 있는 기회를 가지게 된다.

종결을 준비하는 과정에서 몇몇 아동은 상담 도중에 일시적으로 퇴행을 보이기도 하고, 초기 상담에서 보였던 행동을 보이기도 한다. 이러한 것을 통해 아동은 옛 행동을 재시험해 보거나 현재와 과거의 행동을 비교해 볼 수 있는 만족을 경험하게 된다. 아동이 그림에 마구 색칠을 하면서 "날 정말 미치게 만든단 말이야."라고 말하는 것은 아동이 초기에 보인 행동을 표출하면서 '난 떠나고 싶지 않아요. 제발 계속 여기에 오게 해 주세요.'라는 뒤늦은 시도를 하는 것일 수도 있다.

어떤 아동의 경우에는 치료자가 마지막 2회기 동안 한 주에 한 번에서 격주에 한 번씩 만나는 것으로 종료 준비를 위한 과정을 줄여 가기도 한다. 또 다른 경우에는 마지막 정규적 관계 후 한 달이 지나서 정리상담을 하기도 한다. 이러한 종료는 아동의 욕구에 따라 이루어지는 것이지, 치료자가 어떻게 일이 진행되는가를 알기 위해서나 치료자가 이야기하기를 꺼려하기 때문에 이렇게 하는 것이 아니어야 한다.

일단 관계의 끝맺음 과정이 시작되면, 처음에 아동에게 몇 회기가 남았는지 상기시켜 주고, 끝날 때도 2~3회기가 남았음을 상기시킨다. 어떤 아동에게는 한 주라는 시간이 그들이 놀이치료실에 오게 될 때까지 얼마나 많은 시간이 지나야 하는지를 기억하기에는 참으로 긴 시간이 되기도 한다. 치료자는 "카라, 놀이치료실에 오늘을 제외하고 두 번 더 오게 될 거란다. 이번에는 그게 다야." '이번에는'이라는 말은 나중에 아동이 필요할 때 다시 올 수 있다는 가능성을 열어 둔 것이다.

마지막 회기에 대한 아동의 반응

아동이 마지막 상담에서 어떻게 반응할 것인가를 예측하는 것은 불가능하다. 어떤 아동은 마지막 상담에 오히려 변화 없이 대처한다. 그들은 놀이치료실에서의 마지막 시간이라는 것에 관해서 이야기조차 하지 않기도 한다. 치료자는 마지막이라는 사실에 대해 대화를 나누거나 '안녕'이라는 인사를 하도록 하는 등 아주 커다란 의미를 부여하도록 아동을 재촉하지 말아야 한다. 아동이 시도하는 것은 적절한 것이다. 그렇지 않으면 그러한 행동은 치료자의 욕구로 인식되고, 그에 따라 처리되어야 한다. 마지막 몇 분이라도 아동의 시간이므로 아동의 욕구가 표현되게 하고, 치료자는 이에 반응해야 한다. 어떤 아동은 문에 서서 놀이치료실에 대한 이야기를 하고, 치료자에게 말하고 싶은 여러 가지를 생각하면서 관계의 끝맺음에 저항을 표현하기도 한다.

어떤 아동은 관계의 끝맺음에 강한 분노를 표출하기도 한다. 일곱 살인 브래드의 경우를 보면, 브래드는 12회기 동안 한 번도 지나친 혼란과 공격성을 보이지 않았다. 그는 조심스럽지만 놀이를 활동적으로 표현하였다. 그런데 마지막 상담에서 놀이치료실에 들어간 그는 "예, 이것이 우리의 마지막 시간이에요."라고 하고는 선반의 놀잇감을 바닥에 던져 버렸다. 이러는 동안 그는 한마디도 하지 않았지만, 분명히 화가 나 있었다. 그는 여전히 선반이 텅 빌 때까지 계속해서 놀잇감을 내던졌다. 난장판이 되었다. 브래드는 그가 만든 난장판을 보지도 않고, 선반의 원래 자리에 놀잇감을 가져다 둠으로써 완전하게 정리하였다. 이것은 상당한 양의 일이라서 상담 시간을 거의 다 써 버렸다. 10분 정도 남아 있을 때, 그는 우리 둘만을 위해 (그가 만드는 음식이 무엇이고, 그가 무슨 음식을 좋아하는지도 말하면서) 가장 즐거운 마음으로, 정성을 다해 음식을 차렸다. 그는 시간이 다 되어 놀이치료실을 나가면서 아무런 인사나 말도 하지 않았다. 브래드는 우리 관계의 끝맺음에 대한 그의 복합적인 감정을 생생하게 표현하였다.

　　몇몇 아동은 관계의 끝맺음에 대한 자신의 감정을 나누는 데 있어서 참으로 개방적이다. 일곱 살 난 로리는 치료자와의 중요한 관계를 아주 생생하게 표현하였다. 다음은 로리의 마지막 상담 과정에서 일어난 치료자와의 대화다.

> 로리: (그릇과 냄비에 모래를 가득 담으면서) 난 친구가 많아요. 그 아이들은 영원한 나의 친구가 될 거예요! (상담자를 곁눈질하면서) 선생님도 내 친구예요.
>
> 치료자: 넌 우리가 앞으로도 친구가 될 거라고 생각하는 것 같구나.
>
> 로리: (강한 확신을 가지고 고개를 끄덕이면서) 예! 우리가 여기 같이 있지 않아도요.
>
> 치료자: 그래서 내가 가 버려도 우리는 여전히 친구가 될 수 있구나.
>
> 로리: 선생님은 예수님한테 나에 대해 이야기할 수 있어요.
>
> 치료자: 항상 너를 기억하는 것이 내겐 참으로 중요한 것이라고 생각해.
>
> 로리: 우린 비밀 코드를 가지고 있어요. (종이에 전화번호를 쓰고, 다른 종이 위에 4개의 스티커를 붙인다.) 여기 있어요. 이건 우리 집 전화번호예요. 급할 때 거세요. 그리고 선생님은 이 그림을 보고서 원한다면 무엇이든지 '예수님' '하나님'이라고 말하세요. 그러면 우리는 연결될 수 있어요.
>
> 치료자: 그래, 너는 우리가 항상 연결될 수 있는 방법을 생각해 냈구나. 그게 바로 친구네.
>
> 로리: 그래요. (확신을 가지고 고개를 끄덕인다.) 친구는 항상 연결될 수 있어요.

조기 종결

　　종종 부모가 치료자에게 상의하지 않고 아이를 놀이치료에 데려오는 것을 중단하기도 한다. 이때는 치료자가 종결을 대비해 아동을 준비시킬 기회가 없다.

이 과정은 일반적으로 아동에게 갑작스럽고, 당황스러우며, 가장 안 좋은 시기에 발생된다(예를 들어, 아동이 무엇인가 극적이거나 개인적인 일을 치료자와 공유했거나, 처음으로 한계를 시험했거나, 넘어섰거나, 마지막 회기에서 책임을 받아들이는 데 있어 상당한 변화를 이루어 냈거나 하는 것이다.). 놀이치료실로 다시 돌아오지 못한다면, 그 아동은 이 경험을 마지막 회기에서 있었던 일에 대한 처벌인 것으로 내면화할 수 있다. 부모가 치료를 예기치 않게 중단하는 경우, 치료자는 부모에게 연락을 해서 종결 회기의 중요성을 설명해야 한다.

마지막 회기는 아동이 자신에게 중요했던 관계에 대해 긍정적인 종결 경험을 할 수 있게 해 준다.

참고문헌

Allen, F. (1942). *Psychotherapy with children*. New York: Norton.

Haworth, M. (1994). *Child psychotherapy: Practice and theory*. Northvale, NJ: Aronson.

제16장

집중적 단기놀이치료

우리는 즉각적인 만족과 빠른 성공, 빠른 변화를 필요로 하는 세상에 살고 있다. 이미 요리된, 이미 섞여 있는, 바로 사용할 수 있는 것이 사회에 만연하고, 이것이 삶의 방식이 되어 사람의 행동관계에도 영향을 미친다. 이는 불행하게도 정신건강 분야의 한 부분에까지 이르게 되어 어떻게 삶을 살 것인가를 배우는 과정보다 삶의 문제에 대한 빠른 해결책이 강조되고 있다.

놀이치료자는 빠른 해결의 압박에서 벗어나도록, 아동중심 놀이치료관계의 과정에 대해 신뢰하도록, 아동의 정서적·발달적 욕구에 대한 훈련된 보살핌의 제공자와 매개관리자로 노력하며 살 수 있도록, 놀이치료 과정의 효과를 위해 애쓸 수 있도록 격려되어야 한다.

놀이치료가 수개월, 심지어 몇 년이 걸리는 장기간의 과정일 필요는 없다. 많은 아동의 행동 문제와 경험은 아동의 자연적이고 역동적인 내적 창의력이 아동중심 놀이치료관계 내의 조장된 안전망 안에서 나타난다면, 상대적으로 단기간에 효과적으로 다룰 수 있다. 아동의 자연스러운 발달 상태는 문제 해결을 위해 지속적인 과정으로 이루어진다. 그러므로 치료자는 성장을 재촉하기 위해 아동에게 미리 결정된 해결책을 강요해서는 안 된다.

집중적 놀이치료

아동중심 놀이치료는 아동의 적응 대처 체제를 자신의 언어와 감성 속도에 맞게 발달시키는 데 필요한 관계를 만들어 준다. 걸음마를 배우고 있는 아기에게 "너는 걷는 게 빨리 늘지 않는구나."라고 말하지 않는다. 우리는 참을성 있게 자연적 발달 과정을 믿고 기다린다. 이와 같은 논리가 놀이치료에도 적용될 수 있다. 이 책에 기술된 관계가 이루어진다면, 아동은 빠른 속도로 변화할 수 있다. 그러나 그것이 모든 아동의 문제가 단지 몇 번의 놀이치료로 해결될 수 있음을 의미하는 것은 아니다.

놀이치료는 회기 수보다는 빈도에 초점을 맞추는 것이 더 중요하다. 전통적으로 일주일에 한 번씩 이루어지던 놀이치료가 역동적인 아동 발달에 항상 적합한 것은 아니다. 회기와 회기 사이의 일주일은 아동에게 있어 매우 긴 시간일 수 있다. 특히 성폭력, 이혼으로 인한 충격을 경험한 아동이나 퇴화 위기에 있는 아동에게는 더욱 그러하다.

놀이치료자는 회기와 회기 사이의 시간을 단축할 수 있음을 숙지하여야 한다. 우리는 인간의 동화 능력이나 놀이치료로 효과를 얻기 위해 얼마나 많은 시간이 필요한지에 대해 모른다. 일주일에 한 번씩 이루어지던 전통적 방식은 아동의 정서적 욕구보다는 치료자의 욕구에 부합되는 것이다.

아동이 위기나 정신적 충격을 경험하였을 때, 치료자는 집중적 단기놀이치료를 고려해야 한다. 치료 과정을 단축하기 위해 첫 2주 동안은 한 주에 두세 번씩 치료를 하는 것이 좋다. 놀이치료 경험이 있는 아동에게도 추천할 만하다. 가족 중에 누가 죽었다거나, 대형 교통사고, 성폭력, 가정폭력을 당했다거나, 동물에게 공격받은 경험이 있는 아동의 경우에 일주일은 영원하게 느껴질 수도 있다. 정신적 충격이 있는 경우 처음 1~2주 동안은 일주일에 대여섯 번의 놀이치료를 해야 한다.

아동은 자연적으로 경험을 이해하고, 극복하며, 조절감을 발달시키고, 경험을 동화하기 위해 무의식적으로 충격적 사건을 재현한다. 아동이 사건을 재현할 때는 자신의 의미 있는 정서적 경험을 상징적으로 표현하기 때문에 상처를 입을 당시에 자신을 보호한 실제 사건과는 감정적 거리가 있다. 회기 간격이 멀지 않을 때, 그것은 아동이 강한 정서적 경험을 다루고 동화할 수 있는 놀이와 실제 경험 사이의 거리의 역동을 보여 준다. 아동은 치료자를 향해 좌절이나 고통스러운 경험을 동일시하거나, 진단명이 붙은 과정을 통해 충격적인 경험을 직접적으로 다시 다루지 않고도 그것을 극복할 수 있게 된다. 아동중심 치료자는 아동이 위협적인 감정에 대처할 수 있도록 수용, 이해, 존중되고 있다고 느낄 수 있는 환경을 만들어 주어야 한다.

놀이치료자는 어떠한 방식으로도 아동의 놀이에 대해 강요하거나 지시해서는 안 된다. 그러므로 아동은 언제라도 자신이 할 수 있다고 느낄 수 있을 만한 속도와 표출할 수 있는 안전한 공간에 있을 수 있다. 치료자가 회기를 구성하지 않는다면, 아동은 자신에게 맞는 속도를 조절할 수 있게 된다. 아동에 대한 직관적 인식은 회기 간격을 줄이는 집중적 놀이치료에서는 신뢰하기 어렵다. 사건에 맞설 감정적 준비가 안 된 아동에게 충격적 사건을 재현하도록 한다면, 아동에게 더 큰 충격을 줄 수도 있다. 그러므로 아동중심 놀이치료자는 아동의 내적 특성을 신뢰하고 관계에 있어서 아동이 모든 부분을 이끌 수 있도록 해 주어야 한다. 즉, 아동이 관계와 놀이의 방향을 이끌어 가도록 해야 한다.

노스텍사스 대학교(University of North Texas)의 놀이치료센터에서는 여러 집중적 놀이치료가 수행되었다. 유일한 치료모델로 엄선된 아동을 대상으로 3일 동안 하루에 30분씩 세 번의 치료가 진행되었고, 회기 사이에는 화장실, 간식 등을 위한 30분의 휴식이 구성되었다. 흥미로운 것은 매 회기의 치료 과정이 일주일에 한 번씩 치료할 때와 비슷하게 나타났다는 것이다. 예를 들어, 3회기 때 전형적으로 나타나는 놀이치료자의 탐색 과정이 단 하루만에 나타났다. 부모는 이러한 치료 경험에 의한 아동의 행동 변화에 대해 긍정적으로 보고하였다.

집중적 놀이치료에 대한 연구

코트, 랜드레스, 지오다노(Kot, Landreth, & Giordano, 1998)는 가정폭력을 목격하고 엄마와 함께 가정폭력쉼터에서 지내고 있는 아동을 대상으로 집중적 단기 아동중심 놀이치료를 실시하였다. 실험집단에 속한 11명의 아동은 쉼터에서 제공하는 프로그램 외에 2주 동안 매일 45분씩 열두 번의 개별놀이치료를 받았다. 통제집단에 속한 11명의 아동은 쉼터에서 제공하는 프로그램에만 참여하였다. 그 결과 실험집단 아동은 통제집단 아동보다 자아상(像)이 더 높아졌고, 외현화 문제 행동과 전체 문제 행동이 더 많이 감소된 것을 볼 수 있었다. 단기 집중 모델은 가정폭력쉼터에서 살고 있는 불안정하고 일시적인 생활을 하는 가족에게 특히 적합하다.

또한 틴달-린, 랜드레스, 지오다노(Tyndall-Lind, Landreth, & Giordano, 2001)는 어머니와 가정폭력쉼터에서 생활하는 가정폭력 목격 아동을 대상으로 집중적 단기 아동중심 개별놀이치료와 형제 집단치료를 비교·분석하였다. 집단놀이치료를 받는 10명의 아동은 쉼터에서 제공하는 프로그램 외에 2주 동안 매일 45분

[그림 16-1] 놀이치료실을 경계하는 아동은 놀이치료실에 여러 아동이 있을 때, 다른 아동을 관찰하면서 치료자가 안전한 사람이라는 것을 발견하게 된다.

씩 열두 번의 형제 집단놀이치료를 받았다. 비교집단인 개별놀이치료집단과 대조집단은 코트 등(Kot et al., 1998)의 연구에서 근거하였다. 형제 집단놀이치료([그림 16-1])를 받은 아동은 자아상이 두드러지게 차이를 보였고, 전체 문제 행동과 내면화된 외현화 문제 행동이 감소되었으며, 공격성, 불안, 우울도 현저히 감소하였다. 이것으로 집중적 단기 형제 집단놀이치료와 집중적 단기 개별놀이치료는 가정폭력을 목격한 아동에게 모두 효과적이라는 결론을 내렸다.

존스와 랜드레스(Jones & Landreth, 2002)는 인슐린 의존형 당뇨병과 함께 만성적인 질병을 앓고 있는 아동을 대상으로 아동중심 놀이치료의 효과를 연구하였다. 아동들은 무작위로 실험집단과 무처치 통제집단으로 할당되었다. 실험집단의 아동들은 당뇨 환아를 위한 3주간의 여름캠프 동안에 정기적으로 30분씩 총 12회기의 아동중심 놀이치료를 받았다. 통제집단의 아동은 제공된 치료적 캠핑 경험에만 참여하였다. 두 집단 모두 불안 점수가 개선되었는데, 실험집단의 아동은 통제집단보다 당뇨병 적응성에서 통계적으로 의미 있는 증가를 보였다.

쉔(Shen, 2002)은 한 지방 초등학교의 타이완 지진 피해자 아동을 아동중심 놀이치료집단과 통제집단으로 무작위 할당을 하였다. 모든 아동은 부적응에서 고위험 점수를 받았다. 아동중심 놀이치료집단은 4주 동안 40분씩 10회기의 집단 놀이치료를 받았다. 그 결과 전반적인 불안, 생리적 불안, 걱정/과민성, 자살 위험에서 의미 있는 감소를 보였다. 또한 불안에 대한 큰 전반적인 효과와 아동 자살 위험에 대한 미미한 치료 효과에서 중간 정도의 효과로 변화되었음을 나타내었다.

스미스와 랜드레스(Smith & Landreth, 2003)는 엄마와 함께 가정폭력 보호소에 거주하는 가정폭력을 목격한 아동을 대상으로 10주간의 부모놀이치료(Filial Therapy)인 랜드레스의 부모-자녀 관계 증진 치료(CPRT)를 집중적으로 구성하여(3주 동안 12회기) 그 효과를 연구하였다. 부모-자녀 관계 증진 치료를 받은 집단의 아동은 통제집단에 비해 자기 개념에 있어 상당한 향상을 나타내었고, 전반적인 행동 문제에서도 상당한 감소를 보여 주었다. 특히 내현화 행동 문제와 외현화 행동 문제에서 상당한 감소를 나타내었다. 뿐만 아니라 공격성, 불안, 우울에서도 상당한 감소를 보였다.

베글리(Baggerly, 2004)는 노숙자 보호 시설에서 생활하고 있는 아동을 대상으로 사전사후 단일집단설계를 시행하였다. 아동들은 일주일에 한 번 혹은 두 번씩 30분간 아동중심 놀이치료에 9~12회기 동안 참여하였다. 그 결과 자기 개념, 중요성, 유능감, 우울과 관련된 부정적인 기분, 부정적인 자존감, 불안에서 상당한 개선을 나타내었다.

단기놀이치료

단기놀이치료는 회기 수가 10회에서 12회, 혹은 그보다 적을 때를 말한다. 단기놀이치료가 놀이치료를 필요로 하는 모든 아동에게 적합한 것은 아니다. 장기간의 성적인 혹은 신체적 폭력이나 충격을 받은 아동, 또는 심각한 정서적 문제를 가진 아동에게는 장기간의 놀이치료가 필요하다. 단기놀이치료는 성장 발달 문제에 효과적이라고 알려져 있다.

여기서 성장 발달 문제는 만성적 질병이나 학교와 관련된 학습 문제, 행동적 문제, 정서적 적응 문제, 자기상의 문제와 같은 어린 시절의 다양한 문제나 가정 폭력과 같은 경우를 말한다. 아동이 따뜻하고, 친절하며, 공감할 수 있는 수용적인 아동중심 치료관계를 경험하여 직접 그 경험의 방향을 안내하고 속도를 조절할 수 있다면 엄청난 발전을 기대할 수 있다.

단기놀이치료에 대한 연구

여러 문헌에는 다양한 이론적 접근법을 이용한 단기놀이치료의 성공 사례가 많이 포함되어 있지만 여기서는 단기 아동중심 놀이치료의 효과에 초점을 맞추고자 한다.

플레밍과 신더(Fleming & Snyder, 1947)의 연구에서는 12회기의 비지시적 놀이치료를 진행한 결과, 여아집단에서 성격적 변화가 통제집단과 비교하여 유의하게 향상하였다고 밝혔다.

액슬린(Axline, 1948)은 다섯 살의 선택적 함묵증 아동이 아동중심 놀이치료로 매우 좋아졌음을 보고하였다. 아동은 다른 아동과 상호 작용할 수 없었고, 다른 사람과 말하지 않았으며, 다른 아동이 다가가면 쪼그리고 앉아 얼굴을 가렸었다. 세 살까지는 정상적으로 성장하였지만, 그 후로 걷고 말하는 것을 멈추더니 영아기로 퇴행하였다. 5회기 때, 내담아동의 어머니는 집에서의 행동에 많은 진전이 있었다고 보고하였다. 퇴행 행동도 줄어들고, 말도 많이 하게 되었다. 학교에서도 긍정적인 변화를 보고하였다.

빌(Bills, 1950)은 읽기장애를 가진 3학년 아동을 대상으로 아동중심 놀이치료의 효과를 연구하였다. 8명의 아동은 6회의 개별놀이치료와 3회의 집단놀이치료를 받았다. 대조군은 아무 치료도 받지 않았다. 효과측정검사 결과, 놀이치료를 받은 모든 아동은 읽기 능력이 향상되었고, 전체 읽기 능력 점수도 상당한 진전을 보였다.

콕스(Cox, 1953)는 10주간 개별놀이치료를 하고, 3주 후에 추후 회기를 한 유아(만 세 살)의 경우 통제집단에 비해 사회 적응에서 상당한 향상이 있었음을 발견하였다. 좀 더 나이 든 아동(만 열세 살)도 통제집단에 비해 사회성 측정에서 상당한 향상을 보여 주었다.

이르빈(Irwin, 1971)은 정신분열증으로 입원한 열여섯 살 소녀를 대상으로 6회의 아동중심 놀이치료를 실시하였다. 그녀는 눈도 맞추지 않고, 하루 종일 침대에 누워서 아무런 반응도 하지 않았으며, 대소변도 가리지 못하였다. 멍하니 한곳을 응시하면서 '노랑'이라는 말만 되풀이하였다. 단지 2회의 놀이치료만에 병원관계자는 행동의 변화를 보고하였다. 6회의 놀이치료 결과, 그녀는 스스로 병실에서 나와 다른 환자들 앞에서 큰 소리로 읽기도 하고, 대화하면서 눈도 맞추며, 반응을 보였을 뿐만 아니라 대소변도 가리게 되었다. 두 달 후의 추가 보고에 의하면, 그녀는 학교에도 가는 등 계속적인 발전을 보여 주었다고 한다.

펄햄(Pelham, 1972)은 사회적으로 미성숙한 유아들을 대상으로 비지시적 개별 놀이치료와 비지시적 집단놀이치료를 비교분석하였다. 처치집단의 아동 모두 통제집단과 비교했을 때, 사회적 성숙도에서 긍정적인 결과를 나타내었다. 교사들은 두 가지 처치집단에 참여한 아동들의 교실에서의 행동이 통제집단과 비교하여 상당히 향상되었다고 평가하였다.

오알린(Oualline, 1975)은 12명의 청각장애아동을 대상으로 아동중심 놀이치료의 효과를 연구하였다. 모두 네 살에서 여섯 살의 행동 문제를 가진 아동이었다. 처치군의 아동은 매주 50분씩 10회의 놀이치료를 받았고, 대조군에 비해 사회적 성숙도에서 높은 점수를 받았다. 오알린은 아동중심 치료가 특히 청각장애아동에게 적합하다고 설명하였는데, 그 이유는 언어에 중점을 두지 못하기 때문이라고 하였다.

발로우, 스트로더, 랜드레스(Barlow, Strother, & Landreth, 1985)는 발모광(머리카락을 뽑아 먹는 행동)을 가진 네 살 아동을 대상으로 8회 동안에 이루어진 아동중심 놀이치료의 효과를 보고하였다. 치료자가 만들어 준 환경이 놀이치료 과정에서 가장 주요한 요인이 되었으며, 그 환경에서 아동은 이전에는 느껴 보지 못했던 자신을 표현할 수 있는 자유를 느낄 수 있었다. 7회기 때 새로운 머리카락이 자라 있었는데, 이것은 단기 아동중심 놀이치료 효과의 시각적 증거라고 할 수 있다.

펄즈(Perez, 1987)는 성학대를 경험한 아동을 대상으로 한 아동중심 개별놀이 치료와 아동중심 집단놀이치료를 비교분석하였다. 두 가지 처치집단의 아동들은 12회기의 놀이치료를 받았다. 처치집단 아동들의 자기 개념은 사후검사에서 통제집단 아동들이 낮은 점수를 얻은 것에 반해, 의미 있는 수준에서 증가하였다. 두 가지 처치집단 아동들의 자기 조절 점수는 통제집단 아동들의 점수가 감소한데 반해, 상당하게 증가하였다. 개별놀이치료와 집단놀이치료 사이에는 차이가 없었다.

트로슬(Trostle, 1988)은 10회기의 비지시적 놀이치료 후 이중언어를 사용하는 푸에르토리코인 아동이 자기 조절에서 통제집단과 비교하여 상당한 향상을 보였고, 가상과 현실에서 더 높은 발달적 수준의 놀이 행동을 보였음을 발견하였다. 아동중심 놀이치료를 받은 남아들은 통제집단의 남아, 여아보다 다른 사람들을 더 많이 수용하게 되었다.

레이, 워첼, 업처치, 새너, 다니엘(Rae, Worchel, Upchurch, Sanner, & Daniel, 1989)은 2회기의 아동중심 놀이치료를 받은 입원한 아동들이 언어로 지지하는 조건, 주의를 다른 곳으로 돌리기 위해 놀이를 하는 조건(놀잇감과 함께 놀이를 하도록 하는 것)에서 통제집단과 비교했을 때, 병원에 대한 공포에서 상당한 감소를 보였음을 발견하였다. 공포의 감소는 다른 어떠한 집단에서도 나타나지 않았다.

크로우(Crow, 1990)는 읽기 능력에 문제가 있는 12명의 초등학생을 대상으로 30분간 10회의 개별놀이치료 결과, 자아감에 명백한 변화가 있었음을 보고하였다. 또한 실험집단 아동이 비교집단 아동에 비해 조절감도 향상되었다고 하였다.

르뵈(LeVieux, 1994)는 아동중심 놀이치료를 통하여 아버지의 죽음을 슬퍼하던 다섯 살 소녀를 치료한 적이 있었다. 첫 회기 때, 아동은 고집이 세고, 비협조적이며, 변덕스럽고, 우울해 보였다. 그러나 7회기 때 아동의 엄마는 아빠의 죽음에 대해 아동이 쉽게 이야기하고, 그 슬픔과 분노를 표현할 수 있게 되었다는 긍정적인 변화를 보고하였다.

존슨, 맥러드, 폴(Johnson, McLeod, & Fall, 1997)은 감성적 · 신체적 장애 때문에 학교에서 학습에 문제를 일으키는 아동을 대상으로 실시한 6회기의 아동중심 놀이치료의 효과를 연구하였다. 연구자의 관찰과 선생님들의 보고, 부모님의 보고를 통해 아동의 충동적 행동이 감소하고, 환경의 조절감과 정서 표현력이 증가하였음을 확인하였다.

웹(Webb, 2001)은 오클라호마 시의 폭탄사고에 대한 위기 팀의 반응으로 1~3회기 동안에 이루어진 놀이치료 효과를 연구하였다. 웹은 놀잇감을 담은 토트백을 가지고 가서 폭탄으로 피해를 입은 근처 초등학교의 작은 창고를 개조하여 30분 간의 놀이치료를 진행하였다.

단기 부모-자녀 관계 증진 치료

내가 만든 10회기 부모-자녀 관계 증진 치료(CPRT) 모델은 단기 아동중심 놀이치료 개입 모델의 구조 특성에 의한 것이다. 부모들은 기본적인 아동중심 놀이치료의 원리와 기술을 10회기 동안 훈련받고, 부모 훈련 3회기까지 아동과 함께 특별 놀이 시간을 시작하지 않기 때문에 자녀들과의 실제 특별 놀이 시간은 일곱 번 가진다.

CPRT는 1,000명이 넘는 준전문가(주로 부모들)가 개입한 40개 이상의 통제된 연구와 함께 연구된 모델이다. 종합적으로 볼 때, CPRT의 효과성에 대한 연구의 핵심은 설득력이 있다. 긍정적인 결과는 이 접근의 탄탄함을 입증하면서 부모와 아동 모두에게 나타났다. 몇 안 되는 회기로 구성된 이 모델의 효과성은 특히 주목할 만하다. 더 나아가 브래튼, 랜드레스, 린(Bratton, Landreth, & Lin, 2010)은 CPRT 방법의 종합적인 치료 효과를 밝히기 위하여 브래튼, 레이, 라인, 존(Bratton, Ray, Rhine, & Jones, 2005)에 의해 수집된 메타분석 자료를 분석하였다. 통계적 분석은 CPRT 연구에서 1.25의 효과 크기를 산출하였고, 단지 부모를 대상으로 한 CPRT(교사와 학생 멘토 생략)에서 1.30이라는 더 강한 효과 크기를 산출하였다. 개별 연구자들은 치료 프로토콜에 대한 준수를 보장하기 위하여 브래튼과 랜드레스에 의해 직접 훈련받고, 지도감독받은 CPRT 연구만 분석에 포함하였다.

CPRT 연구는 성학대를 경험한 아동, 가정폭력쉼터에 살고 있는 아동, 엄마 혹은 아빠가 투옥된 아동, 가정 그리고 학교에서 적응의 어려움을 경험하고 있는 아동, 학습장애로 진단된 아동, 전반적 발달장애 아동, 만성적 질병을 가지고 있는 아동, 넓은 범위의 외현화와 내현화 행동 문제를 가진 아동을 포함하는 다양한 이슈와 인구 특성을 가진 대상자들과 함께 실시했을 때 상당히 긍정적인 결과가 나타났음을 입증하였다.

CPRT는 병원, 교회, 쉼터, 인디언 보호구역, 교도소, 헤드스타트 프로그램, 공립과 사립 학교, 지역사회 단체를 포함하는 다양한 세팅에서 상당히 긍정적인 결과를 나타내며 시행되어 왔다. 또한 CPRT는 독일계, 히스패닉계, 라틴아메리카계 이주민, 아프리카계 미국인, 원주민, 이스라엘계, 중국계 이주민, 한국계, 한국계 이주민의 다양한 인구를 대상으로 실시했을 때, 부모의 스트레스, 부모의 공감 능력, 부모의 수용 능력, 가족 환경 영역에서 상당히 긍정적인 결과를 보였다고 연구되었다.

독자들은 이 부분과 관련하여 CPRT 연구의 특정한 연구 자료를 제공한 제17장을 참고하길 바란다.

요 약

많은 성인은 전형적으로 회기와 회기 사이에 놀이치료 시간 동안에 얻은 정보와 통찰력을 정리할 충분한 시간이 필요하지만, 아동은 그렇지 않다. 놀이치료 스케줄에 대한 연구 목적은 아동이 최대한 빠르고 효과적으로 놀이를 통해 그들의 세계를 인식하도록 하기 위함이다. 어떤 아동은 집중적인 놀이치료를 통해 분명히 무엇인가를 얻을 수 있다. 많은 연구에서 보여 준 긍정적인 결과는 일주일에 한 번씩 이루어지던 전통적 놀이치료에서 벗어나 회기 간격을 단축할 수 있다는 주장을 뒷받침해 준다. 선택된 아동을 대상으로 12회 이하의 놀이치료를 매일 하는 것은 효과적이라는 것이 입증되었다. 연구 결과 중에는 단지 2~3회의 놀이치료로도 아동이 정서를 다루고 적응할 수 있도록 발달시킬 수 있음을 보여 준 것도 있다. 몇 번의 놀이치료만으로도 아동이 문제를 발견하고 해결하기 시작하는 것은 놀이치료관계의 힘이라고 할 수 있다.

참고문헌

Axline, V. M. (1948). Some observations on play therapy. *Journal of Consulting Psychology, 11,* 61-69.

Baggerly, J. (2004). The effects of child-centered group play therapy on self-concept, depression, and anxiety of children who are homeless. *International Journal of Play Therapy, 13,* 31-51.

Barlow, K., Strother, J., & Landreth, G. (1985). Child-centered play therapy: Nancy from baldness to curls. *The School Counselor, 32*(5), 347-356.

Bills, R. E. (1950). Nondirective play therapy with retarded readers. *Journal of Consulting Psychology, 14,* 140-149.

Brandt, M. A. (2001). An investigation of the efficacy of play therapy with young children. *Dissertation Abstracts International: Section A. Humanities and Social Science, 61*(7), 2603.

Bratton, S., Landreth, G., & Lin, Y. (2010). Child parent relationship therapy: A review of controlled-outcome research. In J. Baggerly, D. Ray, & S. Bratton (Eds.), *Child-centered play therapy research: Evidence base for effective practice* (pp. 267-293). New York: Wiley.

Bratton, S., Ray, D., Rhine, T., & Jones, L. (2005). The efficacy of play therapy with children: A meta-analytic review of treatment outcomes. *Professional Psychology: Research and Practice, 36*(4), 376-390.

Cox, F. (1953). Sociometric status and individual adjustment before and after play therapy. *Journal of Abnormal Social Psychology, 48,* 354-356.

Crow, J. (1990). Play therapy with low achievers in reading (Doctoral dissertation, University of North Texas). *Dissertation Abstracts International, 50*(9), B2789.

Fleming, L., & Snyder, W. (1947). Social and personal changes following nondirective group play therapy. *American Journal of Orthopsychiatry, 17,* 101-116.

Irwin, B. L. (1971). Play therapy for a regressed schizophrenic patient. *JPN and Mental Health Services, 9,* 30-32.

Johnson, L., McLeod, E., & Fall, M. (1997). Play therapy with labeled children in the schools. *Professional School Counseling, 1*(1), 31-34.

Jones, E., & Landreth, G. (2002). The efficacy of intensive individual play therapy for chronically ill children. *International Journal of Play Therapy, 11,* 117-140.

Kot, S., Landreth, G. L., & Giordano, M. (1998). Intensive child-centered play therapy with child witnesses of domestic violence. *International Journal of Play Therapy, 7*(2), 17-36.

LeVieux, J. (1994). Terminal illness and death of father: Case of Celeste, age $5\frac{1}{2}$. In N. B. Webb (Ed.), *Helping bereaved children: A handbook for practitioners* (pp. 81-95). New York: Guilford.

Oualline, V. J. (1975). Behavioral outcomes of short-term nondirective play therapy with preschool deaf children (Unpublished doctoral dissertation, North Texas State University, Denton).

Pelham, L. (1972). Self-directive play therapy with socially immature kindergarten students (Doctoral dissertation, University of Northern Colorado, 1971). *Dissertation Abstracts International, 32,* 3798.

Perez, C. (1987). A comparison of group play therapy and individual play therapy for sexually abused children (Doctoral dissertation, University of Northern Colorado, 1987). *Dissertation Abstracts International, 48,* 3079.

Post, P. (1999). Impact of child-centered play therapy on the self-esteem, locus of control, and anxiety of at-risk 4th, 5th, and 6th grade students. *International Journal of Play Therapy, 8*(2), 53-74.

Rae, W., Worchel, E., Upchurch, J., Sanner, J., & Daniel, C. (1989). The psychosocial impact of play on hospitalized children. *Journal of Pediatric Psychology, 14,* 617-627.

Shen, Y. (2002). Short-term group play therapy with Chinese earthquake victims: Effects on anxiety, depression, and adjustment. *International Journal of Play Therapy, 11*(1), 43-63.

Smith, N., & Landreth, G. (2003). Intensive filial therapy with child witnesses of domestic violence. A comparison with individual and sibling group play therapy. *International Journal of Play Therapy, 12*(1), 67-88.

Trostle, S. (1988). The effects of child-centered group play sessions on socialemotional growth of three-to six-year-old bilingual Puerto Rican children. *Journal of Research in Childhood Education, 3,* 93-106.

Tyndall-Lind, A., Landreth, G., & Giordano, M. (2001). Intensive group play therapy with child witnesses of domestic violence. *International Journal of Play Therapy, 10*(1), 53-83.

Webb, P. (2001). Play therapy with traumatized children. In G. Landreth (Ed.), *Innovations in play therapy: Issues, process, and special populations* (pp. 289-302). Philadelphia: Brunner-Routledge.

제17장

놀이치료 연구

아동중심 놀이치료(Child-Centered Play Therapy: CCPT)에 대한 연구는 60여 년 이상 진행되어 왔으며, 다양한 세팅과 폭넓은 문제의 해결을 통해 그 효과성이 입증되어 왔다. 이 장에서는 2개의 메타분석 연구를 제외하고는 1998년부터 2010년까지 이루어진 CCPT에 관한 연구를 중점적으로 다루고 있다. CCPT는 놀이치료 분야에서 가장 철저하게 연구된 이론적 접근이다. 『아동중심놀이치료 연구(*Child Centered Play Therapy Research*)』(Baggerly, Ray, & Bratton, 2010)에서 베글리는 다음과 같이 언급하였다.

>　당신은 이 책의 모든 연구물이 아동중심 놀이치료(CCPT)와 부모-자녀 관계 증진 치료 접근을 기반으로 기술되어 있음을 알게 될 것이다. 사실상 2000년대(2000~2010년) 이후로 전문적 학회에 개재된 모든 놀이치료 연구가 CCPT이거나 부모-자녀 관계 증진 치료였다.

　레이(Ray, 2008)는 출판된 연구 중 가장 큰 표집으로, 두 살에서 열세 살 사이의 202명의 아동을 대상으로 연구하였다. 그녀는 9년 동안 대학 상담센터에서 매주 개별 CCPT를 받는 아동들에 관해 기록된 자료를 가지고 통계분석을 진행하였다. 독립 변수인 주 호소 문제와 치료 기간에 따라 나누어 아동 그룹을 선정하고, 종속 변수로는 부모-자녀 관계의 스트레스를 두었다. CCPT는 외현화 문제, 외현화/내현화의 복합적 문제, 비임상 문제(부모-자녀 관계)에서 통계적으로 유의한 효과를 나타내었다. 또한 CCPT 효과는 회기 수에 따라 증가하였는데, 특히 11~18회기에서 통계적으로 유의한 가장 큰 효과를 나타내었다.

　가장 많은 연구 참가자로 이루어진 레이의 연구는 놀이치료 연구뿐 아니라 일반적인 심리치료 분야에서도 이례적인 일이다. 심리치료 분야에서 많은 연구 결과가 계속 나오고 있는데, 보통 CCPT 연구는 연구 결과를 일반화하는 데 제한점이 있는 적은 연구 대상자로 한정되어 있다. 메타분석을 통해서 작은 표본으로 진행된 연구 간의 연구 결과를 연결해 보면서 전체적인 치료 효과를 밝힐 수 있다.

메타분석 연구

르블랑과 리치(LeBlanc & Ritchie, 2001), 브래튼, 레이, 라인과 존(Bratton, Ray, Rhine, & Jones, 2005)의 연구는 놀이치료의 효과에만 초점을 맞춘 첫 번째 메타분석 연구다. 두 연구 모두 놀이치료의 효과에 대해 증명하고, 놀이치료와 부모-자녀 관계 증진 치료가 아동심리치료에 더욱 폭넓게 쓰일 수 있도록 기여하였다. 두 연구 모두 놀이치료가 아동에게 적용 가능하다는 것을 지지하고 있다.

르블랑과 리치(2001)의 메타분석은 1950년부터 1996년까지 42편의 통제된 놀이치료 연구 자료를 검토하였다. 그 결과, 중재치료 효과의 표준편차가 0.66으로 나타났다. 42편의 논문 중 20편은 양육자 개입이 없는 아동중심 놀이치료가 적용되었다. 이 연구에서 전체 효과 평균은 0.43의 중재치료 효과를 나타내었다.

브래튼 등(Bratton et al., 2005)은 1942년부터 2000년까지 발표된 93편의 놀이치료 통제 연구를 분석하여 더욱 종합적인 메타분석을 실시하였다. 이것은 통제 연구 설계의 사용, 효과 크기 산출을 위한 충분한 자료, 놀이치료라고 명명된 개입에 대한 동질성을 기준으로 선정하였다. 직접적으로 개입하는 전문가뿐 아니라 부모와 같은 보조자를 사용한 연구도 놀이치료적 개입으로 포함되었다. 연구의 다수는 보조자를 사용한 부모-자녀 관계 증진 치료 범주로 나뉘었다.

브래튼 등은 코헨(Cohen, 1988)의 d 지침에 따라 치료 효과 크기(Effect Size=ES)를 해석하였다. 값이 0.20일 경우에는 낮은 수준의 효과, 0.50일 경우에는 보통 수준의 효과, 0.80일 경우에는 높은 수준의 효과로 구분된다. 연구자들은 놀이치료가 전체적으로 0.80의 높은 치료 효과를 나타낸다고 밝혔다. 놀이치료를 받은 아동은 0.80을 나타내었다. 즉, 제시된 결과치에 따르면 놀이치료를 받은 아동은 놀이치료를 받지 않은 아동보다 평균에서 표준편차가 0.80 높게 나타났다. 이 연구 참가자의 평균 연령은 일곱 살이었다.

브래튼 등은 놀이치료가 내현화 장애(ES=0.81), 외현화 장애(ES=0.79), 혼합 문제 유형(ES=0.93)에 매우 유익한 효과가 있음을 밝혔다. 자기 개념, 사회 적응 능력, 성격, 불안, 적응적 기능 수준, 부모-자녀 관계의 질을 포함한 가족 기능을 측정한 결과에서도 높은 치료 효과를 나타내었다. 나이와 성별은 놀이치료 결과를 예측하는 데 유의한 요인이 아니었다. 놀이치료는 나이와 성별에 관계없이 동일하게 효과를 미치는 것으로 나타났다.

93개의 연구 중에서 26개의 연구는 정신건강 전문가에게 슈퍼비전을 받고 훈련 과정을 거친 동료 지도자와 교사, 부모와 같은 보조자가 놀이치료의 효과를 측정하였다. 모든 연구는 CPRT(Child-Parent Relationship Therapy; 10회기 모델의 부모-자녀 관계 증진 치료)나 또 다른 부모-자녀 관계 치료 훈련 방법을 사용하였다. 따라서 모든 연구는 아동중심 놀이치료의 원리와 기술을 적용하여 동일한 이론적 바탕을 가지고 있다. 브래튼 등은 정신건강 전문가가 시행한 놀이치료가 아닌 부모가 치료적으로 개입한 부모-자녀 관계 증진 치료의 효과를 탐색하기 위해 이러한 집단을 분석하였다. 연구자들은 치료 방법에 대하여 분석한 결과, 부모-자녀 관계 증진 치료가 전통적인 놀이치료(ES=0.72; 보통 이상의 효과)와 비교하여 더 강력한 치료 효과(ES=1.15; 높은 효과)가 있음을 밝혔다. 브래튼, 랜드레스와 린(Bratton, Landreth, & Lin, 2010)은 랜드레스가 발전시킨 10회기 부모-자녀 관계 치료의 종합적인 치료 효과를 밝히기 위해 메타분석을 실시하였다. 통계분석 결과 CPRT의 전체적인 효과는 1.25로 나타났고, 교사와 학생 지도자를 제외하고 부모만 측정했을 때는 1.30으로 더 큰 효과가 나타났다. 각각의 연구자들은 브래튼과 랜드레스에게 직접 훈련과 슈퍼비전을 받았고, 그들의 치료 방침을 따랐다.

브래튼 등이 보고한 것처럼, 인본주의 놀이치료로 개입했을 때의 효과(ES=

0.92)는 그 크기가 큰 범주에 속한다. 전문적 치료를 제공하는 연구뿐 아니라 부모-자녀 관계 증진 치료와 같이 양육자가 개입한 인본주의 연구에 주목해야 한다. 아동중심 놀이치료의 개입을 지지하는 다수의 APT 회원의 최근 조사를 고려해 보았을 때, 인본주의 놀이치료의 적용 결과는 고무적이다(Lambert et al., 2005).

놀이치료 연구에 대한 종합적인 검토의 한 부분으로 메타분석 연구를 통한 아동중심 놀이치료의 효과가 밝혀졌지만(Bratton et al., 2005; LeBlanc & Ritchie, 2001), 린(Lin, 2011)은 아동중심 놀이치료의 단독 효과에 초점을 맞춰 메타분석을 실시한 첫 번째 연구자다.

그는 1995년부터 2010년까지 이루어진 연구를 리뷰하면서 52편의 통제 연구를 선정하였다. 아동중심 놀이치료 적용, 통제 또는 비교반복 측정 설계의 사용, 표준화된 심리 평가 도구 사용, 명확한 효과 크기 제시 또는 효과 크기 산출에 대한 충분한 설명이 있는 연구를 기준으로 선정하였다.

더 엄격한 연구 방법을 사용해 연구해야 한다는 브래튼 등의 제안에 따라 린의 메타분석 연구는 정교한 코딩 절차를 따르고, 출판 편향을 알아보기 위한 다양한 전략을 마련하였으며, 위계선형 모형(HLM) 기술을 적용해 타당한 효과 크기를 산출하여 높은 수준의 방법론적 엄격함을 적용하였다. 린은 자신의 연구 결과가 선행 메타분석 연구 결과와 불일치하지만, 이 결과는 효과 크기 산출 방식과 자신의 연구에 사용된 통계분석 방법의 차이에 비추어 반드시 설명되어야 한다고 주장하였다.

린의 연구에서 아동 참여자의 평균 연령은 6.7세였다. 52편의 수집된 연구 중 33편은 남아가 대다수였고, 11편의 논문에서는 여아가 대다수였으며, 8편의 논문에서는 성별을 제시하지 않았다. 연구에는 개별놀이치료, 개별활동치료, 집단놀이치료, 집단활동치료, CPRT/부모-자녀 관계 증진 치료와 같은 치료 방식이 사용되었다. 평균 치료 횟수는 11.87회, 표준편차는 4.20이었다.

52편의 수집된 연구를 HLM 분석한 결과, 유의한 수준(p < 0.001)에서 전체 효과 크기가 0.47로 나타났다. 이러한 연구 결과는 아동중심 놀이치료를 받은 아동

이 아동중심 놀이치료를 받지 않은 아동과 비교하여 사전, 사후 검사에서 거의 1/2 표준편차 차이로 개선되었음을 시사한다.

아동중심 놀이치료는 양육자/자녀 관계 스트레스(ES=0.60), 자기 효능감(ES=0.53), 전반적인 문제 행동 유형(ES=0.53)에 긍정적인 중재 효과를 나타내었으며, 내현화 문제(ES=0.37)와 외현화 문제(ES=0.34)에 있어서는 적은 수준의 효과를 나타내었다. 린은 아동에게 효과적인 정신건강 개입으로 아동중심 놀이치료가 고려되어야 한다고 결론지었다. 이 연구는 폭넓은 문제 행동과 아동의 자아 존중감, 양육자/자녀 관계 스트레스에 큰 영향을 미쳤다.

아동의 민족성은 치료 결과의 한 요소로 밝혀졌다. 여러 연구물 중 15편의 논문에서 백인 아동이 대상이었다. 백인이 아닌 아동을 대상으로 한 연구 15편 중 3편의 연구는 아프리카계 미국인을 대상으로 하였고, 4편의 연구는 히스패닉/라틴계 아동을, 5편의 연구는 아시아/아시아계 미국인을, 3편의 연구는 다른 민족성을 가진 아동을 대상으로 선정하였으며, 16편의 연구는 혼합집단이었다.

백인이 아닌 아동은 백인 아동보다 아동중심 놀이치료 결과에서 상당히 높은 발전을 나타내었다. 린은 의사들이 문화를 고려한 개입에서 아동중심 놀이치료에 확신을 가지고 고려해야 한다고 제안하였다.

아동중심 놀이치료 비교문화 연구

아동중심 놀이치료(CCPT)는 문화 간에 폭넓은 적용을 해 왔다. CCPT는 다양한 문화에서 효과가 있는 것으로 여러 연구를 통해 밝혀졌다. 히스패닉 아동의 학교 아동중심 놀이치료(Garza & Bratton, 2005), 이스라엘 학교 상담사와 교사를 대상으로 한 단기 아동중심 놀이치료 훈련(Kagan & Landreth, 2009), 중국 지진 피해자를 대상으로 한 집단놀이치료(Shen, 2002), 푸에르토리코 아동을 대상으로 한 집단놀이치료(Trostle, 1988), 아프리카계 미국인 아동을 대상으로 한 간소화된 아동중심 놀이치료(Post, 1999), 일본 아동을 대상으로 한 간소화된 아동중심 놀이치료(Ogawa, 2006), 케냐의 취약한 아동을 위한 전문적 개입을 위해 간소화된 아동중심 놀이치료 훈련(Hunt, 2006), 내현화 문제를 가진 이란 아동을 대상으로 한 아동중심 놀이치료(Bayat, 2008)가 그것이다.

다양한 부모집단을 대상으로 한 10회기 모델인 부모-자녀 관계 증진 치료(CPRT)의 유용성 역시 여러 연구에서 밝혀졌다. 그 연구는 중국 부모(Chau & Landreth, 1997; Yuen, Landreth, & Baggerly, 2002), 한국 부모(Jang, 2000; Lee & Landreth, 2003), 독일 부모(Grskovic & Goetze, 2008), 이스라엘 부모(Kidron & Landreth, 2010), 아메리카 원주민 부모(Glover & Landreth, 2000), 아프리카계 미국인 부모(Sheely-Moore & Bratton, 2010), 히스패닉계 부모(Villarreal, 2008, Ceballos & Bratton, 2010)를 대상으로 한 것이다.

실험설계와 유사 실험설계를 사용한 아동중심 놀이치료 연구

다음에 제시된 연구는 1995년부터 2010년까지 아동중심 놀이치료를 적용하고, 통제 또는 비교반복 측정 설계를 사용하였으며, 표준화된 심리 평가 도구를 이용한 아동중심 놀이치료 통제 연구다.

1995~2010년 아동중심 놀이치료(CCPT) 통제 효과 검증 연구

저자	대상/방법	결과
Beckloff, D. R. (1998). 전반적 발달장애으로 한 부모-자녀 관계 치료. Dissertation Abstracts International: Section B. Science and Engineering, 58(11), 6224.	N(연구 대상)=전반적 발달장애로 진단받은 3~10세 아동의 부모 23명; 부모의 스케줄에 따라 실험집단을 구성 C(통제집단)=11명, 비처치 대기집단 E(실험집단)=12명, CPRT(부모-자녀 관계 치료) CPRT 집단은 10회기의 CPRT 훈련(주 1회, 2시간)과 아동과 함께하는 7회기의 구조화된 놀이치료 프로그램(주 1회, 30분)에 참여함. 유사 실험설계	통제집단과의 비교 결과, CPRT 훈련을 받은 부모는 사전, 사후 검사에서 자율성과 자립에 대한 아동의 욕구를 알아차리고 수용하는 능력이 통계적으로 유의하게 상승하였다. 통계적으로 모두는 유의하지 않았지만 처치집단 부모는 통제집단에 비해서 자녀에 대한 전반적인 수용이 큰 폭으로 증가하였다고 보고하였다.
Blanco, P., & Ray, D. (2011). 학교 놀이치료: 학업 성취도 향상을 위한 최적의 연습. Journal of Counseling & Development, 89, 235-242.	N=학업이 부진한 1학년 학생 43명; 학교 위치에 따라 두 집단을 무선 배치 C=20명, 비처치 대기집단 E=21명, 16회기 아동중심 놀이치료(주 2회, 30분) 실험설계	통제집단과의 비교 결과, 실험집단의 아동은 학업 성취도 종합 점수에 있어 통계적으로 유의한 높은 향상을 나타내었다. 아동의 전반적인 학업 능력이 증가되었음을 알려 준다.
Brandt, M. A. (2001). 어린 아동을 대상으로 한 놀이치료의 효과 연구. Dissertation Abstracts International: Section A. Humanities and Social Sciences, 61(7), 2601.	N=부모나 교사에 의해 의뢰된 적응에 어려움을 가진 4~6세 아동 26명 C=13명, 비처치 통제집단(초등학교에서 무선 배치) E=13명, 아동중심 놀이치료(대학 병원 2곳에서 무선 배치) 7~10회기의 아동중심 놀이치료(주 1회, 45분) 유사 실험설계	부모 보고에 따르면 부모-자녀 놀이치료에 참여한 아동들은 통제집단과 비교하여 통계적으로 유의한 내현화 행동문제의 감소를 나타내었다. 통계적으로 유의하지는 않았지만 아동중심 놀이치료 그룹에 있는 아동의 부모는 통제집단과 비교하여 부모 스트레스에 있어서 주목할 만한 감소를 보고하였다.

비고: 처치집단을 E=실험집단(Experimental), C=통제집단(Control or Comparison)으로 나타낸다. 이 표의 형식과 다수 정보의 출처는 Bratton(2010); Bratton, Landreth, & Lin(2010); Lin(2011); Ray & Bratton(2010)이다.

출처	연구 대상 및 설계	결과
Bratton, S. C., & Landreth, G. L. (1995). 한부모 가정의 부모의 수용, 공감, 스트레스에 미치는 영향. *International Journal of Play Therapy, 4*(1), 61-80.	N=3~7세 문제 행동을 가진 자녀를 둔 한부모 43명; 처치집단 무선 배치 C=21명, 비처치 대기집단 E=22명, CPRT(부모-자녀 관계 치료) CPRT 집단은 10회기의 CPRT 훈련(주 1회, 2시간)과 아동과 함께하는 7회기의 구조화된 놀이치료 프로그램(주 1회, 30분)에 참여함. 실험설계	시간이 지남에 따라 집단 간에 차이가 나타났다. 객관적 평가자가 직접 관찰한 결과, CPRT 집단의 부모는 자녀와 공감적 상호 작용에 있어 통계적으로 유의미한 향상성을 보였다. CPRT 부모 보고에서도 부모의 수용도가 통계적으로 유의하게 증가되었다. 또한 자녀의 행동 문제와 부모-자녀 관계 스트레스도 통제집단과 비교하여 통계적으로 유의미하게 감소하였다.
Bratton, S. C., Ceballos, P., Sheely, A., Meany-Walen, K., & Prochenko, Y. (in review). 헤드스타트에 등록된 유치원 전 아동 중 분열성 행동을 가진 아동에 대한 조기 아동에 대한 조기 정신건강 개입.	N=분열성 행동을 가진 3~4세 미취학 아동 54명; 처치집단 무선 배치 C=27명, 행동 통제 집단 E=27명, 아동중심 놀이치료 실험집단은 16~20회기의 개별 아동중심 놀이치료 진행(주 2회, 30분) 실험설계	시간이 지남에 따라 집단 간에 차이가 나타났다. 교사 보고에 따르면 아동중심 놀이치료를 받는 아동은 외현화 행동, 공격적 행동, 주의력 결핍 과잉 행동, 반항성 행동에 있어서 통계적으로 유의미하게 개선되었다.
Ceballos, P., & Bratton, S. C. (2010). 학교 기반 부모-자녀 관계 치료가 아동의 행동과 부모-자녀 관계 스트레스에 미치는 영향: 저소득 이민 1세대를 대상으로. *Psychology in the Schools, 47*(8), 761-775.	N=문제 행동을 보이는 헤드스타트 대상 아동의 히스패닉계 이민 부모 48명; 처치집단 무선 배치 C=24명, 비처치 대기집단 E=24명, CPRT(부모-자녀 관계 치료) CPRT 집단은 문화를 반영한 CPRT 훈련 11회기(주 1회, 2시간)와 아동과 함께하는 7회기의 구조화된 놀이치료 프로그램(주 1회, 30분)에 참여함; CPRT 교육 과정은 스페인어로 변역되고 실행됨. 실험설계	시간이 지남에 따라 두 집단을 비교하였을 때 CPRT 훈련을 받는 부모는 아동의 외현화 및 내면화 행동 문제와 부모-자녀 관계 스트레스에 있어서 통계적으로 유의하게 개선되었다. CPRT는 모든 종속 변수에 높은 치료 효과를 나타낸다. CPRT 집단의 85%의 아동이 임상 군 또는 경계선상의 문제 행동에서 정상군으로 변하였다. 62%의 부모는 임상 수준의 양육 스트레스에서 규범적 기능으로 감소를 보였다.

연구	연구 대상 및 설계	결과
Chau, I., & Landreth, G. (1997). 부모-자녀 관계 치료가 부모의 공감적 상호 작용, 아동 수용, 양육 스트레스에 미치는 영향: 중국인 부모를 대상으로. *International Journal of Play Therapy, 6*(2), 75-92.	N(연구 대상)=2~10세 아동의 중국인 이주민 부모 34명; 무선 배치와 부모의 스케줄에 따라 실험집단을 구성 C(통제집단)=16명, 비처치 대기집단 E(실험집단)=18명, CPRT(부모-자녀 관계 치료) CPRT 집단은 10회기의 CPRT 훈련(주 1회, 2시간)과 아동과 함께하는 7회기의 구조화된 놀이치료 프로그램(주 1회, 30분)에 참여함. 유사 실험설계	통제집단과의 비교 결과, CPRT에 참여한 부모집단은 자녀들과의 공감적 상호 작용에 통계적으로 유의한 상승을 보였다. 앞의 결과는 독립적인 평가자에 의한 눈이 회기의 직접 관찰을 통하여 이루어졌다. 처치 전후의 통제집단과 비교하였을 때, CPRT 집단 부모의 아동 수용이 통계적으로 유의미하게 증가하였으며, 부모-자녀 관계 스트레스는 통계적으로 유의미한 감소를 보였다.
Costas, M., & Landreth, G. (1999). 성학대 피해 아동과 비가해 부모를 대상으로 한 부모-자녀 관계 치료. *International Journal of Play Therapy, 8*(1), 43-66.	N=5~9세의 성학대 피해 아동과 비가해 부모 26명; 무선 배치와 거주 위치에 따라 실험집단 구성 C=12명, 비처치 대기집단 E=14명, CPRT CPRT 집단은 10회기의 CPRT 훈련(주 1회, 2시간)과 아동과 함께하는 7회기의 구조화된 놀이치료 프로그램(주 1회, 30분)에 참여함. 유사 실험설계	시간에 따른 두 집단의 차이는 다음과 같이 나타났다. 독립적인 평가자에 의한 평가 결과, CPRT 훈련을 받은 부모들은 자녀와의 공감적 상호 작용이 통계적으로 유의하게 향상된 것으로 나타났다. 아동 수용 역시 통계적으로 유의미하게 향상되었으며, 부모-자녀 관계 스트레스는 유의미한 감소를 보였다. CPRT에 참여한 부모들은 처치 전과 후에 아동의 문제 행동, 불안, 감정 조절, 그리고 자기 개념에 두드러진 변화가 나타났다고 보고하였다.
Danger, S., & Landreth, G. (2005). 언어장애로 의뢰된 아동을 대상으로 한 아동중심 집단놀이치료. *International Journal of Play Therapy, 14*(1), 81-102.	N=언어장애로 의뢰된 4~6세의 전학령기 유아 21명; 2개의 집단으로 무선 배치 C=10명, 일반적인 언어치료만을 받고 있는 비처치 대기집단 E=11명, 아동중심 집단놀이치료와 일반적인 언어치료를 병행한 집단; 25회기(주 1회, 30분). 11명의 아동이 실험집단으로 구성되었기에 한 집단은 3명의 아동으로 구성됨. 실험설계	실험집단과 통제집단을 비교한 결과, 비록 집단 간의 차이는 통계적으로 유의미하지 않았지만, 언어 발달이 지연된 아동들이 언어 표현 기술에 대한 처치 효과가 크게 나타났으며, 수용적 기술이 중간 수준으로 나타났다.

출처	대상 및 설계	결과
Doubrava, D. A. (2005). 집단 아동중심 놀이치료가 정서지능, 행동, 양육 스트레스에 미치는 영향. *Dissertation Abstracts International: Section B. The Science and Engineering, 66*(3), 1714.	N=DSM-IV 1축에서 적어도 하나의 진단을 받은 7~10세의 아동 19명; 2개의 집단으로 무선 배치 C=10명, 비처치 대기집단 E=9명, 아동중심 놀이치료; 10회기(주 2회, 40분) 실험설계	아동의 보고에 의한 정서지능과 부모의 보고에 의한 아동 행동 문제는 집단 간에 유의미한 차이가 발견되지 않았다. 통제집단과 비교했을 때, 실험집단 아동의 부모들은 통제적으로 유의미한 양육 스트레스 감소를 보고하지 않았다.
Fall, M., Balvanz, J., Johnson, L., & Nelson, L. (1999). 놀이치료와 자기 효능감, 학습 행동의 관계. *Professional School Counseling, 2*(3), 194-204.	N=5~9세의 학습 행동 대응 방식에 어려움이 있는 아동 62명 C=31명, 비처치 통제집단 E=31명, CCPT 집단 무선 배치, 6회기(주 1회, 30분) 실험설계	비록 집단 간에 통계적으로 유의미한 차이가 없었을지라도, 실험집단 아동들의 자기 효능감이 향상되었으며, 통제집단 아동들은 다소 하락된 모습이 나타났다. 교사들은 각 집단의 학습 행동이 향상되었다고 보고하였으며, 특히 실험집단에서 더욱 큰 향상이 있었다고 보고하였다. 그러나 교실을 관찰하였던 연구보조들은 이러한 교사들의 보고에 동의하지 않았다.
Flahive, M. W., & Ray, D. (2007). 전청소년기 아동을 대상으로 한 집단 모래놀이치료. *The Journal for Specialists in Group Work, 32*(4), 362-382.	N=4~5학년 56명 C=28명, 비처치 통제집단 E=28명, 행동에 어려움이 있는 것으로 확인된 전청소년기 대상의 집단놀이치료 집단 무선 배치, 10회기(주 1회, 45분) 실험설계	교사의 보고에 따르면, 실험집단에서 아동들은 통제집단에 비해 전반적으로 외현적·내면화 행동 문제가 감소하였다. 실험집단의 부모들은 통제집단 부모들과 비교했을 때, 자녀의 외현화·내면화 행동 문제가 감소하였다고 보고하였으며, 앞의 절과는 통제적으로 유의미하였다.
Garza, Y., & Bratton, S. C. (2005). 히스패닉계 아동을 대상으로 한 학교 기반 아동중심 놀이치료: 효과성과 문화적 측면. *International Journal of Play Therapy, 14*, 51-79.	N=유치원부터 5학년까지의(5~11세) 히스패닉계 아동 29명 C=14명, 교육과정 소집단 E=15명, CCPT 집단 무선 배치, 15회기(주 1회, 30분) 각 집단은 이중언어 사용이 가능한 상담자에 의해 촉진됨. 실험설계	부모의 보고에 따르면, 이중언어를 사용하는 상담자에 의해 CCPT를 받은 히스패닉계 아동들은 교육과정 처치를 받은 아동들보다 외현화 행동 문제에 큰 향상을 나타내었다. 비록 집단 간의 차이가 통계적으로 유의미하지 않았지만, CCPT는 아동의 내면화 행동 문제에 중등도의 치료적 효과가 있음을 나타내었다.

연구	방법	결과
Glover, G., & Landreth, G. (2000). Flathead 인디언 보호구역의 북미 원주민 부모를 대상으로 한 부모-자녀 관계 치료. International Journal of Play Therapy, 9(2), 57-80.	N=3~10세 자녀를 둔 미국 서부 인디언 보호구역에 거주하는 북미 원주민 부모 21명; 부모들은 그룹이 거주하는 보호구역의 위치에 따라 처치집단으로 배치 C=10명, 비처치 대기집단 E= 11명, CPRT CPRT 집단은 CPRT 훈련(주 1회, 2시간)을 받았으며, 그룹의 자녀들과 함께 7회기의 놀이 회기(주 1회, 30분)를 진행함. 유사 실험설계	독립적인 평가자를 통한 놀이 회기 관찰에서 CPRT 부모집단은 자녀들과의 공감적 상호 작용에서 유의미한 향상을 보였으며, 자녀들 역시 부모와의 긍정적인 행동에서 유의미한 향상을 나타내었다. 또한 비록 통계적으로 유의미한 결과는 아니었지만, CPRT 훈련을 받은 부모들은 수용적인 양육에서 증가와 부모-자녀 관계 스트레스의 감소를 보고하였으며, 그룹의 자녀들은 자기 개념 향상을 보고하였다.
Grskovic, J., & Goetze, H. (2008). 독일에 모를 대상으로 한 단기 부모-자녀 관계 치료 통제연구. International Journal of Play Therapy, 17(1), 39-51.	N=4~12세 자녀를 둔 독일계 모 33명; 거주 치료 시설에서 2주간 진행 C=18명, 통제집단 E=15명, 전체 훈련 프로그램은 2주간 진행, 90분간 2회기의 전 프로그램을 진행한 후, 자녀와 5회기 이상의 놀이 회기를 가지도록 함. 유사 실험설계	부모 보고에 따르면, 부모-자녀 놀이치료에 참여한 아동들은 통제집단과 비교하면, 전반적인 행동과 내현화 문제에 통계적으로 유의미한 향상을 보였다. 또한 부모-자녀 놀이치료에 참여한 부모들은 통제집단 비교할 때, 자녀들에 대한 긍정적인 관심에 유의미한 향상을 보고하였다.
Hacker, C. C. (2009). 부모-자녀 관계 치료: 훈련에 대한 희망(통계 처리 않은 박사학위 논문). University of Tennessee, Knoxville.	N=임양 아동(2~8세) 30명, 임양 부모 30명 C=15명, 아동/15명, 부모(부모 지원 집단) E=15명, 아동/15명, 부모, CPRT CPRT 집단은 5회기의 CPRT(주 1회, 3시간) 훈련을 받고, 자녀들과 여섯 번의 놀이 회기(주 2회, 30분)를 받음. 유사 실험설계	비록 CPRT 집단과 비교집단 간에 통계적으로 유한 차이가 나타나지는 않았지만, 부모들의 보고에 따르면 각 집단의 임양 아동들의 애착 문제가 개선된 것으로 나타났다.
Harris, Z. L., & Landreth, G. (1997). 여성 재소자를 대상으로 한 부모-자녀 관계 치료: 5주 도델. International Journal of Play Therapy, 6(2), 53-73.	N=3~10세의 자녀를 둔 여성 재소자를 22명; 주기적으로 처치집단으로 배치(특정한 감수에 입소하는 모의 수에 따라). 무선 배치와 각 집단의 목적에 맞는 동일한 집단에 수를 유지하기 위한 선택을 조합 C=10명, 비처치 대기집단 E=12명, CPRT	시간에 따라 통제집단과 비교했을 때, CPRT 집단원들은 자녀와의 공감적 상호 작용에 유의적으로 유의한 향상을 보였다. 독립적인 평가자들의 지적 관찰에 따라 양육적인 수용에 유의미한 증가를 보였으며, 자녀들의 외현화 문제가 감소하였다.

출처	설계/대상	결과
	CPRT 집단은 10회기의 CPRT를 받음(주 2회, 2시간). 감옥 안에서 자녀들이 방문 시간에 일곱 번의 놀이 회기(주 2회, 30분)를 받음. 유사 실험설계	집단 간의 차이를 비교했을 때, CTRT 훈련 교사들과 보조 교사 집단은 교실 내에서 관계 증진 기술을 사용하는 데 통계적으로 유의미한 향상을 보였다. 또한 CTRT 훈련 교사와 보조 교사들의 향상된 관계 기술과 학생들이 외현화 행동 문제 감소에 유의미한 상관이 나타났다. 행동을 통제 집단과 비교했을 때, 실험집단 아동들은 처치 전과 처치 진행 중, 처치 후의 외현화 문제의 감소를 나타내었다.
Helker, W. P., & Ray, D. (2009). 아동-교사 관계 훈련이 교사와 보조교사의 관계 증진 기술과 학생의 교실 행동에 미치는 영향. *International Journal of Play Therapy, 18*(2), 70-83.	N=헤드스타트 교사(교사-보조 12쌍) 24명; 행동 문제가 있는 것으로 확인된 전학년기 아동들이 교사들을 교사의 스케줄에 따라 무선 배치함, 아동들은 (N=32) 교사집단에 따라 배치 C=12명(6쌍), 행동 통제 집단 E=12명(6쌍), CTRT(교사-아동 관계 치료) CTRT 집단은 10회기의 교실 내 CTRT 프로토콜을 받음(주 3회, 15분). Morrison(2007)과의 합동 연구 유사 실험설계	
Holt, K. (2011). 입양아를 대상으로 한 부모-자녀 관계 치료: 아동 행동, 양육적 부모-자녀 관계 스트레스, 양육적 공감에 대한 효과. *Dissertation Abstracts International: Section B. Sciences and Engineering, 71*(8).	N=2~10세의 자녀를 둔 입양 부모와 입양을 위한 위탁 부모 61명 C=29명, 비처치 대기집단 E=32명, CPRT 집단 CPRT 집단은 10회기의 CPRT 회기를 받음(주 1회, 2시간) 자녀들과 일곱 번의 놀이 회기(주 1회, 30분)를 수행함. 실험설계	입양 부모들은 아동들이 전반적인 행동 문제와 외현화 행동 문제에 통계적으로 유의미한 향상을 보고하였다. 비처치 통제집단과 비교했을 때, CPRT 그룹의 부모들은 처치 전과 처치 후에 부모-자녀 관계 스트레스가 크게 감소했음을 보고하였다.
Jang, M. (2000). 한국계 부모들을 대상으로 한 부모-자녀 관계 치료 효과. *International Journal of Play Therapy, 9*(2), 39-56.	N=3~9세 자녀를 둔 한국계 부모 30명 C=16명, 비처치 대기집단 E=14명, CPRT 집단 CPRT 집단은 여덟 번의 CPRT 훈련을 받음(주 2회, 2시간) 자녀들과 일곱 번의 놀이 회기를 받음. 유사 실험설계	통제집단과 비교 시 CPRT 훈련을 받은 부모들은 자녀들과의 공감적 상호 작용의 유의미한 증가를 보고하였다. 또한 놀이 회기에서의 직접적인 관찰에 따라 CPRT 훈련 부모들은 자녀들의 행동 문제 감소를 보고하였다.

연구	N / 설계	결과
Johnson-Clark, K. A. (1996). 부모-자녀 관계 치료가 아동의 품행 문제와 부모-자녀 관계에 미치는 영향. *Dissertation Abstracts International: Section B, Sciences and Engineering, 57*(4), 2868.	N=모자생(3~5세 아동들) 52명 E1(실험집단 1)=17명, 부모-자녀 치료집단. 모든 한 주에 2시간, 부모-자녀 훈련 10회기를 받음, 한 주에 30분의 부모-자녀 놀이 회기를 7회 진행 E2(실험집단 2)=18명, 놀이집단. 모든 한 주에 30분의 놀이 회기를 7번 진행(다른 훈련 없이) C=17명, 비처치 통제집단 실험설계	놀이회기만 하는 집단과 비처치 통제집단과의 비교 시, 부모-자녀 관계 치료에 참여한 부모들은 아동의 품행장애에 참여한 행동 문제에 유의미한 차이를 보고하였다. 또한 부모-자녀 관계 치료에 참여한 부모들은 아동들의 품행 문제를 다른 비교집단에 비해 덜 걱정하는 것으로 나타났다.
Jones, E. M., & Landreth, G. (2002). 만성질환 아동을 대상으로 한 집중 개인놀이치료의 효과. *International Journal of Play Therapy, 11*(1), 117-140.	N=인슐린 의존성 당뇨병(IDDM)으로 진단받은 7~11세 아동 20명 C=15명, 비처치집단 E=15명, CCPT(14명의 아동들은 3주간 12회기, 1명의 아동은 10회기) 집단 무선 배치 실험설계	통제집단과 비교 시, CCPT 집단 아동들은 처치 전후 당뇨병 적응에 유의미한 향상을 보였다. 그러나 처치로 부모의 보고에 따르면, CCPT 집단과 통제집단은 당뇨병 수용에 미미한 변화를 나타냈다. 비록 주축 집단의 차이가 유의하지 않았으나 CCPT 아동이 부모들은 그들이 행동 문제에 주목할 만한 향상이 있었음을 보고하였다.
Jones, L., Rhine, T., & Bratton, S. (2002). 학교 적응에 어려움을 경험하는 아이들의 치료적 메디이오로서의 고등학생: 부모-자녀 관계 치료 훈련 모델의 효과. *International Journal of Play Therapy, 11*(2), 43-62.	N=장기간 멘토링 코스에 참여한 중학교와 고등학교 학생들 31명; 한 반은 CPRT 프로토콜을 임의로 적용; 다른 반은 전통적인 치료집단에 할당됨(아동들은 무작위로 치료집단에 할당됨). C=15명, PALS 커리큘럼 E=16명, 장기구조화된 CPRT 4~6세의 26명의 아동들을 무작위로 실험집단(E=14)과 모든 통제집단(C=12)에 배정 모든 집단의 멘토들은 장기 수업 시간 동안에 훈련을 받고 교사들에게 한업 성취에 어려움이 있다고 판단된 4~6세의 아동들과 매주 스무 번의 놀이 회기를 실시. CPRT 멘토는 1주의 20분의 놀이 회기를 놀이치료와 CPRT 훈련을 받은 전문가들에게 직접 슈퍼비전 받음. Data from both Jones(2002) and Rhine(2002). 실험설계	PALS 집단과 비교 시, CPRT 집단의 부모들은 자녀들의 내면화와 전반적 행동 문제에 있어 통제적으로 유의미한 감소를 보고하였다. 또한 통제적으로 유의미하지는 않았지만 CPRT 집단의 부모들은 자녀들이 외현화 행동 문제에 있어서도 주목할 만한 향상이 있었다고 보고하였다. 교사의 보고에 따르면, 비록 두 집단 사이에 통계적으로 유의미한 큰 차이는 없었지만, CPRT 집단 아동들은 긍정적인 행동에 주목할 만한 향상을 보인 반면, PALS 집단 아동들은 미미한 향상을 나타내었다.

출처	연구대상 및 설계	연구결과
Kale, A. L., & Landreth, G. (1999). 학습장애를 경험하는 아동의 부모를 대상으로 한 부모-자녀 관계 치료. *International Journal of Play Therapy*, 8(2), 35-56.	N=5~10세의 학습장애에 어려움을 가진 자녀를 둔 부모 22명; 무선 배치 C=11명, 비처치 대기집단 E=11명, CPRT CPRT 집단은 CPRT 훈련(주 1회, 2시간)을 10회 받고 자녀들과 일주일 간의 놀이 회기(주 1회, 30분)를 진행 실험설계	처치 전과 후의 CPRT 훈련집단은 통제집단에 비해 부모의 수용과 부모-자녀 관계 스트레스의 감소 측면에서 통계적으로 유의미한 향상을 나타내었다. 반면에 통제집단과 유의미하지는 않았으나, CPRT 훈련을 받은 부모들은 통제집단과 비교하여 아동의 행동 문제에 있어 개선을 보였다고 보고하였다.
Kaplewicz, N. L. (2000). 그룹놀이치료가 독서치료를 받는 아동의 읽기 능력 향상과 정서적인 증상에 미치는 영향. *Dissertation Abstracts International: Section B. Sciences and Engineering*, 61(1), 535.	N=독서치료를 받는 8~10세의 3, 4학년 40명; 난수표를 이용한 무선 배치 C1=13명, 비처치 통제 C2=13명, 플라시보/행동통제 E=14명, CCPT 집단 모든 아동 참가자들은 독서치료를 지속함. CCPT 집단은 10주간 30분의 놀이 회기를 10회기 받음. 플라시보 통제/행동 통제 집단은 10주간 30분의 비치료 회기를 10회기 받음. 유사 실험설계	부모들의 보고에 따르면, 세 집단 아이들 간의 행동 증상에 있어서 통계적으로 유의미한 차이는 없었다. 교사들 또한 아동들의 행동 증상뿐 아니라 읽기 성과에 있어서도 큰 차이가 없다고 보고하였다. 아동들 스스로 보고한 결과로도 정서적이나 학교 적응에 있어 특별한 절대값으로 유의미하게 학교의 차이가 나타나지 않았다. 그러나 집단 지도자들의 지도에 따르면, CCPT와 플라시보 집단만의 아동들은 기간의 개입의 정도에 따른 차이를 보였다.
Kellam, T. L. (2004). 수용, 스트레스, 아동 행동에 대한 부모교육 수업과 비교한 부모-자녀 관계 치료의 중재 효과. *Dissertation Abstracts International: Section B. Sciences and Engineering*, 64(8), 4043.	N=부모-자녀양성(CPS) 37명; 치료그룹에 무선 배치 C=17명, 부모교육 수업 E=20명, 수정된 CPRT 프로토콜 모든 그룹은 한 주에 1.5시간의 수업을 8회기 참여함. 실험설계	양육과 관련된 스트레스와 아동의 행동 문제에 따른 집단 간의 차이는 통계적으로 유의미하게 나타나지 않았다. 통계적으로 유의미하지는 않았으나 CPRT 훈련을 받은 부모들은 비교집단에 비해 양육적인 수용에 근향상이 있었다고 보고하였다.
Kidron, M., & Landreth, G. (2010). 이스라엘 부모들을 대상으로 한 집중 부모-자녀 관계 치료. *International Journal of Play Therapy*, 19(2), 64-78.	N=4~12세의 자녀를 둔 이스라엘 부모 27명; 부모들의 일정에 따라 치료집단으로 배치 C=13명, 비처치 대기집단 E=14 CPRT CPRT 집단은 10회기의 CPRT 훈련을 받고(주 1회, 2시간) 자녀들과 일주일 간의 놀이 회기(주 1회 30분)를 진행 유사 실험설계	통제집단의 부모들과 비교 시, CPRT 집단은 처치 전과 처치 후의 자녀와의 정서적인 상호 작용에 있어서 상대적으로 유의미한 증가를 나타내었다. 포함 부모-자녀 관계 스트레스에 있어서 통제집단에 비교하여 유의적으로 유의미한 감소를 보였다. 통제집단에 비교하여 CPRT 부모들은 자녀의 외현화 행동 문제에 통계적으로 유의미한 감소를 보고하였다.

출처	연구 설계 및 대상	결과
Kot, S., Landreth, G., & Giordano, M. (1998). 가정폭력 목격 아동을 대상으로 한 집중적 아동중심 놀이치료. International Journal of Play Therapy, 7(2), 17-36.	N=4~10세에 가정폭력을 경험한 22명 아동, 주거지에 따른 기간에 따라 집단 분류 C=11명, 비처치 통제집단 E=11명, CCPT 집단 CCPT 집단은 12일에서 3주간, 45분의 12회 놀이치료를 받음. 통제집단은 사전, 사후에 각 1회 45분 놀이 회기를 가짐. 유사 실험설계	통제집단과 비교했을 때, CCPT 집단 아동의 부모들은 전체 행동과 외현화 행동 문제에서 유의미한 향상을 보고하였다. 또한 CCPT 집단 아동은 통제집단 아동과 비교했을 때, 자기 개념에서 유의미한 변화를 나타내었다. 독립변인 측정에 따르면, CCPT 집단 아동은 모한 아동과 치료자 간에 신체적 근접성과 긍정적 놀이 주제에서 유의미한 향상을 보였다.
Landreth, G., & Lobaugh, A. (1998). 수용자 아버지 대상 부모-자녀 관계 치료: 아동의 양육 수용도, 양육 스트레스, 아동 적응에 대한 영향. Journal of Counseling & Development, 76, 157-165.	N=4~9세 자녀를 둔 수용자 아버지 32명; 무선 배치 C=11명, 비처치 대기집단 E=CPRT 집단 11명 CPRT 집단은 10회기의 CPRT 교육(주 1회, 90분)을 받고, 수용 시설에서 주마다 가족방문 동안 8~10 놀이 회기를 자녀와 실시하였음. 실험설계	CPRT 집단은 통제집단과 비교했을 때, 자녀의 양육 수용도의 유의미한 증가와 부모-자녀 관계 스트레스의 유의미한 감소를 보고하였다. 게다가 CPRT를 받은 아빠의 자녀들은 사후검사에서 자아 존중감의 유의미한 향상을 보였다.
Lee, M., & Landreth, G. (2003). 미국에 거주하는 한국 부모 대상 부모-자녀 관계 치료 International Journal of Play Therapy, 12(2), 67-85.	N=2~10세 자녀를 둔 이주 한국 부모 32명; 무선 배치 C=15명, 비처치 대기집단 E=17명, CPRT 집단 CPRT 집단은 10회기의 CPRT 교육(주 1회, 2시간)을 받고, 자녀와 7회 놀이 회기(주1회, 30분)를 시행함. 실험설계	집단 간 비교에서 CPRT 집단의 부모들은 ① 자녀와의 공감적 상호 작용의 유의미한 증가, ② 자녀의 양육 수용도의 유의미한 증가와 부모-자녀 관계 스트레스의 유의미한 감소를 나타내었다.
McGuire, D. E. (2001). 적응 문제를 경험하는 아동 대상 아동중심 집단 놀이치료. Dissertation Abstracts International: Section A The Humanities and Social Sciences, 61 (10), 3908.	N=적응 문제를 가진 5~6세 유치원생 29명 C=14명, 비처치 대기집단 E=15명, CCPT 집단 실험집단 아동은 12회의 아동중심 집단놀이치료(주 1회, 40분)를 받음. 통제집단 출처: Baggerly(1999) 유사 실험설계	통제집단과 실험집단 간에 통계적으로 유의미한 차이는 없었으나, 실험집단은 아동의 행동에서 정적 경향성이 발전되었다. 또한 실험집단 아동의 부모는 통계적으로 유의미한 차이는 아니지만 부모-자녀 관계 스트레스의 감소를 보고하였다.

출처	연구 대상 및 방법	연구 결과
Morrison, M., & Bratton, S. (2010). 헤드스타트 프로그램을 위한 조기 정신건강 개입: 아동 행동 문제에 대한 아동-교사 관계 훈련(CTRT)의 효과. *Psychology in the schools, 47*(10), 1003-1017.	N=특정 행동 문제를 가진 전학령기 위험군 아동들의 헤드스타트 교사 24명(교사-보조 12쌍); 교사들은 무선 설계와 교사 일정에 따라 처치집단 배치; 아동(52쌍)은 교사 집단에 따라 배정 C=12명(6쌍), 적극적 통제집단 E=12명(6쌍), CTRT 집단 CTRT 집단은 10회기 CPRT 과정을 적용하였고, 8주간 (주 3회, 15분)의 수업 내 코칭을 받았음. 유사 실험설계	교사 보고에 따르면, CTRT를 받은 교사와 아동들은 적극적 통제집단에 비해 3회 측정에 걸쳐 외현화와 전체 행동 문제에서 통계적으로 유의미한 감소를 보였다. 치료 효과는 포괄적으로 나타났다. 또한 CTRT는 적극적 통제집단에 비해 아동의 외현화 행동 문제 감소에 적합한 치료 효과를 보였다. CTRT를 받은 아동의 84%는 임상 또는 준임상 행동 문제에서 정상 기능 수준으로 옮겨 갔다.
Packman, J., & Bratton, S. C. (2003). 행동 문제를 가진 학습 장애 청소년을 위한 학교-기반 집단놀이/활동치료 개입. *International Journal of Play Therapy, 12*, 7-29.	N=행동 문제를 가진 10~12세의 4~5학년 아동 24명; 무선 배치 C=12명, 비처치 통제집단 E=12명, 집단 CCPT/활동치료 CCPT 집단은 12주간 주 1시간의 놀이치료를 받음. 실험설계	통제집단 아동과 비교했을 때, 실험집단 아동은 부모의 보고에 의해 전체 행동과 내현화 행동 문제에 통계적으로 유의미한 향상을 보였다. 외현화 행동에서 두 집단 아동 간에 유의미한 차이가 발견되지는 않았으나, 실험 집단 아동은 비행과 공격 행동에서 주목할 만한 향상을 나타내었다.
Post, P. (1999). 4, 5, 6학년 위험군 학생의 자아 존중감과 통제감, 불안에 대한 아동중심 놀이치료의 효과. *International Journal of Play Therapy, 8*(2), 1-18.	N=9~12세의 4~6학년 위험군 아동 168명 C=91명, 비처치 통제집단 E=77명의 CCPT 집단 CCPT 집단은 1~25회기(평균 4회기)의 놀이치료를 받음(주 1회). 비무선 배정 유사 실험설계	아동의 자아 존중감에서 CCPT와 통제집단 간에 통계적으로 유의미한 차이가 나타났다. 보다 분명하게, CCPT 집단 아동의 전반적인 자아 존중감은 대략적으로 동일하게 유지되었으나, 통제집단 아동은 전반적으로 자아 존중감이 감소하였다. 비록 집단 간에 통계적으로 유의미한 차이가 나타나지는 않았지만, CCPT 집단 아동의 통제감이 거의 동일하게 유지된 반면, 통제집단 아동은 눈에 띄게 감소하였다.

Post, P., McAllister, M., Sheely, A., Hess, B., & Flowers, C. (2004). 위험군 유아의 교사를 위한 아동중심 교사-아동 관계 증진 훈련. International Journal of Play Therapy, 13(2), 53-74.

N=행동 문제를 가진 위험군 하령 전 아동 교사 17명; 교사 모두 위험군 아동을 통제집단에 무선 배치하지 않음.
C = 8명, 비처치 집단
E = 9명, 수정된 CPRT
CPRT 교사는 전체 23주의 개입을 받음: 10주의 수정된 CPRT 집단 회기(주 1회, 2시간) 동안에 7주간 30분씩 아동과의 놀이 회기를 실시하고, 45분간의 개인 슈퍼비전을 받음; 이후 13주의 집단 회기에서는 교사가 교실에서 CPRT 기술을 적용할 수 있도록 돕는 데 조점을 둠(주 1회, 2시간).
유사 실험설계

교사 보고에 따르면, 실험집단 아동은 통제집단과 비교해서 적응 행동, 내재화와 전반적 행동에서 통계적으로 유의미한 향상을 보였다. CPRT를 훈련받은 교사는 공감적 상호 작용과 아동과의 일대일 놀이치료와 교실에서 놀이치료 기술을 목적에 맞게 활용하는 것에 유의미한 향상을 나타내었다.

Ray, D. C. (2007). 교사-아동 관계의 스트레스를 감소하기 위한 두 유형의 상담 개입. Professional School Counseling, 10(4), 423-440.

N=4~11세의 하령 전에서 5학년까지의 위험군 아동 93명(교사 59명)
E1(실험집단 1)=32명, CCPT 아동은 16회기의 CCPT (주 2회, 30분)를 받음.
E2(실험집단 2)=29명, 교사 컨설팅(TC), 교사는 8회기의 TC를 받음(주 1회, 10분).
E3(실험집단 3)=32명, CCPT, TC 혼합집단 아동은 열여섯 번의 CCPT를 받고(주 2회, 30분), 교사는 8회의 TC를 받음(주 1회, 10분).
집단 무선 배치
실험설계

비록 집단 간에 유의미한 차이는 없었으나, 세 집단의 교사 모두 교사-아동 관계 스트레스에서 통계적으로 유의미한 향상을 보고하였다. 교사 보고에 따르면, 22명의 아동이 사전검사에서 임상적이거나 임상 수준으로 나타났으나, 11명의 아동이 사후검사에서 임상 수준을 벗어났다. 사전검사의 학습자 특성 영역에서 임상 수준 이상으로 밝혀진 13명 중 7명은 사후검사에서 임상 수준 아래로 나타났다.

Ray, D. C., Blanco, P. J., Sullivan, J. M., & Holliman, R. (2009). 공격적인 아동을 대상으로 한 아동중심 놀이치료의 탐색적 연구. International Journal of Play Therapy, 18(3), 162-175.

N=4~11세의 공격적인 아동 41명
C=22명, 비처치 대기집단
E=19명, CCPT 집단
처음에 놀이치료로 의뢰된 아동들은 CCPT 집단에 배정되고, 7주간 14회기(주 2회, 30분)를 받음. 단 32명의 부모들이 사전, 사후 검사를 수행함(임상집단 15명, 통제집단 17명).

집단 간에 차이는 통계적으로 유의미하지 않았으나, CCPT 집단 아동의 교사들은 통제집단에 비해 아동의 공격 행동에 대해 눈에 띄게 큰 감소를 보고하였다.

저자/출처	연구대상 및 설계	결과
Ray, D. C., Schottelkorb, A., & Tsai, M., (2007). 주의력 결핍 과잉 행동 장애 증상을 가진 아동을 위한 놀이치료. *International Journal of Play Therapy, 16*(2), 95-111.	교사들은 41명 아동 모두에 대해 사전, 사후 검사를 수행함. 유사 실험설계 N=학령 전에서 5학년까지 주의력 문제와 과잉 행동으로 의뢰된 5~11세의 아동 60명 C=29명, 독서 멘토링(RM) 집단 E=31명, CCPT 집단 CCPT 집단 아동은 16회기 CCPT(주 1회, 30분)를 받음. RM 집단 아동은 16회기의 개별 독서 멘토링(주 1회, 30분)을 받음. 집단 무선 배치 실험설계	아동의 ADHD 증상에서 집단 간에 통계적으로 유의미한 차이는 나타나지 않았다. RM 집단과 비교했을 때, CCPT 아동은 교사는 개인적 특성과 유아의 특성에서 통계적으로 유의미한 향상을 보고하였고, 아동의 정서적 고통, 불안, 아동 문제 감소에 CCPT가 적합한 치료 효과가 있음을 나타냈다.
Ray, D. E. (2003). 양육 수용과 아동 적응을 위한 부모-자녀 관계 치료의 효과(미게재 석사학위 논문). Emporia State University, Kansas.	N=애착 문제가 확인된 3~10세 아동의 부모 50명 C=25명, 비치료 대기집단 E=25명, CPRT 집단 CPRT 집단은 10회기의 CPRT 훈련(주 1회, 2시간)과 정을 따났고, 자녀와 놀이 회기를 실시함. 유사 실험설계	통제 집단과 비교했을 때, CPRT 부모들은 사전, 사후 검사에서 양육 수용도에 대해 통계적으로 유의미한 증가를 보고하였다. 통계적으로 유의미하지는 않았지만, CPRT를 훈련받은 부모들은 통제집단 부모와 비교하여 자녀의 행동 문제와 부모-자녀 관계 스트레스가 감소되었음을 보고하였다.
Rennie, R. L. (2003). 적응 문제를 가진 유아를 위한 개별놀이치료와 집단놀이치료 효과에 대한 비교 연구. *Dissertation Abstracts International: Section A. The Humanities and Social Sciences, 63*(9), 3117.	N=적응 문제를 보이는 유치원생 42명 C=13명, 비치료 집단 E1=14명, 개별 CCPT E2=15명, 집단 CCPT 개별 CCPT 집단은 12주간 10~12회기(주 1회, 30분) 집단 CCPT 집단은 14주간 12~14회기(주 1회, 45분) 집단 1과 통제집단은 무선 배치; 집단 2 자료의 출처: McGuire(1999) 유사 실험설계	비치료 통제집단과 비교했을 때, 개별 CCPT 집단 아동의 부모들은 아동이 전체 행동과 외현화 행동 문제에서 통계적으로 유의미한 향상을 보고하였다. 개별과 집단 CCPT 치료 처치 집단 간에 통계적으로 유의미한 차이는 나타나지 않았다.

출처	연구 설계	결과
Rhine, T. J. (2002). 훈련된 고등학생에 의한 놀이치료 개입이 부적응 유아의 행동에 미치는 영향: 학교 상담사를 위한 적용. *Dissertation Abstracts International: Section A. The Humanities and Social Sciences, 62*(10), 3304.	Jones(2002)와의 동반 연구, Jones, Rhine, & Bratton(2002)에 게재	
Schumann, B. (2010). 공격성 관련 아동을 위한 아동중심 놀이치료의 효과. In J. Baggerly, D. Ray, & S. Bratton (Eds.), *Child-centered play therapy research: The evidence base for effective practice* (pp. 193-208). Hoboken, NJ: Wiley.	N=학령 전에서 5학년까지 공격적인 5~12세 아동 37명 E=20명, CCPT 집단 C=17명, 교육과정 중심 소그룹 지도 집단 CCPT 집단은 12~15회기의 CCPT(주 1회, 30분)를 받음. 소그룹 지도 집단은 8~15회의 집단 회기를 받음. 집단 무선 배치 실험설계	CCPT 집단과 소그룹 지도 집단 간에 통계적으로 유의미한 차이는 없었다. 하지만 부모의 보고에 따르면, CCPT 집단의 대부분의 아동은 소그룹 지도 집단보다 공격 행동에서 향상이 나타났다.
Shashi, K., Kapur, N., & Subbakrishna, D. K. (1999). 정서 불안정 아동을 위한 놀이치료에 대한 평가. *NIMHANS Journal, 17*(2), 99-111.	N=정서장애로 진단된 5~10세 아동 10명 E=5명, 비지시적 놀이치료(PT) 집단 C=5명, 비지시 집단 PT 집단은 10회의 비지시적 놀이치료 회기를 받았고, 보호자들은 2~3회의 가족상담을 받음. 통제집단 보호자는 단 1회의 가족상담을 받음. 실험설계	사전검사에서 비지시 통제집단과 비지시적 놀이치료 집단 간에 통계적으로 유의미한 차이는 발견되지 않았다. 그러나 사후검사에서 비지시집단 아동의 부모와 교사들은 통제집단과 비교했을 때, 아동의 정서와 행동 문제, 전반적 행동에서 통제집단으로 유의미하게 낮은 수준을 보고하였다.
Sheely-Moore, A., & Bratton, S. (2010). 저소득 아프리카계 미국인 가족과의 강점중심 양육 개입. *Professional School Counseling, 13*(3), 175-183.	N=행동 문제를 가진 헤드스타트 아동의 저소득 아프리카계 미국인 부모 23명; 처치집단 무선 배정 C=10명, 비처치 대기집단 E=13명, CPRT 집단 CPRT 집단은 10회기의 CPRT 교육(주 1회, 2시간)을 받고, 자녀와 7회의 놀이 회기(주 1회, 30분) 실시 실험설계	비처치 통제집단과 비교했을 때, CPRT 집단은 아동의 전반적 행동 문제와 부모-자녀 관계 스트레스에서 통계적으로 유의미한 향상이 나타났다. 처치 효과는 크게 나타났다. 문화적 고려사항이 결론에서 논의되었다.

출처	연구방법	결과
Shen, Y. (2002). 중국 지진 피해자가 대상 단기 집단놀이치료: 불안, 우울, 적응에 대한 영향. *International Journal of Play Therapy*, 11(1), 43-63.	N=3~6학년의 부적응 위험군 8~12세의 아동 30명 C=15명의 비처치 통제집단 E=15명이 아동중심 집단놀이치료 집단 집단 무선 배치 CCPT 집단은 4주간 집단놀이치료(주 2~3회, 40분)를 받음. 실험설계	통제집단과 비교했을 때, 실험집단 아동은 전반적 불안, 생리적 불안, 걱정/과민성, 자살 위험에서 통계적으로 유의미한 감소를 보였다. 또한 아동중심 집단놀이치료는 아동의 불안, 걱정, 과민성 감소에 큰 전반적 치료 효과를 나타내었다.
Smith, D. M., & Landreth, G. L. (2004). 청각장애 아동의 교사를 위한 관계 증진 놀이치료. *International Journal of Play Therapy*, 13(1), 13-33.	N=2~6세의 청각장애 아동의 교사 24명; 학급은 연령이 동일하도록 무선적으로 처치집단을 배정함. C=12명, 비처치 대기집단 E=12명, CPRT 집단 CPRT 교사는 10회의 훈련 회기(주 1회, 2시간)를 받고, 아동과 7회의 놀이 회기를 진행함(주 1회, 30분). 실험설계	집단 간에 차이는 CPRT 집단 아동이 행동 문제와 사회 정서적 기능에서 통계적으로 유의미한 향상을 보이는 것으로 나타났다. 통제집단 교사와 비교했을 때, CPRT 훈련받은 교사는 학생과의 공감적 상호 작용(블라인드 평가에 의해 직접 관찰)과 학생의 수용 정도에서 통계적으로 유의미한 향상을 나타내었다.
Smith, N., & Landreth, G. (2003). 가정 폭력 목격 아동 대상 집중적 관계증진 놀이치료: 개별놀이치료와 형제 집단 놀이치료 간의 비교. *International Journal of Play Therapy*, 12(1), 67-88.	N=가정폭력을 목격한 4~10세 아동 44명 C=11명, 비처치 비교집단(출처: Kot et al., 1998) E1=CPRT를 받은 어머니의 자녀 11명 E2=개별놀이치료를 받은 아동 11명(출처: Kot et al., 1998) E3=형제 집단놀이치료 아동 11명(출처: Tyndall-Lind et al., 2001) CPRT 집단은 2~3주 간 12회기 CPRT 훈련(90분)을 받고, 자녀와 평균 7회의 놀이 회기(30분)를 진행함. 유사 실험설계	비처치 통제집단과의 비교: ① CPRT를 훈련받은 부모는 통계적으로 유의미하게 자녀의 행동 문제의 감소를 보고하였고, ② CPRT 집단의 아동은 자아 존중감이 유의미한 증가를 보고하였다. 게다가 CPRT 부모는 사후 검사에서 자녀와의 공감적 상호 작용이 유의미하게 증가하였다고 보고하였다(블라인드 평가에 의한 직접 관찰). 처치 집단 간의 결과는 개입에 따라 통계적으로 유의미한 차이가 나타나지 않았다.

출처	대상 및 설계	결과
Swanson, R. C. (2008). 평균 이하의 읽기 수준을 가진 2학년 아동의 읽기 능력 향상을 위한 아동중심 놀이치료의 효과. Master Abstracts International: Section A: Humanities and Social Sciences, 46(5).	N=평균 이하 읽기 수준을 가진 2학년 아동 19명 C=11명, 비처치 통제집단 E=8명, CCPT 집단 집단 무선 배치 CCPT 집단아동은 14회의 개별 CCPT 회기(주 1회, 30분)를 받았음. 실험설계	통계적으로 유의미한 집단 간 차이는 발견되지 않았지만, 실험, 통제 집단 모두 독해능력평가(DRA)의 평균 점수가 세 번의 검사에서 읽기 능력이 향상되었음을 나타내었다. 또한 평가 결과에 대한 통계적 분석은 수행하지 않았으나, 읽기 속도(RR)에서 두 집단의 평균 점수가 치지 기간 동안 향상되었다.
Tew, K., Landreth, G., Joiner, K. D., & Solt, M. D. (2002). 만성 환아의 부모 대상 부모-자녀 관계 치료. International Journal of Play Therapy, 11(1), 79-100.	N=입원 중인 3~10세 만성 환아의 부모 23명; 부모들은 부모 스케줄을 기반으로 처치 그룹으로 배치됨. C=11명, 비처치 대기집단 E=12명, CPRT 집단 CPRT 집단은 10회의 CPRT 훈련(주 1회, 2시간)을 받고, 자녀와 7회의 놀이 회기를 수행함(주 1회, 30분). 유사 실험설계	통제집단과 비교하여 CPRT를 훈련받은 부모들은 부모-자녀 관계 스트레스와 아동 행동 문제에서 유의적으로 유의미한 감소를 보고하였다. 또한 CPRT 부모들은 통제집단 부모와 비교할 때, 양육 수용도에서 유의미한 향상을 보고하였다.
Tyndall-Lind, A., Landreth, G., & Giordano, M. (2001). 가정폭력 목격 아동을 위한 집중적 집단놀이치료. International Journal of Play Therapy, 10(1), 53-83.	N=가정폭력 가정의 4~10세 아동 거주자 32명 C=11명, 비처치 대기집단 E1=10명, 형제집단 CCPT E2=11명, 개별 CCPT 집단 1(실험집단)은 12일 간 12회기의 형제집단 CCPT(45분)를 받음; 집단 2(비교집단)는 12일 간 12회기의 개별 CCPT(45분)를 받음. 아동은 쉼 거주 기간에 따라 집단 1과 통제집단으로 배정 유사 실험설계	통제집단과 비교했을 때, 실험집단 아동은 자기 보고에서 자기 개념이 통계적으로 유의미한 향상을, 부모 보고에서 전 행동 문제, 외현화 행동 문제, 불안과 우울 행동이 유의미한 향상을 보였다. 하지만 시간에 따라 실험과 비교 집단 간에 통계적으로 유의미한 차이는 없었고, 두 처치 개입은 유사한 처치 효과를 나타냈다.

Villarreal, C. E. (2008). 히스패닉계 부모와의 학교 기반 부모-자녀 관계 치료(CPRT). Dissertation Abstracts International: Section A. The Humanities and Social Sciences, 69(2).	N=4~10세 아동의 히스패닉계 부모 13명; 처치 집단의 무선 배치 C=7명, 비처치 대기집단 E=6명, CPRT 집단 CPRT 집단은 10회기의 CPRT 훈련(주 1회, 90분)을 받고, 자녀와 7회의 놀이 회기(주 1회, 30분)를 시행함. 실험설계	CPRT를 훈련받은 부모들은 통제집단 부모와 비교했을 때, 사후검사에서 아동의 내재화 문제에 통계적으로 유의미한 감소를 보고하였다. 또한 통계적으로 유의미하지는 않았으나 CPRT를 훈련받은 부모들은 통제집단보다 아동의 외현화 문제에서 큰 감소를 보고하였다.
Watson, D. (2007). 우울 관련 부정적 외현행동을 보이는 아동을 위한 초기 개입 접근: 학교 놀이치료의 효과성. Dissertation Abstracts International Section A: Humanities and Social Sciences, 68(5), 1820.	N=외현화 행동 문제를 가진 전화평가에서 1학년까지의 4~7세 아동 30명 집단 무선 배치 C=15명, 비처치 통제집단(평소와 동일한 처치) E=15명, 집단놀이치료 실험집단은 16회기 집단놀이치료(주 2회, 30분)를 받음. 실험설계	종속표본 t 검증은 통제집단과 실험집단에 각각 실시되었다. 그 결과 통제집단은 아동의 사회적 기술과 문제행동에서 통계적으로 유의미한 차이를 보이지 않았다. 실험집단은 문제 행동에서는 차이가 없었으나 사회적 기술에서 시간에 따라 통계적으로 유의미한 향상을 보였다. 하지만 집단 간의 차이는 이 연구에서 분석되지 않았다.
Yuen, T., Landreth, G., & Baggerty, J. (2002). 이주한 중국 가족을 대상으로 한 부모-자녀 관계 치료. International Journal of Play Therapy, 11(2), 63-90.	N=3~10세 아동의 중국 이주 부모 35명 처치집단 무선 배치 C=17명, 비처치 대기집단 E=18명, CPRT 집단 CPRT 집단은 10회의 CPRT 훈련(주 1회, 2시간)을 받고, 자녀와 7회의 놀이 회기(주 1회, 30분)을 수행함. 실험설계	독립적 평가자에 의한 놀이 회기의 직접 관찰을 통해 CPRT 집단의 부모에게서 자녀와의 공감적 상호 작용이 통계적으로 유의미하게 증가하였음이 시간에 따른 집단 차이에서 나타났다. 또한 CPRT로 인한 통계적으로 유의미한 집단 간의 결과는 양육 수용도 증가, 부모-자녀 관계 스트레스와 아동 행동 문제 감소로 나타났다.

마무리

아동중심 놀이치료는 자연스러운 의사소통 놀이 매체를 통해 스스로를 표현하도록 하는, 발달적으로 적합한 아동 자신만의 방식에 관한 역동적 과정이다. 놀이치료에서의 관계는 아동에 대한 치료자의 확고한 믿음과 아동에 대한 이해와 수용의 약속에 의해 촉진되는 자기 발견의 지속적인 과정인데, 이는 안전성 있는 관계를 맺게 해 주고, 아동이 다른 성인과 일반적으로 공유하지 않는 차원의 자기를 자유롭게 표현하고 탐색함으로써 아동에게 내면화된다.

아동중심 놀이치료자는 아동의 '문제'가 아닌 아동 자체에 온전히 집중해야 한다. 따라서 아동 놀이의 내용과 방향은 아동에 의해 결정된다. 아동중심적 접근은 확인된 아동 문제에 의존하는 지시적인 접근이 아니다. 주요 개념은 아동의 행동이 자신의 세계에 대한 관점과 어떻게 자신에 대해 느끼는지에 대한 기능이라는 것이다. 그러므로 치료자는 아동의 지각적 관점을 이해하려고 애써야 한다. 아동의 행동은 아동의 눈을 바라봄으로써 이해될 수 있다.

아동중심 놀이치료는 놀이치료 분야에서 가장 철저하게 연구되는 치료 모델이며, 폭넓은 아동의 문제와 집중적이고 단기적인 놀이치료를 포함하는 시간 제한적 환경에서 이 접근의 효과성은 분명하게 입증되고 있다. 아동중심 놀이치료는 존재와 되어 감(being and becoming)의 과정에 집중해 왔고, 앞으로도 그럴 것이다.

참고문헌

Baggerly, J., Ray, D., & Bratton, S. (2010). *Child-centered play therapy research: The evidence base for effective practice.* Hoboken, NJ: Wiley.

Bayat, M. (2008). Nondirective play therapy for children with internalizing problems. *Journal of Iranian Psychology, 4*(15), 267-276.

Beckloff, D. R. (1998). Filial therapy with children with spectrum pervasive development disorders. *Dissertation Abstracts International: Section B. Sciences and Engineering, 58*(11), 6224.

Blanco, P., & Ray, D. (2011). Play therapy in the schools: A best practice for improving academic achievement. *Journal of Counseling and Development, 89,* 235-242.

Brandt, M. A. (2001). An investigation of the efficacy of play therapy with young children. *Dissertation Abstracts International: Section A. Humanities and Social Science, 61*(7), 2603.

Bratton, S. C., Ceballos, P., Shelly, A., Meany-Walen, K., & Prochenko, Y. (in review) An early mental health intervention on disruptive behaviors of at-risk prekindergarten children enrolled in head start.

Bratton, S. C., & Landreth, G. L. (1995). Filial therapy with single parents: Effects on parental acceptance, empathy and stress. *International Journal of Play Therapy, 4*(1), 61-80.

Bratton, S. C., Landreth, G. L., & Lin, Y. W. (2010). Child parent relationship therapy: A review of controlled-outcome research. In J. Baggerly, D. Ray, & S. Brattion (Eds.), *Child-centered Play Therapy Research: Evidence Base for Effective Practice* (pp.267-293). Hoboken, NJ: Wiley.

Bratton, S., Ray, D, Rhine, T., & Jones, L. (2005). The efficacy of play therapy with children: A meta-analytic review of treatment outcomes. *Professional Psychology: Research and Practice, 36*(4), 376-390.

Ceballos, P., & Bratton, S. C. (2010). School-based child-parent relationship therapy (CPRT) with low-income first-generation immigrant Latino parents: Effects on children's behaviors and parent-child relationship stress. *Psychology in the Schools, 47*(8), 761-775.

Chau, I., & Landreth, G. (1997). Filial therapy with Chinese parents: Effects on parental empathic interactions, parental acceptance of child and parental stress. *International Journal of Play Therapy, 6*(2), 75-92.

Cohen, J. (1988). *Statistical power analysis for the behavioral sciences* (2nd ed.). Hillside, NJ: Erlbaum.

Costas, M., & Landreth, G. (1999). Filial therapy with nonoffending parents of children who have been sexually abused. *International Journal of Play Therapy, 8*(1), 43-66.

Danger, S., & Landreth, G. (2005). Child-centered group play therapy with children with speech difficulties. *International Journal of Play Therapy, 14*(1), 81-102.

Doubrava, D. A. (2005). The effects of child-centered group play therapy on emotional intelligence, behavior, and parenting stress. *Dissertation Abstracts International: Section B. The Sciences and Engineering, 66*(3), 1714.

Fall, M., Balvanz, J., Johnson, L., & Nelson, L. (1999). A play therapy intervention and its relationship to self-efficacy and learning behaviors. *Professional School Counseling, 2*(3), 194-204.

Flahive, M. W., & Ray, D. (2007). Effect of group sandtray therapy with preadolescents. *Journal for Specialists in Group Work, 32*(4), 362-382.

Garza, Y., & Bratton, S. C. (2005). School-based child-centered play therapy with Hispanic children: Outcomes and cultural considerations. *International Journal of Play Therapy, 14*(1), 51-79.

Glover, G., & Landreth, G. (2000). Filial therapy with Native Americans on the Flathead Reservation. *International Journal of Play Therapy, 9*(2), 57-80.

Grskovic, J., & Goetze, H. (2008). Short-term filial therapy with German mothers: Findings from a controlled study. *International Journal of Play Therapy, 17*(1), 39-51.

Hacker, C. C. (2009). Child parent relationship therapy: Hope for disrupted attachment (Unpublished doctoral dissertation, University of Tennessee, Knoxville).

Harris, Z. L., & Landreth, G. (1997). Filial therapy with incarcerated mothers: A five week model. *International Journal of Play Therapy, 6*(2), 53-73.

Helker, W. P., & Ray, D. (2009). The impact child-teacher relationship training on teachers' and aides' use of relationship-building skills and the effect on student classroom behavior. *International Journal of Play Therapy, 18*(2), 70-83.

Holt, K. (2011). Child-parent relationship therapy with adoptive children and their parents: Effects in child behavior, parent-child relationship stress, and parental empathy. *Dissertation Abstracts International: Section B. Sciences and Engineering, 71*(8).

Hunt, K. (2006). Can professionals offering support to vulnerable children in Kenya benefit from brief play therapy training? *Journal of Psychology in Africa, 16*(2), 215-221.

Jang, M. (2000). Effectiveness of filial therapy for Korean parents. *International Journal of Play Therapy, 9*(2), 39-56.

Johnson-Clark, K. A. (1996). The effect of filial therapy on child conduct behavior problems and the quality of the parent-child relationship. *Dissertation Abstracts International: Section B. Sciences and Engineering, 57*(4), 2868.

Jones, E. M., & Landreth, G. (2002). The efficacy of intensive individual play therapy for chronically ill children. *International Journal of Play Therapy, 11*(1), 117-140.

Jones, L., Rhine, T., & Bratton, S. (2002). High school students as therapeutic agents with young children experiencing school adjustment difficulties: The effectiveness of filial therapy training model. *International Journal of Play Therapy, 11*(2), 43-62.

Kagan, S., & Landreth, G. (2009). Short-term child-centered play therapy training with Israeli school counselors and teachers. *International Journal of Play Therapy, 18*(4), 207-216.

Kale, A. L., & Landreth, G. (1999). Filial therapy with parents of children experiencing learning difficulties. *International Journal of Play Therapy, 8*(2), 35-56.

Kaplewicz, N. L. (2000). Effects of group play therapy on reading achievement and emotinal symptoms among remedial readers. *Dissertation Abstracts International: Section B. Sciences and Engineering, 61*(1), 535.

Kellam, T. L. (2004). The effectiveness of modified filial therapy training in comparison to a parent education class on acceptance, stress, and child behavior. *Dissertation Abstracts International: Section B. Sciences and Engineering, 64*(8).

Kidron, M., & Landreth, G. (2010). Intensive child parent relationship therapy with Israeli parents in Israel. *International Journal of Play Therapy, 19*(2), 64-78.

Kot, S., Landreth, G., & Giordano, M. (1998). Intensive child-centered play therapy with child witnesses of domestic violence. *International Journal of Play Therapy, 7*(2), 17-36.

Lambert, S., LeBlanc, M., Mullen, J., Ray, D., Baggerly, J., White, J., et al. (2005). Learning more about those who play in session: The national play therapy in counseling practive project (Phase I). *International Journal of Play Therapy, 14*(2), 7-23.

Landreth, G., & Lobaugh, A. (1998). Filial therapy with incarcerated fathers: Effects on parental acceptance of child, parental stress, and child adjustment. *Journal of Counseling & Development, 76,* 157-165.

LeBlanc, M., & Ritchie, M. (2001). A meta-analysis of play therapy outcomes. *Counseling Psychology Quarterly, 14*(2), 149-163.

Lee, M., & Landreth, G. (2003). Filial therapy with immigrant Korean parents in the United States. *International Journal of Play Therapy, 12*(2), 67-85.

Lin, Y. (2011). Contemporary research of child-cented play therapy (CCPT) modalities: A meta analytic review of controlled outcome studies (Unpublished doctoral dissertation, University of North Texas, Denton).

McGuire, D. E. (2011). Child-centered group play therapy with children experiencing adjustment difficulties. *Dissertation Abstracts International: Section A. Humanities and Social Sciences, 61*(1), 3908.

Morrison, M., & Bratton, S. (2010). An early mental health intervention for Head Start programs: The effectiveness of child-teacher relationship training (CTRT) on children's behavior problems. *Psychology in the Schools, 47*(10), 1003-1017.

Ogawa, Y. (2006). Effectiveness of child-centered play therapy with Japanese children in the United States. *Dissertation Abstracts International, 68*(26), 0158.

Packman, J., & Bratton, S. C. (2003). A school-based group play/activity therapy intervention with learning disabled preadolescents exhibiting behavior problems. *International Journal of Play Therapy, 12*(2), 7-29.

Post, P. (1999). Impact of child-centered play therapy on the self-esteem, locus of control, and anxiety of at-risk 4th, 5th, and 6th grade students. *International Journal of Play Therapy, 8*(2), 1-18.

Post, P., McAllister, M., Sheely, A., Hess, B., & Flowers C. (2004). Child centered kinder training for teachers of pre-school children deemed at risk. *International Journal of Play Therapy, 13*(2), 53-74.

Ray, D. C. (2007). Two counseling interventions to reduce teacher-child relationship stress. *Professional School Counseling, 10*(4), 428-440.

Ray, D. C. (2008). Impact of play therapy on parent-child relationship stress at a mental health training setting. *British Journal of Guidance and Counselling, 36,* 165-187.

Ray, D. C., Blanco, P. J., Sullivan, J. M., & Holliman, R. (2009). An exploratory study of child-centered play therapy with aggressive children. *International Journal of Play Therapy, 18*(3), 162-175.

Ray, D. C., Schottelkorb, A., & Tsai, M.(2007).Play therapy with children exhibiting symptoms of attention deficit hyperactivity disorder. *International Journal of Play Therapy, 16*(2), 95-111.

Ray, D. E. (2003). The effect of filial therapy on parental acceptance and child adjustment (Unpublished masters' thesis, Emporia State University, Kansas).

Rennie, R. L. (2003). A comparison study of the effectiveness of individual and group play therapy in treating kindergarten children with adjustment problems. *Dissertation Abstracts International: Section A. Humanities and Social Sciences, 63*(9).

Rhine, T. J. (2002). The effects of a play therapy intervention conducted by trained high school students on the behavior of maladjusted young children: Implications for school counselor. *Dissertation Abstracts International: Section A. Humanities and Social Sciences, 62*(10), 3304.

Schumann, B. R. (2010). Effectiveness of child-centered play therapy for children referred for aggression. In J. Baggerly, D. Ray, & S. Bratton (Eds.), *Child-centered play therapy research: The evidence base for effective practice* (pp. 143-208). Hoboken, NJ: Wiley.

Shashi, K., Kapur, M., & Subbakrishna, D. K. (1999). Evaluation of play therapy in emotionally disturbed children. *NIMHANS Journal, 17*(2), 99-111.

Sheely-Moore, A., & Bratton, S. (2010). A strengths-based parenting intervention with low-income African American families. *Professional School Counseling, 13*(3), 175-183.

Shen, Y. (2002). Short-term group play therapy with Chinese earthquake victims: Effects on anxiety, depression, and adjustment. *International Journal of Play Therapy, 11*(1), 43-63.

Smith, D. M., & Landreth, G. L. (2004). Filial therapy with teachers of deaf and hard of hearing preschool children. *International Journal of play Therapy, 13*(1), 13-33.

Smith, N., & Landreth, G. (2003). Intensive filial therapy with child witnesses of domestic violence: A comparison with individual and sibling group play therapy. *International Journal of play Therapy, 12*(1) 67-88.

Swanson, R. C. (2008). The effect of child centered play therapy on reading achievement in 2nd graders reading below grade level. *Master Abstracts International: Section A: Humanities and Social Sciences, 46*(5).

Tew, K., Landreth, G., Joiner, K. D., & Solt, M. D. (2002). Filial therapy with parents of chronically ill children. *International Journal of Play Therapy, 11*(1), 79-100.

Trostle, S. (1988). The effects of child-centered group play sessions on social-emotional growth of three- to six-year-old bilingual Puerto Rican children. *Journal of Research in Childhood Educations, 3*, 93-106.

Tyndall-Lind, A., Landreth, G., & Giordano, M. (2001). Intensive group play therapy with child witnesses of domestic violence. *International Journal of Play Therapy, 10*(1), 53-83.

Villarreal, C. E. (2008). School-based child parent relationship therapy (CPRT) with

Hispanic parents. *Dissertation Abstracts International: Section A. Humanities and Social Sciences, 69*(2).

Watson, D. (2007). An early intervention approach for students displaying negative externalizing behaviors associated with childhood depression: A study of efficacy of play therapy in the school. *Dissertation Abstracts International: Section A. Humanities and Social Sciences, 68*(5).

Yuen, T., Landreth, G., & Baggerly, J. (2002). Filial therapy with immigrant Chinese families. *International Journal of Play Therapy, 11*(2), 63-90.

내 용

저자 소개

⊙ Garry L. Landreth

　　교육학 박사이며, 미국놀이치료학회 공인 놀이치료 전문가다. 그는 국제적으로 아동중심 놀이치료를 발전시킨 대가로 알려져 있으며, 미국 노스텍사스 대학교의 상담과 발달 및 고등교육 전공의 명예교수다. 또한 놀이치료센터의 설립자로서 국제적으로 많은 놀이치료자를 양성하고 훈련시켰으며, 아동중심 놀이치료와 부모놀이치료(Filial Therapy)의 10회기 훈련 모델인 부모-자녀 관계 증진 치료(CPRT)의 과정과 효과 연구를 주도하였다. 그는 150편 이상의 논문과 서적, DVD를 출간하였으며, 전 세계를 돌면서 자주 강연을 한다.

　　그의 놀이치료 분야의 대표 저서인 『놀이치료: 치료관계의 기술(Play Therapy: The Art of the Relationship)』은 여러 개의 외국어로 번역되었다. 최근 저서인 『부모-자녀 관계 증진 치료(Child Parent Relationship Therapy: CPRT)』는 10회기의 부모놀이치료 모델과 매뉴얼로 구성되어 있으며, 이 책을 통해 2010년 부모교육학회에서 최고 실천가상을 수상하였다.

　　그는 전문 상담가이며, 미국놀이치료학회의 슈퍼바이저다. 미국놀이치료학회의 설립 멤버이자 회장을 역임하였고, 연구에 기여한 공헌을 인정받아 APT에서 영예의 명예학자상을 수상하였으며, 상담학회에서 우수학자상도 수상하였다. 또한 액슬린(Axline)의 이론을 뛰어넘는 아동중심 놀이치료 이론을 계승하고 발전시킨 업적으로 많은 상을 받았다.

역자 소개

⊙ 유미숙(Yoo Meesook)

숙명여자대학교 아동복지학과 졸업(학사, 석사, 박사, 전공: 아동상담)

미국 페어리 디킨슨 대학교 놀이치료 과정 이수

전 원광아동상담센터 대표, 한국놀이치료학회장, 한국상담심리학회 부회장

현 숙명여자대학교 아동복지학부 아동심리치료 전공교수

숙명여자대학교 사회교육대학원 놀이치료 전공 주임교수

한국상담심리학회 공인 상담심리 전문가

한국놀이치료학회 공인 놀이치료 전문가

APT 공인 Registered Play Therapist & Supervisor

〈저서 및 역서〉

아동 문제별 놀이치료: DSM-IV-TR에 따른 증상별 놀이치료(공역, 학지사, 2009)

보드게임을 활용한 아동심리치료(공역, 시그마프레스, 2008)

101가지 놀이치료 기법(공역, 중앙적성출판사, 2006)

놀이와 아동발달(공역, 시그마프레스, 2006)

놀이치료학(공저, 학지사, 2004)

놀이치료: 이론과 실제(상조사, 2003) 외 다수

놀이치료 : 치료관계의 기술
Play Therapy: The Art of the Relationship(3rd ed.)

2015년 3월 20일 1판 1쇄 발행
2022년 1월 20일 1판 10쇄 발행

지은이 • Garry L. Landreth
옮긴이 • 유 미 숙
펴낸이 • 김 진 환
펴낸곳 • (주) **학지사**

　　　　04031 서울특별시 마포구 양화로 15길 20 마인드월드빌딩 5층
대표전화 • 02) 330-5114　　　팩스 • 02) 324-2345
등록번호 • 제313-2006-000265호
홈페이지 • http://www.hakjisa.co.kr
페이스북 • https://www.facebook.com/hakjisabook

ISBN 978-89-997-0598-4 93180

정가 **20,000**원

역자와의 협약으로 인지는 생략합니다.
파본은 구입처에서 교환하여 드립니다.

이 책을 무단으로 전재하거나 복제할 경우 저작권법에 따라 처벌을 받게 됩니다.

이 도서의 국립중앙도서관 출판시도서목록(CIP)은 서지정보유통지원시스템
홈페이지(http://seoji.nl.go.kr)와 국가자료공동목록시스템(http://www.nl.go.kr/kolisnet)
에서 이용하실 수 있습니다.
(CIP제어번호: CIP2015005112)

출판 · 교육 · 미디어기업 **학지사**

간호보건의학출판 **학지사메디컬** www.hakjisamd.co.kr
심리검사연구소 **인싸이드** www.inpsyt.co.kr
학술논문서비스 **뉴논문** www.newnonmun.com
원격교육연수원 **카운피아** www.counpia.com